교육학의 이해

서재복 · 고　흥 · 권숙진 · 권정숙 · 김양자
김천규 · 김청자 · 이석열 · 조현철 · 장선철

태영출판사

머리말

인간의 가치는 개인의 교육력(educatable)에 의해 결정되어진다고 해도 과언이 아니다. 특히 자라나는 학생들에게 있어서 교육의 힘은 절대적이다. 교육은 인간으로 하여금 자신의 잠재력을 실현케 하며 미래 생활을 설계하고 삶을 표현할 수 있도록 도와주는 기능을 담당한다.

급변하는 사회일수록 교육의 역할은 다양해진다. 과거에 비해 오늘날 학생들은 더 많은 노력과 미래에 대한 준비가 요구된다. 그들은 불확실한 미래를 자신의 교육력에 의지할 수밖에 없다. 따라서 교육은 학생들의 꿈을 실현할 수 있는 가이드북인 것이다.

이 책에서는 교육의 다양한 분야 중에서도 간과하기 쉬운 영역들을 독자들이 보다 쉽게 접함으로써 교육에 대한 이해의 폭을 넓혀 주기 위하여 시도되었다. 이 책은 기존의 교육학개론의 내용을 보완하여 전체 14개장으로 다음과 같이 구성되었다.

제 1장에서는 학습자로 하여금 교육에 대한 기초적인 지식의 습득을 위해 교육의 문제와 방향을 제시하여 교육이 무엇인가에 대한 해답을 찾고자 하였다. 제 2장부터 제 11장까지는 교육학의 세부영역으로써 교육철학, 교육사, 교육심리, 교육사회, 교육과정, 교육평가, 교육방법, 교육공학, 생활지도와 상담, 그리고 교육행정과 조직의 이해로 구성되었다. 제 12장은 교직사회의 이해, 제 13장은 평생교

육, 그리고 제14장은 진로교육과 직업교육으로 구성되었다.

오늘날 교육문제는 교육자체의 문제가 아니라 인간의 문제며, 삶에 관한 문제다. 그만큼 교육은 우리들의 삶과 깊게 관련되어 있다. 따라서 이러한 문제점에 대한 해결방안의 모색은 지속되어져야 할 것이다. 또한 이는 학생들로 하여금 그들에게 주어진 다양한 문제들을 해결하는 방향 제시를 위해서도 필요한 일이다.

이 책은 기존에 출판된 내용들을 바탕으로 보완하였으나 아직도 부족함이 많다. 앞으로 끊임없는 연구와 노력을 통해 부족한 부분을 수정 · 보완해 나갈 것이다. 그리고 이 책을 출판하는데 도움을 준 태영출판사 김현태 사장님과 편집위원들에게 진심으로 감사를 드린다.

2012년 2월

저자 일동

차 례

제3장 교육사의 이해 59

제4장 교육심리학 77

제6장 교육과정 129

제10장 교육행정과 조직 233

제11장 생활지도와 상담 257

제1장

교육의 이해

여러분은 지금까지 최소 약 12년 이상은 학교교육을 받는데 시간을 보냈다. 이제 다른 사람을 가르치기 위해 교육학개론을 수강하는 여러분에게 공통적으로 다가오는 물음이 있다. 교육이란 무엇인가? 아마도 대부분의 사람들은 이러한 물음에 대해 자기 나름대로 의견을 제시할 것이다. 교육에 대한 정의를 학문적으로 이해하기에 앞서 지금까지 '교육받은' 경험을 토대로 각자의 생각을 교환하기로 하자. 일반적인 수준에서 자신이 생각하고 있는 교육에 대한 느낌이나 이미지 그리고 교육과 결부된 단어나 문장을 열거해 보자.

…자아실현, 사회화 등등

교육에 대한 정의를 보면, 개인의 관점에서 '자아실현'으로 규정하기도 하며, 사회의 관점에서 '사회화'로 규정하기도 한다. 이 장에서는 교육의 정의와 기능 그리고 가능성과 한계성을 중심으로 교육이란 무엇인가를 이해하게 될 것이다.

제1절 교육의 개념

모든 과목의 첫 시간에 학습하는 내용은 그 과목에 대한 개념을 이해하는 것이다. 교육학개론의 첫 시간에도 교육이란 무엇인가를 이해하기 위해, 우선 동양과 서양에서 사용하고 있는 교육의 어원을 살펴본 다음 교육의 정의 유형을 알아보자.

1. 교육의 어원

가. 동양 : 教育, 가르침

동양에서 교육이라는 용어가 처음 나오는 곳은 맹자(孟子)의 진심장(盡心章) 상편(上篇)에 나오는 '군자의 세 가지 즐거움(君子有三樂)'이다.

> 부모님이 살아계시고 형제들이 아무 탈 없이 살고 있는 것이 첫 번째 즐거움이요, 나 자신이 하늘을 우러러 부끄러움이 없고 다른 사람들에 대하여 욕됨이 없는 것이 두 번째 즐거움이며, 천하의 영재를 얻어 교육하는 것이 세 번째 즐거움이다(父母俱存 兄弟無故 一樂也, 仰不愧於天 俯不 於人 二樂也, 得天下英材而教育之 三樂也).

'교육(教育)'이란 글자는 '가르칠 교(教)와 기를 육(育)으로 구성되어 있다. '가르칠 교'는 "윗사람이 베풀고 아랫사람은 본받는다"라는 뜻이다. 성인이 아동에게 필요하다고 생각되는 바를 가르쳐 모방하도록 한다는 성인의 지도를 의미한다. '기를 육'은 "자녀를 길러 착하게 만든다", 혹은 "자녀를 착하게 살도록 기른다"는 뜻이다. 부모가 아이를 낳아 잘 성장하도록 보호하고 양육하는 과정으로 보호, 양육의 의미를 가지고 있다. 즉 교육이란 미성숙하고 불완전한 아이를 성숙되고 완전하며 바람직한 사람으로 성장하도록 가르치고 육성하는 활동을 의미한다.

교육의 중국 어원에는 교사와 아동 사이에 수직적 인간관계가 전제되어 있다. 윗사람으로 표현되는 교사, 부모, 어른은 교육의 주체로서 교육의 주도적 역할을 한다. 이에 비해 아랫사람으로 표현되는 학생, 자녀, 아동은 윗사람의 가르침을 적극적으로 수용하여 양육되어야 할 존재다. 즉 교사는 학생에게 무언가를 가르치는 존재, 학생은 그러한 가르침을 받아야 할 존재다. 이 점은 한국의 교육 어원에서도 별 차이가 없다.

우리나라에서 '교육'을 의미하는 단어는 '가르침'이다. '가르침'은 '가르치다'의 명사형이다. 여기서 '가르치다'는 '가르다'와 '치다'라는 말의 합성어다. '가르다'는 말은 '가라사대'라는 말에서 보듯이 '말하다'는 뜻과 무엇을 '가리키다' 혹은 '지시하다'는 뜻을 가지고 있다. 또한 '가르다'는 '나누다' 혹은 '분별하다'는 뜻도 가지고 있다. '치다'라는 말은 "양을 치다"와 같이 '유용하고 쓸모 있게 만든다'는 의미로 한자의 양육할 육(育)과 같은 의미다. 결국 교육을 의미하는 우리말 '가르침'은 어른이 말이나 지시를 통해 아이들을 분별이 없는 상태에서 사리분별이 있는 상태로 만드는 것을 의미한다. 또한 아이의 행동에서 옳고 그름을 분별하여 옳은 것을 육성한다는 의미이기도 하다.

나. 서양 : education/pedagogy

서양에서 교육을 뜻하는 단어는 여러 가지다. 우선, 교육을 뜻하는 대표적인 영어 단어는 '페다고지(pedagogy)'와 '에듀케이션(education)'을 들 수 있다. pedagogy의 어원은 그리스어의 '파이다고고스(padiagogos)'인데, 이 말은 '어린이(paidos)'와 '이끈다(agogos)'가 결합된 합성어로써 '어린이를 이끈다'는 뜻을 갖고 있다. 그리스어에서 유래된 '페다고지(pedagogy)'는 아동을 가르치고 양육한다는 의미를 가지고 있어 동양적 어원과 유사하다.

'에듀케이션(education)'은 라틴어의 '에듀카레(educare)'에서 유래되었다. educare는 '밖으로'라는 뜻의 'e'와 '이끌어 낸다'는 의미의 ducare가 결합되어 '밖으로 이끌어 낸다'는 뜻을 내포하고 있다. 불어의 'education'과 독일어의 'Erziehung'도 역시 '밖으로 이끌어 낸다'는 의미를 가지고 있다.

이렇게 볼 때 서양에서 교육을 의미하는 단어들은 공통적으로 '(이)끌어낸다' 또는 '이끈다'는 의미를 갖고 있다. 말하자면, 서양에서의 교육은 '밖으로 끌어내는 작용'을 의미한다. 보다 구체적으로 말해서 '인간(어린이)이 지니고 있는 잠재능력이나 소질을 계발시켜 주는 작용'을 의미하고 있다. 이러한 어원적 의미에서 볼 때,

서양에서 아동중심적이고 개인의 소질을 계발하도록 도와주는 교육을 강조한다고 볼 수 있다.

다. 동양과 서양의 교육적 어원 비교

동양적 어원은 윗사람이 아랫사람을 가르치고 아랫사람은 윗사람의 가르침을 받아들이는 것이라는 외부의 힘에 중심을 두는 교육관이다. 우리나라 역시 교육은 '가르치는 것'이라는 생각이 강하다. 이처럼 동양의 교육이 대체로 교사 중심의 교육으로 치우쳐 온 것은 동양의 관념 속에 교육의 어원이 오랫동안 자리잡아 왔기 때문이라고 볼 수 있다(성태제 외, 2007 : 16).

반면에 서양적 어원은 자녀나 아동의 내면에 있는 잠재능력과 적성 등을 잘 발현하도록 이끌어 내는 것이라는 내부의 힘에 중심을 두는 교육관이다. 서양의 교육은 교사나 부모보다는 아동이나 학생 자신의 역할을 강조한다. 교육도 아동의 잠재적 능력이 잘 발현될 수 있도록 도와주는 일이라는 의미가 강하다.

동양의 교육이 '외부로부터의 주입'을 강조하는 반면 서양의 교육은 '아동중심의 개발'을 강조하고 있다. 어원적으로부터 동양과 서양은 교육방식에 차이가 있는 것이다. 이러한 교육방식 중에서 어느 방식이 좋다고 선호하기보다는 두 교육방식의 장·단점을 명확히 이해할 필요가 있다. 교육도 그 나라의 문화와 밀접한 관계가 있기 때문에 일방적으로 서양식 교육만을 선호하는 자세는 반성해야 한다.

2. 교육의 정의

가. 규범적 정의

인간이 하는 모든 활동은 가치를 추구한다. 규범적 정의는 교육활동 속에서 실현하고자 하는 가치 기준을 드러내는 방식이다. 예를 들어, 많은 사람들은 교육활동의 가치를 '인간을 인간답게 형성하는 작용' 또는 '인격함양의 과정'이라고 말한다. 이러한 정의는 교육의 목적이나 존재 가치를 교육 그 자체에 두고 내리는 정의다.

R. S. Peters는 "교육은 교육에 헌신하려는 사람에게 가치 있는 것의 전달을 의미한다"라는 말로 표현했다. 여기서 가치는 교육의 개념 속에 들어 있는 가치,

즉 '내재적 가치(intrinsic value)'다. 다시 말해 교육이란 말 속에는 '바람직하다', '좋다'라는 규범적인 가치를 추구하는 것이 포함되어 있는 것이다. 교육의 내재적 가치는 교육의 외재적 가치에 대비된다. 교육의 외재적 가치는 '수단적 가치' 혹은 '도구적 가치'라고도 하는데, 교육이 다른 목적을 위한 수단으로서 지니는 가치를 말한다.

피터스는 교육이 "가치 있는 내용을 도덕적으로 온당한 방법으로 의도적으로 전달하는 과정 또는 전달된 상태"라고 했다(1966 : 25). 이러한 정의에 의하면 훈련이나 조건화 등과 같은 방법은 교육에서 제외된다. 규범적 정의는 교육 그 자체에 내재된 의미를 중심으로 정의하기 때문에 교육을 상당히 좁게 정의하기는 하지만 교육활동의 본질적 측면을 보여 준다는 점에서 교육을 이해하는 데에 매우 중요한 의미를 갖는다.

나. 기능적 정의

기능적 정의는 교육의 가치를 어떤 목적을 달성하는 수단이나 도구로 생각하는 경우다. 규범적 정의가 교육 그 자체의 내재적 가치에 중점을 두는 데 비해 기능적 정의는 교육을 통해서 도달하고자 하는 어떤 목적이나 대상에 초점을 두고 정의한다. 이처럼 교육을 기능적으로 정의하는 방식은 그 기능을 어떤 관점에서 보느냐에 따라 국가 · 사회 · 개인 · 정치 · 경제 · 종교 등 여러 가지가 있다.

개인의 입장에서는 교육을 취업 수단으로 보거나 높은 지위를 차지하기 위한 수단으로 볼 수 있다. 사회적 관점에서는 사회발전을 위한 수단 또는 문화유산을 계승, 발전시키는 수단으로 볼 수 있다. 경제적 입장에서 인력 양성을 위한 수단으로 볼 수 있고, 국가적 입장에서 국가경쟁력을 높이기 위한 수단으로 볼 수도 있다. 이와 같이 기능적 정의는 교육을 지나치게 수단적 도구로 봄으로써 교육의 본질을 왜곡할 가능성이 있다.

지금까지 교육의 규범적 정의와 기능적 정의를 살펴보았는데 이를 정리하면 다음과 같다.

표 1-1

규범적 정의와 기능적 정의

규범적 정의	기능적 정의
교육의 그 자체에 초점을 두고, 목적이나 가치를 강조	교육은 어떤 목적을 달성하고자 하는 수단이나 도구
인간을 인간답게 하는 작용 인격함양의 과정	국가발전의 원동력 사회적 지위 상승의 수단
인격형성, 자아실현, 진리추구	국가, 사회, 개인, 경제, 정치 등
본질적, 내재적 가치	도구적 가치

다. 조작적 정의

일반적으로 여러분이 교육애 대한 정의를 내린다면 규범적 정의나 기능적 정의를 하게 될 것이다. 규범적 정의나 기능적 정의는 교육의 목적이나 용도에 대한 이해를 제공해 주지만 교육현상을 보다 과학적으로 분석하는 판단의 기준이 되지는 못한다. 특히, 교육현상을 학문적으로 이해하고자 하는 사람들이나 앞으로 교사가 되고자 하는 교직이수자들에게는 큰 도움을 주지 못한다. 예를 들어, 다음과 같은 질문이 교육의 범주에 속하는지를 생각해 보고, 조작적 정의를 통해서 이해해 보자.

· 강아지도 교육을 시킬 수 있는가?
· 소매치기 기술을 가르치는 일도 교육이라고 할 수 있는가?
· 정신의학적인 치료나 조작을 통해서 의사가 환자의 행동에 수정과 변화를 주는 것도 교육인가?

조작적 정의는 교육의 개념을 과학적으로 정의하는 한 가지 방식이다. 그 대표적인 예는 교육을 "인간행동의 계획적인 변화"(정범모, 1968 : 18)라고 정의하는 것이다. 이러한 정의는 교육과 교육이 아닌 것을 구분하는 기준이 된다. 교육학개론을 수강한 여러분은 조작적 정의를 통해서 교육의 정의를 이해할 필요가 있다.

1) 인간행동

교육은 인간을 대상으로 한다. 이는 강아지도 교육을 시킬 수 있는가라는 질문에 대한 대답이 될 수 있을 것이다. 교육은 인간만을 대상으로 하기 때문에 인간 외에는 교육이란 단어를 사용할 수 없다. 교육은 농작물을 기르는 것이 아니라 농작물을 기를 줄 알고 기르려고 하는 인간에 관심을 둔다. 여기서 인간행동의 '행동'이라는 단어의 의미는 우리의 눈에 일상적으로 보이는 행동뿐만 아니라 그러한 행동이 일어나게 하는 두뇌 속의 사고(思考) 행동까지 포함한다. 신체적인 동작인 말하다, 웃는다, 달린다 등 눈으로 보이는 외적인 행동뿐 아니라 그러한 행동이 일어나는 지식, 사고, 가치관, 성격특성, 자아개념, 의지력 등 관찰하기 어려운 내면적인 행동까지 포함하는 것이다.

인간행동이란 우리가 교육을 통하여 달성하고자 하는 목표와 관련된 개념으로 지적, 정의적, 신체적으로 구분하기도 한다. 신체적 행동은 달린다, 조작한다 등이고, 지적 행동은 기억, 사고, 추리 등이며, 정의적 행동은 감정, 정서, 의지 등으로 분류된다. 이처럼 인간행동을 구체화하여 이해하는 것은 교육을 보다 체계적이고 효과적으로 수행하는 토대가 될 수 있다.

2) 변화

'변화'는 육성, 조성, 함양, 계발, 교정, 개선, 성숙, 발달, 증대 등을 포함하는 포괄적인 개념이다. 여기서 '변화'는 없던 지식을 갖추게 되고, 몰랐던 기술을 알게 되고, 할 수 없던 것을 하게 되고, 이런 생각이나 관점을 저런 생각이나 관점으로 바꿀 수 있게 되는 것 등을 포함한다. 인간의 성장과 발달은 유전으로만 결정되는 것이 아니라 환경의 힘에 의해 얼마든지 변화될 수 있다고 보는 것이다. 그런데 여기서 변화라는 것은 다음의 두 가지 사실을 전제해야 한다.

첫째, 변화는 인간의 성장 가능성을 전제로 한다. 인간과 동물의 근본적인 차이는 동물이 극대의 현실성과 극소의 가능성을 갖고 태어난 반면, 인간은 극소의 현실성과 무한한 잠재 가능성을 갖고 태어난다는 점이다. 만약 인간의 성장 가능성을 믿지 않는다면 교육의 의미가 없을 것이다.

둘째, 변화는 가치지향적(value oriented)이어야 한다. 가치란 인간이 바람직하고 이상적인 것으로 추구하는 상태를 말한다. 원시시대의 부모들은 자녀들의 생존과 안전을 위해 배워야 할 일들을 가치있게 여기고 자녀에게 물려주려고 했을 것이다. 이처럼 교육은 무엇을 가르칠 것이냐에 있어서 항상 '가치 있는 것'을 찾게 되고, 어떻게 가르칠 것이냐에 있어서도 언제나 선한 방법, 가치있는 방법을 찾게 되는 것이다. 소매치기 기술을 습득시키는 과정은 교육이라고 말할 수 없다. 왜냐하면 그것은 인간에게 가치로운 활동이 아니기 때문이다.

R. S. Peters는 "교육은 바람직한 정신 상태를 도덕적으로 온당한 방법으로 실현하는 일"(Peters, 1966 : 18)이라고 정의하기도 했다. 따라서 교육에서 추구하는 변화는 다분히 '도덕적이고 윤리적이며 발전적 속성'을 갖고 있어야 한다.

3) 계획적

인간행동의 변화는 여러 경로를 통해서 일어난다. 가만히 있어도 저절로 변화가 일어나는 성숙이라는 현상도 있고, 길거리의 라디오에서 흘러나오는 노래를 흥얼거리다가 배우게 되는 변화도 있으며, 학교에서 교수(teaching)를 통해 배우게 되는 수학공식도 있다. 이 중에서 성숙에 의한 변화와 자연적 · 무의도적인 경험에 의한 변화는 교육의 범주 속에 넣을 수 없다. 왜냐하면 전자의 두 가지 변화는 체계적인 계획에 의해서 일어난 것이 아니기 때문이다. 예컨대, 텔레비전을 보던 어린아이가 갑자기 테크노댄스를 따라 하더라도 그것을 교육이라고 부르지 않는 이유는 그러한 행동이 '계획적' 변화가 아니기 때문이다(성태제 외, 2007 : 29). 이와 같이 우연적으로 또는 자연적 성숙으로 심지어 약물중독에 의해서도 일어나는 변화는 교육이 아니다. 교육의 계획성이란 피교육자에게 무엇을 어떻게 교육할 것인가에 대한 계획과 준비다. 이는 교육의 의도성을 의미한다.

교육이 '계획적'이라는 말은 다음의 세 가지 조건을 만족시켜야 한다.

첫째, 기르고자 하는 또는 변화시키고자 하는 인간행동에 대한 명확한 목표 설정과 의식(교육목표)이 있어야 한다. 즉, 교사가 학생의 어떤 행동 특성을 기르고자 하는지, 그것이 구체적으로 무엇을 의미하는지, 그러한 교육을 하고자 하는 목적의식이 선행되어야 한다.

둘째, 어떻게 하면 인간행동의 변화를 가져올 수 있는가를 보여주는 이론(교육이론)이 있어야 한다. '이렇게' 하면 행동특성이 '저렇게' 변화한다는 명확한 이론적 뒷받침이 있어야 하는 것이다.

셋째, 교육이론에 기반을 둔 구체적인 교육 프로그램(교육과정)이 있어야 한다. 이러한 세 가지 기준을 만족시키는 '계획적' 인간행동의 변화를 교육이라고 부를 수 있다.

라. 사상적인 정의

교육에 대한 정의는 시대에 따라 다르게 이해될 수 있다. 시대적 상황에 따라 학자들이 교육의 의미를 다르게 정의하기 때문이다.

첫째, 도덕적 · 인격적 측면에 있어서, 교육은 자연적이고 동물적인 존재로서 인간을 하나의 인격체로서 완성시키는 작용으로 본다. 칸트는 교육은 인간을 인간답게 형성하는 작용이라고 정의하고 교육의 목표를 도덕적 인간형성에 두었다. 이러한 입장의 학자들로는 Herbart, Peters 등이 있다.

둘째, 자연적 관점에 있어서, 교육은 외부의 간섭 없이 개인의 자율적이고 자연적인 발달을 강조하는 입장이다. 따라서 교육은 인간이 지니고 태어나는 잠재 가능성이 충분히 실현되도록 노력하는 활동이라고 보았다. 대표적인 학자인 루소는 교육을 '인간의 자연적 발전을 위한 조성활동'이라고 하였다. 자연주의 교육의 대표적인 학자로는 Ellen Key, 맹자(孟子), 노자(老子) 등을 들 수 있다.

셋째, 사회적 관점에서, 교육은 사회의 계속적 개혁의 수단이며 생활의 근본 기능을 익히는 사회화를 강조하는 입장이다. 인간은 그가 속한 집단의 언어, 관습, 가치, 경험 등을 배워 그 사회가 요구하는 구성원이 되어 가기 때문이다. 이러한 관점에서 볼 때 사회화는 교육의 핵심이며 교육이 사회적 의의를 갖지 못하면 교육으로서의 의미를 찾을 수 없을 것이다. Platon의 경우 교육을 국가사회의 보존 수단으로 보았으며, Pestalozzi는 교육을 사회개혁의 수단으로 보았다.

넷째, 문화적 관점에서, 교육은 인류가 오랜 역사를 통해서 축적해 놓은 지식을 포함한 문화적 유산을 다음 세대에 계승시키고 나아가 이것을 발전시키게 하는 문화창조 내지 문화번식 작용이라는 입장이다. 문화의 전달은 일방적인 수업이 아니라 문화적으로 성장할 수 있는 가능성을 지닌 피교육자가 사회적 전통으로서의 문화를 섭취하는 과정인 것이다. 그러므로 교육은 문화적으로 성장 · 발달해 가는 자력적 발전을 조성해 주는 과정으로서의 기능을 지니는 것이며, 이러한 과정의 활동을 통하여 문화적 창조가 가능해지고 교육의 내용이 충실해지게 되는 것이다. 대표적인 학자들로는 Kerschensteiner, Dilthy, Paulesn 등이 있다.

다섯째, 종교적 관점에서, 교육은 신의 의사를 실현하는 과정으로 본다. 그리하여 신의 피조물로서 인간 영혼의 완성에 참여하고 공헌해야 한다는 것이다. Comenius는 교육의 목적은 신과 더불어 영원한 행복을 가지는데 있다고 보았다. 유치원의 창시자인 프뢰벨도 만물의 근원에는 신성이 지배하고 있으므로 인간의 사명은 이 신성을 계발하고 실현하는 데 있으며 따라서, 교육의 목적은 인간에게 내재한 신성을 자각하고 생명력을 발전시키는데 있다고 보았다.

이들 외에도 Dewey는 교육을 생활과 경험적 입장에서 정의를 내리기도 하였다. 교육에 대한 정의는 학자에 따라서 다양하게 정의되지만, 결국 교육이란 인간을 대상으로 하는 인간형성의 과정이며, 인간 형성의 활동으로 표현하고 있다. 따라서 교육은 피교육자의 성장 · 발달을 조성하고 바람직한 방향으로 인도하는 활동이며, 성숙자와 미성숙자, 교육자와 피교육자 간의 바람직한 인간형성을 위한 활동인 것이다.

3. 교육과 훈련

교육이란 무엇인가를 바로 이해하기 위해서 교육과 훈련의 차이를 구별해 볼 필요가 있다. 우리는 보통 교육과 훈련이란 말을 혼용해서 기술교육이라고도 하고 기술훈련이라고도 한다. 이에 대해 Peters는 "훈련이라는 것은 제한된 기술이나 사고방식을 길러 주는 것임에 비하여, 교육은 보다 넓은 신념체제를 다루는 것"(Peters, 1966 : 26)이라고 했다. 예를 들어, 질투심을 갖고 있는 어린이에게 질투심을 갖지 않도록 하게 한다고 하자. 질투심은 자기가 갖고 싶은 것을 다른 사람이 갖고 있는 것에 대해서 화를 내고 미워하고 괴로워하는 것이다. 질투심을 극복하기 위해서 단순히 질투심을 느끼는 것은 잘못된 것이므로 그런 마음을 억제하는 것만을 강조한다면 이는 우리의 의지나 감정을 억제하는 훈련을 하는 것이다. 이와 같이 훈련은 반복을 통해서 질투의 감정과 싸워 이겨내는 데 중점을 둔다. 이에 반해 교육은 내가 간절히 원하는 것이지만 다른 모든 사람들도 그것을 원하고 가질 권리가 있음을 이해하도록 가치의 변화를 유도하는 것이다. 즉 교육을 통해서 나만 그것을 소유하고 독점하는 것이 아니라 상대방의 입장을 이해하면서 자신의 가치와 신념체제를 변화하도록 유도하는 것이다. 이런 경우에 한해서 우리는 교육이란 말을 붙일 수 있다. Peters에 의하면 훈련은 제한된 상식적 상황에서 적절한 상황파악 내지 습관적인 반응을 하도록 하는 것이며, 교육에서와 같은 넓은 인지적 관련은 결여되어 있다고 보았다.

교육이 인간의 신념체제나 안목의 변화에 관심을 둔다면 훈련은 제한된 특수기술의 연마에 더 관심을 둔다. 예를 들어, 특정기술 부품을 100분의 몇 mm 오차 범위내로 깎는다고 해 보자. 특정부품을 깎는 행위에 대한 의미와 중요성을 이해하고 한다면 교육이 될 수 있다. 산업사회에 대한 이해, 특정기술이 갖는 경제적 중요성에 대한 이해 등을 바탕으로 한 기술세계의 입문을 돕는 일로 이해하고 열심히 한다면 기술교육 혹은 산업교육이라고 한다. 반면에, 특정기계 부품을 100분의 몇 mm 오차 이내의 정밀도로 깎는 데만 초점을 두면서 열심히 기술연마를 한다면 그것은 훈련이라는 말에 더 적합하다. 교사로서 우리가 학생들을 훈련시키는 사람이 될 것인지, 아니면 교육을 하는 사람이 될 것인지를 생각해 볼 필요가 있다.

표 1-2

교육과 훈련의 차이

교 육	훈 련
1. 가치지향적	1. 가치중립적
2. 전인적 발달을 도모	2. 인간특성 일부의 변화
3. 신념체계(지식)의 변화	3. 제한된 특수 기술연마
4. 지적이고 창의적 변화	4. 기계적 변화
5. 기술교육	5. 기술훈련

제2절 교육의 가능성과 한계성

1. 교육의 가능성

인간은 '교육을 필요로 하는 존재(동물)'임과 동시에 '교육이 가능한 존재(동물)'다. 교육은 사람을 '사람답게' 하는 작용으로 피교육자의 교육 가능성을 전제로 하며 훌륭한 사람이 될 수 있다는 교육의 가능성을 기초로 하여 모든 교육활동이 전개된다. 교육의 가능성이란 외부로부터 영향을 받아 변화할 수 있는 성질, 즉 교육에 의해 변화할 수 있는 성질을 뜻한다. J. J. Rousseau(1712-1778)는 「Emile」에서 다음과 같이 말하고 있다.

> "우리는 약하되 약하게 태어난다. 우리에게는 힘이 필요하다. 우리는 아무것도 갖지 못한 채 태어난다. 우리에게는 조력이 필요하다. 우리가 태어났을 때는 갖지 못했으나, 자라면서 필요한 모든 것이 '교육'에 의해 주어진다."

인간은 다른 동물에 비해 독립적인 생활을 하기까지 장기간의 지속적인 보호와 육성이 필요한 존재다. 사람이 혼자 걸을 수 있을 때까지는 약 1년의 기간이 소요되며, 사회의 일원으로 독립할 때까지는 대략 청년기 이후가 되어야 가능하다. 인간이 교육에 의해서만 그 생명을 보존하고 가치를 발휘할 수 있는 존재라는 점은 교육의 필요성과 가능성을 동시에 강조하는 것이다. 인간은 교육에 의해서만 그 생명을 보존하고 가치를 발휘할 수 있는 존재다. Kant는 "인간은 교육을 받아야 할 유일한 피조물"이라고 했다.

예시 1 아베롱의 야생아

1779년 남부 프랑스의 아베롱 숲 속에서 12~13세로 추정되는 한 소년(야생아)이 발견되었다. 소년은 옷을 입지 않은 불결한 몸에 가시에 찔리고 다른 동물에게 물려서 무수한 상처가 나 있었다. 소년의 모습은 인간의 따뜻한 보살핌과 교육을 받지 못하고, 숲 속에서 다른 야생동물들과 힘겨운 생존경쟁을 해왔음을 말해 주는 것이었다. 이 소년은 파리로 옮겨져서 이따르(J. M. G. Itard)라는 청년의사가 전적으로 교육을 담당하게 되었다.

이따르는 아베롱의 야생아 교육을 담당하고서 다음과 같이 보고를 하였다.

첫째, 인간은 교육의 기능과 감각을 빼앗기게 될 때 다른 동물에 비해 열등하다.

둘째, 인간이 본래부터 가지고 있는 것으로 생각되었던 사회성 · 도덕성은 문명의 혜택이다. 문명은 인간에게서 다른 동물과의 차이를 이끌어 낸다.

셋째, 기관의 발육, 언어의 습득은 나이가 어릴 때일수록 효과가 크다. 특히 음성의 결합은 유아기 욕구와 관념 사이에 일정한 관계가 있으며, 욕구가 증가하면 관념의 범위도 확대된다. 문명은 인간에 의해서 만들어진 것에 불과하다.

넷째, 교육의 진보는 현대의학에 의해서 이루어진다. 모든 과학 가운데 의학은 개인의 신체적 · 기능적 특질을 분명히 하고, 인간을 사회적으로 높일 수 있다.

예시 2 인도의 늑대소녀 이야기

인도의 늑대굴에서 발견된 2세의 아말라(Amala)라는 여자아이와 8세된 카말라(Kama la)라는 여자아이에 관한 이야기가 있다. 인간에게 발견된 후 이들은 싱(Sing) 부부에 의해 양육되었으나 아말라는 1년, 그리고 카말라는 9년 후에 죽었다. 이들은 발견 당시에는 신체적으로만 인간이었지 행동과 말은 늑대와 동일하였고 아말라는 1년 이내에 죽고 카말라는 9년 후에 죽었다. 카말라가 늑대의 행동에서 변하기에는 참으로 오랜 시간이 걸렸다. 두 손으로 그릇을 잡는 것만 1년 반 걸렸고, 일어서는 데 1년 반, 죽기 전 9년 동안 배운 언어가 보통 5~6세 어린이 정도밖에 안 되었다. 카말라는 보통 지능을 소지한 정상아로 태어났으나 사람과의 접촉이 없었기 때문에 인간처럼 발달하지 못했던 것이다.

2. 교육의 한계성

교육의 힘은 무한하고 전능한 것이 아니며 한계가 있다. 만약 교육의 힘으로 모든 것이 가능하다면, 어떤 사람을 목적하고자 하는 인간으로 육성하는 것이 전적으로 불가능한 것은 아닐 것이다. 하지만 우선이 되는 것은 지능, 소질, 체질, 체형 등과 같은 개인이 선천적으로 타고난 유전적 영향이고, 그 다음이 후천적 · 교육적 환경 조건이다(J. J. Klausmeier, 1985). 유전적 영향은 1860년대에 Mendel이 유전에 관한 법칙을 발표한 후에 인간의 모든 특성이 유전에 의하여 결정되는 것으로 보는 것이다. 당시의 심리학자들은 인간의 신체적 특성뿐만 아니라 정신적 특성, 즉 지능, 성격, 도덕성 및 범죄성에 이르기까지 모든 것은 유전적 요인에 의하여 결정되며 환경의 영향은 별로 받지 않는다고 생각하였다.

예시 3 **쌍생아 연구**

유전성을 강조하는 Gesell은 생후 46주된 일란성 쌍생아 중 한 여아에게 매일 계단 기어오르기를 6주간 훈련시켰다. 55주 때 일란성 쌍생아 중 다른 아이는 단지 2주 동안만 훈련을 받았지만 그 여아와 똑같이 계단 기어오르기를 수행하였다. Gesell은 생후 46주부터 6주 간 매일 훈련을 받은 여아가 55주부터 시작한 여아보다 훈련을 3배나 더 받았지만 그 효과는 같았음을 밝혀, 유전적 요인이 발달의 형상이나 학습에 작용하는 제일의 요인임을 강조하였다.

또한 Holzinger는 일란성 쌍생아와 이란성 쌍생아를 표본으로 그들 간의 상관계수를 산출하여 유전성의 사실을 보여주고 있다.

표 1-3

쌍생아의 유사도(상관관계)

구분	일란성 쌍생아	이란성 쌍생아
신장	.93	.65
체중	.92	.63
머리무게	.91	.58
정신연령	.86	.60

구분	일란성 쌍생아	이란성 쌍생아
지능지수 정서검사	.88 .56	.63 .37

혈연이 가까울수록 두 개인 간의 지능의 상관이 높게 나타난다면 이는 지능이 유전적 요인에 의해 결정되는 확률이 높다는 사실을 의미한다. 혈연관계에 따른 지능 간 상관계수의 차이는 지능이 유전적 영향을 크게 받고 있음을 나타낸다.

표 1-4

혈연 간 지능의 상관계수

관계	구분	상관계수
일란성 쌍생아	함께 양육 분리 양육	.86 .79
이란성 쌍생아	함께 양육	.60
형제	함께 양육 분리 양육	.47 .24
부모-자녀		.40
사촌		.15

양자 연구 또한 지적 발달에 있어서 유전적 영향이 크게 작용하고 있음을 보여준다. Scarr와 Weinberg(1983)의 Minnesota 양자 연구 결과에 의하면 출생 후 1년 이내에 양자로 간 아이의 지능을 18세에 측정했을 때 친부모와 지능의 상관은 .32로서 양부모와의 지능의 상관인 .09보다 훨씬 높은 것으로 나타났다.

3. 유전과 환경의 관계

유전과 환경 중에서 어느 요인이 인간형성에 더 중요한 요인으로 작용하느냐에 대한 논의는 계속되고 있다. 환경론자들은 인간의 지적인 능력은 학습의 경험에 의해서 결정된다고 주장하고, 이에 반하여 유전적 요인을 주장하는 심리학자들은 지능이란 환경에 의해서 직접적으로 영향을 받는 것이 아니라 유전적 요인에 의해서 결정된다고 주장해 왔다. 듀이는 극단적인 환경론자나 유전론자와는 달리 두 입장의 조화적인 입장을 주장하였다. R. S. Woodworth는 유전과 환경의 관계를

[그림 1-1]과 같이 비유하였다.

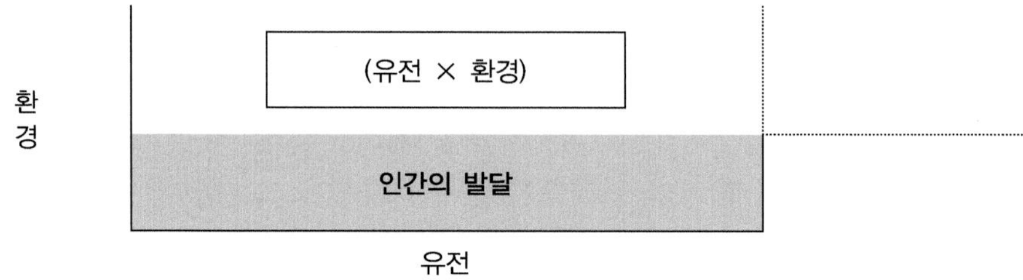

[그림 1-1] **인간발달의 유전과 환경과의 함수 관계**

제3절 교육의 3요소

일반적으로 교육활동이 이루어지는 장면을 생각해 보면 교육을 행하는 교육자와 교육을 받는 학습자 그리고 교육자와 학습자가 상호 교섭할 수 있도록 연결해 주는 교육내용으로 이루어져 있다. 학교교육의 장면에서 보면 교육자로서의 교사, 학습자로서의 학생, 그리고 가르치고 배우는 내용인 교육과정이 된다. 교육활동이 이루어지는 상황에서는 반드시 이 세 가지 요소가 존재한다. 이러한 의미에서 교사, 학생, 교육과정은 교육을 성립하게 하는 가장 기본적인 구성요소가 된다는 점에서 교육의 3요소라고 불린다.

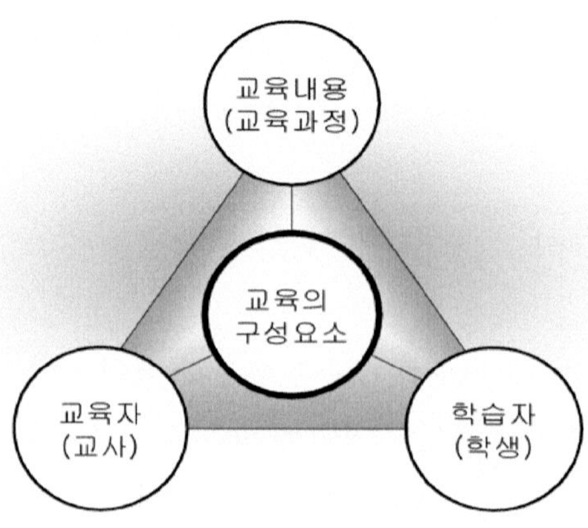

[그림 1-2] **교육의 3요소**

1. 교사

교사는 가르치는 위치에 있는 사람들을 통칭하는 말이다. 교사의 역할을 중심으로 그 의미를 넓게 생각해 보면 가정에서의 부모나 형제, 사회생활에서 만나는 선배나 후배 그리고 친구 등도 교사로서의 역할을 할 수 있을 뿐만 아니라 더 나아가 사회교육 단체, 제도, 매스컴, 인터넷, 다양한 환경들까지도 그와 같은 역할을 한다는 점에서 교사로 볼 수 있다. 그러나 일반적으로 교사는 가르치는 장소가 있고 그 곳에서 가르치는 사람, 소위 '선생(님)'을 의미한다. 학교교육에서 요구되는 교사의 중요한 자질은 크게 세 가지로 요약될 수 있다.

첫째, 가르치는 교육내용에 대한 해박한 지식을 갖추어야 한다.

둘째, 가르치는 방법에 대한 전문적인 지식을 가지고 있어야 한다. 교육방법을 안다는 것을 단순한 절차나 과정만을 아는 것으로 이해해서는 안 된다. 교사는 교육내용을 잘 전달하기 위한 전문적 기술로서의 교육방법에 대한 지식을 지니고 있어야 한다.

셋째, 교사는 건전하고 바람직한 인격을 갖추고 있어야 한다. 교사가 갖추어야 할 인격은 바람직한 인성과 긍정적 신념, 바람직한 태도와 가치관, 그리고 교육과 학습자에 대한 사랑 등이다.

2. 학습자

교육활동은 학습자를 대상으로 하는 것이다. 학습자는 미성숙하여 가르침을 필요로 하는 존재이면서 또한 독자적인 인격을 가지고 삶을 영위하는 존재다. 학습자는 단순히 교수자의 지식을 받아들이는 수동적 대상이나 모방자가 아니라 성장 가능성을 가지고 배우는 변화하는 주체다. 즉, 학습자인 아동과 학생은 자신의 독자적인 존엄성을 지니고 있는 것이다. 다만 아직은 미숙한 존재로서 완전성을 향해서 발달하는 과정에 있을 뿐이다.

학습자는 새로운 미래의 세계를 향하여 적극적이며 주체적으로 성장하여야 하며, 능동적으로 배우고자 하는 강한 의지를 가지고 있어야 한다. 현대의 교육이

지향하는 바는 바로 이러한 특성을 지닌 학습자가 신체적 · 정신적 가능성을 최대한 신장 · 발달할 수 있도록 적절한 환경을 조성하는 것이다.

3. 교육내용

교육내용은 교육활동에서 교수자와 학습자를 연결시켜 준다는 의미에서 교육의 매개체로서 교육의 핵심을 차지한다. 교육내용은 학습자에게 전달해야 할 '가치있는 내용'으로 두 가지 측면을 포함한다.

첫째는 인류가 역사 이래로 축적하여온 지식, 기술, 가치, 행위규범, 물질적 산물 등 이다. 이들 내용은 문화를 구성하는 모든 요소로서 현재의 삶과 관련하여 의미있고, 가치가 있어 다음 세대에 전달할 필요가 있는 것이다.

둘째는 학습자 중심에서 교육활동의 핵심적인 내용이 학습자에게 의미 있고, 바람직한 것이다. 학습자의 관심과 수준을 고려하여 교육목적의 설정, 교육내용의 선정과 구성, 교육방법의 적용, 학습결과의 평가 등이 이루어져야 한다.

교육내용이 학습자에게 잘 전달되기 위해서는 서로 비슷한 내용을 선별하여 모으는 응집성이 있어야 하고, 학습의 난이도에 따라서 이들을 순차적으로 제시하는 계열성이 있어야 하며, 서로 다른 내용들 간의 관련성이 잘 설명되는 종합성이 있어야 한다(강영삼 외, 2007 ; 24).

교육내용은 교육의 장에서 생성되는데, 이는 학교만이 아니라 가정과 사회를 포함하며, 이들 교육의 장은 상호 유기적으로 작용한다. 특히 인터넷과 정보통신기술의 발달로 인해 학교가 아닌 가정과 사회에서 접하는 내용들이 교육적 가치가 충분히 구현되도록 교육적 분위기를 조성하는 것도 대단히 중요하다.

제4절 교육의 형태

교육형태의 분류는 그 기준에 따라 다양하게 구분되어질 수 있다. 그 기준을 교육의 대상에 두었을 때는 유아교육, 아동교육, 청년교육, 성인교육으로 구분하며, 교육이 일어나는 장소로 볼 때는 가정교육, 사회교육, 학교교육, 직장교육으로 구분하며, 교육내용의 면에서 보면 일반 교양교육과 전문 직업교육으로 구분할 수 있다. 교육제도에 따른 분류를 보면, 초등교육, 중등교육, 고등교육으로 구분할 수 있다. 또한 형식과 의도성의 유무에 따라 분류하여 보면 교육은 형식적(의도적) 교육과 비형식적(무의도적) 교육으로 구분할 수 있다. 이렇게 다양한 교육의 형태를 이해하는 것도 교육을 이해하는 방법이다. 여기서는 대표적으로 형식적 교육과 비형식적 교육 그리고 장소의 구분에 따른 교육의 형태를 알아본다.

1. 형식적 교육과 비형식적 교육

교육은 교육하고자 하는 목적의식의 유무에 따라 크게 형식적 교육과 비형식적 교육으로 분류된다. 이러한 분류는 교육의 의도성 유무와도 밀접한 관련을 가지기 때문에 흔히 의도적 교육과 무의도적 교육으로 분류되기도 한다. J. Dewey는 교육의 형태를 형식적 교육과 비형식적 교육으로 분류하고, 형식적 교육은 협의의 교육이며, 형식적 교육과 비형식적 교육을 통틀어 광의의 교육이라고 했다. 형식적 교육과 비형식적 교육의 구분은 교육목적의 일관성, 방향성, 계획성, 지속성에 달려 있다. 다시 말해 교육의 목적에 따라(교육목적의 일관성) 그것의 실현을 위하여(방향성) 의도하는 바를 계획적이고(계획성) 지속적으로(지속성) 실시하느냐에 달려 있는 것이다.

교육하고자 하는 일정한 의도가 있고, 교육내용을 선정하여 특정 장소에서 학습자에게 교육하는 과정이 있을 때 이를 형식적 교육이라고 한다. 형식적 교육의 대표적인 형태는 학교교육이며, 그 외에 강습소, 양성소, 훈련원, 학원 등의 사회교육기관에서 의도적인 목적으로 실시하는 교육이 여기에 속한다.

비형식적 교육은 교육기관에 의지하지 않고 자연이나 사물, 인간관계에 있어서 자연 발생적으로 이루어지는 무의도적 교육을 말한다. 교육은 학교와 같은 형식적 교육을 통해서만 이루어지는 것이 아니다. 원시사회에서는 학교와 같은 의도적이며 제도화된 형식적 교육기관이 없이도 지식과 기술 등이 생활 속에서 자연스럽게 이루어졌다. 오늘날의 매스컴이나 인터넷은 강한 영향력을 지닌 비형식교육의 한 형태라 할 수 있다.

2. 가정교육, 학교교육, 사회교육

교육이 이루어지는 장을 중심으로 교육의 형태를 분류하면 가정교육, 학교교육, 사회교육으로 구분된다. 교육은 학교를 통하여서만 이루어지는 것이 아니라 넓은 의미에서 가정과 사회에서도 이루어지고 있으며 이들은 상호 보완적인 성격을 지니고 있다.

가. 가정교육

가정교육은 가족 집단을 단위로 하여 성립되는 교육형태이며 모든 교육의 기초가 된다. 가정은 인간이 태어나면서부터 자연적으로 소속되는 집단이다. 가정은 자연적으로 기본적 인성이나 가치관 및 생활태도, 규범 등이 형성되기 때문에 그 어떤 종류의 교육보다도 강력한 영향을 미친다. 그러나 현대에 와서 경제적 기능의 변화에 따른 맞벌이 부부의 증가와 핵가족 현상의 심화로 인하여 전통적인 가정이 갖는 여러 교육적 기능을 수행하기가 어렵게 되었다. 오늘날 사회 전반적인 도덕적 타락, 청소년 범죄의 증가와 같은 사회적, 교육적 문제들은 직 · 간접적으로 가정교육의 약화와 관련이 있다는 지적이 제기되고 있다.

나. 학교교육

학교는 제도화된 틀 속에서 전문적인 소양과 지식을 갖춘 교사가 일정한 연령층의 학생을 대상으로 교육내용을 구성하여 계획적으로 교육하는 기관이다. 학교교육의 기능적 특징은 다음과 같다.

첫째, 학교교육은 개인의 성장과 발달을 최대한으로 신장시키려는 환경을 조성하여 자아실현의 기능을 한다.

둘째, 학교교육은 문화유산을 전승함으로써 사회의 유지와 존속을 가능하게 한다.

셋째, 학교교육은 문화유산을 전달함으로써 사회의 통합과 통제의 기능을 수행한다.

넷째, 학교교육은 사회적 선발 및 지위 결정의 기능을 한다.

다섯째, 학교교육은 사회변화 및 발전의 기능을 한다.

그러나 학교교육은 집단적 교육방식으로 인한 획일화의 위험을 안고 있다. 이는 다양한 개인의 능력을 자유롭게 육성하고 발휘할 수 있는 기회를 축소시킴으로써 개인과 사회발전에 역행할 수 있다. 또한 학교교육은 학력위주의 학교교육을 낳을 위험을 안고 있다. 여기서 학력은 학습의 능력을 뜻하는 것이 아니라 학교교육을 받았다는 증명과 같은 것을 의미한다(윤정일 외, 2007). 이러한 학교교육의 문제점들은 학교교육만의 개혁을 통하여 이루어질 수 있는 것이 아니라 사회적인 의식과 제도의 개혁이 함께 수반되어야 한다.

다. 사회교육

사회는 인간 생활의 터전으로서 가정과 학교와 더불어 또 하나의 중요한 교육의 장이다. 사회교육은 넓은 의미로는 학교교육을 제외한 모든 교육을 일컫는 용어로 사용되고 있으며, 좁은 의미로는 학교를 졸업한 사람들을 대상으로 하는 성인교육만을 지칭하는 의미로 사용되기도 한다. 다시 말하면 넓은 의미에서 사회교육을 규정할 때는 유아교육, 청소년교육, 성인교육, 노인교육을 포함하는 전생애 교육 혹은 평생교육의 의미를 지니지만, 좁은 의미로 규정할 때에는 청소년 이후의 성인교육만을 의미하는 것이다.

사회교육과 관련된 용어 중에는 '평생교육' 혹은 '생애교육'이 있다. 평생교육은 좁은 의미로는 사회교육과 동의어로 사용되지만 넓은 의미에서 학교교육을 포함한다. 평생교육은 한 마디로 요람에서 무덤까지, 즉 태어나서 죽을 때까지 전생에 걸친 교육을 의미한다. 평생교육의 관점에서 볼 때 인간은 살아 있는 동안 언제 어디서나 교육받는 존재며, 보다 가치 있고 바람직한 삶을 살기 위해 교육을 필요로 하는 존재다.

생각해 볼 문제

1. 다음 용어들을 설명하시오.
   - 교육의 조작적 정의
   - 교육의 계획성
   - 교육의 가치지향성
   - 형식교육, 비형식교육
2. 교육의 3요소는 무엇이며, 그와 관련된 바람직한 방향은 어떠한 것이 있는가?
3. 교육의 개념은 여러 가지로 정의될 수 있다. 자신이 생각하는 정의는 무엇인가?
4. 사회교육과 평생교육의 차이점과 공통점은 무엇인가?
5. 동서양의 교육 어원의 차이점을 설명하고, 동양과 서양교육의 장단점을 제시해보자.
6. 교육에서 유전과 환경의 중요성 및 그 관계는 어떠한가?

제2장

교육철학의 이해

철학(philosophy)이란 philos(사랑)와 sophia(지혜, 앎)가 결합된 용어다. 사랑이 타인에 대한 이해와 관용이라 한다면 지혜는 단편적 지식의 테두리를 벗어나 언제나 폭넓고 전체적인 세계와 인생에 관한 앎이라고 할 수 있다. 지혜는 지식이 우리 인간생활과 어떤 관계를 가지고 있는가를 중요시한다. 따라서 지혜를 사랑하는 사람은 자기가 어떤 존재며 그 존재를 알 수 있는 방법은 무엇이고 가치 있는 것은 무엇인가 등에 관한 의문을 가지게 된다. 이러한 물음이 탐구의 출발이고 무지의 자각이라 할 수 있다. 철학에서의 물음은 그 답보다 더 중요하며 모든 답은 새로운 물음이 된다.

Platon(407)이 철학을 '모든 연구, 사색, 자기성찰'로 정의한 것처럼, 교육철학은 교육학의 학문적 체계화를 위한 방법과 교육의 본질을 탐구하는 학문이라 할 것이다(김정환, 강선보, 2000).

이 장에서는 철학과 교육철학의 개념, 그리고 교육철학의 흐름을 기술함으로써 학습자로 하여금 교육철학에 대한 이해를 돕고자 하였다.

제1절 철학과 교육철학

1. 철학과 교육철학의 의미

철학(philosophy)이란 philos(사랑)와 sophia(지혜, 앎)가 결합된 용어다. 사랑이 타인에 대한 이해와 관용이라 한다면 지혜는 단편적 지식의 테두리를 벗어나 언제나 폭넓고 전체적인 세계와 인생에 관한 앎이라고 할 수 있다. 지혜는 지식이 우리 인간생활과 어떤 관계를 가지고 있는가를 중요시한다. 따라서 지혜를 사랑하는 사람은 자기가 어떤 존재며 그 존재를 알 수 있는 방법은 무엇이고 가치 있는 것은 무엇인가 등에 관한 의문을 가지게 된다. 이러한 물음이 탐구의 출발이고 무지의 자각이라 할 수 있다. 철학에서의 물음은 그 답보다 더 중요하며 모든 답은 새로운 물음이 된다.

철학은 일반적이고, 전체적이며, 궁극적인 것을 탐구하는 학문이다. 즉, 철학은 포괄적인 이해를 추구하기 위해, 세계와 삶에 관한 다양한 세부적 사항을 하나의 포괄적인 전체로 파악하는 데에 목적을 두며, 전체성과 궁극성에 관계된다. 전체성이란 세부적인 사항의 통합이 아니라, 다양한 행동들 사이에 균형을 유지하면서 그 행동들이 서로의 의미를 보충해 주는 것을 의미한다. 궁극성은 보다 깊은 수준의 의미를 깊이 연구하는 성향, 즉 표면의 밑을 파고 들어가서 사건이나 사물의 관계를 파악하고 그러한 수준에서 사유하는 것을 뜻한다.

이와 같이 철학은 삶의 다양한 현상을 명백히 규명함으로써 그들 간의 균형을 이룰 수 있는 관점과 방법을 제시하는 일에 관여한다. 교육은 무엇이 바람직한가에 관한 가설을 제시하는 데 국한된 것이 아니라 생활에 직접적으로 필요한 변화를 일으키는 과정이다. 따라서 교육은 의도적으로 이루어지는 실제며 철학적 접근은 이를 타당케 한다. 여러 학자들의 견해에 따르면, 교육 철학이란 교육 현상을 꿰뚫고 있는 몇 가지 대전제로 교육 현상을 체계화하기 위하여 교육의 실천 원리나 이론 체계를 정당화하는 근거를 분석하고 검토하며 비판하는 일, 교육의 이론과 실천에 사용되는 개념들과 주장들의 논리적 타당성과 가능성을 밝히는 일, 그리고 교육에 관한 여러 이론적 요소들을 통합된 지식 체계로 조직하는 일 등을 하는 탐구 활동으로 정리할 수 있다.

교육의 문제는 철학적 탐구를 필요로 한다. 교육의 문제는 경험적 사실에 관한 것도 있고, 규범적 가치에 관한 것도 있으며, 언어의 의미에 관한 것도 있다. 사실에 관한 문제로는 유용한 정보와 증거를 얻고, 이것들을 적절히 이용하는 일이 중요하다. 가치와 관련된 문제의 경우 판단 기준을 세우고 적절한 평가를 내리며, 의미에 관한 문제에 대해서는 불명료한 언어를 제거하고, 용어의 의미를 명료화하고, 나아가 문장의 의미를 적절히 해석하는 일이 중요하다. 그리고 이런 일들은 서로 밀접히 관련되어 있기 때문에 따로 구분하여 생각하는 것보다는 서로 관련지어 고려하는 것이 바람직하다.

실제로 교육은 가치와 사실과 의미의 문제가 구분되지 않는 상황이 많다. 특히 가치의 문제는 사실과 의미의 문제에 영향을 준다. 그러므로 어떤 교육적인 문제에 대한 주장을 분석할 때는, 그 주장에 사용된 자료의 적절성과 언어의 의미에 주의를 기울임과 동시에 그 주장의 저변에 깔려 있는 가치, 태도, 의도 등에도 주의해야 한다. 또한 그 주장이 논리적으로 가정하고 있는 관념들도 면밀히 분석할 필요가 있다. 이러한 가치, 의미, 논리적 가정 등에 관한 문제는 철학적 노력을 요구한다.

2. 철학의 영역

교육철학이란 철학적 연구 성과들을 교육 문제에 직접적으로 의의있는 형태로 바꾸거나 철학적 방법을 사용하여 교육 문제를 직접적으로 해결하는 데에 적용하는 것이라고 할 수 있다. 철학의 영역인 존재론, 인식론, 가치론, 그리고 논리학을 소개하면 다음과 같다.

가. 존재론

존재론은 우주의 궁극적인 본질 또는 실체를 규명하는 데에 관여한다. 즉, 변화하는 세계의 배후에 변화하지 않는 실체의 유무에 관한 문제를 탐구한다. 세계의 모습은 무한히 다양하다는 다원론과 일원론이 있는데, 그 실체가 전정 또는 영혼이라고 보는 관념론(idealism)과 물질 또는 객관적으로 파악될 수 있는 실재론(realism),

우주의 본질은 끊임없는 변화와 발전 그 자체며 그 이상의 어떤 본질이 별도로 없다는 입장인 프래그머티즘(pragmatism)이 있다.

나. 인식론

인식론은 진리 또는 지식의 근거와 특징을 밝히려는 철학적 노력으로 앎의 의미는 무엇이며, 참다운 앎이란 어떠한 것을 뜻하는가 등에 관한 탐구 영역이다. 여기에는 참다운 앎에 결코 도달할 수 없다는 입장(자명한 지식을 부정, 단순한 의견에 불과)과 참다운 앎(자명하고 확실한 지식)에 도달할 수 있다는 입장이 있다. 이에 비하여 '앎'이란 절대불변한 것이 아닌 상대적이고 확률적이며 개선 가능한 것이라는 입장이 있다. 즉, 새로운 것을 발견하는 것이 아니라 이 세계 안에서 이루어지고 있는 현상을 설명하기 위해 인간들이 만들어 낸 인식의 도구 또는 설명의 도구에 불과하다는 것이다. 그러므로 이 입장에 따르면 지식은 인간의 이해와 경험의 폭에 따라서 개선 · 변화될 수 있는 대상이다.

다. 가치론

가치론은 좋은 것(善)과 나쁜 것(惡), 옳은 것(正)와 그릇된 것(邪), 아름다운 것(美)과 더러운 것(醜), 가치있는 것과 없는 것, 목적과 수단 등의 문제와 관련지어 그 근거와 판단 기준과 대상 등을 밝히는 철학적인 노력으로, 윤리학과 미학이 이 분야에 속한다. 윤리학은 인간의 개인적 · 사회적 행위의 질과 도덕성을 다루며, 선한 인간, 좋은 사회, 훌륭한 삶의 본질과 기준 등을 밝힌다. 미학은 인간의 삶과 경험에서 미의 본질과 기준을 탐구한다.

라. 논리학

논리학은 어떤 결론이 그에 도달하기까지의 사고 과정이 타당한 것이었는가를 검토하는 여러 가지 규칙과 기준을 밝히는 학문이다. 논리적 방법으로써 연역법(deductive method)은 보편적 원리에서 구체적 · 특수적 원리를 이끌어 내는 추리며, 귀납법(inductive method)은 개개의 구체적 사실에서 보편적인 원리나 법칙을 이끌어

내는 추리과정이다. 논리학을 기본으로 하여 성립된 철학 사조로는 논리실증주의와 분석철학이 대표적인데, 논리실증주의는 문장의 논리적 검증을 통하여 진위를 검증하는 반면에, 분석 철학은 하나의 진술이나 개념이 그 인간과 사회 등의 맥락에서 어떠한 의미를 갖는가를 밝힌다. 이는 철학의 이론 체계라기보다는 철학적 방법론으로 여겨진다.

3. 교육철학의 기능

일반적으로 교육철학의 기능은 분석적 기능, 평가적 기능, 사변적 기능, 그리고 조화적 기능으로 구분된다.

가. 분석적 기능

분석적 기능은 이론적 혹은 일상적 언어의 의미와 거기에 포함된 논리적 관계를 명백히 하여, 각종 판단기준을 밝히는 행위를 가리킨다. 즉, 교육의 실천적 과정이나 이론적 탐구에서 사용되는 언어의 애매성과 모호성에 대해 개념의 의미를 명백히 밝히는 기능이다.

나. 평가적 기능

교육철학은 교육현상이나 교육적 논의에 대하여 비판적인 입장을 취한다. 평가적 기능은 분석적 기능의 도움으로 이루어질 수 있다. 평가하고자 하는 내용의 개념이 엄격히 분석되어야 한다는 것이다. 개념을 분석하는 것은 평가적 요구가 무엇인가를 명백히 하는 것이기 때문이다.

다. 사변적 기능

사변적이란 의미는 사색, 사고, 사유, 사변, 반성적인 의미를 내포한다. 즉, 교육에 있어서 사색, 사고, 사유, 사변, 반성의 요소를 포함시켜 교육철학이라 결론짓게 되었다는 뜻이다. 사변적 기능은 이론적, 실천적 문제를 해결하기 위하여 새로운 가설과 제언을 성립시키거나 제시하는 것을 말한다. 교육의 과정에서 추구해야 할 새로운 가치를 제언하고 문제해결의 새로운 방향을 모색하는 것은 보다 나은 교육을 위하여 요구되는 필연적 조건이다.

라. 조화적(통합적) 기능

조화적 기능은 하나의 현상이나 과정을 전체로써 파악하고 여러 부분과 차원을 조화하여 이해하려는 행위다. 교육철학의 조화적 기능은 여러 가지의 다른 기능들을 절충함으로써 수행된다. 절충은 항상 교육적 대상의 대중성을 고려하여야 할 필요가 있다.

제2절 전통적 철학과 교육

전통적 철학에 있어서 사상적 원류는 관념론과 실재론을 들 수 있으며 실용주의가 사상적 조류를 형성하게 된 것은 현대의 일이다. 여기서는 관념론, 실재론, 그리고 실용주의적 입장에서 교육을 밝히고자 한다.

1. 관념론과 교육

관념론(idealism)에 의하면 인간의 궁극적 실재는 정신이며 물질적 사물들은 정신적 실재의 표상에 불과하다. 따라서 관념론은 인간의 정신적 존재로서의 가치를 중시하였다. 인간은 자유의지를 구사할 수 있는 능력이 있으며 자신의 행동을 책임져야 한다는 것이다. 인간의 정신은 신에 의하여 창조된 것으로 인간은 정신적 목적을 가진 존재다. 따라서 아동교육에 있어서도 다른 사람의 정신적 가치를 존중할 줄 알도록 가르쳐야 하며, 아동은 정신의 내재적인 일부분이기 때문에 인간과 우주간의 내재적인 조화를 강조하였다.

관념론에서는 모든 인간이 신의 형상에 의하여 창조되었기 때문에 인간은 신격

(神格)에 도달할 수 있는 잠재력을 지니고 있다고 보았다. 관념론의 창시자인 플라톤은 현실과 실재 사이의 구별을 강조하고 이데아만이 참된 실재라고 보았다.

관념론자들은 인간의 육체와 마음을 구별한다. 그들은 마음과 정신의 능동성을 믿고 인간의 육체는 마음에 비해 열등한 것으로 마음이 육체를 지배할 수 있어야만 인간이 될 수 있다고 보았다. 관념론이 교육에 미친 영향은 지대하다. 관념론에 입각한 교육은 마음을 훈련하고 정신을 함양하며 이데아에 숙달되게 하는 것을 강조한다. 관념론을 주장하는 교육자들은 지식이란 실재의 기초가 되는 정신적 원리며, 이 지식은 이데아의 형태를 취한다고 주장했다. 그들은 만일 지식이 선험적이고 보편적 이데아에 관한 것이라면 교육은 이데아를 학습자의 의식 속에 가져오는 지적 과정이라고 말한다. 또 학교는 학생들이 진리를 탐구하고 발견하는 사회기관으로 본다. 그들은 이러한 해답은 비록 잠재되어 있지만 우리의 마음 속에 존재하고 있기 때문에 깊은 반성과 성찰이 필요하다고 주장하였다. 그렇게 함으로써 비로소 진리를 찾을 수 있다고 보았다.

관념론의 교육원리로는 다음과 같은 것을 들 수 있다.

첫째, 교육은 단지 지식의 전달이어서는 안 되며 학교의 모든 교육활동은 흥미를 바탕으로 해야 한다고 하였다.

둘째, 교사는 어린이의 교육환경과 어린이의 영감의 창조자로서 창조적 활동과 고상한 인격의 모델을 제시해 주어야 하며, 학습자의 능동적 반응을 추구해야 한다고 하였다.

셋째, 아동의 개성을 절대적으로 존중하며 인격교육, 도덕교육, 정신교육을 강조하였다.

넷째, 교육내용에 있어서는 논리학, 형이상학, 미술, 문학 등 이상적 교과를 중시하였다.

다섯째, 교수방법은 학생들에게 의문이 생겨 스스로 그것을 풀려는 마음이 생기도록 하는 것이어야 하며, 이를 위해 질문과 토론의 방법을 중시하였다.

2. 실재론과 교육

실재론(realism)에 의하면 이 세계는 인간의 마음으로부터 독립해서 그 자체의 법칙에 의해 존재하며 변화하고 발전한다. 따라서 이 세계를 파악하고 이해하기 위해서는 물질세계를 관찰하여 그 법칙을 발견해야 한다. 즉 인식의 대상은 인식작용의 의식이나 주관에서 독립하여 존재하며 그것에 대한 객관적 파악에 의해서 참다운 인식이 성립되는 것이다.

실재론에 있어서 지식은 과학적으로 증명되어야 한다. 대부분의 실재론자들은 기본가치들이 근본적으로 영원하다는 점에서는 관념론자들과 뜻을 같이 한다. 실재론은 주장하는 입장에 따라서 합리적 실재론과 과학적 실재론으로 구분되며, 합리적 실재론은 고전적 실재론과 종교적 실재론으로, 과학적 실재론은 신실재론과 비판적 실재론으로 구분된다.

고전적 실재론자들은 인간의 이성에 의해서 발견될 수 있는 보편적인 도덕적 법칙들이 있으며, 그러한 법칙들은 이성적인 존재로서의 모든 인류를 하나로 묶는 일을 한다고 보았다. 종교적 실재론자들은 인간의 이성에 의해 도덕적 가치를 이해할 수 있는데, 도덕적 가치를 이해케 하는 이성적 능력은 신에 의해 주어졌다고 주장한다. 따라서 인간은 신의 도움없이 도덕적 법칙을 이해할 수 있을지라도 원죄에 의해서 인간성이 부패되어 있기 때문에 신의 도움 없이는 그 법칙을 실천할 힘이 없다는 것이다. 종교적 실재론자들은 인간의 의지와 지성의 훈련 모두를 다같이 강조한다. 신은 인간에게 구원을 제공하지만 인간은 그의 자유의지로 그것을 받아들일 수도 거절할 수도 있다는 것이다. 따라서 우리의 의지가 올바른 선택을 할 수 있도록 습관을 들이는 것을 중시하였다.

과학적 실재론자들은 가치에 대한 초자연적인 개입을 부인한다. 선은 인간을 환경에 적응 · 조화시키는 요소이며, 악이란 인간과 환경과의 화해 또는 조화를 깨뜨리는 요소라는 것이다. 과학적 실재론자들은 옳고 그름은 우리의 자연이해에서 오는 것이지 종교적 원리에서 온다고 생각하지 않았다. 도덕성은 과학적인 연구를 통해서 인간에게 유익하다고 밝혀진 바에 기초해야 한다는 것이다.

이러한 실재론의 교육적 의의로는 첫째, 자연에 대한 올바른 가치관을 심어 주었다는 것이다. 실재론에서는 지식이란 감각과 지각을 통해서 얻어지는 것이므로 자연의 관찰을 통해서 참된 지식을 가질 수 있으며, 이렇게 얻은 지식은 선한 것이라고 본다.

둘째, 현대 교육에서 과학교육을 강조하게 되었다는 것이다. 많은 과학자들이 진리를 만드는 것이 아니라 발견하는 것으로 생각하는 것은 실재론의 입장을 취하는 것이다. 그러나 실재론은 경험적 지식의 강조에 따른 창조적 이성을 소홀히

했으며 수학과 물리학을 강조한 나머지 인문학을 경시한 점에 있어서 한계성을 지닌다.

3. 실용주의와 교육

실용주의(pragmatism)에서 인간은 생물적 · 사회적인 환경 속에서 생을 영위하는 하나의 자연적인 유기체로 본다. 특히 인간성의 사회적 요소를 강조하며 인간의 바람직한 발달은 다른 사람과의 상호작용에 의해 좌우된다고 본다. 그리하여 대부분의 실용주의자들은 인간이 정신적 존재라는 주장을 부정하며 인간은 고도로 복잡하고 세심한 기계에 불과하다고 주장을 하고 있다.

실용주의자들은 가치란 상대적인 것이며 윤리적 · 도덕적 규범은 영원불변한 것이 아니라 사회와 문화의 변동에 따라 수정된다고 말한다. 따라서 관념론이나 실재론과는 달리 이들은 인간성이 융통성을 가지고 있기 때문에 교육을 통해 결정된다고 보았다. 따라서 아동의 경험을 재구조화하고 재평가함으로써 그들을 능동적으로 사고하는 유기체로 성장시켜야 한다는 것이다.

실용주의자들은 교육이 단순히 지식을 가르치고 전달하는 것보다 지식을 획득하고 적용하고 개선할 수 있는 능력을 길러 주는 일에 보다 더 중점을 둘 것을 주장한다. 지식과 경험을 지속적으로 재구성함으로써 인류가 발전하고 진보하는 것이므로 교사는 학생들의 경험의 폭을 넓혀 주고 그들이 그러한 경험을 재구성해 나갈 수 있도록 도와주어야 한다. 또한 학습과정에 있어서 학생의 능동적인 역할과 참여를 중시하고, 문제해결학습을 장려함으로써 지식은 그 자체로서가 목적이 아니라 인간이나 인류의 당면하는 문제들을 해결하기 위한 하나의 도구라고 보았다.

결국 실용주의에 있어서 지식이란 인류가 그들의 문제를 해결해 오는 과정에서 얻어진 생각들을 체계적으로 정리한 것이다. 그러나 인간의 삶에 있어서는 문제해결 능력보다도 문제를 인식하는 것이 중요할 수도 있다. 따라서 아동에게 인류의 삶에 보다 가치 있는 기여를 할 수 있는 문제들을 발견하는 능력을 키워 줄 필요성이 제기된다.

교육에 있어서 실용주의는 근대 과학적 방법을 실험실로부터 인간의 사회생활과 개인생활 등 전 영역으로 확대시켰으며, 개인과 사회의 조화적 공존의 가능성에 입각하여 낙천적 사회관을 통해 민주주의 이념을 토착화시켰다. 그러나 실용적인 지식을 강조한 나머지 꼭 알아야 할 기본적인 가치와 지식에 있어서는 철저하지 못했다는 비판이 있다.

제3절 현대교육철학(I)

19세기까지의 교육사상은 유럽을 중심으로 이루어졌으나 20세기에 이르러 미국 중심으로 변화했다. 20세기는 정치, 경제, 사회의 각 분야에 있어 급속한 발전이 이루어진 시기다. 교육에 있어서는 교육의 기회균등에 따라 교육목적, 교육내용 및 방법에 있어서 큰 변화가 이루어졌으며 특히 참된 인간을 육성하고자 하는 교육내용의 민주화는 현대 교육으로의 사상적 흐름의 변화를 가져왔다. 여기에서는 오늘날 우리 교육에 많은 영향을 주고 있는 현대교육철학인 진보주의, 항존주의, 본질주의, 재건주의 교육에 대해 고찰할 것이다.

1. 진보주의 교육

진보주의 교육(progressive education)은 실용주의, 도구주의, 실험주의 사상을 토대로 성립된 교육철학이다. 진보주의 교육사상은 역사적으로 고대 그리스의 교육사상이나 14, 15세기의 인문주의 사상, 17세기의 실학주의에서도 그 연원을 찾을 수 있다. 특히 18세기의 자연주의는 진보주의 교육에 가장 큰 영향을 끼쳤다. 진보주의 교육은 어린이의 개성을 계발하여 완전한 인간으로 성장 · 발달시킴으로써 사회생활에 유용하게 적응할 수 있도록 하는데 그 목적을 두고 있다. 따라서 개성의 계발은 개인으로서의 개성의 계발이 아니라 사회가치를 실현할 수 있는 개성의 계발을 의미한다.

진보주의자들은 변화를 당연한 것으로 받아들이며 사회를 개선하기 위해서는 새로운 방안을 계속적으로 시도해야 한다고 주장한다. 이 세상에는 불변의 지식이란 없기 때문에 교사는 학생들에게 지식의 축적을 요구하기보다는 문제해결에 필요한 태도와 능력을 키우는 일에 관심을 가져야 한다고 보았다. 따라서 진보주의 교육과정은 체계적인 지식을 담은 독립된 교과가 아니라, 직접 학생들이 해결해야 할 문제나 경험해야 할 과제로 구성되었다. 교육내용에 있어서도 직접적인 경험을 통한 교육을 중시하였으며, 교육이란 미래에 대한 준비뿐만이 아니라 현재의 학교 생활에 있어서 도움이 될 수 있는 내용으로 구성해야 한다고 보았다.

이러한 진보주의 교육철학의 원리는 다음과 같이 요약된다(Kneller, 1964).

첫째, 교육은 활동적이어야 하며 아동의 흥미와 관련되어야 한다.

둘째, 학습이란 문제를 해결하는 계획으로부터 시작되어야 하며 교과목의 흡수에서부터 시작되어서는 안 된다.

셋째, 어린이들의 교육은 생활을 위한 준비가 아니라 생활 그 자체여야 한다.

넷째, 아동은 그들의 요구와 흥미에 따라서 배워야 함으로 교사는 학습의 안내자나 조력자로서 행동하여야 한다.

다섯째, 각 개인이 서로 대립적이기보다는 협동적일 때 더 많은 성취를 가져온다.

여섯째, 교육과 민주주의는 서로 중대한 의미를 지니고 있다. 따라서 교육은 어디까지나 민주적으로 운영되어야 한다.

2. 본질주의 교육

본질주의 교육의 출발점은 진보주의 교육에 대한 비판에서 시작되었다. 1936년 Bagley를 중심으로 한 본질주의자들은 진보주의 교육이 지나친 아동중심주의와 자유주의 교육을 내세운 결과, 개인주의적인 자아중심으로 교육이 전락되어 버렸으며, 미래에 대한 방향 감각을 상실했음을 비판하고 본질주의 교육을 주장하였다.

본질주의 교육의 사상적 배경은 실재론과 관념론을 절충하고 있다. 진보주의가 과정(process)과 변화(change)를 중시하는데 비해 본질주의는 전통과 역사성을 중시하였다. 따라서 본질주의는 사회에서 소용되는 본질적 습관, 기술 및 지식을 젊은 세대로 하여금 지니게 하고, 사회질서의 영속과 안정을 위하여 문화유산으로써 가치있는 요소의 보전을 강조하였다.

본질주의란 과거 인류의 핵심적인 경험, 즉 문화유산 가운데서 가장 본질적인 것을 선정하여 조직적인 학교교육을 통해서 다음 세대에 계승시키자는 교육사상이다. 따라서 본질주의는 기본적인 교과를 학습함으로써 인간의 지적 능력을 개발할 수 있으며, 새로운 상황에 부딪쳤을 때 문제를 해결하고 적응해 나갈 수 있다고 본다. 또 학교는 학생들에게 지적 능력을 키워 주어야 한다고 주장한다.

이러한 본질주의 교육은 다음과 같은 특징을 지닌다.

첫째, 아동의 자유는 충분히 허용되어야 하지만 지나친 자유는 방종임으로 아동의 자유에는 스스로 한계가 있어야 한다. 경우에 따라서는 교사의 통제가 필요하다.

둘째, 민주사회의 시민은 자유를 향유하여야 하지만 동시에 사회 공동생활에 필요한 훈련을 받아야 한다.

셋째, 아동은 어디까지나 미성숙자이므로 교사의 지도가 필요하다. 따라서 교육에 있어서 교사의 주도성이 인정되어야 한다.

넷째, 교육에 있어서 아동의 흥미뿐만이 아니라 노력이 요구된다.

다섯째, 교과내용은 아동의 흥미중심으로 구성되어서는 안 된다. 교육과정은 인류의 문화재 가운데서 현재 생활에 사용될 필수적인 내용을 뽑아 구성하여야 한다.

여섯째, 교육은 사회적 요구와 사회적 관심을 중심으로 행해져야 한다. 교육의 궁극적 목적은 사회의 유능한 시민을 양성하는 것으로 개인의 관심이나 요구에 국한되어서는 안 된다.

이와 같이 본질주의는 학습의 훈련성, 교사의 주도성, 문화유산 및 경험의 계승 그리고 교육내용의 조직성 등을 기본원리로 삼고 있다.

3. 항존주의 교육

항존주의(perennialism) 교육사상은 진보주의 교육에 대한 비판에서 출발한다. 본질주의자들이 진보주의에 대해 부분적으로 부정한데 비해 항존주의자들은 진보주의를 전면적으로 부정하였다. 항존이란 항구적, 영원함 등의 의미를 포함한 것으로 항존주의는 진리의 절대성과 불변성을 믿고, 변화성과 일시성을 거부한다. 따라서 항존주의 사상은 자연법칙의 통일성과 절대성에 기초를 두고 있다. 통일성과 절대성은 변화하지 않기 때문에 불변적이고 항구적이다. 따라서 항존주의의 입장은 변화성, 상대성을 강조하는 진보주의에 대립된다.

항존주의의 사상적 연원은 고대 그리스의 Platon과 Aristoteles의 형이상학적 교육사상과 중세의 Thomas Aquinas의 스콜라 철학에서 비롯되었다. 따라서 항존주의는 스콜라 철학과 형이상학에서 이론적 원리를 토대로 절대적 · 보편적 진리로서의 형이상학에 기초하여 현대문화와 현대교육을 재건하는데 교육의 목적을 두었다.

항존주의의 대표자로는 Hutchins, Adler, Maritain 등을 들 수 있다. 항존주의는 이성을 강조하며, 교육은 인간으로 하여금 이성적으로 살 수 있는 존재를 만드는 역할을 한다고 보았다. Maritain은 교육의 기본적인 규범을 다음과 같이 제시하였다.

첫째, 교육은 피교육자로 하여금 정신생활을 가능케 하는 근본적 성향을 도야하는 일이다.

둘째, 교육은 개성의 내적 심연(深淵)과 의식 발달 이전의 정신적, 역동력에 주의를 집중하는 일이다. 즉 인성의 정신성을 중시하고, 교육적 영향의 내적 심화를 강조하여야 할 것이다.

셋째, 교육의 모든 작업은 분산보다는 통합에 중점을 두어야 한다. 따라서 교육은 인간의 내적 통일을 향하여 노력을 기울여야 한다.

넷째, 수업은 지성을 해방하는 것이어야 하고, 이를 억압하는 것이 되어서는 안 된다. 따라서 수업은 그 내용을 기초로 하여 이성의 능력을 배양함으로써 정신을 해방하는 것이어야 한다.

이와 같이 항존주의자들은 교육이란 영원불변한 진리를 과거의 위대한 고전(the great books)에서 찾아 이것을 모든 아동에게 똑같이 알게 하고, 또 각자가 이런 진리에 입각하여 경건하게 사는 자세를 갖게 하는데 의의가 있다고 보았다.

Kneller는 항존주의 교육의 기본원리를 다음과 같이 요약하였다.

첫째, 인간성은 변하지 않기 때문에 교육의 본질도 변하지 않는다.

둘째, 인간의 뛰어난 특징은 이성에 있기 때문에 교육은 이성을 발달시키는데 집중되어야 한다.

셋째, 교육이 지향해야 할 단 하나의 적응 형태는 보편적이고 불변한 진리에의 적응이다.

넷째, 교육은 생활의 복사가 아니고 생활을 위한 준비다.

다섯째, 학생은 일정하게 정해진 교과를 배움으로써 정신적으로나 과학적으로 우주의 영원성에 접해야 한다.

여섯째, 이러한 영원성은 영원주의자들이 위대한 책들이라고 부르는 고전을 통해 가장 잘 배울 수 있다.

이러한 항존주의에 대해 Brameld는 과거의 도피, 민주주의에 대한 위협이라고 비판하였으며, Kneller는 금욕성, 비활동성, 귀족성, 고전에 대한 지나친 중시 등에 대해 비판하였다.

4. 재건주의 교육

재건주의(reconstructionism) 교육사상은 1950년대 이후 미국에 등장한 새로운 교육사상이다. 재건주의는 Thedore Brameld에 의해 주창된 것으로 진보주의, 본질주의, 항존주의의 한계를 극복하기 위한 사상이다. Brameld는 현대의 세계는 실업과 공황의 불안, 전쟁의 위협 등 다양한 불안이 내재되어 있으므로 언젠가는 인류의 파멸을 가져온다고 보았다. 따라서 이러한 위기를 극복하기 위해서는 다수자인 민중의 지배를 확립하여 보다 나은 사회정의를 실현할 수 있는 민주사회 및 경제의 균등화된 사회를 재건하여야 하며, 교육은 다수자의 이익을 위해야 한다는 문제의식에서 출발하여 새로운 세계질서를 세울 것을 주장하였다.

Brameld의 재건주의는 다음과 같은 전제하에서 출발하였는데, 첫째, 미국문화는 현재 심각한 위기에 직면하고 있다고 단정했다. 즉, 인간은 자신을 파괴할 힘을 가지게 된 것이다. 이것이 바로 과학이 낳은 결과로 이를 방치해서는 안 된다.

둘째, 종전의 교육으로는 이 위기를 회복할 수 없다고 보았다. 진보주의 교육은 전통주의 교육의 지식중심, 교사중심, 주입식교육을 과감히 시정하려 하였으나 지나친 아동의 흥미와 자유로운 현재생활 자체의 강조로 목표 없는 교육 내지 무정부주의를 가져와서 학생의 지적 저하를 유발하였고, 본질주의는 전통과 문화유산을 강조하여 보수주의적 측면을 탈피하지 못했으며, 항존주의는 절대적 가치와 고전적 가치를 숭상하였으나 과거지향적이고 종교적이었다는 것이다.

따라서 새로운 사회질서 수립과 교육적 위기의 극복은 재건주의 교육 철학에 의해 가능하다고 보았다. 재건주의의 가치관은 사회적 실현을 포괄적 가치로서 존중하였다. Brameld는 자아실현을 주장하였는데, 자아는 사회집단과 결부되어 있기 때문에 사회적 자아라고 하였다. 사회적 자아는 개인과 사회 양자의 요구를 최대한으로 만족시키는 것을 말한다. 그리하여 사회적 자아실현에 의하여 경제적, 교육적, 과학적, 심미적 목표가 성취되며, 민주주의를 이룰 수 있다고 보았다.

현대교육철학의 시대적 지향점을 보면 항존주의는 과거중심적이며, 진보주의는 현재중심적이며, 재건주의는 미래에 가깝다. 그리고 본질주의는 과거와 현재의 사이, 즉 항존주의와 진보주의의 사이에 위치한다고 볼 수 있다.

제4절 현대교육철학(Ⅱ)

1. 실존주의와 교육

실존주의(existentialism)는 존재(existence), 즉 인간존재에 관한 철학으로써 대표자는 Jean Paul Sartre다. 그는 무신론자로서 존재가 본질에 선행한다는 것을 강조하였다. 인간이 독립된 존재로서 의지할 것은 신이 아니라 인간 자신밖에 없으며, 인간은 생활을 스스로 형성하는 자유를 가지고 있다고 보았다.

실존주의 교육철학은 객관적이고 보편적이고 이상적 인간을 만든다는 교육의 작용과 그 목적을 철저히 비판하며, 어떠한 인간을 만드는데 교육의 목적을 두지 않고 사람으로 하여금 자기의 본질적인 생을 살도록 함으로써 자기 존재의 의의와 가치를 찾게 하는데 교육의 목적을 두고 있다. 따라서 실존주의자들은 인간의 존재를 무시하는 모든 권위를 배격하고 학생들이 자신의 선택에 따라 교과를 선택해야 한다고 믿기 때문에 교과목 내에서 교과의 내용분석과 같은 체계적인 학습을 위한 어떠한 자료도 필요하지 않다고 주장한다.

실존주의가 추구하는 기본적인 원리에 대해 Kneller는 다음과 같이 요약하였다.

첫째, 철학은 철학적 문제를 다루는데 있어서 전통적 철학처럼 객관적 입장에 임해서는 안 된다. 철학은 인생 영생(永生)의 문제와의 열정적인 회전(會戰)이어야 한다.

둘째, 실존주의는 존재가 본질에 선행한다고 단정한다.

셋째, 우주자체는 의의나 목적을 가지고 있지 않다. 인생은 우주의 한 부분이 아니며 우주로부터 이탈된 존재다.

넷째, 인간은 우주적 체계의 일부분이 아니기 때문에 그에게는 절대적 자유가 있다.

다섯째, 인간은 자유인이므로 철학자는 관망자로서가 아니라 자신의 견해에 정열적으로 충성을 다하는 자로써, 이 자유를 저해하는 사람을 인간화하는 20세기의 모든 경향을 폭로하여야 한다.

즉 실존주의는 전통적인 철학들처럼 광대한 우주의 원리를 탐색하는 것보다는 우리에게 좀 더 절실한 관계가 있는, 사람 자신의 존재와 그 의의에 대해 관심을 갖는다.

2. 분석철학과 교육

분석철학은 20세기에 전개된 서양의 현대 철학사상으로 논리적 실증주의라고도 한다. 분석철학은 종래의 사변적, 선험적, 종합적 철학방법을 거부하고 모든 과학과 일상적 지식의 개념과 명제의 의미를 분석적 방법에 의해 엄밀하게 밝히는 것을 목적으로 하는 입장에 있는 철학이다. 따라서 객관적이고 엄격한 과학정신과 논리의 방법을 중요시한다. 그러므로 분석철학은 교육에 있어서 중요한 개념들의 의미를 명백히 함으로써 교육현상에 대한 참다운 이해를 도우며, 교육의 실천원리들이 교육적으로 타당한가를 평가할 수 있는 비판적 안목을 갖도록 해 주는데 그 의의가 있는 것이다.

이처럼 분석철학은 새로운 사실이나 원리를 발견하는 것이 아닌, 사람들이 사실이나 원리라고 믿고 있는 것을 그들의 말을 통해 점검하며, 그릇된 언어사용을 바로잡아 줌으로써 그들이 보다 정확한 사고를 할 수 있게 도와주는데 교육의 목적을 둔다.

분석철학에서 중요시하는 교육내용은 무엇보다도 객관성이 있고 신뢰할 수 있는 지식이어야 한다. 그러므로 증거가 불충분한 경우에는 그 이상의 자료가 발견될 때까지 판정이 보류되어야 한다. 교사는 모든 규범적인 명제를 신중히 검토하여 그것이 과연 무엇을 의미하는가를 밝혀야 한다. 따라서 교육방법상에 있어서 ① 교사는 교육내용을 명확하게 전달하여야 한다.

② 교사는 논리학의 공식과 법칙을 준수하여 일관성 있게 추리하여야 한다.

③ 교사는 모든 논의와 다른 사람에게 사용되는 언변과 규율을 명백히 하여야 한다.

④ 귀납법이 가설, 개념, 이론을 실증하는 데 적용되어야 한다.
⑤ 불분명한 정의와 표어 및 은유 등을 바로잡기 위하여 분석법을 사용하여야 한다.

그러나 분석철학에 대한 비판도 존재한다. 바람직한 세계관이나 윤리관의 확립에 별 도움을 주지 못한다든지, 체험적, 가치판단적, 사회, 역사적 요소를 배제하고 있다든지, 정의적 차원의 실재와 그 의의를 긍정적으로 수용하지 못하고 있다는 점 등이 비판거리로 거론된다. 분석철학자로는 M. Schlick, B. Russell, L. Wittgenstein, A. J. Aer, G. Ryle, R. S. Peters 등이 있다.

3. 포스트모더니즘과 교육

포스트모더니즘(postmodernism)은 1960~70년대에 모더니즘으로 설명될 수 없는 새로운 문화적인 양상이 건축, 문학, 예술분야에서부터 나타나자 이를 설명할 수 있는 새로운 이론적 틀로써 등장했다. 모더니즘은 근대 시민사회 이후 이 사회를 이끌어온 합리주의적 계몽주의의 이념으로 보편성, 총체성, 단일성을 추구해 왔다. 그러나 20세기 후반에 접어들면서 세계는 커다란 변혁을 맞게 된다. 자본주의적 소비사회화, 디지털 영상정보화, 탈이데올로기화, 신중간계급의 대두, 신과학운동 등 대중문화의 특성이 급격한 변화를 가져온 것이다. 이러한 새로운 문화 전반의 변동은 모더니즘의 틀로는 설명해 낼 수가 없었다. 이러한 사회변화를 해석하고 수용할 수 있는 이론적 틀로써 포스트모더니즘이라는 단어가 학술적 용어로 채택되었다. 그러므로 포스트모더니즘은 모더니즘의 특성과 상반되긴 하지만 모더니즘의 단절이라기보다는 후기 현대의 새로운 양상을 설명해 내는 사상이라고 이해해야 한다. 대표적 학자로는 Lyotard, Lacan, Derrida, Foucault, Rorty 등이 있다(노상우, 1998).

포스트모더니즘의 철학적인 특징은 모더니즘에서 당연시 되어온 사유지반에서 벗어난다. 즉 주체, 의미, 진리, 총체성으로 대표되는 모더니즘적 특징들은 해체되고 파편화된다. 주체를 해체시켜 객체를 인정해 주고, 의미란 독자적으로 존재하는 것이 아니라 맥락 속에서 존재하는 것이며, 진리란 절대적인 것이 아닌 상대적이고 다양한 것임을 인정하고, 단일적, 총체성에서 벗어나 다양성을 추구하는 것이 포스트모더니즘의 특징이라 할 수 있다.

이러한 포스트모더니즘은 현대교육을 비판하고 나선다. 최근의 대중교육체제는 합리성, 개인적 자율성, 통합된 자아, 국가역사 위계적 조직, 진보 등을 강조하는 현대의 고안물이라는 것이다. 포스트모더니즘의 교육에 대한 문제는 다음과 같은 몇 가지로 논의되어진다.

첫째, 거대서사(grand narratives)의 거부다. 리오타르는 모더니즘의 이론체계를 거대서사라 부르며 포스트모더니즘은 거대서사를 거부하고 그 동안 거부되고 억압되어온 소서사에 관심을 둔다고 주장했다. 이는 공교육의 거부이며 해체를 의미한다. 포스트모더니즘은 컴퓨터, 과학지식, 선진기술, 전자서적 등의 확산 현상이 현대의 총체화된 거대서사와 단절하려 하고 다양성, 국부성, 특수성, 우연성을 부각시킨다고 말한다. 현재의 학교양식은 생산양식과 같은 공장모형에 어울리는 것이며 정보양식이 발달한 포스트모던 조건에서는 시대착오적이라는 것이다. 따라서 공교육은 현재 위기를 맞고 있고 해체되어야 한다는 것이다.

둘째, 정전(text)의 다수성과 타자성을 주장한다. 현재 정전은 유럽형 기독교 백인문화를 담고 있으며, 이는 선택된 규범, 거대지식으로 그 동안 하나의 신앙으로 추앙받아 온 것이다. 포스트모더니즘은 이러한 절대화된 정전의 해체와 타자성의 인정을 주장한다. 이는 다양한 정전과 다양한 학교 형태의 가능성을 주장한다.

셋째, 역리(paralogy)와 차연(difference)을 통하여 진리에 대한 무한한 열린 해석의 가능성을 주장한다. 이는 자기한계의 인식 태도에서 나온다. 푸코에 의하면 자기한계의 인식은 보편적인 완벽한 합리적 계몽이 아니라 주체가 세계 속에서 특수하게 성찰하고 경계를 넘어서는 독특한 사유양식이고 존재방식이다. 즉, 세계를 둘러싸고 말하고 사고하고 행위하는 인간주체가 전체 속에서 타자성과 국부성을 인정하는 태도다. 이는 고정되고 절대적이고 일원론적인 종래의 사고를 버리고 유동적이고 상대적이고 다원적인 열린 태도를 갖는 것이다. 이 때 타자에 대한 새로운 인식과 상호인정을 통하여 스스로 경직된 사고방식으로부터 해방된다.

이러한 포스트모더니즘의 교육철학 논의는 교육문제를 인식하게 해 주었고, 교육목표, 내용, 방법적인 면에서의 획일성을 지양하게 해 주었으며 학생들을 중심으로 이끌어 내는데 시사점을 제공했다. 한편 포스트모더니즘을 비판하는 학자들은 총체성 보편성을 파편화시켜 이 사회가 나아갈 길, 즉 방향성을 제시하지 못하는 것이 포스트모더니즘의 최대 약점이라고 말한다. 특히 교육에서 공교육의 해체,

자유교양교육의 거부는 교육이 공동선을 추구해야 한다는 입지를 거부하는 것이다. 따라서 공교육의 문제점은 드러나야 하지만 공교육은 새롭게 재개념화되어야 하고 자유교양교육도 문화의 다원성 속에서 교육의 전략 속에 선택적인 전통의 존속이 포함되어야 한다.

4. 신자유주의와 교육

1980년대 이후 서구에서는 신자유주의 사상이 사회 전반에 커다란 변화를 가져왔다. 1979년 영국에서는 대처수상(토리당)이, 미국에서는 1982년 레이건(보수당)이 정권을 잡게 되면서 신우익의 사회재구조화 프로젝트가 기획, 추진되었다. 신우익의 프로젝트가 바로 신자유주의와 신보수주의다. 신자유주의는 한 마디로 시장근본주의를 말하고 신보수주의는 사회, 도덕적인 면에서 보수주의를 지향하는 것이다. 즉 보편적인 규율과 규제를 통하여 와해된 사회규범과 가치관을 바로잡겠다는 의도다. 이 프로젝트는 1960년대 인권의 논리에서 만들어졌던 복지국가를 해체하고 시장논리와 보수적 가치를 사회 전영역에 복원시키는 데 목적을 두었다.

신자유주의를 이해하기 위해서는 먼저 고전적 자유주의를 이해해야 한다. 고전적 자유주의는 Locke의 개인의 자유와 재산권을 중시하는 자유주의에서 찾을 수 있다. 개인은 자율적 인간본성을 가지고 자유를 실천하는, 이익을 추구하는 개인(universal egoism)으로 특징지어진다. 국가는 이러한 개인의 대표자, 대리인으로서 개인의 요구에 기반을 두고 있으므로 국가의 역할은 제한적이고 최소화된다. 그래서 고전적 자유주의를 자유방임주의 laissez-faire라는 정치적 격언으로 표현한다.

이에 비해 신자유주의는 국가가 시장이 작동하는데 필요한 조건과 법률과 제도를 제공한다는 특징을 가진다(Apple, 2001). 국가가 앞장서서 시장근본주의를 내세우지만, 그 이면에는 고전적 자유주의처럼 개인의 자유를 인정하기 때문이 아니라 개인을 조종하겠다는 의도가 은폐되어 있다. 복지국가 시스템에서 국가는 게으름 피우는 잠재적 노동자들을 인권이라는 차원에서 먹여 살렸다. 이제는 그들을 조종하여 경제적 개인주의를 만들겠다는 것이다. 그들의 무능력은 사회구조의 문제가 아니라 그들의 책임이므로 국가가 손을 떼겠다는 말이다. 따라서 신자유주의는 기업에 대한 규제를 철폐하며 국유화된 기업을 민영화시키고 사회복지정책을 축소하여 국가가 안고 있는 짐을 들어내지만 사회제도를 감독하고 그 성취를 평가하는 등 일반적인 통제는 계속하고 있다.

이러한 형성 배경을 가진 신자유주의는 개인주의, 시장의 효율성, 시장의 자유경쟁을 강조한다. 신자유주의자들에 의하면 시장은 신분이나 인종에 의한 특정 집단의 이익이 관여할 수 없는 평등한 곳으로 경제행위자들이 자신의 재능을 활용하여 개인의 이익을 추구할 수 있으며 스스로 시장질서가 조정가능한 곳으로 보았다. 이런 전제로 신자유주의는 전지구적 무한경쟁이라는 세계화시대에 적합한 패러다임으로 받아들여졌지만 현재는 신자유주의의 본고장인 영국에서조차 중도좌파를 지향하는 제3의 길로 정치적 노선을 바꾸고 있는 것이 현실이다.

교육도 신자유주의 시장논리를 피해 갈 수 없었다. 신자유주의는 교육에 시장경쟁논리를 도입하면 국가의 간섭과 규제가 줄어들어 단위학교의 자율성이 증가할 것이고, 수요자들은 구미에 맞는 교육과정을 자유로이 선택할 수 있으며, 교육을 민영화시켜 학교간의 경쟁을 유발하면 각 단위학교들이 살아남기 위해 교육의 질을 향상시킬 것으로 믿었다. 그렇게 되면 국가는 교육재정을 줄일 수 있으면서 국가의 교육수준도 향상시킬 수 있을 것이라는 금상첨화의 시장논리 프로젝트였다. 이러한 신자유주의 교육개혁은 많은 학자들의 비판을 받고 있지만 차트스쿨[1], 바우처 프로그램[2], 마그넷 스쿨[3] 등 변형된 형태로 교육에 접목되기도 하였다. 특히 90년대 이후로는 자본의 경쟁이 더욱 치열해지고 초국적 자본의 세계적 주도권이 전면화되면서 신자유주의 교육개혁이 각 국마다 강력하게 추진되고 있다. 우리교육도 1995년 5.31교육개혁안에서부터 신자유주의 논리가 접목되었고, 갈등을 빚고 있는 자립형 사립고교 설립, 7차 교육과정, BK21, 교직성과급 등이 신자유주의의 대표적인 교육개혁이라 할 수 있다.

신자유주의 교육개혁을 위에서 논한 자율성, 선택, 교육의 질 향상으로만 이해하면 그들의 수사학에 속아 넘어간다. 자율성과 선택의 이면에는 국가수준에서 교육과정을 통제하고 학업성취를 평가하겠다는 논리가 포함되어 있다. 이는 교육의

---

1) 학부모, 지역주민, 학교가 협력하여 학교운영을 계획하여 정부와 계약을 맺은 학교로 성과가 저조하면 그 계약이 파기되는 형태의 학교로 정부로부터 교육재정을 지원받는다.
2) 학교형태는 아니며 재정적인 이유로 사립학교를 갈 수 없는 학생이 사립학교에 가기를 원할 때 정부에서 교육비가 담긴 티켓을 학부모에게 제공하는 프로그램이다.
3) 특정 프로그램을 개발하여 운영하는 특성화 학교의 형태로 외국어, 요리, 디자인, 만화 등을 전문으로 교육하는 학교형태다.

자율성을 침해하고 평가위주의 교육으로 교육의 본질적인 목적을 간과한 정치 경제적인 논리에 의한 교육개혁이다. 교육 본질적인 차원에서 공교육을 민영화한다는 것은 모순이다. 공동체 삶을 살아가야 하는 사회구성원의 보편적인 사회화가 공교육의 목적의 큰 비중을 차지한다. 이러한 공공성은 민영화된 교육에서는 불가능함을 인식해야 한다.

생각해 볼 문제

1. 철학이란 무엇이며, 자신의 교사철학에 대해 설계해 보도록 하자.
2. 교육철학의 기능에 대해 설명하시오.
3. 진보주의와 본질주의 교육을 비교 설명하시오.
4. 포스트모더니즘에 대해 설명하시오.
5. 신자유주의 교육원리를 설명하시오.

제 3 장

교육사의 이해

역사는 변화를 전제로 하지만 그 변화 속에서 어떤 질서를 구하며 하나의 계통적인 진화, 발전의 발자취를 말한다. 역사는 인간의 경험이며 하나의 생명이다. 즉 역사는 곧 인간 생활이며, 인생의 경험이기 때문에 지속성을 지니고 있다. 따라서 역사에 속하는 사건들도 모두 일종의 지속성을 가지고 있는 사건들이다. 그러한 사건들은 과거에서부터 현재에 이르기까지 계속되어 왔을 뿐만 아니라 미래에도 끊임없이 지속될 것이다. 역사를 연구하는 것은 사건을 밝힐 뿐만 아니라 과거를 근거로 하여 현재를 이해하는 것이며, 나아가 미래까지도 알려주는 것이다. 따라서 우리는 교육사 연구를 통해 과거의 교육을 바탕으로 미래의 교육을 예견할 수 있을 것이다. 이 장에서는 학생들로 하여금 교육사에 대한 이해를 바탕으로 한국교육사, 한국의 사상사, 그리고 서양교육사에 대해 간략히 제시하였다.

제1절 교육사의 이해

교육사란 교육의 역사다. 이는 교육현상을 통하여 이루어지는 어떤 활동의 결과를 총칭한다. 따라서 교육사는 교육의 발생, 사상, 제도 등에 관한 교육과정의 역사 또는 그것을 연구하는 학문이다. 교육사는 과거의 삶의 현상으로써 교육현상을 역사적으로 규명하며, 규명된 역사적 사실을 바탕으로 교육현상을 관통하는 여러 가지 법칙이나 경향을 살펴보고 이를 통해 교육현상을 보는 안목을 길러 현재의 교육실천을 풍부하게 하고 미래의 교육을 전망할 수 있도록 해 주는 연구 분야다.

교육사 연구의 필요성에 대해서는 여러 학자들이 밝힌 바 있다. 박도순 등(1996)은 창조에서 계승된 훌륭한 교육의 유산은 비록 외형이 초라하게 보이는 것일지라도 영구한 교육적 생명을 지니는 것이라고 말했다. 오랜 옛날의 것이면서도 그것을 오늘에 받아들이는 사람들의 가슴 속에 공감을 불러일으켜 용기와 자부의 근원이 되고 또 다시 창조를 생산하게 되는 것이다. 따라서 훌륭한 교육은 자기 나라의 역사를 통하지 않고서는 성공하기 어렵다. 계승해야 할 교육적 전통을 창조로 연결시키는 교육사적 작업이야말로 무엇보다도 훌륭한 교육과 사회를 만들 수 있을 것이다.

개인으로서의 가장 큰 무지는 자기 자신을 모르는 것이며, 국민으로서의 가장 큰 무지는 제 나라의 역사를 모르는 것이라 할 때 학생으로서 교육사를 모르는 것 또한 무지일 수 있다. 따라서 교육학을 배우는 학생들은 우리의 교육사를 반드시 알아야 한다.

교육사 연구를 통해서 첫째로 우리의 교육사관을 정립할 수 있으며, 둘째로 계승해야 할 교육적 전통을 발굴하고 이를 창조할 수 있으며, 셋째로 우리에게 맞는 교육적 이론의 전개뿐만 아니라 우리 교육의 미래에 대한 예언적 관찰이 가능할 수 있다. 따라서 교육사 연구를 통하여 현재의 교육현상을 바르게 이해할 수 있는 자료와 근거를 찾을 수 있을 뿐만 아니라 교육의 미래상을 예언함으로써 삶의 지혜와 방법을 찾을 수 있을 것이다.

제2절 한국교육사의 이해

1. 원시사회의 교육

교육은 인류의 역사와 그 연원을 같이하지만 교육기관이 생겨난 것은 훨씬 그 이후의 일이다. 원시시대에는 학교라는 교육기관이 없었기 때문에 모든 교육이 가정이나 생활의 장에서 이루어졌을 것이다. 따라서 교육은 군집생활 속에서 가족 구성원 뿐만 아니라 주위 연장자들에 의해 그들이 살아가는데 필요한 것들을 전수받는 것이었다.

원시시대의 교육내용은 그들이 생존하는데 필요한 제반적인 지식, 즉 실생활과 직결되는 실제적인 것이었다. 때문에 그들은 교육에 있어서 목적의식이 뚜렷했을 뿐만 아니라 학습동기도 강했으며 자신들의 흥미와 학습의욕에 따라 학습시간을 조절할 수 있었다. 이와 같이 원시시대의 교육은 비록 그 교육내용이나 교육방법에 있어서 현대 교육과 비교될 수 없을지라도 교육의 목적이나 교육원리에 있어서는 오늘날의 교육에 시사하는 바가 크다.

2. 삼국사회의 교육

삼국시대는 고조선의 멸망과 한사군(漢四郡)의 설치를 전후로 4세기 초에서 7세기 중엽까지 고구려, 신라, 백제가 정립한 시기다. 삼국은 중국에서 전래한 철기문화와 정치제도를 바탕으로 성장하였으며, 유교와 불교가 도입되어 전통적인 무속신앙과 낭가(郎家)사상이 조화를 이루면서 정치와 교육 문화 전반에 큰 영향을 끼치고, 윤리의식의 발달과 아울러 정치제도의 발달을 촉진시켰다. 특히 유교의 수용과 더불어 한자의 도입은 이후 배우고 가르치는 형식적 교육기관인 학교교육의 성립과 발달의 계기가 되었다.

고구려는 삼국 중 가장 먼저 고대국가로 발전하였고, 지리적으로 중국과 인접해 있었으므로 중국 문화의 영향을 받아 가장 먼저 학교교육이 발달하였다. 고구려

소수림왕 2년(372)에 태학이 설립되었다는 기록으로 보아 태학은 우리나라 학교교육의 시초며, 한국 유학의 기원으로써 교육사적 의의가 크다. 태학의 설립 목적은 관리의 양성에 있었으며, 입학자격은 귀족의 자제들로 한정되었다. 교육 내용으로는 오경 · 삼사(시경, 서경, 역경, 예기, 춘추, 사기, 한서, 후한서)가 주류를 이루었다.

백제에 학교가 있었다는 직접적인 기록은 발견되지 않고 있다. 그러나 사료로 미루어 고구려에 못지않은 문화를 지녔을 것이라고 짐작된다. 그 근거로는 첫째, 박사제다. 박사란 '教學之任'을 맡은 관직, 즉 벼슬의 이름을 말하는 것으로 이들은 학자로서 가르치는 일을 주 임무로 하였다.

둘째, 백제의 중앙관제를 살펴보면 학교가 성립되었을 가능성을 찾을 수 있다. 백제의 육좌평이라는 중앙관제 가운데 내법좌평은 의례를 관장하는 부서인데 이것은 조선왕조의 예조에 해당된다. 이와 같이 백제는 기록으로 전해지지는 않지만 학교교육이 있었을 것으로 보여 진다.

신라는 지리적으로 보아 고구려나 백제에 비해 중국 문화의 유입이 다소 늦었을 것으로 보여 진다. 통일신라 이전에는 학교교육이라는 형식교육은 없었지만 화랑도가 고구려의 태학과 같은 형식교육의 역할을 담당하였다. 화랑도는 민족고유의 풍류도와 유, 불, 선의 3교를 주체적으로 융합한 세속오계를 기본사상으로 하였다. 그 결과 화랑도 교육을 통하여 현명한 지도자와 선량한 백성이 양성되었으며, 이는 당시의 신라가 지정학적으로 가장 어려운 처지였음에도 불구하고 삼국통일을 이룰 수 있었던 까닭이다.

신라가 국토를 통일하는 대업을 성취하고, 당나라와의 접촉을 더욱 긴밀히 하는 동안 화랑도 문화는 크게 발전하였으며, 682년(신문왕 2)에 국학을 세워 인재양성에 주력하고자 했다. 국학의 교육내용은 유교 경전이 주가 되었으며 논어와 효경은 필수이고 나머지는 3가지 유형으로 구분하였다. 그 이외는 잡학교육으로 의학, 율학, 산학 등이 있었다.

3. 고려사회의 교육

고려사회는 불교가 내세를 지향하는 종교로 확고한 삶의 지침이 되어 있는 가운데 유교는 치국을 위한 현세적 이상의 실용적 차원에서 수용되어 신흥국가를 운영하기 위한 귀족 관료적인 정치체제와 함께 유교적인 교육제도를 마련하게 되었다.

고려사회는 불교와 유교가 상호 보완적으로 병존하는 이중구조를 유지하였던 것이다.

고려는 신라와 당, 송대의 교육을 수용하였다. 고려의 교육은 신라의 교육보다 분화되어 서울 및 지방에 교육기관이 설립되었고, 교육기관의 수준도 초등교육기관부터 고등교육기관까지 다양하였다. 고려의 대표적인 교육기관으로는 관학으로는 국자감과 향교, 사학으로는 12도와 서당이 있었다.

고려에 이르러 광종 9년(958)에 당의 제도를 모방한 과거제도가 실시되었는데, 고려 초기의 취약한 왕권을 강화함과 더불어 유교적 교양을 지닌 인재를 선발하는 기능을 수행하는데 목적을 두었다. 과거는 문과, 무과, 잡과로 구분되며 시험절차는 다소 차이를 보였다.

사상적으로는 이 시기에 성리학이 전래됨에 따라 침체된 유학의 부흥을 꾀하며 새로운 학풍이 일어나게 되었다. 그러나 이미 고려의 정치적 · 사회적 불안은 교육현상의 부진 상태를 회복시키지 못하였다. 성리학은 조선조에 이르러 숭유억불정책에 힘입어 절대 교육으로 나타나게 된다. 당시 고려시대에 있어서 대표적인 학자로는 최충(984~1068), 안향(1243~1306), 이색(1328~1396), 정몽주(1337~1392) 등을 들 수 있다.

4. 조선사회의 교육

조선사회는 양반 사대부가 집권층으로 자리잡아감에 따라 우리 역사상 가장 엄격한 신분적 계급 질서가 유지되었으나, 후기에 오면서 세습 양반의 수는 증가하고 관직은 한정되어 있으므로 이와 같은 신분제는 정치적 · 사회적 혼란의 한 원인이 되었고, 엄격한 신분질서도 점차 무너지게 되었다. 이와 같은 질서 속에서 교육은 과거를 통한 입신출세를 위한 주된 수단이 되었고, 조선의 교육은 지나치게 유학(성리학)만을 숭상하여 과학기술의 발달이나 생산기술의 향상을 제약하는 결과를 초래했다. 그러나 조선의 학문적 수준은 매우 높은 것이었고, 학문과 예의를 숭상하고 교육을 중시하는 전통을 낳았다. 특히 세종 이래 학문을 장려하고 학자를 우대하는 전통은 훌륭한 학문적 성과를 이룩하였다.

한편, 임진왜란 이후 청나라의 고증학의 영향과 서양 문물의 전래와 일부 지식인의 반성으로 인하여 실용적이고 실증적인 학문을 추구하는 실학운동이 일어나 근대화의 싹을 엿볼 수 있었다. 이후 실학사상은 개화사상으로 연결되어 교육 근대화의 사상적 맥을 잇게 되었다.

조선시대의 교육기관과 학제의 기틀은 고려의 것을 계승했으나, 이를 더욱 발전시키고 장려했다. 조선시대의 대표적인 교육기관으로는 관학인 성균관, 사학(四學), 향교와 사학인 서원, 서당을 들 수 있다. 조선사회의 대표적인 사상으로는 성리학과 실학을 들 수 있는데 이러한 사상들은 조선의 교육사상에 지대한 영향을 끼쳤다.

조선시대의 대표적인 교육사상가로서는 권근(1352~1409), 조식(1501~1572), 이황(1501~1570), 이이(1536~1584), 유형원(1622~1673), 이익(1681~1763), 박지원(1737~1805), 이덕무(1741~1793), 정약용(1762~1836) 등을 들 수 있다.

5. 근대의 교육

조선은 오랫동안 성리학을 정치적 지도이념으로 하고 중국과의 사대적 외교를 통하여 체제를 유지해 왔으나, 말기에 이르러 대내적으로는 집권층의 갈등과 사회적 혼란에 의하여, 대외적으로는 서세동점의 세계사적 조류와 이에 편승한 일본 제국주의의 침략 야욕에 의하여 문호를 개방하기에 이르렀다. 문호 개방을 반대하는 위정척사운동과 임오군란, 갑신정변, 동학혁명, 갑오개혁 등 정치 사회의 격변 끝에 조선은 한일합방으로 일제의 식민지로 전락하여 국권을 상실하게 되었다.

이러한 시대적 상황 속에서도 우리 민족은 교육입국의 의지를 가지고 각계각층에서 교육 근대화를 위한 노력에 박차를 가했다. 근대학교가 설립되기 전에 이미 근대학교의 전신이라고 할 수 있는 동문학과 광혜원이 설립되었으나 현대적 학교의 설립을 의미하는 것은 아니다. 개화기의 교육 근대화 운동은 정부주도하의 교육개혁, 민족 선각자에 의한 교육구국운동, 종교계의 교육활동 등으로 구별할 수 있다.

개화기는 어느 때 보다도 교육에 대한 민족적 각성과 열의가 높았던 시기로 대표적인 교육사상가로는 이용익(1854~1907), 남궁억(1863~1939), 이승훈(1864~1930), 안창호(1878~1938) 등이 있다.

6. 일제하의 교육

일제는 1905년 을사보호 조약을 계기로 한국을 병합하려는 정책을 실시하였는데, 통감부의 설치(1906)에 따라 한국인에 대한 문맹정책과 사립학교의 통제를 목적으로 하였다. 이는 식민지화를 위한 준비단계의 교육정책으로 우민화 정책과 친일교육의 강화, 사학의 통제와 교과용 도서의 검인정을 실시하였다. 이에 따라 통감부는 전반적인 학제개편을 단행하여 소학교를 보통학교로 개칭하고 수업기간을 6년에서 4년으로 단축하였으며, 교과목에 일어를 부과하여 친일사상을 고취하였다.

또한 통감부는 교과용 도서의 검인정제도를 실시하고 나아가 사립학교령을 공포하여 사학을 통제하기에 이르렀다. 이는 단지 사학을 구속하는 것뿐만 아니라 한국인의 구국을 위한 민족교육을 통제 억압하려는데 그 목적이 있었다. 교과용 도서의 검인정 규정에 따르면 교과서는 학부에서 편찬한 것, 학부대신의 검정을 받거나 학부대신의 인가를 받은 도서에 한해서만 사용하도록 하였다. 따라서 교과서 검정제가 실시된 뒤에 사용이 금지된 도서가 많았으며 그 중에는 애국사상을 고취하며 항일 투쟁을 역설한 지리 교과서가 많았다.

1910년 이후 일제시대 교육의 대표적인 특징으로는 동화정책, 보통교육, 우민화 교육, 사립학교의 통제를 들 수 있다. 이와 같이 일본은 교육을 통해 조선민을 일본인화하려는 노력을 가하였으며 결국 패망함으로써 망상을 깨치게 되었다.

7. 현대사회의 교육

8.15 해방은 민주교육의 출범이었다. 그러나 민주교육의 이념과 제도를 아무런 주체적 수용의 준비도 없는 가운데 받아들인 부작용은 적지 않았다. 해방 이후 정부수립 전까지의 교육은 민주교육의 기틀이 마련된 시기로 한국교육의 방향이 설정되었으며 진보주의 교육사조가 소개되었다. 정부의 수립과 더불어 교육법(1949. 12. 31)이 공포되고 우리나라 교육의 방향과 진로가 확정됨으로써 우리의 교육은 홍익인간의 이념 아래 민주생활을 하는 인간양성을 목적으로 하였다.

동란 이후 교육내용에 혁신을 가하여 교육과정의 생활화와 교과서 개편을 추진하였으며 교육방법에 있어서도 다양한 변화를 가져왔다. 1960년대와 70년대에 이르러 학문중심의 사상이 도입되어 탐구학습과 발견학습에 중점이 가해 졌으며, 70년대는 새마을 교육과 민족주체성 확립을 위한 교육이 강조되었다. 1980년대에 이르러 인간중심의 교육사조가 등장하여 전인교육에 역점을 두었다. 이제 한국의 교육은 21세기 세계화 · 정보화 시대를 주도할 자율적이고 창의적인 한국인의 육성에 초점을 두고 있다.

제3절 한국교육사상의 이해

1. 성리학과 교육

고려 말엽에 알려지기 시작하여 조선 중기에 발달한 성리학은 우주의 근원과 인간의 심성을 형이상학적으로 해명하고자 하는 사상이다. 성리학은 태극론, 이기론(理氣論), 심성론, 성격론으로 구분되며 정주학(程朱學), 주자학(朱子學), 이학(理學)이라고 불리는 유교철학이다. 성리학은 성현을 본받고 배우기 위한 존양(存養)과 궁리(窮理)를 연구하는 것으로 항상 선량한 마음을 가지고 천부의 자질을 잘 나타나게 하며, 인륜과 도리를 궁리하여 인간의 도덕적 행위를 이상으로 하였다(임창재, 1995 : 279).

조선시대 성리학은 주리파(主理派)와 주기파(主氣派)로 구분된다. 주리파의 선구자는 이언적이며 대표적인 학자는 퇴계 이황이다. 주기파의 선구자는 서경덕과 기대승이며 대표적인 학자는 율곡 이이(李珥)다. 둘의 방법론적 차이는 주리파가 내향적 · 주관적 · 경험주의라고 한다면, 주기파는 외향적 · 객관적 · 지식주의다.

주리파와 주기파의 학문적 대립은 사단칠정(四端七情)에서 두드러졌다. 이황과 기대승의 8년간의 논쟁에 이어 성혼과 이이의 6년에 걸친 논쟁이 있었다. 이후 양파의 논쟁은 200년간 계속되었다. 이러한 논쟁은 당쟁과 결부되어 많은 폐해를 일게 하였으며, 현실과 거리가 있는 공리공담을 만들어 냈다.

성리학은 근본적으로 존양과 궁리를 핵심으로 하는데, 존양(存養)은 존심양성(存心養性)을 의미하는 것으로 항상 선량한 마음을 가지고 천부의 본성을 기르는 것을 인간 본연의 자기수양의 목표를 삼는 것이다. 이 존심양성에 함유되어 있는 본질은 인간의 본심은 선이라는 것이다. 이 선의 마음을 지켜 자기의 양심을 흐트러짐 없이 항상 보존하면 어떠한 경우에도 사악(邪惡)하지 않으며, 자기의 계속적인 노력에 의해 이 천부의 본성을 꾸준히 가꾸고 키워나가야 한다.

한편 궁리(窮理)란 도리를 연구한다는 의미로 지식을 확실하게 한다는 뜻이다. 즉 인식이라는 말과 같은 의미로 천리와 우주의 근본원리, 천인의 관계 및 인도의 원리를 구명함을 뜻한다. 궁리는 존심양성에 기초하며, 존양과 궁리는 성현이 되는 도인 것이다.

성리학은 우주철학으로 윤리철학을 설명하는 것이며, 교육목적은 윤리도덕을 갖춘 선인을 양성하는 것이며 궁극적으로는 성현의 경지에 도달하는 것이다. 이러한 목적을 달성하기 위해 성현의 본을 받도록 하는 교육방법을 사용했으며, 교과서는 소학, 사서삼경 등이었다. 조선시대 성리학의 발달은 과거제도와 그 맥을 같이 한다. 유학의 경전을 중심으로 한 과거는 성리학의 발전에 지대한 영향을 끼쳤다(김경식, 1999 : 90-91).

2. 실학사상과 교육

조선 후기의 절박한 사회 상태와 밖으로부터의 서양문명의 전래는 자연히 학자들에게 자기반성을 요구하게 되었다. 그들이 직면하고 있는 사회의 현실적인 문제에 관심을 기울이지 않을 수 없게 되었고, 이에 이르러서는 사장(詞章)을 주로 하는 경향이나 사변적인 성리학을 배격하고 현실적인 사회 기여의 학문을 주장하기에 이르렀다. 그러므로 실학의 발생은 정치와 사회의 현실을 개혁하기 위한 정권 담당자들에 대한 비판을 내포하고 있는 것이다. 이리하여 오랫동안 정권에서 축출되어 있던 남인들과 양반 가운데서도 서얼과 같이 사회적으로 차별을 받고 있던 계층에서 실학자가 많이 나오게 되었다.

실학의 기본 성격은 자유성 · 과학성 · 현실성을 지향하는 것이고, 그것은 모두 근대지향성과 민족지향성을 갖고 연구되었기 때문에 실학은 객관적인 자연과 사회적인 실천윤리 및 민족적 주체의식으로 나타났다. 그래서 실학자들은 주로 정치 · 경제 · 사회 등의 역사와 현실을 밝히는 데 큰 관심을 가지고 있었으며 그러한 학문적 연구를 토대로 하여 이상적 사회를 실현하기 위한 구상을 펴 나갔다(장덕삼, 1995 : 157-8).

실학의 발전 방향은 시기와 강조점에 따라 세 가지 학파로 구분된다.

첫째, 경세치용학파는 유형원과 이익을 대종으로 하는 남인계의 농촌을 배경으로 하는 학자들로 구성되었으며, 정치, 경제, 사회, 제도 등의 개혁을 주장하였고 17세기 말부터 18세기 전반기에 걸쳐 실학을 주도하였다.

둘째, 이용후생학파는 박지원을 대표로 상공업 및 생산기술에 관한 연구와 그 혁신을 주장하는 북학파들로 구성되었으며 18세기 후반과 19세기 초의 실학을 주도하였다.

셋째, 실사구시학파는 김정희를 중심으로 엄격한 경험주의적 학문을 강조하고, 객관적인 고증학에 치중하는 학파로서 19세기의 실학을 주도했다.

실학운동은 정치 · 경제 · 사회 · 문화 · 과학 · 교육 등 전 분야에 걸친 르네상스 운동이라 할 수 있다. 비록 실학자들의 광범위한 주장이 정책화하여 실현되지 못하고 오히려 조선 말기에 쇠퇴하고 좌절되었으나 사대부를 중심으로 하는 봉건 지배계층의 부패와 모순을 지적하고, 정치 · 경제 · 사회 · 문화에 걸친 광범위한 개혁안을 제시하고 실천하였다는 점에서 역사적 의미는 지대하다. 이와 같은 실학운동은 다음과 같은 역사적으로 의의를 지니고 있다(박의수 외, 1993 : 94-95).

첫째, 교육이념의 근대화에 기여했다. 유형원과 이익의 주장에서 볼 수 있는 신분을 초월한 교육의 기회균등 사상과 민본주의적 개인차의 중시 등은 현대의 보편적 국민교육의 이념과 통한다고 볼 수 있다.

둘째, 과거제도의 폐단을 지적하고 이에 대한 개혁을 다각도로 모색했다.

셋째, 한글의 보급과 발전에 기여했다. 그 때까지 천시 당하던 한글이 천주교의 포교 수단으로 활용되어, 다산은 한글로 교리서를 번역하여 읽혔다.

넷째, 민족주체 의식의 제고를 들 수 있다. 실학운동은 몰민족(沒民族) 정신에 자아를 각성할 수 있는 주인정신을 길러 주었다. 특히 실학자들은 조선의 역사와 지리, 물산풍토를 연구의 주제로 하였기 때문에 한국학의 뜻이 드러나게 되고, 이에서민족정신이 이에서 자라나게 되었다.

다섯째, 발달단계에 따른 보다 체계화된 학제를 제시했다는 것은 교육 근대화의 중요한 상징으로 교육사적 의의가 크다고 볼 수 있다.

여섯째, 실학자들의 기본 정신은 국민적 평등과 국민생활 안정에 있었기 때문에 우리 사회에 민본주의와 민주적인 사상을 싹트게 하였다.

이와 같이 실학사상은 교육적인 면에서도 새로운 개혁의지를 반영한 근대 교육사상의 맹아(萌芽)로서 주목되고 있다. 실학사상가들은 근대적인 학문과 사회 체계에 대한 새로운 인식을 갖도록 하였으며 학문과 기술, 사회제도의 개혁을 통한 민중의 삶의 질을 향상시키는데 노력하였으나 실학 자체의 유학적인 한계와 성리학적 가치관을 극복하지 못했다는 한계점을 지니고 있다.

3. 동학사상과 교육

동학은 조선말기의 사회 상황에서 새로운 사회를 건설해 보겠다는 사명의식을 통해서 발생되었다. 동학은 외적으로는 19세기 이후 서세동점의 민족적 위협 속에서 국가보위 의식이 팽배된 민족구원 사상으로, 이는 서학인 천주교의 위협적 도전을 민족적 주체, 자립의식으로 응전하려는 자세의 확실성에서 찾아볼 수 있다.

동학의 내적 발생요인으로는 첫째, 18세기 이후 변질된 조선왕조 양반사회의 제반 봉건적 정치 상황의 모순에 의한 일반민중의 소외현상이 있었다.

둘째, 사회경제적 요인으로 고리대라는 착취수단, 더욱이 국가의 기강인 삼정이 문란하여 그 폐가 극도로 심했다. 설상가상으로 당시 자연 재해현상까지 겹쳐 민중들의 생활이 더욱 어려웠다.

셋째, 전통사상이 유도 · 불도 수천 년에 운이 다했다고 비판하면서 여러 폐단을 지적하고 있다.

넷째, 실학사상에서의 현실비판과 개혁사상 및 비판사상에 영향을 받은 지배민중의 수준 높은 의식을 자각했다. 이처럼 동학은 조선시대의 봉건적 모순과 외연적 위협이 극대화되고 사상적으로도 무질서하여 여러 가지 미신이 휩쓸고 있던 사회적 · 시대적 환경 속에서 발생한 것이다.

동학의 근본사상은 인본주의 사상으로 시천주(侍天主), 양천주(養天主), 인내천(人乃天)으로 대별된다. 즉, 최제우의 시천주, 최시형의 양천주, 손병희의 인내천으로 표현된 사상은 인간의 존엄성에 대한 것으로 1905년 12월 천도교(天道敎) 선포 이래

공식적으로 확립하였다. 당시 우리 사회는 혼돈과 부패가 극에 도달하였으므로 사회개벽을 통해 민중이 교화되어야 할 것을 주장하였다. 동학교육의 이념은 다음과 같다.

첫째, 정신개벽이다. 정신개벽이라 함은 사회 질병설 중에 개인의 정신적 결함을 치료하는 것을 의미한다. 이것은 인간성 정상화 운동인 동시에 정신질서 찾기 운동으로, 민족정신 개조운동으로 발전할 수 있는 잠재력을 내포하고 있다.

둘째, 민족개벽이다. 원래 동학사상에서는 자기의 민족만을 우월시하고 다른 민족을 배척하는 편협한 민족주의를 배격하고 있다. 따라서 민족개벽 사상은 모든 개벽을 수행하기 위한 단위체로서의 민족을 개조하려는 과도기적인 개벽사상이다. 사대주의적, 보수주의적, 이기주의적인 민족성의 결함을 제거하여 한인 스스로의 번영뿐만 아니라, 전 인류의 번영을 위해서 민족적 자각과 긍지를 되살리자는 목표가 이 사상 속에 숨어 있다.

셋째, 사회개벽이다. 동학에서는 사회를 자연히 이루어지는 유기체로 보는 동시에 이 사회에서 이루어지고 있는 모든 길화흉복은 인간의 힘으로 좌우할 수 있는 것으로 본다. 따라서 잘못된 사회는 인간의 노력 여하에 따라 이상적 사회로 재건할 수 있다.

동학의 교육사상사적 의의는 다음과 같다.

첫째, 인간성 회복의 교육으로 동학이 민중의 편에 서서 평등한 인간성에 대한 자각을 통해 인간의 존엄성을 인식시킨 것이다.

둘째, 사회구조적 측면에서 해방적 인간화의 원리를 가진 것이다. 즉 사회구조 속에 현존하는 제도 · 가치 · 지식의 부적절성을 찾아내고 비판함으로써 사회가 발전 가능성을 가지게 되는 것이다.

셋째, 민족주의 교육이념과 실천적 교육이념을 들 수 있다.

이와 같이 동학교육 이념은 조선의 개화와 민주의 교화에 선구적 역할을 하였다. 따라서 동학운동이 조선 근대 개화교육의 발달에 끼친 영향은 실로 크다.

제4절 서양교육사의 이해

1. 그리스사회의 교육

그리스 시대의 교육목적은 지혜와 행동이 겸비된 사상인을 양성하는데 있었다. 당시의 교육은 귀족계급을 위한 것이었기 때문에 이들로 하여금 개인적 탁월성을 지니게 하는 것을 교육의 이상으로 삼았다. 그리스는 수많은 도시국가들로 이루어졌는데, 대표적인 도시국가는 아테네와 스파르타다. 아테네의 교육 목적은 시민의 자격을 얻기 위하여 개인적인 소양에 힘쓰는 것이었는데 시민자격을 취득하기 위한 최선의 준비는 항상 심신의 조화로운 발달을 도모하는데 있었다. 이에 비해 스파르타는 극기와 엄한 규율을 통한 절대 복종적 무사양성을 교육의 목적으로 하였다. 따라서 지적, 심미적인 능력보다는 신체적인 훈련을 중요시함으로써 국가에 대한 절대 복종을 강요하였다.

교육내용을 보면 아테네의 경우에는 읽기, 쓰기, 셈하기, Homer의 시, Solon, Aesop 등의 작품을 통한 내용을 학습했으며, 후기에는 도덕교육을 강조하였다. 스파르타는 체육과 군사훈련을 주로 하였으며 도덕적 · 사회적 습관을 강조했다. 읽기 · 쓰기 교육은 최소한의 필요를 충족시키는 정도였고, 음악은 군가나 전쟁터에서 죽은 영웅들을 찬양하는 내용이었다. 그리스사회의 대표적인 사상가로서는 소크라테스, 플라톤, 아리스토텔레스 등이 있다.

2. 로마사회의 교육

그리스 사람들이 학문과 예술에 뛰어나고 심미적이었던 반면, 로마인들은 군사적, 정치적 조직에 뛰어난 현실적이고 실제적인 민족이었다. 비록 로마가 그리스를 군사적으로 정복하였지만 그리스는 로마를 정신적으로 지배하였다고 볼 수 있다.

로마는 기원전 146년 그리스 정복을 기점으로 하여 공화정 시대와 제정시대로 구분된다. 공화정 시대의 교육은 가정교육 중심으로 이루어졌으며, 실제적이고 실용적인 교육이었다. 그리스 정복 전까지만 해도 사립학교에서 읽기, 쓰기, 셈하기, 12동판법 등을 가르쳤으나 그리스 정복 이후 도덕적인 부패와 사치가 만연하여 가정교육으로는 이를 극복할 수 없게 되었다.

제정시대의 교육은 그리스식 학교교육 중심으로 전개되었다. 교육의 목적을 주로 지적 지도에 두고 유능한 웅변가를 양성하는데 힘썼다. 교육의 기능은 국가에 실제적인 봉사를 할 수 있는 선량한 인간을 육성하는데 있었다. 교육내용에 있어서는 초등학교는 읽기 · 쓰기 · 셈하기를 배웠고, 라틴어로 번역된 로마의 작품이 교재로 사용되었다. 중등교육에서는 문법 · 문학 · 수사학을 가르쳤으며, 대학에서는 법학 · 의학 · 건축학 · 기계학 등을 가르쳤다.

3. 중세사회의 교육

중세사회의 교육은 교회에 의하여 통제된 교육이다. 따라서 중세의 교육은 내세 중심적 · 신중심적 · 교회중심적 성격을 지닌다. 교회가 학교의 역할을 하였으며, 이성과 철학을 접합한 스콜라철학이 중세 사상을 이론적으로 뒷받침하였다. 중세의 교육은 대부분 서원에서 이루어졌으며, 기독교적 체계하의 교육이었다. 즉, 종래의 신체적 발달과 수사학적인 능력 대신에 도덕적인 규율을 엄격히 훈련시키고 내세에 대한 기본 개념과 자세를 확립시키는데 중점을 둔 것이다. 이러한 이상과 목적을 달성하기 위하여 문답학교, 고급문답학교, 사원학교, 수도원학교가 설립되었다.

중세교육의 대표적 특징은 대학의 성립으로, 중세 대학은 본산학교와 수도원학교를 모체로 탄생되었는데, 십자군 원정으로 인해 시민사회가 출현함으로써 지적인 탐구와 외국 문물에 대한 호기심이 있었던 스콜라 철학자 및 학생들이 학문자치조합으로 출발한 것이 그 시초다. 최초의 대학으로는 이탈리아의 살레르노대학(Salerno, 1060)과 볼로냐(Bologna, 1088), 그리고 프랑스의 파리대학(Paris, 1109)이 있다.

4. 근대사회의 교육

서양의 근대교육은 문예부흥기의 교육, 종교개혁기의 교육, 실학주의 교육, 계몽주의 교육, 신인문주의 교육으로 구분된다.

가. 문예부흥기의 교육

15세기 문예부흥의 근본사상은 중세 기독교적 복음주의와 내세주의의 제약에서 벗어나, 인간 본연의 자세로 복귀하려는 인문주의 사상이라고 할 수 있다. 인간의 선천적 성장 가능성을 최대한으로 발전시켜 인간중심의 문화를 이룩하려는 것이다. 즉, 신중심의 세계에서 인간중심의 세계로, 내세주의에서 현세주의로, 금욕주의에서 자연주의로 옮겨 인간을 구속하는 모든 외부적 권위를 박차고 인간으로 하여금 스스로 주인이 되게 하려는 사상이다. 당시의 대표적인 교육자로서는 Erasmus, Petrarca, Vocacio, Vibes, Vitorino, Rabelais 등이 있다.

나. 종교개혁기의 교육

문예부흥 운동이 자아의 지각을 통한 인간 재생운동이라면 종교개혁운동은 형식적인 교권주의에서 탈피하여 오직 성서에 의해서만 구원을 얻을 수 있다는 신앙해방운동이었다. 종교개혁 운동은 서민계급을 기반으로 하여 형식화, 세속화된 타락한 기독교 신앙을 바로잡자는 노력에서 그 수단을 교육에서 구했다. 따라서 이 시기에 있어서는 신교측이나 반동개혁가들이나 한결같이 신앙부흥의 수단을 교육에서 구했다. 이것은 중세 전기에 신앙을 위해서 세속적 학문을 멀리했던 것과는 대조적인 현상이다. 그러나 신앙을 위한 정신에 있어서는 형태만 달랐을 뿐 그 정신은 동일한 것이었다. 종교개혁기의 대표적인 교육사상가로는 Calvin, Zwingli, Luther, Melanchton 등이 있다.

다. 실학주의 교육

실학주의는 17세기 서양의 대표적인 교육사상으로 교육실제의 현실성을 주장한 사상이다. 즉 실학주의 교육사상은 구체적인 지식과 실제적인 기술, 그리고 과학적인 학문의 연구방법을 추구하였다. 실학주의 교육의 목적으로는 실천성을 강조했으며, 교육내용에 있어서는 종교적 신학적 내용과 과학적이고 현실적인 내용을 추구하였다.

실학주의 교육은 그 특징에 따라서 인문적 실학주의, 사회적 실학주의, 감각적 실학주의로 구분된다. 인문적 실학주의는 Milton을 중심으로 고전의 연구를 통하여 실생활에 유용한 인간을 양성하는데 교육의 목적을 두었다. 사회적 실학주의는 Montaigne를 중심으로 실제 사회의 직접적인 접촉을 통해서 유능한 인간을 양성하는데 목적으로 두고 이를 위해 전인교육을 강조하였다. 감각적 실학주의는 실물에 대한 감각을 통해서 얻은 학습이 이론을 통한 학습보다 효과적인 것으로 파악하고교육의 원리를 자연 속에서 발견하려고 하였다.

라. 계몽주의 교육

계몽사상은 합리적이고 완전한 사회와 인간관계를 구하려는 18세기 서양의 대표적인 사상이다. 계몽운동은 이성에 의한 비판을 기본으로 문예부흥 운동을 통해서 재생되었으며 현실주의 운동을 통해 교육에 있어서 큰 변화를 가져오게 했다. 따라서 계몽주의 교육은 자연주의, 합리주의, 실리적 현세주의의 특징을 가진다.

자연주의는 자연의 원리 속에서 인간의 본성에 알맞는 교육내용과 방법의 탐구를 주장하는 것으로 실물교육과 직관교육을 강조하였다. 합리주의는 인간의 이성과 지성을 존중한다. 실리적 현세주의는 현실세계에서의 구체적 행복을 추구하는 교육을 주장하는 사상이다. 계몽주의 시대의 대표적인 교육사상가로는 Rousseau, Basedow, Salzman 등이 있다.

마. 신인문주의 교육

신인문주의는 18세기의 이성중심의 계몽사상을 반대하고 인간의 감성적 요인을 부각시키고 낭만적 색채를 지니면서 등장한 새로운 사조다. 18세기 말부터 19세기 초에 독일을 중심으로 일어났던 신인문주의 운동은 지나치게 이성만을 강조했던 계몽사상의 모순에 반기를 들고 인간의 조화로운 발달을 바라는 사람들이 인간의 정서와 감정을 바탕으로 전개한 운동이다.

신인문주의의 특징은 다음과 같다.

첫째, 그리스의 문학과 사상, 인간관, 세계관의 부활을 꾀하였다.

둘째, 고전을 통해 그 속에 담겨진 그들의 세계관, 인생관 그 자체를 중시함으로써 실질적인 생활의 도움을 꾀하였다.

셋째, 신인문주의는 고전문화에 대한 자각적 태도를 지니고 있었다. 고전을 위한 맹목적인 부흥이 아니라 자신과 국민문화를 위해 유용한 고전을 부흥하고자 하였다.

신인문주의의 대표자로는 Pestalozzi(1746~1827), Herbart(1776~1841), Fröbel (1782~1852) 등이 있다.

5. 현대사회의 교육

20세기에 들어서면서 정치, 경제적인 상황이 급변함에 따라 교육도 많은 변화를 겪게 되었다. 19세기의 산업혁명과 시민혁명의 결과 20세기에는 교육의 실질적 민주화가 뿌리내리기 시작하였다. 민주주의의 기본사상 뿐만 아니라 교육내용과 방법에 있어서도 좀 더 자유롭게 사고하고, 창조하며, 자신의 운명을 개척하려는 인간교육 운동이 전개되기 시작하였다. 이러한 신교육운동은 19세기 말부터 20세기 초에 걸쳐 유럽에서 일어나 미국을 비롯한 전 세계의 교육개혁 운동에 영향을 끼쳤다.

아동의 내재적 동기를 유발하고 자발적 학습운동을 조성한다는 이념 아래 근대 교육의 이념을 본격적으로 추진하고 현실화시킨 운동이 신교육운동이다. 신교육운동의 특징은 학교 교육내용의 개조, 아동의 해방운동, 학습지도법의 개발, 지역사회학교 운동으로 표현된다. 이러한 신교육운동은 미국에서는 진보주의 교육사상으로 나타나게 되었다.

아동중심, 경험중심, 생활중심 교육을 중요시하는 진보주의 교육철학은 20세기 전반기의 사상적 주류를 이루었으며, 1930년대 이후의 본질주의와 항존주의, 그리고 재건주의 사상을 탄생시켰다.

20세기 이후의 인간주의 교육은 과학기술의 문명이 급속도로 발전함에 따라 비인간화를 극복하기 위한 교육적 노력의 소산이라고 할 수 있다. 이러한 교육은 현대 교육사상가들에 의하여 새로운 방향이 제시되었으며, 21세기 교육에 결정적인 역할을 하였다. 오늘날 인간주의 교육이 더욱 중시되는 것은 아동의 인격적 자유를 보장하고 아동의 자율적 판단능력을 존중함으로써 그들이 성숙한 인간으로 성장할 때 비로소 21세기가 밝게 빛날 수 있기 때문이다.

생각해 볼 문제

1. 화랑도 교육에 대해서 설명하시오.
2. 우리나라 과거제도를 설명하고 그 의의와 한계점을 정리하시오.
3. 조선시대 실학의 이념은 무엇이며, 대표적인 실학자들의 교육개혁론을 설명하시오.
4. 조선시대 성균관의 교육과정 및 학생자치 활동에 대해 생각해 봅시다.
5. 일제의 대조선 교육방침과 조선교육령에 대해 설명하시오.
6. 아테네와 스파르타 교육에 대해 비교 설명하시오.
7. 중세 대학의 설립과 대학의 특권에 대해 생각해 봅시다.
8. 루소의 교육사상과 에밀(Emile)에 대해 설명하시오.

제 4 장

교육심리학

　교육심리학은 주로 “인간이 어떻게 학습 하는가”에 대한 이해를 바탕으로 “인간을 어떻게 가르칠 것인가”의 목적을 추구함으로써, 자라나는 세대를 교육적으로 지도하기 위해 교육의 원리와 기술을 확립하려는 데 관심이 있다. 교육심리학은 기본적으로 아동 학생의 학습과 성장을 도모하기 위한 개인의 행동과 내면의 심리적 특성을 파악하고, 그에 기초하여 효율적인 학습지도를 위한 기반을 확립하는 목적을 가진다.

　이를 위하여 발달과 학습, 지능과 창의성 등의 개인차 및 학습동기 등 학생 교육에 관련한 주요 변인들에 대한 이해와 적용을 그 주된 내용으로 삼는다.

제1절 교육심리학의 의미

교육심리학은 인간의 행동을 바람직하게 변화시키기 위해서 다양한 심리학적 방법을 적용하여 교육의 효과를 최대한으로 높이려는 학문이다. 또한 교육의 시기와 방법을 심리학적 측면에서 연구하여 교육실천에 필요한 지식과 기술을 제공함으로써 교육을 효과적으로 운영하려는 것을 목적으로 하는 학문이다. 즉 교육에 관련된 여러 가지 사실과 법칙을 심리학적으로 정확히 규명함으로써 교육 목적을 달성하기 위한 방향 제시에 중점을 두는 과학이다.

종래 교육심리학은 교육과 심리학이 단순히 통합하여 심리학을 응용한 학문으로 인식되어 왔으나, 최근에는 교육심리학이 독자적인 연구영역과 방법론을 갖는 별개의 독립된 학문이라는 관점이 대세를 이루고 있다. 따라서 교육심리학은 교육과 관련하여 일어나고 있는 여러 가지 문제들을 심리학적인 방법으로 연구하고 그 결과를 실제에 적용하여 자라나는 세대들, 더 나아가 성장이 가능한 모든 인간을 바람직한 방향으로 성장할 수 있도록 하는 교육적, 기술적, 과학적 방법을 추구하는 학문이다.

Crow(1972)는 교육심리학을 개인이 출생해서 성장할 때까지 발달이 진행함에 따라 얻게 되는 학습경험을 기술하고 설명하는 과학적인 심리학이라 하였다. Clifford(1984)는 교육심리학이란 심리학으로부터 얻은 지식을 교실 활동에 적용하는 학문 또는 교실과 학교생활을 연구하기 위해 심리학적 방법을 적용하는 학문이라고 정의하였다. Eggen과 Kauchak(1992)는 교육심리학을 학교상황에 관련하여 필요한 지식과 경험을 체계적으로 정리하는 연구와 이론의 체계로 정의하고, 이것은 실제 수업상황에 적용되어 학습자와 학교에 대한 이해와 교사의 효율적인 의사결정에 도움을 줄 수 있어야 한다고 그 성격을 규정하였다.

이처럼 교육심리학은 개개학습자의 학습경험이나 발달을 체계적으로 연구하여 심리학적 사실과 법칙을 밝히고, 그 결과를 구체적인 교육상황에 적용하여 학생개개인의 성장을 도모한다는 교육의 기본 목적에 부응하고자 하는 학문이다. 교육심리학자로서의 교사는 학습자의 행동변화에 주의를 기울여 그들의 학교 교육과 관련되는 심리적 속성에 관심을 집중시킨다. 그에 따라 학생들의 학습상황에 따라 학습이 이루어지고 실패하는 원인을 이해하기 위해 학생들의 행동을 유심히 관찰한다. 그 결과 교사는 교수-학습 과정에 대한 이해와 이러한 과정을 개선하기 위한 여러 가지 방법의 개발에 관심을 갖고 새로운 지식을 창출하기도 한다. 그와 함께 교육심리학자로서의 교사는 일상생활에서 일어나는 행동을 관찰하고 새로운 경험을 부여하며 계속해서 일어나는 행동과 그 행동의 변화를 평가하게 된다. 즉 그는 교육적 경험의 결과로 학습자에게 어떠한 변화가 일어날 수 있으며 실제로 어떠한 변화가 유발되는가를 설명하고자 한다.

이러한 교육 실제의 기반으로 작용하는 교육심리학은 심리학 분야에서 취급하는 인간행동에 관한 사실을 밝히고 설명하는 것뿐만 아니라, 교육적 환경에서의 개인의 바람직한 변화를 유도하기 위한 교육적인 활동과 기술을 전개하는 학문이다. 다시 말하면 인간행동의 기술, 이해, 예언을 위한 과학적 연구를 수행할 뿐만 아니라, 더 나아가 그러한 연구를 토대로 교육효과를 극대화하기 위하여 교육의 실제, 즉 교육과정에서 심리학적 지식을 동원하고 적용하는 데 집중한다. 이런 면에서 교육심리학은 교육 현상에 대한 심리학적 측면의 연구와 교육실천의 효율화를 위한 연구 등 두 가지 차원에서의 연구목적을 동시에 성취하려는 데 그 목적이 있다고 하겠다. 즉 교육목적을 달성하기 위해 심리학적 연구방법을 적용하여 개개 학습자에게 맞는 교육의 원리와 기술을 제공하려는 학문이다.

제2절 인간의 발달

1. 인간발달의 의미와 원리

교육심리학은 아동 학생의 행동 및 내적 속성이 일정하게 변화되어 가는 모습에 관심을 기울인다. 이러한 변화의 양상에 대한 이해가 최적의 교육을 위한 전제조건으로 작용할 것이기 때문이다. 개인의 외적 및 내적 속성과 행동에서의 일정한 변화를 심리학에서는 발달이라고 하며, 이는 개체가 발생하여 성숙해 가는 과정에서 일어나는 구조나 형태상의 변화로서, 그 크기와 비율에서의 변화뿐만 아니라 낡은 특징의 소멸 및 새로운 특징의 획득을 포함하는 것이다.

개인의 발달 과정에서는 일정한 원리가 적용되는 것으로 보이는데, 그 내용을 살펴보면 다음과 같이 정리된다. 첫째, 인간의 성장과 발달은 성숙과 학습의 상호작용의 결과이다. 발달은 유전과 환경(성숙과 학습)의 상호작용의 산물로서 나타난다. 발달은 개체의 내부적인 힘인 유전적인 요인과 외부적인 힘인 환경적인 요인이 서로 상호작용한 결과로서 나타난다. 학자들마다 그 상호작용에 있어서 유전과 환경이 차지하는 비중에 대하여 서로 다른 의견을 나타내 보이고 있긴 하지만, 개인이 그에게 부여된 유전적 잠재력의 범위 내에서 환경과의 접촉을 통해 변화해 나간다고 보는 것이 일반적인 관점이다.

둘째, 인간발달의 특징은 전체에서 특수로 분화 발달한다. 발달은 초기의 전체적이고 미분화된 기관과 기능으로부터 출발하여 점차 부분적이고 특수적인 방향으로 분화되어 간다. 동시에, 그 분화된 기관과 기능은 전체적으로 종합되어 하나의 새로운 체제로 통합되는 과정을 따른다.

셋째, 모든 발달에는 일정한 순서와 방향이 있다. 이러한 방향은 특히 신체 및 운동의 측면에서는 두부(頭部)에서 미부(尾部)로, 근처(近處) - 원처(遠處)로, 그리고 전체운동에서 부분운동으로 이루어진다.

넷째, 인간의 발달은 연속적이며 점진적으로 이루어진다. 체중, 신장 등의 신체적 발달뿐만 아니라 지식이나 정서 등의 정신적 발달도 연속적이며 점진적으로 이루어진다. 이는 어느 일정 시점까지의 발달이 기초가 되어 그 후의 발달이 이루어진다는 것을 의미하는 것으로서, '발달의 기초성'이 강조될 필요가 있다.

다섯째, 발달에는 적기 혹은 결정적 시기가 있다. 인간의 발달은 장기간에 걸쳐 점진적으로 연속되어 이루어지나, 한편으로는 기능의 특성에 따라서 각기 특정 시기에 가장 많은 발달이 이루어진다. 특정한 신체기관이나 기능마다 그 발달에 있어 고유한 결정적 시기가 있다.

여섯째, 발달속도에는 개인차가 있다. 모든 인간은 보편적인 순서에 따라 발달한다. 그러나 개개인의 발달에 있어서는 개인간 뿐만 아니라 개인내에서도 차이가 있다. 특히, 개개인을 두고 볼 때 발달의 속도나 정도 또는 질은 동일하지 않다.

일곱째, 발달의 각 측면은 상호간에 유기적인 관련을 맺고 있다. 개인의 신체적, 지적, 사회적, 정서적, 도덕적 영역 중 어느 한 영역의 발달에 있어서의 특징은 다른 영역의 발달에도 영향을 미치게 된다.

여덟째, 인간발달에서는 초기단계가 중요하다. 생의 초기단계인 영아기, 유아기,

아동기까지의 발달은 비교적 급속한 속도로 이루어질 뿐만 아니라, 이후의 모든 단계의 성장, 발달을 좌우한다. 예컨대, 개인의 발달 초기에 부모와 따뜻하고, 적절한 대인관계를 형성하지 못하면 이후에도 타인과의 원만한 대인관계를 형성하지 못해 적응 상 곤란을 겪게 된다. 따라서 초기의 가정환경과 유아교육이 매우 중요하다 볼 수 있다.

2. 인간발달의 이론

가. 인지발달이론

1) Piaget의 인지발달이론

인지란 기억하고, 생각하고, 이해하는 정신적인 활동이다. Piaget(1952)는 아동의 발달을 주로 인지적 측면에서의 성숙으로 보고, 그러한 변화의 과정을 관찰을 통해 연구, 분석하였다. 그는 아동의 인지발달은 크게 네 단계를 거쳐 이루어진다고 하였다.

첫째 단계는 약 2세경까지인데 어린이는 물건을 보면 이를 만지고 던지고 입으로 빨고 하여 자신의 목적을 달성하려 한다. 주로 감각적 경험과 일정한 방식으로 이루어지는 운동으로 특징 지워지는 이 단계를 감각운동기라고 한다.

둘째 단계에 이르면 어린이는 차츰 인지 능력을 통해 사물에 대한 지식을 얻으려 한다. 다른 사람의 행동을 보고 따라 하며, 인형을 마치 살아 있는 아기처럼 다룬다. 이때의 특징 중 하나는 자기중심적으로 모든 것들을 생각한다는 점이다. 이때는 인지적 활동이 활발하게 이루어지나, 그 지적인 조작이 충분한 논리적 합리적 성격을 가지기 전이라 하여 이 단계를 전조작기라 부른다. 이러한 성향은 6~7세까지 지속된다.

셋째 단계에서는 비교적 단순하고 구체적인 인지활동이 이루어진다. 또한 기본적인 논리를 이해하고, 수량적인 추리를 하며, 비교적 합리적이고 객관적인 판단을 할 수 있게 된다. 다만 구체적인 사물을 놓고 볼 때, 이런 일들이 가능하다고 하여 구체적 조작기라 한다.

넷째 단계는 약 12세기경에 시작된다. 이 단계에서는 여러 가지의 측면에서 머리를 써서 문제를 해결하고 추상적인 사고를 하게 된다. 눈에 보이는 구체적인 사건에 대해서보다는 보이지 않는 미지의 세계에 대해 더 흥미를 느끼게 되며, 자기 나름대로 어떤 가정을 해 보고, 이를 실제로 검증하려 애쓴다. 상징적인 대상에 대한 논리적 조작이 가능해지는 이 단계를 형식적 조작기라 한다.

2) Vygotsky의 인지발달이론

Vygotsky(1956)는 아동의 발달에 있어 사회적 맥락의 중요성을 특히 강조하였다. 개인은 스스로 사회와의 상호작용 통하여 인지적 구성을 해나가는데, 그가 속한 사회의 역사적 문화적 맥락이 중요한 영향을 미치며, 특히 그러한 영향은 아동이 습득하는 언어를 통해 전격적으로 이루어진다고 보았다. 그리하여 그러한 인지적 발달은 초기에는 언어라는 외적 체계의 수용으로부터 출발하나, 점점 내재화된 언어와 사고의 밀접한 관계가 형성되면서 가속화된다는 것이다.

그리고 그러한 발달의 과정에서 결정적으로 중요한 영향을 미치는 것이 교사나 부모 등 중요한 타인들이며, 이들의 지원과 도움에 따라 아동의 지적 능력은 상당한 범위 안에서 형성된다고 보았다. 이를 학습자의 근접발달영역(ZPD: zone of proximal development)이라 부르며, 이는 학습자의 능력이 고정된 것이 아니며 주위의 유의미한 도움을 통해 향상할 수 있음을 시사한다. 그리하여 학습자에 대해서는 지원되는 도움의 양을 단계적으로 줄여나가면서 발달과 성장을 돕는 과정이 반드시 필요하며, 이를 비계설정(scaffolding)이라 불렀다.

나. 정서발달이론

1) Freud의 심리 성적 발달이론

Freud(1960)는 인간 성격의 발달에 있어 무의식의 중요성을 강조하였다. 이러한 무의식의 근원에는 인간의 본래적인 욕구가 있으며, 이러한 욕구가 환경에 의하여 적절히 다루어지지 않을 경우 의식의 수면 아래로 억압되어버린다고 보았다. 그에 따라 인간 발달에 있어서도 특히 어린 시절의 양육 방식이 그러한 욕망을 어떻게 다루는가에 의해, 개인의 성격은 많은 부분 형성된다는 것이다. 그리고 이 욕망은 성적인 것으로 주로 신체의 특정 부위에 관련하여 전개되며, 이는 각 발달단계의 중요한 특징을 형성하는 것으로 보았다.

생애 초기는 성적 욕구가 입으로 집중되는 시기로 젖을 빠는 행위로서 성적 쾌감을 느낀다(구강기, ~ 18개월). 다음 3세까지는(항문기) 욕구가 항문으로 이동하는데, 배설물을 보유하거나 배설하는 데에서 쾌감을 얻는다. 이어서 5세까지 기간(남근기)에 아동은 성기에 관심을 가지며, 이성부모에 대한 사랑과 동성부모에 대한 적대감을 달달시킨다. 그 다음 사춘기까지(잠재기)에는 성적인 욕구가 억압되고, 아동은 사회적 관계를 확대시켜 나간다. 사춘기 이후(성기기, 12, 13세 ~)에는 잠재되어 있던 성적 욕구가 활발해지며, 진정한 사랑의 대상을 찾아 이성과 친밀한 관계를 추구하게 된다.

이러한 가정에 기초하여 Freud는 각 단계별로 그러한 욕구를 너무 지나치게 추구하게 되거나 혹은 억압받게 되면, 특정 단계로의 고착 혹은 퇴행이 나타난다고 보았다. 또한 많은 성격이나 행동의 이상을 포함하여 개인의 성격적 특징이 그러한 발달적 사건을 어떻게 경험했는가의 내용에 따라 형성되며, 그것은 많은 경우 무의식적 과정에 의한 것이라고 하였다.

2) Erickson의 심리 사회적 발달이론

Erickson(1963)은 심리적으로 성장하는 유기체가 사회적 영향과 상호작용하면서, 개인의 성격은 형성되어 간다고 보았다. 또한 각 연령발달 단계별로 사회적 환경과 상호작용의 질이 개인의 삶의 내용과 성격에 있어 기회를 촉진하는 결과를 가져오기도 하고 위기를 가져올 수도 있다고 하였다.

생후 1살까지의 어린이에 대한 일관된 양육의 경험은 그의 성격에서 신뢰감이나 불신의 요인을 형성하게 되며, 2세 동안에는 부모의 양육방식에 따라 아동의 자율성이 형성되거나 수치심 혹은 의심이 성격의 일부분으로 자리잡게 된다. 3~5세 동안에는 가족들로부터 격려의 경험에 따라 주도성이 발달하거나 아니면 죄의식의 성격이 형성되며, 6~11세 기간에는 학교생활의 성취 관련 경험 속에서 아동은 근면성을 발달시키거나 열등감을 성격의 한 요인으로 포함시키게 된다. 청년기 동안에는 자신의 존재의 의미에 대해 인식하게 되면서 정체감을 형성하거나 역할 혼미 상태에 놓이게 되며, 성인기에 진입하면 타인이나 집단에 대해 친밀성을 형성하거나 혹은 고립적인 성격을 발달시키게 된다. 성인 중기에는 가정과 사회에서 생산성을 일으키는 기회를 발전시켜 나가거나 아니면 침체감을 성격의 한 요소로 형성하게 되며, 노년기에는 이런 모든 기회의 성격요인들을 통합하거나 그렇지 않으면 절망과 후회의 성격에 머무르게 된다.

이러한 성격발달이론은 아동의 성장 · 발달 단계별로 사회적으로 지원해야 할 내용이 무엇인지에 대하여 매우 유익한 시사를 주는 것으로서, 교육 분야에서 널리 인용되고 있다.

다. 도덕성 발달이론

1) Kohlberg의 도덕성 발달이론

Kohlberg(1963)는 인간의 도덕적 가치판단의 수준과 질은 그의 추리능력에 달렸다고 한다. 그리고 이 추리능력은 인습에 관련한 것으로 인습 이전과 인습 및 인습 이후의 단계로 나뉘어 발달한다고 보았다.

인습 이전 단계에서 개인은 처벌의 여부에 따라 가치를 판단하며, 벌을 받게 되면 나쁜 행동이고 칭찬을 받게 되면 좋은 행동이라는 식의 판단을 하게 된다. 또한 자신의 욕구 충족 여부에 따라 도덕적 판단을 하기도 하는데, 원하던 바를 얻게 되면 좋은 행동이라는 식의 판단을 하는 것이다. 이러한 판단들은 모두 일정한 사회규범에 대한 적극적 인식 없이 이루어지는 것으로 인습 이전의 수준에 있다.

인습 단계는 자신의 판단보다는 다른 사람들의 의견에 따라가는 행동을 많이 하게 된다. 따라서 사회적 승인과 비난이 가치판단의 가장 중요한 기준이 된다. 그러다가 사회적인 규범과 법률을 중요시하는 단계로 발달하게 되는데, 이 때는 법에 어긋나는 것이면, 그 행동은 옳지 못한 것으로 판단된다. 이러한 판단들은 전체적인 맥락과 규범에 비추어 이루어진 것으로서 인습적 수준에 있는 것이다.

인습 이후 단계에서 개인은 먼저 고정된 규범보다는 여러 사람들이 합리적으로 생각하여 합의한 의견을 존중한다. 최종적으로 성숙한 단계에서 개인은 자신이 정한 윤리적 원칙에 의해 옳고 그름을 판단하는데, 이 때는 보편적인 도덕법칙이나 입법원리를 따르려 한다. 이러한 판단들은 미리 정해진 인습의 테두리를 뛰어넘어 도덕과 가치에 대한 본질적 사고를 실천하는 것으로서, 인습 이후 수준에 해당한다.

2) Gilligan의 배려의 윤리

Gilligan(1977)은 특히 여성의 도덕성은 타인에 대한 배려의 태도를 성숙시키는 방식으로 발달한다고 주장하였다. 처음에는 여성은 자기 이익과 생존에 몰두하는 자기지향적 단계에 머물다가, 관계와 책임을 중시하는 단계로 전환하게 된다. 그러다가 사회적 조망이 발달하면서 타인의 요구에 응하려는 자기희생으로서의 선을 지향하며, 이러한 태도는 그 타인의 범위를 보다 넓은 영역에서의 욕구와 통합하는 수준으로 전환하게 된다. 마지막으로 개인적 권리 주장과 타인에 대한 책임이 조화를 이루면서 비폭력과 박애의 태도를 형성하게 된다. 인간관계를 유지하고 타인에 대한 배려를 강조하는 여성의 도덕성에 대한 이러한 이론은 특히 여학생의 이해와 지도에 도움이 되는 것으로 널리 인용되고 있다.

제3절 학습의 원리

1. 성숙과 학습

현재의 우리 자신들은 부모로부터 물려받은 유전적 요인과 우리가 자라면서 주위 환경 속에서 경험한 것이 상호작용하여 형성된 결과이다. 일정한 순서에 따라 인간에게 변화가 일어나고, 일정시간이 지나면 어떤 행동 특성이 나타나는 것을 성숙이라 한다. 이러한 변화는 인간이 태어날 때 신경 조직 속에 어떤 특성이 언제 어떤 순서로 나타날 것인가를 갖추고 태어났다는 사실로부터 비롯된 것이다. 이처럼 인간의 성숙에 있어서는 선천적인 유전의 힘이 크다고 할 수 있다.

그런데 또한 인간은 자기가 속한 환경 속에서 여러 가지를 경험하고 배우며 살아가며, 그러한 경험의 결과 상당히 지속적으로 변화가 일어나는 경우를 학습이라 한다. 학습을 개념화하는 데는 어떤 측면을 강조하여 보느냐에 따라 상당한 차이가 있을 수 있다. 행동에 초점을 두어 행동의 변화를 학습이라 하기도 하고, 지식에 초점을 두어 지식의 획득을 학습으로 보기도 하며, 정의적 측면을 강조하여 유의미한 인간적 경험, 예를 들면 무엇을 배운 결과 삶의 보람을 느낀 것을 학습이라 보기도 한다. 따라서 학습은 경험에 의한 비교적 지속적인 지적, 정서적, 행동적 변화를 의미한다고 볼 수 있다.

이상에서 살펴본 바와 같이, 인간은 성숙의 영향을 받는 측면도 있고 학습의 영향을 받는 측면도 있다. 그러나 본질적으로 대부분의 경우, 양자가 어느 정도씩 상호작용하여 인간의 여러 측면들을 형성한다. 그런데 이런 성숙은 대부분 유전에 의하여 결정되고 인간의 신체적 측면과 관계가 깊으므로, 교육적으로 어떤 조처를 쉽게 취할 수 있는 것이 아니다. 이에 비해 학습은 후천적으로 환경의 영향에 의하여 결정되고 인간의 지적, 정의적 측면과 관계가 깊으므로, 우리가 어떻게 환경을 조성하느냐에 따라 그 양상이 다르게 나타날 수 있다.

2. 학습이론

학습이론이란, 학습이 이루어지는 심리적 기제를 설명하는 법칙이나 이론의 체계를 말한다. 오늘날의 학습이론은 행동주의 학습이론과 인지학습이론의 두 가지 유형으로 크게 나눌 수 있다. 이것은 환경과의 상호작용으로 인한 인간의 변화를 객관적 측면인 생리적 변화와 행동의 측면에서만 보느냐, 아니면 주관적인 요소를 포함하는 의식과 인지의 변화를 주 대상으로 하느냐에 의한 구분이다.

행동주의 학습이론에서는 학습을 자극에 대한 반응의 관계로 파악하는데, 대표적 이론은 Pavlov의 고전적 조건형성이론, Skinner의 조작적 조건형성이론이 있고, 광의의 행동주의이론이라고 할 수 있는 Bandura의 사회학습이론 등이 있다.

인지학습이론은 학습을 인지구조의 성립 또는 변형으로 보는 견해이다. 초기의 인지이론인 형태이론에서는 지각, 학습 및 기억 등의 인지활동은 고립된 부분들의 기계적 연합이 아니라, 부분들을 일정한 관계에 의하여 전체로 조직하는 과정을 통하여 이루어진다고 본다. 통찰설, 장이론 등이 여기에 속한다. 현대의 인지심리학적 이론으로는 정보처리이론이 있다.

가. 고전적 조건형성이론

유기체는 생득적으로 어떤 자극에 대해서 자동적으로 반응하는 경향을 가지고 있다. 예컨대, 갑자기 강한 빛을 눈앞에 비추면 눈동자를 수축하는 동공반사, 무릎을 망치로 살짝 때리면 다리가 튕겨 오르는 무릎반사, 맛있는 음식을 보면 침이 저절로 나오는 타액반사 등이 그 예이다.

Pavlov는 그러한 반응을 이용하여 개의 새로운 행동이 확립되는 학습의 과정을 실험을 통하여 입증하였다. 실험은 먼저 종소리를 울리고 몇 초 뒤에 소량의 고기를 개가 먹도록 하는 것으로부터 시작한다. 처음에 개는 고기를 보고 입 속에 고기가 들어갈 때 침을 흘린다. 그런데 종소리와 고기를 몇 번 계속해서 짝지어 준 뒤에, 고기는 주지 않고 종소리만 울려도 개는 침을 흘리게 된다. 즉, 원래는 고기에 대해서만 타액분비 반응을 유발하였으나 이제는 종소리만에 대해서도 그런 반응을 일으키게 된 것이다. Pavlov는 이 실험에서 무조건적으로 어떤 행동을 일으킬 수 있는 자극(무조건자극: UCS)에 임의의 자극을 연합시킴으로써, 그 자극(조건자극: CS)에 대한 전혀 새로운 반응(조건반응: CR)을 확립할 수 있음을 입증하였고, 이 일련의 행동형성과정을 고전적 조건형성이라고 부른다(Borich & Tombari, 1995).

이러한 조건반응이 형성되려면, 무조건자극과 조건자극이 짝지어지는 횟수와 두 자극간의 시간 간격이 매우 중요하다. 조건자극과 무조건자극간 연합의 빈도가 높을수록 조건반응의 강도가 증가한다. 또한 조건자극이 무조건자극보다 0.5초 정도 먼저 제시될 때 조건자극과 조건반응이 가장 강하게 연결된다.

그리고 어떤 특정의 조건자극에 대한 조건반응은 이 조건자극과 유사한 다른 자극에 의해서도 유발되는데, 이러한 현상을 자극의 일반화라고 한다. 일반적으로 보아 두 번째 제시되는 자극이 원래의 조건자극과 비슷하면 할수록 일반화가 잘 일어난다. 그러나 조건화가 이루어지는 과정에서 조건자극과 유사한 모든 자극에 대하여 유기체는 반응하지만, 점차 변별력이 생겨서 자극을 분별하여 반응하게 된다. 즉 조건화가 완전하게 이루어지면 처음부터 주어졌던 조건자극에 대하여서만 조건반응이 일어나고, 유사한 자극에는 조건반응이 일어나지 않는다. 이를 변별이라 한다.

일단 조건반응이 형성된 후라도 무조건자극은 주지 않고 조건자극만을 계속해서 제시하면, 조건반응은 점차 약해지고 마침내 반응 자체가 일어나지 않게 된다. 이러한 현상을 소거라 한다. 그러나 소거가 이루어진 반응이라 하더라도 일정한 시간이 지난 후 조건자극을 다시 제시하면 그 조건반응이 다시 회복되는 경향이 있다. 이것을 자발적 회복이라고 한다. 자발적 회복이 생긴 이후 계속해서 조건자극과 무조건자극을 짝지어 제시하면 조건반응은 곧 원래의 강도를 되찾게 되는데, 이러한 현상을 재조건형성이라고 한다.

또한 어떤 조건자극이 일단 조건반응을 일으키는 힘을 얻고 난 다음에는, 그 조건자극은 다른 제2의 자극과 짝지어졌을 때 제2의 자극에 대한 무조건자극이 되어 새로운 조건반응을 일으키는 자극이 될 수 있다. 이것을 2차적 조건형성이라고 한다. 그리고 이러한 방식으로 제3, 제4의 조건자극을 만들어 낼 때 이것을 고차적 조건형성이라고 한다.

나. 조작적 조건형성

Skinner(1953)는 유기체의 행동이 자발적으로 발생하는 외부환경에 대한 조작이라는 점에 주의를 기울이고, 다양한 유기체의 행동 중 특정행동이 유지되는 과정을 설명하고자 하였다. 그는 스스로 '스키너상자'라고 명명한 조그마한 실험장치 속에 먹이를 박탈 당한 쥐를 넣고 행동의 변화를 관찰하였다. 쥐는 상자 안에서 쉬지 않고 계속 움직이면서 새로운 환경을 탐색하다가 우연히 지렛대를 눌러 먹이가 먹이통에 떨어지는 것을 보고 이를 먹고는 다시 지렛대를 누르는 행동을 계속하게 되었다. 이러한 과정을 통하여 쥐의 지렛대에 대한 특정한 행동이 확립되었으며, 그러한 행동 변화의 핵심적인 요인은 유기체의 욕구를 해소하는 효과를 가지는 보상이었고, 그 보상의 경험은 그러한 결과와 유관성이 있는 행동을 강화하게 된 것이었다. 이러한 강화에는 정적인 것과 부적인 것이 있는데, 정적 강화는 어떤 행동이 일어난 직후에 주어진 보상으로 인하여 그 행동의 차후 발생 확률이 높아지는 현상을 말하며, 부적 강화는 어떤 행동 발생 직후에 특정한 자극을 제거함으로써 그 행동의 차후 발생 확률이 높아지는 현상을 말한다. 이러한 강화와 반대로 작용하는 것이 벌인데, 유기체에게 그가 원하는 어떤 것을 빼앗아 가거나 또는 원하지 않는 어떤 것을 줌으로써 반응을 약화시키는 절차를 말한다.

또한 이러한 강화의 효과는 어떠한 주기와 빈도로 제공되느냐(강화계획)에 따라 그 효과가 달라진다. 일관성 있게 계속적으로 강화하는 것(계속강화)은 각 행동마다 행동을 빨리 변화시키기 때문에 학습 초기 단계에서는 가장 효과적인 방법이다. 강화를 부분적으로 가끔씩 제공하는 경우(부분강화)도 효과가 있는데, 그 기준을 강화의 간격과 비율을 달리하여 또한 일정하게 혹은 변동적으로 적용할 수 있으며, 동일한 양의 보상을 체험했다 하더라도 그 강화설계에 따라 학습의 효과는 다르게 나타난다. 또한 부분강화 조건에서는 소거에 대한 저항이 강해지기 때문에, 이것은 학습된 행동을 유지하는 데 보다 유용하기도 하다.

조작적 조건형성에서도 강화물(보상)을 제거하면 소거가 일어난다. 또한 소거 후 일정 시간 후 다시 실험장면에 노출되면 추가훈련이 없이도 얼마 동안은 쥐는 다시 지렛대를 누르기 시작한다(자발적 회복). 또한 고전적 조건형성의 경우에서처럼 자극 일반화, 자극변별 등의 현상이 조작적 조건형성에서도 함께 나타난다.

다. 사회학습이론

학습과정은 직접적인 강화에 의한 경험을 통해서 이루어지기도 하지만, 단순히 다른 사람의 행동을 관찰함으로써도 이루어질 수 있다. 이처럼 타인의 행동을 관찰함으로써 학습하는 것을 사회적 학습(혹은 관찰학습)이라 한다. 또한 자신의 행동에 대해서 직접적인 강화 없이도 타인이 보상을 받거나 벌을 받는 것을 관찰함으로써, 간접적으로 강화를 받는 효과를 갖게 된다(대리강화). Bandura(1977)는 이러한 관찰을 통한 학습이 주의집중단계, 파지단계, 재생단계, 동기화단계 등 네 단계를 거쳐서 이루어진다고 설명하고 있다.

먼저 학습자는 모방하려는 모델의 행위에 주의를 집중하게 되는데(주의집중단계), 모델의 매력도나 신뢰도 및 동질성 등이 그 주의집중에 영향을 미치는 주요요인이다. 이렇게 관찰된 내용은 기억 속 파지의 단계를 거치게 되는데(파지단계), 이 때 학습자는 관찰내용에 대한 심상적 및 언어적 기호의 형태로 저장된 정보를 다루게 된다. 즉, 모방할 행동을 말로 바꾸어 표현한다든지 영상으로 그려 봄으로써 더 쉽게 학습이 일어나는 것이다. 이렇게 인지적으로 저장된 정보는 수행으로 번역되어야 하는데(재생단계), 이 때 모방하려는 행동에 대해 일정기간의 인지적 시연이 필요하다. 또한 이러한 행동에 대해서는 강화를 통해서 동기를 높여 주어야 한다(동기화단계). 강화를 통하여 학습자는 모델과 같이 행동하면 자기도 역시 강화를 받는다는 기대를 가지게 되며, 또한 학습된 내용이 수행으로 번역되는 유인이 작용하게 된다. 이러한 학습이론은 인간의 행동변화에 있어 주변 환경과 그에 대한 개인의 인지적 처리의 중요성을 강조하면서, 동시에 강화의 효과도 중시하는데 그것은 대리강화나 간접강화의 형태를 가질 수 있다고 본다.

라. 인지학습이론

학습현상을 자극과 반응의 결합관계로 설명하려는 주장과는 달리, 학습을 인지구조의 성립과 그 변용으로 규정하면서 인지적 측면을 강조하는 견해가 있는 바, 이를 인지학습이론이라고 한다. 여기서는 지각, 학습 및 기억 등의 인지활동은 고립된 부분들의 기계적 연합이 아니라, 부분들을 일정한 관계에 의하여 전체로 조직하는 과정을 통하여 이루어진다고 본다. 그에 따라 학습도 자극-반응 연합의 총합으로 볼 것이 아니라 개인이 인지적으로 구성하는 형태(gestalt)의 반영으로 간주한다. 이러한 인지학습이론은 여러 모습을 띠며 발전해 왔다.

1) 통찰설

Köhler(1925)는 개인이 주어진 상황에서 내적으로 형성해 내는 통찰이 학습의 핵심적인 요인이라고 주장하였다. 특히 그는 침팬지가 문제해결하는 방식을 관찰한 결과, 이것은 시행착오를 통하여 이루는 것이 아니라 문제해결의 열쇠가 되는 어떤 관계를 지각함으로써 이루어지는 것으로 보았다. 즉 침팬지는 문제해결에 있어 핵심이 되는 중요한 부분들간의 적절한 관계에 대한 지각을 통해 통찰을 이루었으며, 그러한 통찰의 효과는 상당시간 유지되고 반복될 수 있었고, 또한 새로운 상황에도 쉽게 적용될 수 있었다. 즉 이러한 상황에서 학습된 것은 특수한 조건화 현상이 아니라 수단과 목적 사이의 인지적 관계인 것이다.

2) 장이론(field theory)

Lewin(1942)은 사람이 사물을 인지할 때 그 사람의 심리에 영향을 주고 있는 모든 사물과 사실이 함께 관계를 맺게 된다고 본다. 즉 그는 전체적인 상황과 관계를 맺는 바, 이 전체적 상황은 그가 처하는 생활공간이며 이를 장이라 한다. 따라서 학습이란 개인이 이룩하는 이러한 주관적 장 속에서의 재편성 혹은 재구조화가 된다.

그리고 그러한 장 속에서 개인이 지각하는 실재는 감각기관을 통해 흡수되는 객관적인 것이 아니고, 그 내용은 개인의 요구, 목적 등에 의거하여 해석되어지는 것이다. 또한 이러한 상황 속에서 개인은 자신의 자아관심을 추구하려는 특성을 가진다. 그리고 개인의 행동의 내용을 결정함에 있어, 특히 전체로서의 상황이 중요하게 작용하며, 그 상황의 여러 영역들은 상호의존적인 성격을 가진다. 또한 개인이 직면하는 장은 현재의 순간적인 의미를 가지며, 결코 과거 경험이나 습관의 누적에 의하여 기계론적으로 결정되는 것이 아니다. 따라서 개인이 획득하는 학습은 통찰 또는 주관적 인지구조상 변화의 의미를 가진다.

3) 정보처리이론

인간의 학습을 현대의 인지이론에서는 정보처리의 과정으로 보고 있다. 환경으로부터 개인에게 제공되는 것은 일정한 물리적 속성값을 갖는 객관적 자극이 아닌, 개인에 의해 해석되고 처리되는 정보로 이해된다. 따라서 개인은 환경으로부터 주어지는 많은 정보들을 내적 인지적으로 처리해 나가고, 그렇게 처리되는 정보 혹은 지식의 축적이나 재구조화를 우리는 학습이라 부르는 것이다. 그에 따라 정보처리이론가들은 개인이 주어진 정보를 처리하는 과정과 그 과정에서 가장 효율성을 높이는 요인이 무엇인가에 대하여 많은 관심을 기울인다.

가장 일반적으로 받아들여지고 있는 정보처리과정에 대한 모델은 Atkinson과 Shiffirin(1968)의 제안에 기초하여 수정된 것으로, 감각기억-작업기억-장기기억의 연쇄 및 초인지의 과정을 포함하는 것으로 이해되고 있다. 순간순간 제시되는 정보는 거의 무제한으로 중추신경계에 등록이 되지만, 이것은 어떤 의미보다는 대상의 속성에 대한 감각지각의 내용을 포함하는 것으로(감각기억) 1초 미만으로 유지된다. 이렇게 처리된 정보들 중 극히 일부(7정보단위 정도)가 학습자의 주의에 의해 비교적 단기간(10~20초) 동안 유지되는데, 이 때 처리되는 정보는 음성적 · 의미적 속성을 포함하는 것이다. 그리고 이렇게 작용하는 과정은 매 순간 학습자가 실제로 인지적 정보처리를 진행하는 활성화되는 기억저장의 역할을 하는 것으로서 단기기억 혹은 작업기억(working memory)이라 부른다.

이렇게 처리된 정보들은 학습자의 시연과 부호화 과정을 거쳐 거의 무제한의 양으로, 영속적으로 유지되는 저장고(장기기억)로 보내어지며, 이것이 실제로 개인의 학습결과를 반영하는 결과 상태인 것이다. 그리고 이 저장고는 사실에 대한 지식과 개념등을 추상적 명제의 형태로 유지하고 있는 선언적 지식과, 방법과 절차에 대한 조건-행위의 연쇄로 자동화되어 있는 절차적 지식으로 구성된다. 또한 이러한 정보를 처리하는 과정에서 제반 인지적 활동 요소들을 점검하고 평가하여 통합하는 또 다른 차원의 정보처리 활동이 있는데, 이를 초인지라 한다. 이러한 초인지 활동에 의해 학습자는 자신의 인지처리 활동이 어떤 목표에 부합하게 전개되고 있는지, 그 목표에 맞게 여러 정보처리 활동 요소들이 구성되어 시행되는지에 대하여 판단하고 그에 기초하여 전반적인 정보처리과정의 통합 조정을 이루게 된다.

제4절 개인차 : 지능, 창의성, 인지양식

1. 지능

인간 개인차의 원천 중 가장 근원적인 것 중 하나가 지적 능력일 것이다. 지적 능력은 개인마다 다르며 개인의 사회적응과 포부실현의 원천으로 작용한다. 따라서 지능은 아동 학습자의 발달과 성장을 위해 교육자들의 많은 관심을 받아왔고, 교육과 심리학 분야에서 중요하게 다루는 변인으로 남아 왔다. 그런데 이러한 지능은 다양한 관점에 기초하여 여러 가지 방식으로 이해되어 오고 있다.

가. 지능에 대한 일반요인적 관점

인간의 지적 능력은 모든 분야에서 적용될 수 있는 것으로 일반요인의 성격을 포함하고 있다는 주장이 제기되었다. Spearman(1904)은 이를 일반요인(g요인)이라 하였고, 여러 종류의 성취도 및 정신작업 검사에서 상당한 상관이 있음을 근거로 삼았다. 그리고 이것은 '언어, 수, 정신속도, 주의, 상상'의 5가지 요인으로 구성되어 있다고 보았다. 그러나 또한 개별 영역별로 각기 다른 특수능력(s요인)도 존재하는데, 이러한 일반요인과 특수요인 모두에서 개인차가 존재하며 개인의 정신과제의 수행에는 이 두 요인 모두가 함께 작용한다고 하였다.

나. 지능에 대한 다요인적 관점

다른 심리학자들은 지능이 여러 상호독립된 요인들로 구성되는 것이라는 관점을 제시하였다. Thurstone(1938)은 몇 개의 주요 기본정신 능력으로 지능이 구성되며, 이는 언어이해력, 기억력, 추리력, 공간관계의 시각적 처리능력, 수리력, 단어유창성 및 지각속도 등 7가지가 그에 해당한다고 보았다.

한편 Guilford(1959)는 정신능력이 작용하는 내용과 조작 및 산출의 3가지 차원을 구분하였다. 지적 활동의 대상이 되는 내용들에는 시각, 청각 등 5가지가 있고, 각각에 대하여 인지, 기억 등 6가지의 정신적 조작이 이루어지며, 이렇게 이루어진 정신능력활동은 단위와 유목 등 6가지의 형태로 산출이 된다고 보았다. 그리하여 이 3개 차원의 각 요인들간의 조합에 따라 180가지의 지능요인의 구분이 가능하다고 하였다.

다. 다중지능적 관점

지능을 인지적 처리활동의 내용으로만 구성되어 있다고 보는 관점에서 벗어나, 현대의 다른 심리학자들은 보다 폭넓게 인간적 경험의 차원을 포함시키려는 노력을 전개하였다. Gardner(1999)는 인간에게는 처음부터 서로 독립적인 다수의 지능들이 존재한다고 보았다. 그리고 그러한 능력들은 언어 지능과 논리-수학 지능, 공간 지능, 신체운동 지능, 음악 지능, 대인관계 관리 지능, 자기통제 지능 및 자연이해 지능 등의 형태를 취한다고 하였다.

Sternberg(1998)는 지적 능력의 형성과 사용에 있어 3가지 차원이 반드시 고려되어야 한다고 보았다. 먼저 분석적 차원으로, 이는 자신의 정신과정에 대해 계획하고 점검하고 통제하는 능력과 이러한 고등정신과정을 수행하는 능력과 지식을 습득하는 능력을 포함한다. 두 번째 차원은 경험적 지능을 포괄하는 것으로, 이것은 신기성을 다루는 능력과 정보처리를 자동화하는 능력으로 구성된다. 또한 실제적 차원도 작동하는데, 이는 환경을 선택하고 그에 적응하고 새로운 환경을 조성하는 것과 같은 실제적인 적응능력을 말한다.

2. 창의성

우리는 사물들간의 새로운 관계를 지각하거나, 비범한 아이디어를 산출하거나, 새로운 유형으로 사고하는 사람들이 우리사회의 발전에서 얼마나 큰 역할을 하는지를 잘 알고 있고, 교육의 역할 중 중요한 부분이 바로 그러한 능력을 키우는 일이라고 할 수 있을 것이다. 그에 따라 창의성은 교육과 심리학으로부터 많은 관심과 연구의 대상이 되어왔다.

창의성은 기본적으로 새로운 아이디어를 산출하는 능력을 말한다. 그러나 그러한 새로운 아이디어가 어떤 문제의 해결에 대해 적절성을 갖추고 있을 때, 그것은 진정으로 의미를 가질 것이기에 창의성을 이해하는 키워드는 새로움과 적절성이 될 것이다. 또한 창의성은 논리적인 계열성을 따라 오차 없이 진행시키는 사고(수직적 사고)라기보다는 다양성에 중점을 두고 수많은 사고의 통로를 생성하는 방법을 구사하는 수평적 사고로 볼 수도 있을 것이다(DeBono, 1990).

창의성에 대해 보편적으로 받아들여지는 정의는 Guilford(1956)에 의해 제시되었다. 그는 창의성을 구성하는 요소는 많은 아이디어를 산출해 내는 유창성과 다양한 유형의 아이디어를 내는 융통성, 남들과는 다른 아이디어를 내는 독창성 및 아이디어를 섬세하게 다듬어 발전시키는 정교성이라고 보았다.

이러한 창의성은 일정한 단계의 사고과정을 거치면서 발현되는데, 그에 대하여 Wallas(1926)는 4단계를 제안하였다. 먼저 준비단계에서는 여러 가지 가능성을 탐색하고 다양한 방법으로 해결책을 모색한다. 이어서 대상에 대한 논리적 계열성에만 머무르지 않고 지적, 의식적, 정서적으로 통합된 상태에서 그 문제에 대한 밀도 높은 집중을 유지하는 상태에 머무르는데, 이를 배양단계라 하였다. 그러다가 결정적인 아이디어를 떠올리게 되는 영감의 단계를 거치면, 이어서 그 영감의 내용을 정교하고 치밀한 방식으로 확인하는 검증의 단계를 거치게 된다.

이러한 창의성의 개념과 그러한 활동의 전개과정에 대한 이해에 기반하여, 아동 학생의 창의성을 높이기 위한 노력이 전개되어야 할 것이다.

3. 인지양식

개개 학습자마다 학습상황에서 주어진 정보를 처리하는 방식에서 개인차를 보인다. 이러한 학습자들의 지적인 양식에 대한 이해는 그들의 학습 지도에 큰 시사점을 제공해 주는 것으로, 인지양식은 교육 분야에서 상당한 연구의 대상이 되어왔다.

가. 장독립과 장의존의 인지양식

어떤 학습자는 인지과제의 수행 시 주변의 맥락에 의해 많은 영향을 받는 반면, 다른 학습자는 그렇지 않다. 전자의 경우를 장의존적이라 하고, 후자를 장독립적이라 부른다(Witkin et al., 1962). 장의존적인 학습자는 상황을 전체로서 지각하는 특성을 보이기 때문에 주변의 환경으로부터의 지지에 민감하고, 자신의 경험과 관련된 자료에 잘 집중하며, 타인의 사고나 공동의 목표에 민감하다. 따라서 인문 사회과학 등 전체적인 시야를 포함하는 전공분야에서 더 이익을 볼 수 있다. 한편 장독립적 인지양식의 소유자는 전체를 부분으로부터 분리시켜 분석적으로 지각하고, 스스로 세운 목표에 집중하고 자기강화를 하며, 과제지향적 개인지향적 성향을 독립적 학습 방식과 함께 나타내는 사람들이다. 그에 따라 이들은 자연과학과 공학 등 분석적 사고를 요하는 전공분야를 선택하는 경향을 더 크게 보인다.

나. 충동형과 반성형 인지양식

한편 학습자는 제시된 자극에 대한 충동적 혹은 반성적 반응 방식으로도 구분될 수 있다(Kagan, 1966). 충동적 학습자는 학습자료를 직관적인 방식으로 처리하며 스스로 파악한 틀에 비추어 빨리 해답에 이르려는 태도를 취함으로써, 오류를 범할 가능성이 높으나 문제해결에 대한 융통성 있는 접근을 이룰 수 있다. 반면에 반성적인 학습자는 학습과제에 대하여 신중하고 체계적인 접근을 시도하며 해결책에 이르기 전에 많은 사려를 수행하기 때문에, 문제해결의 정확도는 높일 수 있으나 시간이 많이 걸린다.

이러한 인지양식은 학습자의 학업수행에 중요한 영향을 미칠 수 있다. 특히 충동형 학생의 경우 단순한 과제의 수행에서 더 잘하지만, 여러 대안을 함께 고려해야 하는 복잡한 과제에서는 반성형 학습자의 수행이 더 높을 수 있다. 그러나 극단적인 충동형이나 반성형 모두 학습에서 장애를 일으킬 수 있다.

이러한 인지양식 이외에도 정보를 계열적 · 분석적으로 처리하는 좌뇌형과 정보를 전체적 직관적 방식으로 처리하는 우뇌형의 구분이 가능하다. 또한 다양한 학습양식의 구분도 유익한데, Kolb(1985)는 이를 구체적인 경험을 중심으로 학습자료를 다루는 분산자와, 추상적인 개념화에 기초하여 논리적 처리에 익숙한 융합자, 다양한 아이디어를 추상화하며 이를 문제해결에 실제로 응용하는 수렴자 및 구체적인 경험과 활동적인 실험을 통해 새로운 상황을 추구하는 적응자로 나누었다. 이러한 인지 및 학습 양식에 따른 개인차에 대한 이해는 효율적인 학생지도의 기초로 작용한다.

제5절 학습동기

동기란 어떤 행동을 유발시키고 그것을 지속적으로 유지시켜 주는 유기체 내부의 어떤 특성으로서, 행동에 방향과 활력을 준다. 학습동기는 개인이 학습하는 방향으로 행동하고 또 그 행동의 강도를 유지시켜 주는 개인 내적인 힘이라 볼 수 있다. 그에 따라 이 요인은 교육심리학의 주요 관심영역으로 중요하게 다루어지고, 여러 관점으로 이해되면서 다양한 개념화가 이루어졌다.

1. 행동주의적 관점

자극-반응의 기계적인 연합을 통하여 인간의 행동이 변화한다고 믿는 행동주의자들은, 행동의 방향과 강도를 결정함에 있어 특별한 개인 내적 상태의 역할을 가정하지 않았다. 다만 높은 빈도의 반응을 일으키는 강화자 자체가 동기의 역할을 한다고 보았다. 그러나 이러한 자극-반응의 연합만으로 인간행동의 완벽한 설명이 가능하지 않음이 인식되고 그 보완으로 제시된 것이 추동감소이론이었다. 그에 따라 인간행동의 방향과 강도를 결정하는 중요한 요인으로 인간이 경험하는 배고픔이나 목마름 같은 생물학적인 욕구상태인 일차적 추동과 사랑이나 창작욕구 같은 이차적 추동이 작용할 수 있음이 인정되었다. 그리하여 Hull(1951)은 이러한 추동의 정도와 자극-반응연합의 강도가 함께 작용하여 행동의 강도가 결정된다고 보았다. 결국 행동주의에서는 인간의 행동은 개인이 경험하는 욕구와 그를 해소하는 외부자극에 의해 그 방향과 강도가 결정되는 것으로 보고 있다.

2. 인본주의적 관점

일단의 심리학자들은 인간의 행동은 그 자신이 부여하는 의미에 의하여 크게 영향받는다고 믿는다. 개인은 저마다 자신에 대한 가치와 개념을 유지하며, 이러한 자아개념에 부합하는 방향으로 행동한다고 본다. 그리고 그러한 자아는 계속적으로 성장하고자 하며, 궁극적으로 스스로 지각하는 잠재능력을 최대한 실현하려고 하는 자발적인 노력을 기울인다. 자발적이고 주관적인 관점에 기초하여 고유한 개인마다의 가치를 실현하는 인간을 가정하는 이러한 관점을 인본주의라 한다.

인본주의 동기이론의 대표적인 관점으로, Maslow(1970)는 욕구위계론을 제시하였다. 인간의 욕구는 맨 기저에 생리적인 것으로부터 추구되며, 이어서 안전에 대한, 소속감에 대한, 그리고 존중받음에 대한 욕구가 순서대로 추구된다고 본다. 그리고 이러한 욕구들은, 충족되지 못하면 개인이 상당한 불편과 생존상 어려움에 직면하는 것으로서, 결핍에 관련된 것이다. 한편 이러한 욕구 다음으로 개인은 자신만의 잠재능력을 실현하고 지식을 추구하고 아름다움을 추구하고자 하는 욕구를 가지게 되는데, 이는 개인의 적극적이고 자발적인 성장의 욕구에 해당하는 것으로서, 인간 행동의 전반을 이끌게 된다. 따라서 교육과 심리학은 하위수준의 욕구 충족에 머무르는데 그치지 않고, 개인이 그러한 성장과 발달의 동기를 유지해 나가도록 도와야 한다고 주장하고 있다.

3. 인지이론적 관점

다른 심리학자들은 인간의 학습동기를 이해함에 있어, 개인이 수행하는 인지적 처리과정에 집중한다. 이들은 인간의 행동은 그가 자신이 경험하는 사건과 환경에 대하여 지적으로 어떻게 해석하고 이해하는가에 의하여 결정된다고 본다. 그리고 그들은 그러한 인지적 해석의 다양한 측면에 대하여 각기 다르게 집중하고 있다. 일부는 개인이 견지하는 믿음의 형태에 대하여, 그리고 학습 시 유지하는 목표의 유형에 대하여, 그리고 또 다른 일부는 흥미와 불안에 대하여 관심을 기울이고 있다.

가. 개인의 믿음에 기초한 학습동기의 이해

개인이 과제와 자신 및 결과의 원인 등에 대하여 어떠한 믿음을 유지하고 있는가에 따라 그의 행동이 크게 영향 받는다고 하는 관점이 여러 체계적인 이론으로 제시되어 왔다.

1) 기대×가치이론

학습자가 자신이 직면하는 과제에 대하여 가치를 부여하는 정도에 비례하여 그 과제를 수행하고자 하는 행동의 강도는 높아질 것이다. 또한 그의 행동은 자신이 그 과제를 어느 정도로나 잘 수행할 것이라고 기대하는 지에 의해서도 영향 받으며, 이 가치와 기대는 동시에 작용하여 그 각각의 강도에 비례하는 정도로 그 과제에 대한 수행의 동기가 커질 것이라고 본다(Wigfield & Eccles, 2000). 따라서 이 이론에 따르면 학습동기는 학생이 수행할 가치가 있다고 믿는 과제를 스스로 잘 할 수 있다고 기대하는 정도만큼 형성될 것이다.

2) 자기효능감이론

자기효능감이란 개인이 특정과제를 잘 수행할 수 있다고 스스로를 평가하는 정도이다(Bandura, 1986). 이러한 자기효능감이 높을 수록 개인은 도전적인 과제를 선택하고 더 노력하며 장애 직면 시 더 끈기를 발휘하고 더 생산적인 전략을 사용하여, 결국 더 높은 성취로 이끌어진다고 본다. 그리하여 자기효능감은 학생들의 학습동기를 결정하는 아주 중요한 요인으로 받아들여지고 있다.

3) 귀인이론

학습자는 또한 자신의 학습결과에 대한 원인을 일정한 방식으로 분석하게 되며, 그러한 인지적 활동을 귀인이라 한다. 개인이 귀인을 어떠한 방향으로 하는가에 따라 관련 과제에 대한 동기가 결정된다고 볼 수 있다(Weiner, 1992; 2000). 또한 그러한 귀인은, 원인이 학습자의 내부에 속하는 것인지 혹은 외부에 있는 것인지, 안정적인 것인지 혹은 잘 바뀔 수 있는 것인지, 학습자가 통제할 수 있는 것인지 혹은 그럴 수 없는 것인지 등에 관련하여 다양하게 이루어진다. 그리고 대체로 내적이며 불안정하고 통제할 수 있는 요인으로 귀인을 할 경우 차후 학습과제에 대한 동기가 강하게 유지된다고 보고 있다.

4) 지능에 대한 믿음

일부 심리학자는 또한 개인마다 인간의 지적 능력이 어떤 성격을 갖는가라고 믿는 정도가 다르다고 하는 점에 집중한다(Dweck & Leggeett, 1988). 개인의 지능이 본질적으로 고정되어 있다고 믿는 사람은 학습과제에 대한 추가적인 노력을 기울이려 하지 않는 경향이 강하다. 반면에 지적 능력의 가변성을 믿으며 지능에 대한 증가적 관점을 유지하는 학습자는 높은 학습동기를 계속 유지할 수 있을 것으로 본다.

이렇듯 다양한 대상에 관한 학습자의 믿음이 학습동기에 대해 가지는 효과들을 고려해본다면, 교사들은 학습자의 인지적 역량과 함께 그의 자신과 과제 관련 사태에 대한 인지적 해석 양상에 관심을 가지고 그것을 보다 적응적인 방향으로 이끌도록 노력할 필요가 있다.

나. 학습목표에 기초한 학습동기의 이해

개인은 학습과제의 수행 시 다양한 목표 상태에 있을 수 있으며, 어떠한 목표를 유지하는가에 따라 학습동기가 달라지는 것으로 밝혀지고 있다.

1) 숙달목표와 수행목표

학습 상황에서 어떤 개인은 과제 자체를 달성하고 완료하기 위해 노력을 기울일 수 있는 반면, 또 다른 개인은 자신의 능력을 과시하거나 타인과의 비교에서 우월한 위치에 놓이기 위하여 과제에 몰두할 수 있다. 전자의 지향상태를 숙달목표, 후자를 수행목표라 한다(Schunk et al., 2008). 숙달목표를 가진 학생은 높은 자기효능감을 가지고 계속 노력하며 도전적인 자세로 과제 수행에 몰두하여 결국 높은 성취를 이루어낸다. 수행목표를 가지는 학습자는 분명한 목표를 설정하고 있는 만큼 과제수행에 적극적으로 임하여 높은 성취를 이룩할 수 있으나, 타인에 대한 의식으로 불안을 일으킬 수 있으며 또한 과제에 대한 도전적인 자세를 유지하지는 못하는 경향이 있다.

2) 접근목표와 회피목표

이러한 과제에 관련한 숙달과 수행의 목표지향에 있어서, 그러한 목표에 적극적으로 접근하려는 상태가 있는 반면 반대로 그로부터 회피하려는 상태도 있을 수 있다. 그리하여 숙달지향과는 반대로, 어떤 과제에 대한 수행을 회피하고 과제 자체에 대한 노력을 기울이지 않는 방향으로 행동하는 경우를 숙달회피목표 상태라 한다 (Dowson & McInerney, 2001). 이러한 학습자는 낮은 자기효능감을 유지하며 성취에 있어 심각한 저해를 겪는다. 반면에 수행접근과는 반대로 타인과의 비교나 본인의 무능력함의 노출을 회피하려는 태도로 학습에 임하는 경우가 있는데, 이를 수행회피목표라 한다 (Midgley & Urdan, 2001). 이러한 학습자는 자신감이 낮고 다른 학생들에게 무능하게 보이는 것을 피하는 것 이외의 학습동기를 가지지 않는다. 교사는 이러한 회피목표의 학생들을 발견하여 적절히 지도하는 노력을 함께 기울여야 할 것이다.

3) 사회적 목표

학생들은 또한 타인과의 활발한 상호작용을 위하여 학습에 몰두하는 경우도 있는데, 이를 사회적 목표지향이라 한다(Juvonen, Wentzel & Weiner). 이러한 목표는 학습동기를 높이거나 낮출 수 있다. 학습하는 과정에서 타인과의 적극적인 상호작용이 요구되는 상황이라면 사회적 목표지향에 따라 학습동기가 높아지겠지만, 그렇지 않은 경우라면 사회적 상호작용만을 위하여 학습을 소홀히 할 수도 있다. 그에 따라 교사는 자신이 주도하는 학습프로젝트 자체 내에 학습자들간 사회적 상호작용이 포함되도록 유의할 필요가 있다.

다. 흥미나 불안에 기초한 학습동기의 이해

학생이 학습상황에 관련하여 흥미를 가지거나 특별한 심리적 상태에 놓여 있게 될 때, 그의 학습동기는 크게 영향받게 된다. 학습의 대상이 되는 내용에 대하여 학습자가 높은 관심을 가지고 재미를 느끼는 상황이라면 학습동기는 높아질 것이다. 이러한 흥미는 개인 내적 사태일 수도 있고 특정 상황의 특성일 수도 있다. 전자의 경우를 개인적 흥미라 하고 후자의 상태를 상황적 흥미라 한다(Schraw & Lehmam, 2001). 전자는 개인이 지속적으로 마음이 끌리고 안정된 선호를 유지하는 상태로서, 학습동기가 안정적으로 유지되도록 보장한다. 상황적 흥미는 당면한 환경에 의하여 유발되는 만족에 관계되는 것으로서, 교사는 자신이 이끄는 수업이 그러한 상황적 흥미의 특성을 갖도록 유의할 필요가 있다. 그리고 이러한 특정 상황에 대한 흥미는 그 상황이 해당하는 영역에 대한 개인의 전문성이 발달함에 따라 개인적 흥미로 이어질 수도 있다.

학습상황 속에 개인이 겪게 되는 특별한 심리적 상태 중 불안의 상태가 학습동기에 대해 큰 영향을 미친다. 불안은 학습동기와 성취에 대하여 곡선 관계를 유지하는 것으로 알려져 있다(Cassedy & Johnson, 2002). 어느 정도까지의 불안은 학습자를 긴장과 각성 상태에 놓이게 하여 과제에 집중하도록 한다. 그러나 과도한 불안은 특히 평가 상황에서의 심한 불안은 동기와 성취를 저해한다. 이는 불안이 과제에 대한 집중을 방해하고 실패에 대한 걱정으로 인지처리과정의 효율성을 떨어뜨리며 효율적인 학습전략을 사용할 여유를 주지 못하기 때문인 것으로 보인다. 따라서 교사는 학습자가 적당한 긴장을 유지하되 과도한 불안을 가지지 않도록 학습상황을 통제하는 일에 유의할 필요가 있다.

생각해 볼 문제

1. 교육심리학에 대한 정의를 내리고 그 특성을 요약해 보자.
2. 인지와 정서 그리고 도덕성의 발달 과정을 정리해 보자.
4. 학습이 어떻게 이루어지는지에 대해 행동주의와 인지이론적 관점에서 설명해 보자.
4. 지능, 창의성, 인지양식 등 개인차가 학습에 대해 어떤 관련을 가지는지 설명해 보자.
5. 다양한 학습동기의 형태들을 정리해 보고, 각각에 따라 개개인의 학습이 어떻게 영향받을 수 있는지 정리해 보자.

제5장

교육사회학

이 장은 교육사회학의 기초적인 이해를 도모하고자 하는 장으로 먼저 교육사회학의 개념에 대해 살펴보고, 교육사회학의 발전과정을 통해 교육사회학의 흐름을 짚어보고 교육사회학에서 다루는 연구영역과 주제를 설명하려고 한다.

또한 교육사회학이론을 전개하는 두 가지의 관점인 거시적 관점의 기능론과 갈등론에서 사회와 교육에 대해 설명하는 입장과 미시적 관점의 기본개념인 해석학, 상징적 상호작용론, 민속방법론에 대해 간략히 설명하고자 한다.

마지막으로는 교육사회학에서 가장 중요한 연구주제인 교육과 사회이동의 관계를 개념차원에서 살펴보고 교육과 불평등을 설명하는 이론들을 개략적으로 설명할 것이다.

제1절 교육사회학의 이해

1. 사회의 개념

사회란 여러 사람이 모여서 이룬 하나의 집단이나 공동 생활체다. 여러 사람은 곧 두 사람 이상의 복수의 구성원으로 두 사람 이상의 사람들이 모여서 생활하는 단체나 결합체는 모두 사회이다. 그러나 이러한 설명만으로는 사회란 개념을 설명하기에 충분치가 않다. 사회란 공동의 목적을 전제로 해서 문화를 공유하고 그 문화에 따라 상호작용하는 공동생활체, 혹은 결합체라고 할 수 있다. 어떤 사회이든지 간에 목적이 전제되지 않은 모임은 있을 수 없고, 모여서는 목적을 지향하여 일정한 규칙에 의해 관계하며 상호작용한다. 사회학에서는 이러한 사회의 개념을 간단히 상호작용하는 공동생활체 혹은 결합체라고 지칭한다.

사회에 있어서 가장 중심이 되는 개념은 상호작용이다. 왜냐하면 상호작용 속에는 이미 목적이나 복수의 구성원, 그리고 상호작용을 규제하는 문화의 개념이 전제되어 있기 때문이다. 따라서 상호작용은 사회현상을 이해하는데 있어서 목적이나 문화와 더불어 아주 중요한 개념이다. 그리고 사회의 목적은 어떤 일이 있어도 반드시 달성되어야 하는 당위성을 갖는다. 왜냐하면 사회의 목적이 달성되지 않으면 개인의 목적도 달성되지 않을 뿐 아니라 근본적인 개인의 삶이 영위되지 못하기 때문이다. 이 당위적인 목적을 달성하기 위해서는 여러 가지 수단과 방법이 요구된다. 즉 목적 달성에 필요한 여러 가지 작용이 요구되는 것이다. 이것을 다른 말로 바꾸면 기능이 된다. 이러한 사회의 목적 달성에 필요한 기능들은 함께 모인 사회구성원 모두에게 각자에게 맞는 기능이 분배 혹은 분담된다. 이러한 기능을 체계적으로 분배해 놓은 사회적 틀을 사회적 역할 구조 혹은 지위구조라고 하며 또 다른 개념으로 사회구조라고 한다. 사회구조는 사회의 목적을 달성하기 위해 필요한 기능들을 가장 합리적이고 효율적인 방법으로 분배해 놓은 구조로서 만일 그 구조가 목적 달성에 효과적이지 못할 때는 기능이 재분배되고 조직화되어 새로운 사회구조가 만들어진다. 그러므로 사회구조는 매우 가변적이고 유동적이라 할 수 있다 (홍재호, 2003).

2. 교육사회학의 개념

사회적 과정으로서의 교육은 인간관계가 이루어지는 크고 작은 만남에서 야기되는 어떤 관계나 상호작용을 포함하며, 이것이 바로 교육의 사회적 성격을 말해준다. 사회적 과정으로서의 교육이란 가정, 학교, 교회, 직장 등에서 두 사람 이상이 모여 서로의 행동 · 태도 · 신념 등에 영향을 주고받는 관계, 즉 교육자(또는 지도자)와 피교육자(학습자)의 관계를 형성하는 넓은 의미의 교육적 과정을 의미한다. 인간이 사회의 일원으로 생활하며 사회의 영향을 받는 과정은 사회적 상호작용으로 설명된다(김병성, 2004).

교육사회학은 사회현상으로서의 교육에 관한 사회학적 탐구를 하는 학문이다. 교육사회학에서 관심을 갖는 사항은 인간들이 모여사는 사회 속에서 나타나는 현상으로서의 교육현상에 관한 측면에 관한 것이다. 예를 들어 사람들은 왜 교육에 참여하는가? 누가 더 많은 교육의 혜택을 받는가? 왜 해마다 교육정책에 대한 이야기가 뉴스거리가 되는가? 왜 교육부장관이 바뀌면 대학입시 정책이 바뀌게 되는가? 등의 질문에 대한 해답을 찾아내는 과정을 포함한다고 하겠다.

사회학이 사회(집단)에서의 인간관계나 상호작용을 탐구하는 학문이듯이 교육사회학도 교육사회나 집단 혹은 교육체계 속에서 야기되는 인간의 상호작용 관계와 그것이 구성원들의 상호작용 행동이나 사회적 행동에 미치는 영향을 과학적으로 탐구하는 학문이다. 이를 또 다른 개념으로 표현하면 교육체계 속에서 야기되는 사회관계와 사회적 과정을 과학적으로 연구하는 학문이라고 정의할 수 있다. 하나의 교육현상은 곧 그 구성원들의 관계 속에서 상호작용을 통한 사회적 행동으로 나타난다. 교육에도 어떤 목적이나 그것을 이루기 위한 과정과 규칙이 있다. 이러한 교육현상의 법칙이나 그 과정을 이해하고 설명하려는 학문이 바로 교육사회학이다.

3. 교육사회학의 발전과정

자본주의 경제가 발전함에 따라 미국에서는 19세기 말부터 20세기 초에 걸쳐 여러 가지 새로운 사회문제를 해결해야 할 필요에 직면하게 되었다. 교육계에서도 이러한 사회적 요청에 부응하기 위하여 여러 정책이 적극적으로 강구되었는데, 무엇보다 먼저 교사 양성기관에서의 교사교육의 확충에 역점을 두게 되었다. 그 기본목표는 사회변동에 적응할 수 있는 교사의 사회적 태도 육성이었으나, 직접적으로는 교육현장에서 부딪치는 여러 문제를 효율적으로 해결할 수 있는 능력을 교사들에게 습득시키기 위한 학문적 기초를 갖게 할 필요가 있었다. 그 결과 교육사회학이 교사교육의 주요교과로 부상하게 되었고, 교육문제의 해결에 있어서 사회학의 원리와 지식이 필수적이라는 인식이 보편화되어 갔다.

교육사회학은 서양에서 19세기~20세기 초에 학문으로 성립하였는데, 초기의 대표적 학자로는 프랑스의 뒤르켐, 독일의 크리크, 미국의 페인 및 월러 등을 들 수 있다.

교육학의 모든 관련 학문들은 교육학의 본래의 속성을 고려해 볼 때 순수학문으로보다는 응용학문으로서의 성격이 강하다. 따라서 교육사회학도 교육현상에 대한 순수한 학문적 이해에 관심이 있다기보다는 현실적인 면에 더 관심을 보일 수 있다. 이런 관점에서 교육사회학은 크게 두 가지 견해로 대별해서 논의되는 것이 일반적인 경향이다. 하나는 실천지향적인 응용학문으로서의 교육적 사회학(Educational Sociology)의 경향이며, 다른 하나는 학문지향적 혹은 사회지향적 순수학문으로서의 교육의 사회학(Sociology of Education)의 경향이다. 교육의 사회학은 오늘날 통용되는 교육사회학과 같은 개념이다. 이러한 경향들이 초기에는 교육적 사회학으로 발전되었으며, 후기로 오면서 교육사회학으로 발전하였다.

교육적 사회학은 교육학의 한 분야로서 교육문제의 실제적인 해결을 위해 사회학적 이론과 연구방법을 적용하려는 견해다. 이에 반해 현재 교육사회학이라 불리는 학문은 사회학의 이론과 연구방법을 활용하여 교육현상과 교육기관을 사회학적 관점에서 연구하는 것을 더 중요한 과제로 삼는다. 교육기관 내부의 사회적 구조와 과정, 그리고 교육기관과 다른 사회기관과의 관계를 중요한 연구과제로 생각하며 사회화의 과정 전체를 교육사회학의 중요한 연구영역으로 삼는다. 교육사회학은 실제적 교육문제의 해결과 개선방안의 수립에 일차적인 관심을 두기보다는 사실의 정확한 진단을 위한 연구의 필요성을 더 강조한다.

우리나라의 경우 교육사회학 강좌가 처음 시작된 것은 1952년 서울대학교 사범대학에서부터였고, 1955년 문교부령 제39호로 공포된 「교육공무원 자격검정 시행세칙」에 따라 교직과목으로 운영하게 되었다. 1972년 문교부령으로 「학교와 지역사회」 과목이 교직 필수과정으로 지정되어 운영되다가 1980년대에 오늘날의 「교육사회」로 교과목 이름이 변경되었다.

가. 실천지향의 교육사회학

사회학의 지식을 교육실천에 응용하려는 노력으로서의 '교육사회학'이 처음으로 등장한 것은 1907년에 H. Suzzalo가 미국의 콜럼비아 대학교에 「Educational Sociology」 강좌를 개설하면서부터다. 그 후 10년 가까이 지난 1916년에는 이 대학에 교육사회학과가 창설된다. 뒤따라 다른 대학들도 이 강좌를 개설하기 시작하여, 1920년대 말에는 200개에 가까운 대학들이 '교육사회학' 또는 이와 유사한 명칭의 강좌를 가르친다. 그리고 이미 1920년대 초에는 미국교육사회학회(National Society for the Study of Educational Sociology)가 창립되었고 1926년에 전문학술지로 「Educational Sociology」가 창간된다.

이 시기의 미국 '교육사회학'은 학교의 여러 가지 문제를 해결하고 학습을 지도하는 데 필요한 사회문화적 지식을 모아 놓은 것이었다. 이 강좌는 사범대학 뿐만 아아니라 사회학과에도 설치되어 있었으나 성격은 비슷하였다. 그러나 내용체계는 일정하지 않아 교육의 실천에 응용할 사회문화적 지식의 체계라는 공통점을 지니고 있을 뿐, 학문적 엄격성과 이론적 체계성은 매우 낮았다.

실천지향적 교육사회학에 대한 관심은 1930년대 이후에도 여전하였으며 1950년대 중반까지도 그대로 유지되었다. 그러나 이미 1940년대부터 성격이 약간 바뀌면서 지역사회학교운동 또는 사회중심교육운동의 영향을 받아 학교와 지역사회의 문제가 이 강좌의 중심으로 등장하였다. 지역사회의 문제해결에 학교가 적극적으로 참여해야 한다고 강조하는 지역사회학교운동은 실천지향적 교육사회학을 더 강하게 요구할 것임에도 불구하고, 오히려 당시 미국 사회학의 지역사회 연구 경향과 맞물려 지역사회의 구조와 성격을 분석하고 그 속에서의 학교의 기능을 밝히는 일이 중심과제가 되었다.

나. 사회학지향의 교육사회학

1950년대에 와서는 교육사회학을 교육현상에 대하여 사회학적으로 탐구하는 학문으로 생각하는 학자들이 점차 늘어갔다. 이들은 대부분 사회학자 또는 사회학적 훈련을 받은 사람들이었다. 이 경향은 1960년대에 이르러 더욱 두드러졌다. 결국 종래의 교육사회학과는 다른 새로운 성격의 교육사회학이 하나 더 등장했다고 말해야 옳을 것이다.

새로운 성격, 즉 사회학지향적 교육사회학의 위치는 1963년에 전문학술지를 확보함으로써 확고해졌다. 그간 실천지향적 교육사회학의 학술지로서의 역할을 해오던 「Educational Sociology」를 「Sociology Educational」으로 제호를 바꿈으로써 확보가 이루어졌다는 점에서 단순한 학술지 확보 이상의 의미를 갖는다. 즉, 교육사회학의 성격을 둘러싼 논쟁에 있어서 신흥학문이 승리를 거두는 그런 사건이었다고 표현해도 좋을 것이다. 전에는 교육 실제에 직접 응용할 원리, 정책, 방법, 주장 등을 주로 실어 왔으나, 제호 변경 이후에는 실증적 자료와 과학적 방법에 근거한 설명지향적 논문에 중점을 두기 시작하였다. 뿐만 아니라 제호의 변경과 동시에 미국사회학회(American Sociological Association)의 간행물로 편입되었다. 이제까지 교육학의 학술지이던 것이 사회학의 학술지로 바뀐 것이다.

4. 교육사회학의 연구영역

사회학지향적 교육사회학의 기초를 놓은 사람은 Emile Durkheim이다.

학문지향적 교육학, 더 구체적으로 사회과학으로서의 교육학에 관심을 가졌던 뒤르켐은 교육을 사회적 사실(social fact)로 인식하고, 사회구조의 한 부분으로서의 교육의 사회적 기능을 밝히는 것이 교육학 연구의 핵심이라고 보았다(Durkheim, 1922). 그에게 있어서 교육은 "한 사회가 자체의 존재조건을 의도적으로 재창조하는 수단"이며, 그 핵심은 "새로운 세대의 체계적 사회화"였다. 그러므로 교육의 목적은 사회체제를 개인에게 내면화시키는데 있다고 생각하였다. 그리하여 교육학, 좁게는 교육사회학의 연구영역은 다음과 같은 내용을 포함하였다.

첫째, 교육에 관한 사회적 사실들과 그것들의 사회적 기능을 밝히는 일

둘째, 교육과 사회 및 문화 변화 간의 관계를 밝히는 일

셋째, 교육체제의 여러 유형을 비교문화적 및 비교학적으로 연구하는 일

넷째, 살아 있는 사회체제로서의 학급과 학교를 탐구하는 일

사회학지향적 교육사회학은 1950년대 이후로 큰 발전을 이루었다. 이 강좌를 설치하는 대학이 늘고 석사과정과 박사과정도 개설되었다. 이 분야가 발전하면서

연구의 경향도 달라지기 시작하였는데, 브루코버가 미국의 연구동향을 분석한 바에 따르면 1970년대 중반까지 미국 교육사회학의 연구경향은 크게 세 가지로 나누어진다(Brookover and Erickson, 1975 : 11~13).

첫째는 2차 대전 직후의 경향으로, 주로 학생의 성적과 태도형성에 미치는 가족, 이웃, 사회의 영향을 규명하는 연구에 집중되었다. 사회심리학적 접근을 통하여 학생의 자아개념, 가치관, 세계관의 형성과정을 설명하는 연구가 많이 나왔다.

두 번째 경향은 1950년대와 1960년대 초에 걸쳐 각광을 받은 교육의 사회적 기능을 밝히는 연구들이었다. 발전교육, 즉 국가발전에 기여하는 교육의 기능을 전체적으로 또는 경제적, 정치적, 사회적 발전으로 나누어 설명하는 연구가 성황을 이루었다.

세 번째 경향은 1960년대에 걸쳐서 활발했던 사회조직체로서의 학교에 관한 연구다. 학교 내의 인간관계, 역할, 사회적 풍토, 학교문화에 관하여 많은 연구가 이루어졌으며 학교 관료체제의 성격을 밝히는 연구들도 이루어졌다. 브루코버가 관찰한 미국 교육사회학의 이러한 동향은 사회학의 연구동향과 대체로 일치하는 것이다.

교육사회학의 연구영역은 이론연구와 응용연구로 나눌 수 있는데, 이론연구 분야는 한 나라의 교육정책을 결정하는 과정 · 요인 · 침투과정 등을 밝히는 교육정책 연구로 주요 주제는 정당의 교육정책, 노동조합 · 정치단체 등의 교육적 견해, 국민의 교육의식과 교육여론 등을 포함한다. 다음으로 학교교육 제도 · 사회교육 제도 · 각종 직업훈련 제도 등 널리 교육행정 · 재정과 관련되는 분야를 대상으로 그 형태 · 구조 · 기능을 분석하고, 특히 사회적 측면을 밝히는 교육제도 연구로써 교육인구, 교육수준의 국제비교, 교원수급, 입시제도, 학력 · 학벌 등을 연구한다.

세 번째로는 가족 · 이웃 · 지역사회 · 직업집단 등의 교육활동, 매스컴에 의한 교육활동, 학교교육 · 기업내 교육 · 사회교육을 대상으로 한 사회적 조건 · 기능 · 효과 등을 밝히는 교육관행의 연구가 있고, 교사와 학생, 부모와 자식 등 구체적 인간관계를 통해 행하여 인간형성의 작용을 밝히는 교육과정의 연구와 교육정책 · 제도 · 관습 · 과정, 그리고 이를 포괄하는 교육구성체의 변동을 대상으로 하는 교육변동의 연구가 있다. 한편 응용연구는 실천적 과제를 해결하기 위하여 실시하는 연구로, 오늘날 학교 · 학급경영, 청소년문제, 지역조직화, 지방교육계획, 교육투자론 등이 대상이다(두산백과사전).

제2절 교육사회학의 이론적 관점

1. 교육사회학 연구의 틀

1950년대부터 활기를 띤 교육사회학은 Spencer-Durkheim-Weber-Parsons를 거치면서 거시적 접근을 통한 사회 제도 · 조직 · 구조 등을 체계적으로 연구하며 기능이론의 토대를 형성하였다. 그 후 기능이론에 대한 비판이 제기되면서 갈등이론(그리고 신교육사회학 관련 이론들)이 나타나기 시작했다. 이러한 과정에서 1970년대에 들어서며 거시적 접근의 이론체계보다는 사회현상에 바탕을 두고, 학교사회, 교실사회 등 작은 집단을 분석하여 현상 그 자체를 밝히려는 미시적 접근방법이 성행하기 시작하였다.

미시적 접근은 사회현상을 설명하는 데 있어서 그 현상이 나타나게 된 원인, 즉 내면적 현상을 분석 · 설명하려는 것으로서 체제와 구조의 개념보다는 과정과 상호작용을 강조하고 있다. 이 두 접근 방법에 관한 사회학적 근원은 Durkheim과 Weber의 견해에서 찾을 수 있다. Durkheim에 의하면 구성원은 개인들의 합을 초월하여 생긴 하나의 실체(reality)이며 사회의 성격은 개인들의 행동과 사고에 영향을 준다고 한다. 즉, 개인은 사회에 대하여 피동적인 존재가 된다. 이와 달리 Weber는 개인들의 사회적 행동이 사회의 기초를 이룬다고 보고 이러한 개인들의 사회적 행동의 합이 사회의 성격을 이룬다고 보았다. M. Weber는 사회가 개인들과 별개의 것이 아니라 개인의 합에 불과하다고 주장했다.

이와 같이 사회를 Durkheim처럼 실체로 보는 견해를 '사회실체론(social realism)'이라 하고, Weber와 같이 명목으로 간주하는 견해를 '사회명목론(social nominalism)'이라고 한다.

사회를 하나의 실체로 보느냐, 단순한 명목으로 보느냐에 따라 그 이론적 전개과정은 다르다. Durkheim처럼 사회를 실체로 보고 사회를 사회 그 자체로 파악하는 접근법은 '거시적 접근법(macro approach)' 또는 '구조적 접근법'이라고 부른다. 반대로 Weber처럼 사회를 명목으로 볼 경우, 사회란 개인을 떠나서 별개로 존재하는 것이 아닌 개인의 합에 불과한 것이다. 사회를 이해하기 위하여 그것이 개인의 사회적 행동이건 개인의 본질적인 행동이건을 막론하고 개인부터 파악하려는 접근법을 '미시적 접근법(micro approach)' 혹은 '심리학적 접근법'이라고 부른다.

거시적 접근법은 사회가 개인과 독립적으로 존재하고 사회 나름의 실체를 갖는다는 사고에 근거를 두고 있으므로, 사회현상을 분석할 때 분석의 대상을 사회 그 자체에 둘 뿐만 아니라 분석의 출발점 역시 개인보다는 사회에 두게 된다. 이와 대조적으로 미시적 접근법은 사회란 단지 개인들의 합에 불과한 것이므로 사회현상을 분석할 때 분석의 대상을 구성원 개인들에 둔다.

2. 교육사회학 이론의 거시적 관점

가. 기능론

기능론이란 한 사회를 부분들의 총체 또는 유기체로 간주하는 관점이다. 모든 생명체는 유기체로서 생존하기 위하여 유기체를 이루는 각 부분들이 각각의 기능을 잘 수행해야 한다. 그리고 이런 각 부분들의 기능은 전체와 뗄 수 없는 필연적 관계에 있다. 이러한 기능론은 사회를 유기체에 비유한다. 유기체처럼 사회도 개인과 집단의 총체로 되어 있고, 개인과 집단이 각각의 맡은 기능을 원만히 수행해야 그 사회는 안정되고 질서를 지닌다는 것이다. 곧, 사회는 신체와 같은 '구조'고, 이 구조는 각각 맡은 '기능'을 수행하는 개인이나 집단 등의 구성 요소로 이루어져 있다고 본다. 이러한 이유로 기능론을 구조기능론(structural functionalism)이라고 부르기도 한다. 근래에 와서는 학자의 취향에 따라 합의이론(consensus theory), 질서이론(order theory) 또는 균등이론(equilibrium model) 등으로도 불린다.

기능이론은 사회학의 아버지로 불리는 A. Comte나 사회유기체설을 제시한 H. Spencer에서 그 이론적 기초를 찾을 수 있다. 그러나 E. Durkheim이 이론적 근거를 발전시켰으며, 사회학 이론으로의 구축은 T. Parsons에 의해서였다.

기능이론은 사회의 본질을 상호의존적인 관계 또는 부분의 집합으로 구성된 체계(system)로 보고 이를 유기체에 비유하여 여러 기관이나 부분이 전체의 생존과 존립에 공헌하고 있는 관계로 보았다. 때문에 한 사회를 구조와 기능이라는 측면에서 분석하고 이해하려고 하며 그 지속과 번영을 위하여 질서 · 균형 · 안정을 추구하고, 더 나아가 사회구성원 간의 합의(consensus)와 통합을 이룬다고 본다.

1) 주요 개념

기능론에서 중요하게 언급되는 개념으로는 기능, 유지 · 존속, 통합, 결속, 안정, 균형, 항상성, 합의, 질서, 사회화 등이다. 유기체인 생물처럼 사회라는 구조도 건강해야 하고, 그러한 상태를 유지하기 위해 각각의 구성원은 효과적으로 기능하고 협동해야 한다. 기능이라는 말은 주로 E. Durkheim과 T. Parsons의 저작에서 나온 개념이다. 사회라는 유기체는 각 부분들의 합이고, 부분들은 유기체를 유지 · 존속하기 위해 다른 부분들과 유기적 관계 속에서 필요한 일을 수행한다. 이렇게 함으로써 사회는 통합 상태에 이른다. 통합이란 한 체제가 안정 상태를 지니기 위해 그 체제를 이루고 있는 각 부분들이 집합적으로 기능하거나 협동하는 일이다. 이러한 상태에 이르기 위해서는 결속이 필요하다. 결속이란 구성원 간의 연대나 단결을 뜻한다.

균형이란 서로 대립되는 세력이나 성향들이 상호작용을 통해 순하게 되거나 중성화된 상태를 말한다. 이 개념은 Parsons의 '경계유지'체제라는 개념에서 유래한 것으로 환경의 영향을 받지 않고 그 나름대로 일관성을 지니는 사회체제를 뜻한다(Marshall, 1994 : 155). 이렇게 일관성이 있는 상태를 항상성(homeostasis)이 있다고 한다. 합의란 구성원 간의 일치된 가치, 견해, 동의를 뜻한다. 이렇게 합의에 기초한 사회는 안정되고 질서가 갖추어진 체제를 가진다. 이러한 모든 기능과 그에 기초한 안정된 사회를 유지하기 위해서는 무엇보다도 구성원의 사회화가 필요하다. 사회화란 규범을 학습하여 내면화함으로써 그 사회에서 승인된 행동을 취하게 되는 과정을 뜻한다. 한 마디로 어느 개인을 사회적 존재로 만드는 과정이다. 기능론의 이런 기본관점 때문에 이를 합의(consensus)이론, 규범적(normative) 접근, 인습적(conventional) 접근이라고도 한다.

2) 기능론적 교육관

기능이론에 의하면 사회는 상호의존적인 부분들로 구성되어 있고 이들 각 부분은 전체 사회의 기능화에 필요한 역할을 원만하게 수행한다는 가정에서 출발한다. 기능론자들은 조직의 구조와 기능화에 관한 문제에 연구의 강조를 둔다. 이들에 의하면 학교의 주된 기능은 사회질서를 유지하는 데 필요한 지식 및 행동을 전수하는 것이다. 아동들은 타인과의 접촉을 통하여 사회적 존재가 됨을 배우고 적절한 사회적 가치를 발전시키기 때문에 학교는 중요한 훈련장소라는 것이다 (Ballantine, 1985 : 13).

기능주의의 기본 입장은 교육과 사회관계를 긍정적으로 파악하고 교육의 순기능을 강조한다. 사회제도의 하나인 교육은 사회구성원으로서 개인의 통합과 응집력의 증진, 적성과 능력에 알맞은 역할과 지위의 분류 및 배분 그리고 사회 각 분야에서 요구하는 지식, 기술, 행동양식을 전승하는 기능을 수행함으로써 개인을 사회에 적응시킴과 동시에 개인을 전체사회 속에 통합시키고 나아가 사회가 요구하는 인력을 양성하고 공급한다고 본다.

학교교육의 기능을 사회학적인 시각에서 처음으로 논의한 뒤르켐에 따르면, 학교교육이란 전체 사회의 지배적인 행위유형들을 의도적으로 전달해 줌으로써 한 사회의 존속에 기여하는 수단으로 이해된다. 이러한 사회화를 위한 교육의 기능은 보편적 사회화와 특수 사회화라는 두 가지 면으로 이루어진다. 보편적 사회화는 한 사회의 공통적 감성과 신념, 즉 집합의식을 새로운 세대에 내면화시키는 것을 의미한다. 이는 한 사회가 해체되는 일 없이 존속하는 일 뿐만 아니라 한 사회의 독특성을 변화 없이 유지하는 데에 있어서도 필수적이다. 특수 사회화는 개인이 속하게 되는 특수한 직업집단이 요구하는 지적, 도덕적 특성의 함양을 말한다. 교육을 통해서 개인은 자신이 속하여 살아가게 될 직업집단의 규범과 전문지식을 미리 학습하여야 한다.

Durkheim은 학교교육에서 도덕교육이 중시되어야 한다고 주장한다. 왜냐하면 도덕교육을 통해서 사회구성원들 간 협의가 형성되며, 각 개인은 자신이 속한 집단에 충실하게 참여할 수 있기 때문이다. 현대의 분화된 사회에서 한 개인은 여러 종류의 사회집단에 소속되지만 도덕의 점진적 보편화로 그들 간에 갈등은 나타나지 않는다고 보았다. 즉, 개인이 속한 작은 사회 집단의 도덕은 그보다 더 높은 수준의 사회집단, 예컨대 국가의 도덕에 내포된다. 이러한 뒤르켐의 기능론적 관점은 사회 내의 지배집단을 옹호한다는 비판을 받았다. 그는 현실의 사회가 언제나 보편성을 따르는 것이 아님에도 불구하고 사회 또는 국가를 개인 및 하위 집단의 우위에 두었으며, 한 사회 내의 집단 간의 차이를 경시하였다.

사회화 기능에 관한 Parsons의 설명은 Durkheim과 대동소이하다. 아동들에게 그들이 장차 성인이 되어 담당하게 될 역할을 수행하기 위해 반드시 필요한 정신적 자세와 자질을 기르는 것이 사회화이며 학교의 기능은 사회화를 통한 사회적 안정, 통합, 합의의 증진에 있다고 하였다(Hurn, 1978 : 200).

R. Dreeben은 사회화의 내용을 좀 더 구체적으로 표현하여 사회적 규범이라고 규정하고 규범은 '상황별로 구체화된 행동의 표준으로서 개인들이 특정 상황에서 어떻게 행동하여야 하는지를 지시하는 원칙, 전제 또는 기대들'이라고 정의한다. 학교는 규범을 적절한 방법을 동원하여 학생들에게 내면화시킨다. 사회생활에 필요한 규범들은 가정이나 지역사회에서만 배울 수 없다. 현대 산업사회에 적합한 사회 규범, 기술, 지식 등도 가정이나 지역사회에서만 배울 수는 없다. 그에 따르면 아동들은 학교의 구조 속에서 생활하는 동안 현대 산업사회의 일원으로서 살아가는 데 필요한 독립(independence)의 규범, 성취(achievement)의 규범, 보편주의(universalism)의 규범, 예외(specificity)의 규범이라는 주요 규범들을 배운다고 한다.

3) 기능론에서의 교육의 역할

기능론적 관점에서 볼 때, 교육제도는 안정된 사회를 유지하는 데 필요한 태도, 가치, 기술, 규범 등을 다음 세대에게 전승한다. 이러한 관점에서 교육이 하는 일을 구체적으로 서술하면 다음과 같다(Bennett & LeCompte, 1990, 김병욱, 2007 재인용).

첫째, 교육은 지적 목적을 추구한다. 언어나 수학 등과 같은 이지적 지식은 물론, 종합하거나 평가하는 탐구능력도 습득시킨다. 이러한 것들이 사회를 유지 · 존속 · 발전시키는 데 필요하기 때문이다.

둘째, 교육은 사회통합을 위한 정치적 목적을 추구한다. 그 나라의 정치, 역사, 위인의 생애를 가르쳐 후세들이 기존의 정치적 질서에 적절히 참여하고 사회통합에 이바지하도록 한다. 구성원들이 질서, 공중도덕, 법에 순종하도록 하며, 이민자나 산업 근로자를 동화시켜 한 사회 안의 이질적 요소를 동질화시키며 통합을 추구한다.

셋째, 교육은 경제적 목적을 추구한다. 교육은 개인의 직업 준비를 위해서 뿐만 아니라 국가나 경제에 필요한 노동 인력을 양성하기 위해서도 구성원을 훈련시킨다. 즉, 교육은 사회구조나 산업구조의 변화에 맞는 인간을 길러 내기 위해 노력하는 것이다.

넷째, 교육은 사회적 목적을 추구한다. 구성원의 사회적, 도덕적 책임감을 고취시키고 사회 문제를 해결 · 개선하며, 사회개혁을 위한 정신을 전수함으로써 가정이나 교회가 지니는 기능을 보완한다. 교육은 개인을 특정 사회에 걸맞는 사회적 존재로 만들거나 특정 사회적 역할을 습득시키는 과정이다.

다섯째, 교육은 인재를 선발, 훈련, 배치하는 기능을 수행한다. 학교는 재능 있는 사람을 선발하여 교육한 후 적재적소에 배치 · 충원시키는 합리적 기구라고 한다. 학교가 선별장치(screening device)라는 말은 교육의 선발 기능을 뜻하는 것이다.

여섯째, 교육은 사회이동을 촉진하는 기능을 수행한다. 타고난 신분이 아닌 개인이 쌓은 실력, 능력, 업적, 실적 등에 의한 사회이동임을 전제함으로써 교육은 사회적 지위를 획득하는 공정한 게임이 된다고 보는 것이다. 이 때문에 교육제도는 위대한 평등화 장치라는 주장도 가능하다.

나. 갈등론

1970년에 이르러 교육과 사회발전에 대한 낙관론적 견해인 기능주의적 관점은 점차 비판과 도전을 받게 되었다. 학교를 지나치게 개인의 성공을 위한 수단으로 이용하려는 경향으로 말미암아 교육이 지향하고자 하던 인간성 개발과 평등기회 지향에 문제점이 파생되기 시작하였다.

기능론은 사회의 통합, 안정, 질서유지, 합의 등을 중시하는 관점이다. 그러나 기능론자들이 주장하는 것과는 달리 사회가 항상 안정된 상태로만 있는 것은 아니다. 갈등론은 교육이 민주주의, 사회이동, 평등과 정의 등을 실현시킨다는 전제를 의심한다. 대신 학교가 지배집단의 가치나 이데올로기, 그리고 서열화된 기존의 계급구조를 재생산한다고 본다. 또 가장 공정한 장치라고 여기는 업적주의 또는 능력주의는 구조적 모순을 은폐하는 허울에 불과하며 갈등의 주원인이 재산이나 자원의 불평등한 분배에 있다고 간주한다. 학교는 경제적 기회나 분배의 불평들을 만들어 내고 사회적 지위를 세습시키는 기구로 자리잡고 있다는 것이다.

기능이론과는 대조적으로 갈등이론은 사회의 실체를 개인과 개인 또는 집단과 집단의 끊임없는 세력다툼, 경쟁, 저항관계로 본다. 인간이 살고 있는 사회에는 갈등, 경쟁, 구속, 대립 등이 끊임없이 발생한다. 특히, 역동적인 사회는 끊임없이 변화하고 갈등하기 마련이다. 갈등이론은 사회의 본질을 경쟁과 갈등의 관계로 본다. 이익과 권력 등 가치 있는 것을 둘러싼 개인과 개인 사이, 집단과 집단과의 경쟁에서 야기되는 불화가 사회의 본질이라는 것이다.

기능주의적 관점이 주된 흐름이라면 갈등주의적 관점은 기능주의 시각에 대한 비판과 도전으로 전개、발전되어 왔다. 갈등이론의 기본 발상은 마르크스 이론에서 유래되었는데, 그는 역사의 발전을 생산수단을 소유한 유산계급과 생산수단을 소유하지 못한 무산계급 사이의 투쟁의 결과로 보았다. 따라서 계급 간의 대립 갈등은 생산수단의 사적 소유 제도가 있는 한 피할 수 없으며, 이러한 대립 갈등의 영원한 종식은 사유제도를 철폐하는 공산주의의 실현에 의해서만 가능하다고 주장하였다.

1) 주요 개념

갈등론이 중시하는 개념들은 갈등, 경쟁, 억압, 통제, 대립, 변화, 계급, 착취, 재생산, 물화, 소외, 이데올로기, 허위의식, 계급의식 등이다. 갈등이란 구성원 간에 내재된 불일치나 대립을 뜻하는 것으로 경쟁, 억압, 통제 때문에 발생하는 현상이다. 갈등론의 입장에서 사회는 늘 안정된 상태로 남아 있는 것이 아니라 이러한 갈등과 대립에 따라 끊임없이 변화한다고 본다.

갈등론은 사회적 지위의 차등화를 일컫는 계층(stratification)보다 경제적 지위의 차등화를 뜻하는 계급(class)이라는 개념을 더 중요하게 다룬다. 갈등론은 또한 소외와 착취라는 개념도 중요하게 다룬다. 마르크스(K. Marx)에 따르면 노동자는 생산의 도구로 전락하면서 창조적 생산의 기쁨을 맛보지 못하고, 그 과정에서 이탈된 소외 상태에 빠진다. 또 노동자는 자신이 생산한 양에 비해 더 적은 임금을 받음으로써 잉여가치를 빼앗긴다. 이처럼 잉여가치를 강탈당하는 현상을 착취라 하는데, 착취는 자본가가 토지, 노동, 시장 메커니즘 등에서 경제적 자원을 독점하는 현상이다.

마르크스는 사회 및 사회적 관계라는 것이 추상적 개념인데도 물화에 의해 실재하는 것처럼 왜곡됨으로써 불합리한 착취적 경제관계가 은폐되어 지속적으로 재생산된다고 보았다. 재생산(reproduction)은 기존의 사회적, 문화적, 경제적 지배 - 종속의 관계가 세대에 걸쳐 반복되는 현상을 뜻한다(deMarrais & LeCompte, 1999 : 337).

2) 갈등론적 교육관

갈등론적 이론가들은 교육의 불평등과 불공정성을 파헤치고 사회적 불평등이 현행 학교교육을 통해 어떻게 강화 · 유지되는가를 밝히려는 데 관심이 있다. 그들은 학교교육의 기회확대와 양적 성장에도 불구하고 사회적 불평등은 여전히 존재하고 있다는 점을 들어 기능론에 입각한 자유주의적 이데올로기의 허구성을 지적한다. 즉, 교육은 사회에 존재하는 모든 계급에 평등하게 주어지기보다는 사회 저변에 널리 깔려 있는 불평등과 불공평성을 강화 · 유지하기 때문에 평등사회 실현은 하나의 이상에 불과하다며 현행 학교교육을 신랄하게 비판한다.

교육사회학에서 갈등이론은 기능주의에 대한 비판적 관점을 제시하여 통합보다는 갈등, 안정보다는 변화, 합의보다는 강압을 앞세워 강조한다. 그리하여 사회현상을 교육적 문제로 연결지어 교육불평등, 인간소외, 교육계층화 등을 문제시 한다. 따라서 갈등이론가들은 현대의 학교교육제도가 사회불평등을 재생산하는 데 공헌하며, 교육의 내용도 특정계층의 지식을 형식적 교육과정에 투입하여 전수하고 있다고 비난한다.

교육제도가 지배층의 문화를 정당화하고 교화하며 기존 계층구조의 재생산을 정당화한다는 관점에서 교육과 사회의 관계를 설명하는 것은 갈등주의 교육이론의 주요 결론이다(김영식, 최희선, 1988 : 49).

3) 갈등론에서의 교육의 역할

갈등론적 관점에서 볼 때 교육의 역할은 다음과 같다.

첫째, 학교교육은 지배계급의 이익을 보존 · 재생산하기 위한 제도다. 학교에서 전수하는 내용이나 교사들이 사용하는 공식어와 학생들의 행동에 대한 기대는 지배문화에 뿌리를 둔 것들이다. 학교에서 전수되는 지배계급 문화의 본질과 그 역할에 관한 Bourdieu와 Passeron(이상호 역, 2000)의 연구와 사회계층에 따라 어법(語法)이 다르다는 Bernstein(1961)의 초기 연구에서 이러한 주장의 근거를 찾을 수 있다.

둘째, 학교는 직장이나 사회 집단에서 알아야 할 언어 규칙, 규율, 인간관계 등을 가르친다. 이런 가르침을 통해 위계화된 역할을 준비시키고 이를 수용하도록 한다(Bennett & LeCompte, 1990 : 13-14). M. Apple에 의하면, 학교는 자본 축적을 위한 행정적, 기술적 기능을 전수한다(한준상 외, 1996 : 86에서 재인용). 기능론에서 강조된 사회화의 개념은 갈등론에서는 사상주입(indoctrination)이 된다. 사상주입이란 거짓 교육이란 뜻의 위교(僞敎)나 교화(敎化)라고 번역되기도 하는데, Hitler처럼 옳지 않은 의도나 사상을 구성원에게 집어 넣는 일을 말한다.

셋째, 학교는 객관적 · 중립적 기관이 아니라 지배집단의 이익과 이데올로기를 재생산하면서 불평등을 심화시키는 곳이다. 학교는 이미 차등화된 계급구조를 존속 또는 재생산한다. 학교는 학생의 능력이나 성적보다는 어떤 사회계급 출신이냐에 따라 학생들을 다양한 직업적 위치로 분류함으로써 사회계급의 차이를 증폭시킨다. 현재의 사회 · 정치제도를 통제하고 있는 지배집단의 권력과 경쟁하기란 사실상 어렵기 때문에 현재의 불평등 상태는 그대로 유지되거나 더 심해질 수밖에 없다는 것이다.

3. 교육사회학이론의 미시적 관점

제 2차 세계대전이 끝나고 난 후의 1950년대와 1960년대는 사회발전이나 교육에 관한 부분에서는 근대화이론의 황금기였다. 전쟁이 끝나고 과학의 발달에 의하여 인간이 가난과 억압과 착취, 질병으로부터 벗어날 수 있을 것이라는 장밋빛 희망이 인류에게 부풀어 올랐다. 후진국들도 선진국처럼 발전하기 위해서는 공업화, 교육기회의 확대, 국민의 정치참여, 성취지향적 가치관의 형성 등을 통하여 근대화해야 한다는 주장이 강하게 일어났다. 가치, 지식, 기술, 자본, 제도 등은 이른바 '근대화의 품목'이라고 불리고, 선진국으로부터 후진국으로 수출되는 상품처럼 취급되기도 했다.

그러나 1970년대에 이르러 이러한 균형론적, 기능주의적, 과학적 근대화 이론의 열기가 점차 식기 시작하였다. 전 세계적으로 발전의 문제가 시들기 시작한데다가 전쟁의 공포, 2차 대전 후 기대했던 빈부격차 해소 및 복지사회 실현에 대한 기대와 달리 실망과 좌절이 컸다. 뿐만 아니라 의회민주주의 및 공업화 등이 개발도상국에서 보여 준 역기능 등으로 사회발전과 인류의 행복, 교육의 문제를 새로운 시각으로 보지 않을 수 없게 되었다(차경수 외, 1995 : 57, 김병성, 2006 재인용).

영국에서는 1960년대 말부터 1970년대 초에 걸쳐 구조기능주의의 관점에 입각한 종래의 교육사회학을 비판하고 그것에 도전하는 새로운 연구의 움직임이 나타났다. 이 '새로운' 교육사회학은 참신한 문제의식과 신선한 연구 주제 그리고 독특한 연구방법을 제시하면서 의욕적인 연구 활동을 전개하였기 때문에, 이같은 연구가 교육사회학에 미친 영향은 결코 무시할 수 없다.

그 후 산업화의 진전에 따라 경제효율의 이데올로기가 중시되며 노동계층 자녀의 교육가능성 문제가 학교의 선발 · 배분기능과의 관계를 중심으로 적극적으로 연구되기 시작하였다. 한편 클라우저 보고서, 뉴섬 보고서, 프로우덴 보고서 등 정부관계기관의 보고 자료와 관련하여 이런 유형의 연구에 대한 교육사회학에의 기대는 점차 높아졌다. 이 연구들은 사회정책과 교육계획의 맥락에서 수행되는 경향이 강했기 때문에, 그 방법상 교육의 기능을 사회체제와 관련지어 구조 기능주의적으로 파악하는 거시적 · 객관적 접근에 크게 의존하였다. 그 결과, 불평등한 교육기회의 시정을 겨냥한 중등교육제도의 개혁은 예상과 달리 거의 성공을 거두지 못하였다. 왜냐하면 그와 같은 일련의 연구가 학교조직의 내부에까지 깊이 파급된 불평등의 실질적 자료를 찾아낼 수 없었으며, 따라서 불평등의 범위를 기술할 수는 있었지만 불평등의 원인에 대한 설명을 충실히 할 수 없었기 때문이다(B. Bernstein, 1975). 신교육사회학은 지금까지 언급한 종래의 교육사회학이 이룬 연구성과를 연구방법론의 차원에서 소급하여 반성하려고 한 것이다.

신교육사회학의 본격적인 대두는 1970년에 개최된 영국사회학회 교육사회학 분과모임에서 발표된 '대안적 관점'에 관한 여러 보고서를 중심으로 Young(1971)이 편집한 『지식과 통제 : 교육사회학의 새로운 방향』을 기점으로 하고 있다.

신교육사회학의 기본입장은 지금까지 교육자들에게 자명한 것으로 인식되던 여러 전제들을 사회학적 관점에서 새로이 문제시하는 태도라고 할 수 있다. 이 입장에서 보면, 지금까지 일반적으로 자명하게 받아들여지던 '우등생'과 '열등생'의 범주, 지능, 창의성, 교과 등의 제 관념은 '특정한 제도적 맥락에서 창출되고 수여된 것'으로서 지식사회학의 상대적 관점에 의거하여 재정의 할 것을 요구한다.

여기서 패러다임의 전환이 요청되고, 지금까지의 구조기능주의를 지탱해온 '규범적 패러다임' 대신 '해석적 패러다임'을 기저로 하는 상징적 상호작용론, 현상학적 사회학, 민속방법론 등의 사람들 간의 상호작용과정에서 형성된 현실로서의 사회적 세계를 행위자에게 의미부여하는 한편 동기, 가치 등에 준거하여 해석하고 이해하는 새로운 사회학적 관점과 방법이 중시되었다. 그 결과 지금까지 교육의 기능면에서 '블랙박스'로 취급되어 온 학교교육의 내적 과정을 '문화의 전달과 통제'라는 새로운 관점으로 정의하게 되었다. 또 학교내부에서 발견되는 교육적 지식의 구성과 전달, 교수법과 평가의 범주 및 학급에서의 교사와 학생 간의 상호작용을 중심으로 하는 교육적 과정의 관찰과 설명이 신교육사회학의 중심적인 관심사가 되었다.

가. 해석학

미시적인 이론은 인간의 자유의지를 중요시하고, 사회적인 삶의 과정에서 나타나는 구체적이고도 복잡한 현상의 서술에 더 관심이 있다. 또, 모든 자료는 이론에 의해서 해석된다고 보고, 이론의 내적 일관성을 중요시하고, 객관적인 자료보다는 참여자의 해석이나 '주관적인 의미'에 중점을 두고, 연구의 대상으로는 조그마한 집단이나 개별적인 인간의 특징을 택하려고 한다. 여기에서 말하는 '주관적인 의미'는 '객관적인 의미'의 반대가 아니라 연구자가 아닌 관찰 또는 연구대상의 마음 속에 있는 생각을 보고 그들이 상황을 규정하는 방식을 본다는 의미에서의 '주관성'을 의미한다(차경수 외, 1995 : 50).

해석학적 접근에서는 평범한 일상생활을 중시하여 교육은 교사, 학생, 교장, 장학사 등 교육관련자들의 매일의 일상적인 활동에서 이루어진다고 본다. 따라서 교육을 바꾸고 싶으면 이러한 부분의 일상적인 활동을 바꾸는 것이 현명한 방법이라고 주장한다.

나. 상징적 상호작용론

한 개인의 행동이 다른 개인의 행동과 어떤 의미의 유대를 가질 때, 이들 두 행동은 상호의존적 관계를 가진다. 인간이 태어나서 자라나는 과정에서 다른 사람과의 상호작용을 통하여 일상생활을 조직하게 되는 과정이 바로 상징적 상호작용을 학습하는 과정이다.

상징적 상호작용의 창시자인 미국의 사회학자 G. H. Mead와 C. H. Cooley는 사회란 다양한 상징을 해석하는 것을 익혀서 알게 된 사람들의 소산이라고 하였다.

이들은 인간에게는 특수한 자력(資力)이 있는데 그것은 마음이라고 하였다. 마음은 주변의 대상에게 상징을 부여함으로써 의미를 찾고 언어라는 의사소통의 상징적 수단을 이용하고, 추상적 상징을 해석할 능력을 지녔다는 것이다.

그런데 이러한 마음의 힘은 인간이 사회집단 속에 태어나서 타인과의 상호작용을 통해 자아(self)를 형성할 때 비로소 활성화된다. 또 이 자아는 주체적인 '나'와 객체적인 '나'의 변증법적 상호작용을 내포하는 과정적 개념이다.

상징적 상호작용에서 보는 사회질서란 상호작용하는 개인들 사이에서 주고받는 말과 행동의 의미를 개인들이 어떻게 해석하며, 해석에 따라 다음 행동을 어떻게 하는가에 달렸다. 이것은 인간은 연극배우와 같이 주어진 각본에 따라 그대로 행동하는 것이 아니며 각 개인은 대상과 상황을 주관적으로 규정하고 의미를 부여함으로써 자기의 세계에 능동적으로 대처하여 행동하는 존재임을 뜻한다.

인간은 주어진 여건이나 환경을 있는 그대로 받아들이지 않고 자기 기준에 맞춰 재구성하여 받아들인다. 다시 말해서 타인에게 배운 사회적 의미를 기계적으로 적용하지 않고, 매우 적극적으로 개입하는 존재다.

교육학적 입장에서 볼 때, 사람은 사물 또는 사람이 그 사람에게 주는 의미에 기초하여 사물이나 사람을 향해 행동한다는 기본 가정은 교사들이나 다른 학교 구성원이 학생들로부터 받는 각각의 의미에 따라 그들의 행동이 달라진다는 것을 뜻한다. 학생들도 학교의 여러 구성원들로부터 받는 의미나 기대에 따라 행동한다고 볼 수 있다. 여기에서 학교교육의 불평등 원인을 교사에게서 찾으려는 교사의 기대효과와 교사와 학생의 상호작용의 결과로 형성되는 학교학습풍토와 학구적 규범 등은 학교사회의 사회심리학적 관점인 상징적 상호작용이론에서 많은 시사점을 찾을 수 있다.

다. 민속방법론

민속방법론은 해석학적 방법의 대표적 방법으로 현장에서의 참여관찰법에 의존하는 방법이다. 이 참여관찰법은 인류학자들의 중요한 연구법이다. 실제로 최근의 우리 학계에서 보면 민속방법론은 대개 인류학적 방법으로 인식되고 있다. 사회과학계의 방법론적 논의를 보면 인류학적인 현지 참여관찰이나 민속방법론적인 접근을 기초적 접근 방법으로 깔고 있으며 그 중요성을 인정하고 있다. 이 방법이 관심을 끌기 시작한 것은 이제 겨우 10~20년 정도이지만, 앞으로 더욱 많은 연구들이 이루어질 것으로 전망된다.

인간은 상징을 사용할 줄 알고 구체적인 의사결정을 할 줄 아는데, 이런 모든 행동에는 상징과 주체성이 내재되어 있다. 따라서 인간행동을 이해한다고 할 때 그것은 단순한 대상이 아니라 의미의 구성체로서의 인간행동을 말한다. 사회적 상황에서의 행동은 고립된 사건으로 일어나는 것이 아니라 항상 다른 것과 상호관련하여 일어난다. 따라서 민속방법은 구성원들의 의미구조에 관심이 있고, 이 의미구조와 사회상황의 참여자가 사회적 상황에 부여하는 해석과 의미의 이해에 주된 관심을 둔다는 점에서 사회학의 현상학적 방법이나 철학에서의 해석학적 방법과도 맥을 같이 한다.

이해의 방법으로서 민속방법은 통찰을 중시한다. 그러한 통찰은 관찰 대상인 현상의 내부에 서 있을때 얻어진다. 이러한 통찰과정에서 연구자는 사회적 상황의 사실이나 구성원리 및 행동의 의미를 밝히기 위해 참여관찰, 심층면접, 상호작용분석 등 가능한 모든 방법을 활용한다. 예로 참여관찰, 심층면접, 지도나 차트 만들기, 상호작용분석, 역사적 기록이나 공문서, 그리고 인구학적 자료의 활용 등이 있다.

민속방법에 의한 연구는 가설을 검증하는 것이 아닌 가설을 도출하는데 유용하게 활용되는 방법이다. 민속방법은 결국 하나의 질적인 민속지(민속기술지 혹은 문화기술지 : ethnography)를 만드는 데 그 목적이 있다. 이러한 민속기술지는 체계적인 단계를 거쳐서 작성되는데 그 과정은 바로 문화기술의 과정이며, 주로 참여관찰의 과정을 통해서 이루어진다. 다시 말하면 참여관찰법은 민속방법의 전형적인 한 방법으로서 질적인 접근을 설계하기 위한 기초를 제공하는 것이다.

라. 현상학

현상학은 현실에 대한 의미를 부여하는 인간의 의식에 관심을 기울이고 있다. 현실에 존재하고 있는 여러 가지 대상은 의식 속에 그 대상의 의미를 구성함으로써 비로소 경험하게 되는 것이다. 현상학에서는 대상의 실제특성이 아니라 인간의 '의식의 현상'으로서의 대상을 탐구하고 있다. 그러므로 과학적 · 실증주의적 세계관, 즉 독립적인 존재로서의 객관적인 외부세계가 있으며, 이는 미리 만들어진 대상으로 법칙적 설명이 가능한 세계라는 가정에 문제를 제기한다. 현상학에서는 현실이 주어진 세계로서가 아니라 주관적으로 구성된 세계라고 보는 입장에서 의미의 본질을 탐구하려고 하며, 흔히 믿고 있는 상식의 세계를 흔들어 재음미해 보고자 한다(이종각, 2000 : 167).

교육현상학 연구의 전형은 교육의 제 과정에 대해 생생하게 느끼는 참여자의 체험세계 또는 교육적 대상에게 의미를 부여하는 참여자의 의식세계를 기술함으로써 교육의 본질세계를 들여다보자는 의도를 가진다.

따라서 현상학적 접근은 상황에 대한 행위자의 인식이 무엇인지를 찾아내는 데 관심을 집중시킨다. 특히 타인이 지각하고 있는 인식범주에 집중한다. 타인을 알기 위해서 행위자는 상호적 행위를 이해할 수 있는 범주 틀을 구성한다. 교사는 학생의 행동을 '지혜로운 행동이다' 혹은 '어리석은 행동이다'라고 해석하는 일에 직면하게 된다. 교사는 학생에 대한 그와 같은 사실판단이나 가치판단의 과정을 인식할 필요가 있다. 교수학습의 과정에서 지혜로움이라든지, 어리석음과 같은 언어는 평가적 언어다. 그러나 그 언어가 함의하고 있는 의미를 현상학적 시각에서 검토하고 논증해야 한다. 이렇게 하는 것이 행위자가 취할 수 있는 상황정의의 방법이라고 할 수 있다.

여기에 속하는 대부분의 연구들은 주로 교육과정 연구, 학습 이론, 교사와 학생의 실재적 관계 등에 주목한다. 또한 이 성향은 교육받을 사람들의 존재 문제에 들어가면서 인간학으로 접근하는 데 그 이론적 근거를 제공하기도 한다.

제3절 교육과 사회이동

1. 사회이동의 개념

한 개인이 사회에서 차지하고 있는 위치(position)를 흔히 사회적 지위(社會的 地位, social status)라고 한다. 사회계층은 직업 · 교육 · 수입 등에 따라 서로 비슷한 사회적 지위에 있는 사람들이 비슷한 태도 · 가치 · 행동을 가질 때 나타나는 집단적 의미를 뜻한다. 이렇게 서로 다른 사회적 지위 · 계층 등의 이질적 요소들은 전체

사회 속에서 제각기 다른 요소들과 관련을 맺으면서 질서 있는 체제를 이루고 있다.

사회이동(social mobility)이란 사회적 위계체제 속에서 한 개인이나 집단이 어떤 사회적 지위로부터 다른 사회적 지위로 이동하는 것을 뜻한다. 육체노동자나 사무직종에 종사하는 부모를 가진 자가 의사, 변호사 또는 다른 전문 직종이나 회사 중역이 되는 경우가 좋은 예다.

사회이동의 기준은 주로 부모가 소속했던 계층이 된다. 사회이동은 흔히 직업적 지위 또는 서열로 잘 나타나지만 직업 외에도 수입, 가옥의 크기나 형태, 사교대상과 범위, 이웃동네 특성으로도 나타날 수 있다. 그러나 사회이동은 단순히 직업, 수입 등에 따른 것이 아니라 그 지위에 맞는 행동특성을 습득해야 하며 행동양식, 즉 언어, 생활태도, 사고방식의 변화 없이는 불가능하다. 어떤 사람의 사회이동, 특히 상승이동은 새로운 지위에 알맞은 부분 문화를 배워 몸에 익혀야 비로소 사회 이동의 증표가 되는 것이다. 그러므로 사회이동의 연구에 있어서도 직업지위나 수입 같은 객관적 변인뿐만 아니라 직무만족이나 직업포부 같은 사회심리적 변인도 파악해야 할 것이다.

2. 사회이동의 유형

사회이동은 이동방향과 시간주기에 따라 그 유형을 분류할 수 있다. 먼저 이동방향에 따라서는 수직적 이동(vertical mobility)과 수평적 이동(horizontal mobility)으로 나눌 수 있다.

수직적 이동은 개인 및 사회계층조직 내에서 어떤 사람의 지위가 상하로 변하는 것을 말하는데, 수입이 많아지거나 직업적 서열이 높아지거나 또는 좋은 가문의 자녀와 결혼하여 사회적 신분이 보다 위로 올라가는 이동을 상승이동(upward mobility)이라고 하고, 반대로 부모 때보다 낮은 사회적 계층으로 떨어지는 현상을 하강이동(downward mobility)이라고 한다.

수평적 이동은 사회적 위치가 동일한 수준에서 횡적으로 이동하는 것으로써, 예를 들면, 한 회사의 과장이 비슷한 다른 회사의 과장으로 전보 또는 이동하는 경우나 도시학교의 교사가 지방학교의 교사로 지리적 이동하는 경우 등이다.

시간주기에 의한 사회이동의 구분은 세대 간 이동(intergenerational mobility)과 세대 내 이동(intragenerational mobility)이 있다.

세대 간 이동은 아버지와 아들 간의 사회이동을 비교할 때 사용되는 것이며, 세대 내 이동은 한 개인의 생애에 걸친 직업적, 사회적 지위 변화를 지칭하는 것으로 일명 생애이동(career mobility)이라고도 한다. 예컨대, 사회 체제 내에서 자식이 아버지보다 더 높은 지위로 상승하거나, 또는 더 낮은 지위로 떨어졌다고 할 때 이를 가리켜 세대 간 이동이라고 하고, 공장 노동자가 그 일자리를 버리고 스스로 사업을 벌여 독립적인 사업가로 성공했다 할 때 이를 세대 내 이동이라고 한다.

또 사회이동은 구조적 이동(structual mobility)과 순환이동(circulation mobility)으로 나누어지기도 한다(Broom & Selznick, 1973 : 193).

구조적 이동은 산업구조의 변화로 파생되는 사회이동이다. 예를 들면, 사회가 공업화되면서 농업에 대한 요구가 감소되고 관리직이 늘어남에 따라 농부가 점차 관리직으로 직종이동을 하는 경우다. 우리나라와 같이 급격히 산업화가 진행되는 사회에서 부모와 다른 직업을 자녀들이 갖게 되는 것은 흔한 예가 된다.

순환이동은 구조적인 변화 없이도 일어나는 사회이동으로 한 사회에 있어서 기회의 등급을 나타내는 지수가 된다.

3. 교육과 평등

가. 교육기회균등의 개념

교육기회균등이란 능력주의 사회의 신념을 반영하는 개념으로 모든 사람이 성별·인종·계급 및 거주지역에 관계없이 사회에서 바라는 더 높은 지위를 획득할 동등한 기회를 갖는 것을 말한다(정우현, 1991 : 64).

대중사회의 출현으로 인해 교육적 필요(Coleman, 1968 : 21-22)와 교육 가능성의 문제가 보편화됨에 따라 기회균등의 개념은 교육적 기회균등 문제로 대두되었다(Gordon, 1972 : 423-445)고 볼 수 있다.

Coleman에 의하면 완전한 기회균등은 다양한 환경의 영향이 제거될 경우에만 가능한 것이기 때문에 결코 도달될 수는 없지만 그 근접성에 의해 개념의 위치가 주어진다고 했다. Coleman 등(1966)은 교육의 기회균등에 관한 이른바 '콜맨 보고서'라고 불리는 연구를 통해 교육기회의 균등에 대한 새로운 해석을 내리고 있다.

그들은 교육불평등은 학교의 시설이나 교사의 질과 같은 것에서 연유되는 것이 아니라 학생의 사회경제적 배경에 의해 주로 좌우된다고 보았다. 그리하여 학생의 사회경제적 배경에 따라 나타나는 투입변인의 차이를 극복할 수 있는 평등하고도 효율적인 학교에 관심을 두고 학교에서의 균등한 성적이 사회균등으로 해석되어야 한다고 주장했다.

교육의 기회균등은 개인의 능력과 개성에 따른 선택의 보장과 동시에 부당하게 차별을 받지 않도록 국가, 사회가 마련하는 혜택의 보장을 의미한다.

이러한 교육기회균등의 개념을 종합하여 볼 때 다음 세 가지로 요약할 수 있다(정영애, 1987 : 7).

첫째, 지역 · 성 · 계층 · 인종 간에 불평등하게 분배되어 있던 교육의 기회를 동등하게 해야 한다는 접근기회의 균등

둘째, 학교 간의 시설 · 교육비 · 교육과정 · 교사의 질 등의 투입요인을 균등히 하여 학교 간의 격차를 최대한 줄여야 한다는 교육의 과정에의 균등

셋째, 출발점의 불평등을 적극적으로 보상하여 결과적으로 학업성취나 사회적 지위획득을 균등하게 해야 한다는 결과의 균등

나. 교육기회균등관의 변천

Coleman(1968)은 교육기회균등 개념에 관한 변천과정을 4단계로 구분하고 있다.

첫 단계는 모든 학생이 동일한 학교에서 동일한 교육과정에 노출됨으로써 교육의 불균등을 막고자 했던 초기의 의무교육 현상을 반영하는 개념이었고, 둘째 단계는 학생들은 각기 다른 직업적 계획을 가지고 있으므로 서로 다른 유형의 학생들에게 그들의 능력에 따라 다양한 교육과정을 제공해야 한다는 개념이다. 그 다음으로는 'separate but equal'라는 개념 하에 흑백을 분리시켜 교육한다고 하더라도 동등한 시설 및 교사의 자질을 보장해야 한다는 것이고, 마지막 단계로 1954년 이후 인종을 통합하고 인류가 이상으로 하는 정의의 실현을 위해서는 교육이 그 결과면에서 동등해야 한다는 결과의 균등을 의미하기에 이르렀다.

또한 Husen(1976 : 49-57)은 교육평등의 개념이 시대적 · 지역적으로 다르게 규정되어 왔다고 보고 사회철학적인 관점에서 3단계의 개념 변천과정을 설명하고 있다.

첫째 단계는 전통적 개념인 보수주의적(conservative) 평등관
둘째 단계는 자유주의적(liberal) 평등관
셋째 단계는 보상적(redemptive) 평등관이다.

보수주의적 평등관이란 신이 인간에게 내린 다양한 재능과 능력을 개인의 책임 하에 최대한으로 활용해야 한다는 것으로 귀속적인 신분사회의 계급이념에 근거를 둔 것이다. 자유주의적 평등관이란 능력주의 사회의 이념을 반영하는 것으로 모든 사람이 자신의 귀속적 지위에 관계없이 자신의 능력과 노력에 따라 균등하게 기회를 가질 수 있는 권리를 보장하는 개념이다. 세 번째의 보상적 평등관이란 자유주의적인 평등의 개념이 결과적으로 가정의 사회경제적 지위에 영향을 받고 학교교육이 기존의 불평등을 정당화하고 강화한다는 데서부터 출발한다. 후센의 이러한 설명은 Coleman의 4단계 가운데 첫 번째를 뺀 나머지 3단계와 대체로 일치한다(김신일, 2006).

생각해 볼 문제

1. 개인은 왜 교육을 받는지 생각해 봅시다.
2. 왜 정부가 바뀔 때마다 가장 중요한 정책으로 교육정책을 이야기하는지 생각해 봅시다.
3. 기능이론과 갈등이론에서 설명하고 있는 교육의 기능을 생각해 봅시다.
4. 사회적 현상이나 사건 중의 하나를 선택하여 거시적 관점과 미시적 관점에서 설명해 봅시다.
5. 교육사회학에서 다루는 연구주제 중 하나를 선택하여 기사를 써 봅시다.

제6장

교 육 과 정

교육과정을 넓은 의미로 정의한다면 학교 안팎에서 학생들이 겪는 모든 경험이며, 좁은 의미로는 학교에서 수업시간에 가르치는 교과내용만으로 정의할 수 있다. 교육과정은 내용으로서의 교육과정, 경험으로서의 교육과정, 계획으로서의 교육과정, 성과로서의 교육과정 등 4가지 영역으로 구분하여 고찰할 수 있다. 교육과정의 구성요소는 교육목표의 설정, 교육내용의 선정, 교육내용의 조직, 교수-학습과정, 평가다. 교육과정의 유형은 내용과 형식에 따라 분류한다. 우리나라 교육과정은 해방 전 교육과정에서부터 해방 직후 교육과정과 제 1차 교육과정을 거쳐 현행 제7차 교육과정에 이르고 있다.

제1절 교육과정의 정의

1. 교육과정의 어원

교육과정이라는 용어는 영어의 curriculum을 번역한 것이다. 이 용어는 라틴어의 "currere"에서 유래된 말이다. currer는 "달린다", "뛴다"라는 뜻으로 경마장의 경주로(a race course)와 경주하는 그 자체(the race itself)에 해당하는 단어이며 활동의 장소나 활동의 연속을 의미한다. 교육의 장면에 적용할 경우에, 달린다는 것은 학생들이 공부하는 것을 의미하며 달리는 코스는 특정한 목적을 가진 학생들이 일정한 기간 동안 공부하는 과정, 즉 교수요목을 뜻한다.

Curriculum의 어의는 학생이 학습할 내용을 일정한 순서에 따라 조직하고 배열하는 것이라고 해석할 수 있다. 학교 프로그램이나 학교의 지도하에 놓인 학생들의 경험이나 전체 생활이라고 보는 넓은 뜻으로 사용하기도 한다(김진규, 2002).

교육과정을 넓은 의미로 정의한다면 학교 안팎에서 학생들이 겪는 모든 경험이며, 좁은 의미로는 학교에서 수업시간에 가르치는 교과내용만으로 정의할 수 있다.

이와 같이 교과를 중심으로 하는 교육과정 개념과 좀더 실생활에서의 요구에 맞는 교육과정을 요청하면서, 학교에서 제시하는 교과들의 목록이나 교수계획표에 나타나는 것이 아니라 학생들이 실제로 학습하는 것, 학생들에 의해 경험되는 것으로 정의하게 된 것이다. 따라서 교육과정이란 학생이 일정한 교육목적이나 목표를 달성하기 위해서 일정한 순서에 의해 정해진 과정을 따라 공부하는 코스(학습과정) 및 학습내용이나 경험내용을 의미한다.

2. 교육과정의 개념

교육과정은 그 의미나 개념이 학자 · 시대 · 장소에 따라 매우 다양하게 정의되고 있는데, 이는 시대에 따라 교육을 통해 추구하는 바가 다르고 학자들 간에 교육에 대한 견해가 다르기 때문이다. 여기서는 교육과정에 대한 정의를 역사적인 발전의 흐름에 따라 내용으로서의 교육과정, 경험으로서의 교육과정, 계획으로서의 교육과정, 성과로서의 교육과정 등 4가지 영역으로 구분하여 제시해 보겠다(이성호, 1984).

가. 교육내용으로서 교육과정

교육과정을 교사가 가르치고 학생이 배워야 하는 교육내용으로 보는 입장은 역사적으로 가장 오래되고 널리 알려져 있다. 즉 교육과정을 학습자들에게 가르쳐야 할 교육내용인 조직화된 지식으로 보며, 계열적 · 체계적 조직의 교과로 구성한다.

일정한 교과 내용이 미리 정해져 있으며, 그 내용에 대한 학습 능력이 부족한 학생들을 위해서는 보충학습, 교정학습 등을 통해서 모두 효과적으로 잘 학습하도록 여러 가지 방법, 기술이 활용된다.

이 교육과정에서 가장 중요한 것은 교육 목표를 달성하기 위해서 어떤 교과목들을 제공할 것인가 하는 것과 교과목 속에 어떤 지식 · 내용을 포함하도록 할 것인가를 결정하는 문제다.

다시 말하면 교사들은 기존 사실 · 지식 · 원리 또는 새 개념을 과연 학생들이 꼭 배워야 할 것인가에 대한 계속적인 연구 · 반성이 있어야 한다. 뿐만 아니라 이런 교과 내용을 학습하는데 가장 적절한 방법은 무엇인가에 대한 각별한 연구도 필요하다.

나. 학습경험으로서 교육과정

학습경험으로서의 교육과정은 학습자 자신의 경험이 교육 과정 계획의 출발점이 되어야 한다고 믿는다는 특징을 가지고 있다.

학습자는 다양하고 흥미로운 경험을 동반할 때 그 교과를 보다 잘 학습하게 된다. 이것은 학습자의 경험을 우선으로 하는 과정으로 20세기에 들어와서 Dewey에 의해 주창된 학생들의 흥미와 욕구를 중심으로 하여 그 내용을 아동의 생활에 의미를 갖는 과정이다.

학습자들에게 의의가 있고 심리에 알맞으며, 목적적인 학습 경험을 제공하려는

데 역점을 둔다. 학습자들은 문제를 해결하려는데 성실하고 철저한 노력을 해야 하며 서로 도와주면서 요구와 흥미를 만족시킨다. 따라서 가장 효과적인 교육과정이란 바로 학습자들의 필요에 기반을 둔 학습경험을 제공하는 것이다.

Krug(1956)는 교육과정은 학생들이 바람직한 학습 경험을 배우도록 학교가 사용하는 모든 수단을 적용해야 한다고 주장하면서 교육이란 학생들의 경험을 통해서 성취되도록 해야 하며 학생들의 체험에 역점을 두고 계획된 경험으로 이루어져야 한다고 하였다. 또한 학교 교육의 기초는 학습자의 경험과 활동이며, 교육과정이란 배워야 될 교과목의 조직이 아니라 학교 활동에 포함되는 학습자의 활동 경험이라고 주장했다.

다. 학습계획으로서 교육과정

학습계획으로서의 교육과정은 학습을 위한 하나의 계획으로 보는 입장이다. 학습의 효과를 얻기 위해서는 학교에서 학생들이 경험하게 되는 모든 활동을 사전에 보다 철저하게 계획하는 일이 중요하다.

1950년대 후반에 나타나기 시작한 본 교육과정은 사전에 계획을 잘 하는 것이 필요하다고 주장하였다. Tyler(1949)는 교육과정을 교육목적을 달성하기 위하여 계획되는 모든 학습이라고 정의하였으며 Macdonald(1965)는 교육과정을 수업 전에 이루어지는 모든 계획적 노력이라고 하였다. 따라서 교육과정은 의도된 계획으로서 문서화를 통하여 구체적으로 기록되고 제시되는 계획이다.

교육과정은 학교의 전 과정에서 요구되는 교육내용의 선정, 수업 시수 및 시간 배당 등 교육의 전체계획과 교육내용의 편성 또는 조직 및 구체적인 교수-학습 활동까지 계획으로 취급한다.

라. 학습성과로서 교육과정

학습성과로서 교육과정은 수업을 통하여 도달해야 할 의도된 학습 성과로 보는 입장의 교육과정이다. 즉 교육과정을 수업에 해당하는 학습경험의 계획이라기보다는 학습경험을 통하여 성취해야 할 그 무엇으로 보는 것이다.

특히, Johnson(1967)은 교육과정을 의도된 일련의 구조화된 학습결과들로 봄으로써 교육과정이 학습 경험을 통해 성취해야 하는 것이라고 주장했다. 본 교육과정은 학습자의 경험과 관계없이 의도된 목표 달성을 중요시하고 교육과정을 계획된 결과로 간주함으로써 결과를 강조하고 있으며 그 계획은 결과를 가져오기 위한 수단적 절차로 보고 있다. 하지만 이러한 입장의 교육과정은 수업의 결과에 대해서 처방, 규제하는 수업을 위한 지침서이지 수업 그 자체는 아니다. 그리고 수업은 학생이 바람직한 경험을 하도록 환경과 상호작용하는 과정이나 활동이다.

제2절 교육과정 계획의 기초

교육과정에 대한 적절한 계획을 수립할 때는 다음의 세 가지 측면의 기초인 ① 철학적 기초 ② 심리적 기초 ③ 사회와 문화적 기초를 고찰해야 한다고 주장하고 있다(길형석, 손충기, 2003).

1. 철학적 기초

교육과정에서의 철학적 기초는 다음과 같은 네 가지 점을 강조하고 있다.

첫째, 무엇이 학습의 과정에 포함되며 또는 제외되어야 하느냐를 현명하게 결정해야 할 필요가 있다. 가령 교과가 다른 교과와 어떻게 다르며, 어째서 그 교과가 다른 교과 대신에 채택되었느냐 하는 점을 학습자의 경험 및 특성에 비추어 알아야 할 것이다.

둘째, 학습의 과정에서 겪는 지속적인 경험은 언제나 그 한 사람이 겪는 일이기 때문에 교육의 계획은 그 사람의 성장에 크게 기여하면서 그 사람의 전인적인 목표에 맞아야 한다.

셋째, 사회도 개인과 같아서 그 지역사회가 내세우는 원칙에 따른다. 즉, 각 개인의 생활처럼 사회의 협동적인 생활도 일정한 전체적인 계획에 의하여 전개되는 것이다. 학습의 종합적인 계획인 교육과정도 지역사회의 발전을 위하여 기여하는 것이어야 한다. 만일 그것이 연결이 없는 세분된 학습프로그램일 때는 사회생활에 있어 경험의 분열을 초래하게 될 것이다.

넷째, 학습의 구조에 관한 종합적인 개념이 교육과정의 각 구성분자의 중요성을 뚜렷이 한다. 어느 교과를 막론하고, 그 교과의 가치는 다른 교과와 비교하여 비슷한 점과 아주 다른 점이 밝혀졌을 때 가장 잘 알게 된다.

교육철학은 교육의 근본적인 문제들에 대해 계속적인 해답을 줄 수 있는 믿음을 제공함으로써 교육과정의 성격과 조직에 큰 영향을 미친다. 또한 교육목표의 선정에 결정적인 영향을 미치고 교육내용의 선정 및 교수방법의 선택을 좌우한다. 이러한 의미에서 교육철학은 교육과정 구성의 중요한 기초가 된다.

2. 심리적 기초

학습자의 심리적 특성 및 성장 발달에 관한 연구는 교육과정의 내용을 선정하는 원칙이 되어야 한다.

교육과정은 지식이나 기능을 전달할 뿐만 아니라, 우리 사회의 목적과 신념이 반영된 생활전체를 다루는 것이기 때문에 그 속에서 학습자들이 폭넓은 학습활동을 전개하려면 그들의 성장 발달의 과정을 바르게 이해하지 않으면 안 된다. 그것은 이른바 전인교육을 위한 생활학습이나 경험학습에서만 문제가 되는 것이 아니라 요즈음 크게 강조되고 있는 지적인 학습을 바르게 전개하기 위해서 학습자의 지능의 발달 과정과 기타 발달에 관한 내용을 분명히 알아야 한다.

학습자의 심리적 발달 특성인 지적 · 정서적 · 사회적 · 신체적인 발달 특성을 고려하여 교육과정의 조직에 반영하여 구성되어야 한다. 또한 인간발달에 대한 양적 · 질적인 인간발달 과정을 이해해야 한다.

학생들이 어떻게 학습하는가에 관한 이론은 교육과정의 형성에 영향을 준다. 교육내용이나 학습경험이 어떻게 조직될 때 학생들이 보다 잘 학습해 나가는가에 대한 여러 학습이론들과 그에 내재된 원리 · 실제 · 기법들을 교육과정 구성에서 고려해야 한다. 따라서 교육과정을 구성할 때 학습자에 대한 이해와 학습전반에 관한 정보가 반영되어야 한다.

3. 사회적 기초

교육과 사회는 불가분의 관계에 있다. 교육은 사회가 지닌 여러 가치를 받아들여 사회를 유지 · 발전시키는 데 큰 도움을 줄 수 있는 능력을 학생들에게 배양한다. 반면 사회는 그 자체의 모든 요인으로 교육의 형태나 목적을 제한시키는 능력을 가지고 있다. 그러므로 이러한 사회적인 면에 관련된 요인들을 고려하여 교육과정에 반영해야 한다.

사회는 사람들이 조직적으로 결합하여 하나의 독특한 집단을 이룬 구성체다. 집단의 성원들은 어떤 특수성을 공통적으로 가지고 자기가 속해 있는 집단에 소속되어 있음을 깨닫게 된다. 이 공통적으로 가지고 있는 특수성이 바로 문화의 재원이다. 문화는 어떤 특정 집단의 특징적인 관습 · 이상 · 태도 · 신념 · 사고방식 등으로 구성된 일종의 사회적 집합체다. 이처럼 사회와 문화는 분명 동질의 것이 아니지만 문화 없이는 사회가 있을 수 없고 사회 없이는 문화가 존재할 수 없다.

교육과정을 위해 일하는 행정 · 교육자나 교사들은 사회와 문화에 대한 이론적 구성과 개념에 대한 충분한 지식을 가지고 교육과정에 반영해야 한다. 이들 두 가지의 개념과 관련하여 보편성과 특수성에 대한 지식을 지니고 이를 평가, 검토하여 분석하는 것이 필요하다.

제3절 교육과정의 구성요소

교육과정의 구성요소는 교육목표의 설정, 교육내용의 선정, 교육내용의 조직, 교수 - 학습과정, 평가 등이 있다.

Tyler(1949)는 그의 저서 『교육과정과 수업의 기본원리(Basic Principles of Curriculum and Instruction)』에서 교육과정을 개발하거나 학습지도계획을 세울 때 고려되어야 할 네 가지 기본적인 요소를 제시하였다. 그가 제시한 교육과정의 기본요소와 그들 간의 관계를 아래 그림과 같이 제시하였다(김진규, 2002).

교육목표	학교에서 달성하고자 하는 교육목표는 무엇인가?
↓	
학습경험선정	교육목표를 달성하는데 유용한 학습경험은 어떻게 선정될 수 있는가?
↓	
학습경험조직	효과적인 수업을 위해 학습경험은 어떻게 조직될 수 있는가?
↓	
평가	학습경험의 효율성은 어떻게 평가될 수 있는가?

[그림 6-1] **Tyler의 교육과정 개발모형**

Tyler는 교육과정 구성요소를 고정된 계열이라고 강조함으로써 교육과정 개발 활동에서 발생하는 상호관계를 과소평가하였다고 비판받지만, 모든 교과와 어떠한 수준의 교수활동에서도 적용될 수 있으며, 수행하기 쉽고 논리적이며 합리적인 것으로 보여지는 일련의 절차를 제공한다는 점에서 많은 영향을 끼쳤다.

일반적으로 교육과정의 구성요소는 목표, 내용, 교수-학습과정 그리고 평가에 대한 단계로 구성되어 있다. 여기서는 교육목표의 설정과 교육내용의 선정 및 조직의 핵심요소를 논의하고 단원의 구성에 대해서 살펴보기로 한다.

1. 교육목표 설정

교육목표는 교육의 방향을 지시하는 것으로 교육활동을 통하여 지향하는 방향이다. 교육목표는 교육내용이나 방법, 평가의 근거가 되는 것이므로 가장 먼저 설정되어야 한다. 따라서 교육과정 구성에 있어 교육목표 설정은 가장 기본적이면서 중요한 단계다.

Tyler는 교육목표 설정의 기본 자원은 학습자, 사회, 교과, 철학, 심리학이라고 보았다. 교과 전문가의 제안으로부터 잠정적인 목표를 구성한 다음, 이것이 학습심리학과 교육철학의 체(screen)에 걸러지면 명시적 교육목표가 수립되는 것이다. 이처럼 교육목표를 설정하기 위해서는 그 사회의 전통, 문화뿐만 아니라 변화하는 사회의 요구에 대한 분석과 학습자의 발달단계에 따른 제 특성과 관심, 그리고 교과의 기본적인 내용과 교과의 최근 동향에 대한 분석이 이루어져야 한다. 교육목표는 어느 정도의 일반성과 특수성을 가지느냐에 따라서 포괄적이고 일반적인 수준의 일반목표와 특수하며 구체적인 수준의 목표를 세울 수 있다.

국가나 체제 수준에서 거시적, 장기적으로 제시한 것은 교육목적(aims of education)에 해당하며 이는 일반적이고 광범위한 진술형태를 띤다. 개별학교의 교사 수준에서 만들어지는 것은 수업목표(instructional objectives)에 해당하며, 이는 구체적이고 학습자의 행동을 드러내는 진술형태를 띤다.

교육목적과 수업목표 사이에 놓여 있는 것은 교육목표(goals of education)에 해당하며, 이는 교육목적보다는 구체적이고 분명하나 수업목표보다는 일반적인 진술형태를 띤다.

가. 교육목표 설정자원

교육의 목적을 결정하는 교육자들에게는 교육에 대한 학생들의 요구와 사회의 요구조사 결과가 주요한 자원이 된다. 경험적으로 수집된 이들 자료는 교육의 목적을 설정하는데 필요한 정보를 제시해 준다.

교육자들이 교육의 일반적 목표나 구체적 목표를 결정할 때는 학생과 사회의 교육적 요구가 주재료가 된다. 또한 교육의 일반적 목표와 구체적 목표는 교과라는 매개물을 통해 실현되기 때문에, 교과전문가들이 학회 · 기관지 · 협의회 등을 통하여 제시하는 견해들도 중요한 자원이 된다. 교과별 수업목표체계를 잘 정리해 놓은 각종 보고서와 저서는 교육의 구체적 목표를 세우는데 매우 유용한 참고자원으로 활용된다.

나. 교육목표 설정단계

교육목표를 설정하는 단계는 다음과 같다(김진규, 2002). 첫째, 잠정적인 교육목표를 설정한다. 교육과정 계획자들은 교육과정 지침서, 교과서, 교육학자와 심리학자들이 제시한 기초 연구 등을 토대로 하거나 학교 행정가와 교육과정 전문가가 참여하는 협의회나 학생들이 참여하는 모임을 통하여 잠정적인 교육목표를 설정하고 기대 수준을 측정한다.

둘째, 잠정적 교육목표들의 우선순위를 정한다. 교직원, 학부모, 학생, 지역사회

주민 등은 잠정적 목표 중에서 가장 관심이 있거나, 중요하거나, 강조해야 할 목표들을 중심으로 하여 각각에 대한 우선순위를 매긴다.

셋째, 잠정적 목표 영역에 대한 학생들의 현지 실태를 조사한다. 관찰이나 주위 사람들의 보고 등을 통하여 학생들의 현재 상태를 추정한다.

넷째, 최종적인 교육목표들과 그들의 우선순위를 결정한다.

다. 교육목표의 분류

교육목표는 교육을 통해 기대되는 성과를 의미하는 것으로서 교육활동의 기준과 방향을 제시한다. 따라서 교육목표는 구체적이면 구체적일수록 교육활동의 내용과 이를 통해 달성해야 할 것들을 분명히 밝혀 준다고 할 수 있다.

특히 Bloom(1956)은 행동을 크게 인지적(cognitive) 영역, 정의적(affective) 영역, 심동적(psychomotor) 영역으로 나눈 다음 영역마다 각각의 교육목표에 진술되어 있는 행동을 분류하는 준거를 제시했다. 이 세 영역의 교육목표 분류는 유용한 분류체계를 제시하지만 목표 진술에서 특히 강조되어야 할 바를 나타내는 것이지 그 분류가 절대적인 것은 아니다. 교육목표 분류학의 구체적인 내용은 다음과 같다.

1) 인지적 영역

인지적 영역에서는 합리적 · 지적 사고 작용이 일어난다. Bloom(1956) 등은 인지적 학습을 가장 단순한 것에서 가장 복잡한 수준까지 6가지 수준으로 나누었다.

① **지식** : 지식 수준의 학습은 독립된 정보를 회상하는 것을 요구한다.
② **이해** : 학습자가 정보들 간의 관계를 알 것을 요구한다.
③ **적용** : 학습자가 한 상황에서 학습한 정보를 다른 상황에 적용할 수 있다.
④ **분석** : 학습자는 대규모 현상을 부분으로 나누어 검토하고 추론함으로써 그 현상을 이해할 수 있어야 한다.
⑤ **종합** : 학습자는 내용의 각 요소들을 모아서 새로운 전체를 만들어 내야 한다.
⑥ **평가** : 학습자는 규준에 비추어서 판단해야 한다. 학습자는 규준을 명확히 해야 하며 자신들의 결론을 지지하는 증거를 인용해야 한다.

2) 정의적 영역

정의적 학습은 태도나 가치에 관련된 것에 중점을 둔다. Krathwohl, Bloom, Masia(1964)는 어떤 사상에 대한 주의 · 흥미 · 동기 · 태도 · 가치 · 신념 등의 형성과 변화에 관계되는 정의적 영역의 행동을 수용 · 반응 · 가치화 · 조직화 · 인격화라는 5가지 항으로 분류하였다(변창진 외, 1996).

① **수용** : 어떤 자극이나 활동을 기꺼이 수용하고 자발적으로 주의를 기울이게 되는 것과 같은 민감성을 의미한다(감지, 자진감수, 선택적 주의집중).

② **반응** : 어떤 자극 또는 활동에 적극적으로 참여하고 자발적으로 반응하며 그러한 참여와 반응에서 만족감을 얻게 되는 행동을 말한다(복종반응, 자진반응, 반응에 대한 만족).

③ **가치화** : 특정한 대상 · 활동 또는 행동에 대하여 의의와 가치를 직접 추구하고 행동으로 나타내는 정도를 가리킨다.

④ **조직화** : 일관성있는 가치체계를 내면화시키는 전초단계로서 서로 다른 수준의 가치를 비교하고 연관시켜 통합하는 것을 뜻한다(가치의 개념화, 가치체계의 조직)

⑤ **인격화** : 개인의 행동 및 생활의 기준이 되며 가치관이 지속적이고 일관성 있다. 또 그의 행동을 예측 가능한 정도로 확고하게 인격의 일부로 내면화된 정도를 의미한다.

3) 심동적 영역

심동적 영역은 근육이나 운동기능을 강조하는 것으로 자료나 대상의 조작, 신경 근육적 조정 등이 요구되는 행동들이 여기에 속한다.

Simpson(1966)과 Harrow(1972) 등은 Bloom의 목표분류체계에 입각하여 심동적 영역의 목표 분류를 체계화하였다. 여기서는 Harrow(1972)의 분류방식을 제시하고자 한다(변창진 외, 1996)

① **반사적 운동** : 반사적 운동은 파악 및 무릎 반사와 같이 개인의 의지와 관계없이 나타나는 단순한 반사운동을 말한다. 반사적 운동은 훈련이나 교육에 의해

서 발달하는 것이 아니므로 교수목표로 설정될 수 없는 행동이지만 보다 높은 운동 기능의 발달에 기초가 된다(소분절적 반사, 중분절적 반사, 초분절적 반사).

② **초보적 기초 동작** : 초보적 기초 동작은 잡기 · 서기 · 걷기와 같이 복수의 반사적 운동이 함께 발달되고 통합됨으로써 이루어지는 동작을 뜻한다(이동동작, 입상동작, 조작운동).

③ **운동지각 능력** : 운동지각 능력은 감각기관을 통하여 자극을 지각하고 해석하며 그것을 토대로 환경에 대처하고 적응하는 기능을 말한다(근육감각을 통한 변별, 시각을 통한 변별, 청각을 통한 변별, 촉각을 통한 변별, 협응운동 능력).

④ **신체적 기능** : 신체적 기능은 숙달된 운동기능의 발달에 반드시 필요한 부분이며 민첩하고도 유연하게 일련의 숙달된 운동을 연속시켜 가는데 필요한 기초 기능을 가리킨다(지구력, 체력, 유연성, 민첩성).

⑤ **숙련된 운동기능** : 타자 및 기계체조와 같이 비교적 복잡하고 숙련된 기능을 요구하는 운동을 할 때 동작의 능률성 · 숙달도 · 통합성 운동기능을 뜻한다(단순적응 기능, 혼성적 기능, 복합적응 기능).

⑥ **동작적 의사소통** : 동작적 의사소통은 간단한 안면 표정을 비롯해서 무용과 같은 신체적 운동 및 동작을 통하여 감정 · 흥미 · 의사욕구 등을 표현하고 그 표현 자체를 창작하는 운동기능을 의미한다(표현동작, 해석동작).

2. 교육내용의 선정

교육목표와 일관된 내용이 선정되어야 하며 교육목표 설정시 고려된 요인들이 내용선정에서도 마찬가지로 고려되어야 한다. 교육내용에서 가장 중요시해야 할 것은 지식과 경험중심으로 구성되어야 한다는 것이다(김진규, 2002).

가. 교육내용의 의미

교육내용을 지식 · 기능 · 가치 등으로 정의하는 입장이다. Hyman(1973)이 제안한 정의에 따르면 교육내용은 지식영역(사실, 설명, 원리, 정의 등), 기능 및 과정영역(읽기, 쓰기, 셈하기, 비판적으로 생각하기, 의사 결정하기, 의사 소통하기 등), 가치영역(선악, 참과 거짓, 아름다움과 추함) 등으로 구성된다. 또한 교육내용은 교과와 교과 속에 담긴 단원이나 요소를 담아야 하고, 국가 수준의 문서에 제시된 교육내용과 교사가 선정하는 도구적 수업내용으로 구분해야 한다.

나. 교육내용의 선정 원리

교육내용을 선정하는 데 도움이 될 것으로 생각되는 원리를 제시하면 다음과 같다(이칭찬, 황선경 공저, 2003).

1) 타당성의 원리

교육내용은 교육의 일반 목표 달성에 도움을 주는 것이어야 한다. 교육의 일반 목표는 어떤 교과를 가르쳐야 하는 지를 제시하며 그 속에 어떤 지식 · 기능 · 가치들이 포함되어야 하는가를 알려 준다.

2) 확실성의 원리

지식으로 구성되는 교육내용은 참된 것이어야 한다. 참의 여부는 논리적이거나 경험적인 경우에는 간단하지만 윤리적이거나 미학적인 지식인 경우에는 가리기 쉽지 않다.

3) 중요성의 원리

학문을 구성하는 가장 중요한 것들을 교육내용으로 삼아야 한다. 교육내용은 학문을 구성하는 가장 본질적인 부분을 나타내는 구조를 담아야 한다.

4) 사회적 유용성의 원리

교육내용은 사회의 유지와 변혁에 도움을 주는 것이어야 한다. 학생들이 살아가야 할 사회에 필요한 지식 · 기능 · 가치를 제시해야 한다.

5) 인간다운 발달의 원리

교육내용은 학생의 성장과 자아실현에 도움을 주는 것이어야 한다. 교육내용은 인간다운 발달에 기여할 때 그 가치를 발휘한다.

다. 교육내용의 조직

선정된 교육내용을 조직하는데 있어서 고려해야 할 핵심적인 요소는 범위(scope)와 계열(sequence)이다. 범위는 교육과정 요소들의 넓이와 배열을 언급하는 반면, 계열은 학기 혹은 경우에 따라서 수년에 걸친 조직을 말한다. 전자는 주로 횡적 조직과 관련되는 반면, 후자는 종적 조직과 관련된다. 범위와 계열을 어떻게 하는가에 따라 교육내용의 조직 방식은 다양하게 전개될 수 있다. 또한 수직적 조직을 구성할 때는 계열과 수직적 연계성(vertical articulation)이 사용되고, 수평적 조직을 구성할 때는 범위와 통합성(integration)이 고려된다(김대현, 김석우, 1996)

1) 범위

교육내용의 범위를 결정하는 것은 폭과 깊이다. 학교교육의 수준이 높아짐에 따라 교육과정의 범위, 즉 내용의 폭과 깊이는 확대되고 심화된다. 범위와 관련된 대표적인 접근 방법은 분과적인 조직방식과 통합적인 조직방식이다.

분과적인 조직방식은 모든 교육내용을 학문조직 방식에 따라 분류하여, 분리된 교과의 형태로 조직하는 것이다. 예를 들면 국어, 사회, 수학, 과학, 미술, 음악 등의 구분은 학문 분류 방식에 따라 분과적으로 조직된 것이라고 할 수 있다.

이에 반하여 통합적인 조직방식은 경험중심 교육과정의 영향으로 학습자의 흥미에 대한 고려나 일상생활의 문제에 대한 경험의 중요성이 강조되면서 관심을 갖기 시작한 방식이다.

통합의 형태는 비슷한 논리구조를 갖는 교과끼리의 통합에서부터 특정문제를 중심으로 전 교과가 유기적으로 관련을 맺는 형태에 이르기까지 다양하다. 최근에는 학생의 흥미를 유발할 수 있는 일상생활의 문제나 주체 중심으로 교육내용을 통합하려는 시도가 많이 이루어지고 있다.

2) 계열

계열은 교육내용을 조직하는 종적 방식이다. 교육내용을 학년 수준에 따라 종적으로 조직할 때는 계열의 문제가 심각하게 고려되어야 한다. 전통적으로 교육내용을 조직할 때 계열을 보장하기 위해 사용해 온 원칙은 다음과 같다.

· 단순한 것으로부터 복잡한 것으로 제시
· 전체로부터 부분으로 발전함
· 사건의 연대기적 순서로 제시함
· 구체적 경험에서 개념의 순서로 나아감
· 특정 개념이나 아이디어를 계속적으로 제시하되, 나선형적으로 그 내용을 심화 · 확대해서 제시함

3) 수직적 연계성

수직적 연계성은 이전에 배운 내용과 앞으로 배울 내용의 관계에 초점을 둔 것으로 특정한 학습의 종결이 다음 학습의 출발점과 잘 맞물리도록 교육내용을 조직하는 것을 말한다(김대현, 김석우, 1996). 수직적 연계성은 교육과정 개발의 여러 단계에서 강조되며 학교급간의 교육내용, 학년이나 단원의 교육내용을 연결하는데 중요한 역할을 한다.

각 교과별 교육과정해설서에는 수직적 연계성을 유지하도록 구체적으로 명시하고 있으며, 이는 학교급간의 교육내용을 연결하는데 중요한 역할을 한다. 초등학교 교육과정은 중학교 교육과정과, 중학교 교육과정은 고등학교 교육과정과 자연스럽게 연결되도록 조직되어야 한다. 또한 수직적 연계성은 학년이나 단원의 교육내용을 연결하는데 중요한 구실을 한다. 단원들 간의 연계가 이루어지지 않으면 학습자는 어려움을 겪게 된다.

교육과정을 운영하는 과정에서 지역이나 학교의 특수성에 비추어 교육내용의 수직적 연계성을 유지하도록 해야 한다. 또한 학생들이 배울 내용을 이전 단원이나 같은 단원의 앞에서 제시된 내용과 연계지어야 한다.

4) 통합성

통합성은 교육내용들의 관련성을 바탕으로 교육내용들을 하나의 교과나 단원으로 묶는 것을 의미한다. 이는 수업의 효과를 높이기 위하여 관련 있는 내용들을 동시에 혹은 비슷한 시간대에 배열하는 것을 말한다(김대현, 김석우, 1996).

교육내용의 통합적 구성이 교육내용의 논리적 관련성, 사회적 적합성, 개인적 유의미성을 높이기 때문에 일부 교과를 통합교육과정으로 편성하고 학교단위의 통합적 교과운영을 강조했다. 학교 차원에서 학년별 또는 교과별로 교사들이 참여하여 교육내용들을 단원별 · 주제별로 상호작용시키려는 노력이 중요하다.

라. 단원의 구성

단원은 학습자들이 배우게 될 학습내용과 학습경험이 가장 구체적으로 명시되어 있는 것이다. 여기서는 단원의 개념, 단원계획과 단원전개를 중심으로 고찰하고자 한다(이경섭 외 2인, 1982).

1) 단원의 개념

단원이란 말은 원래 단일성 · 전체성 · 통일성을 뜻하므로 그 자체가 통일된 것이며, 또 전체의 관련에서 성립되는 몇 가지의 단위로 내용의 전체를 분철한 것을 의미한다. 따라서 단원은 통일성 있는 학습활동으로 전개시킬 학습 자료를 말한다(오성삼, 구병두, 1996). 단원은 다양하게 사용되고 있으나 교재단원과 경험단원으로 크게 구분할 수 있다.

교재단원은 교과중심 교육과정에서 일정한 지식의 분량 또는 단편적인 지식의 토막을 말한다. 경험단원은 학생이 활동하고 경험하며 실천하는 생활경험의 일련의 관계를 의미한다.

한편 단원을 학급에서 전개되는 학습단원과 사전준비로 이루어지는 자료단원으로 구분하기도 한다. 자료단원은 어떤 단일한 학습단원을 위한 것 보다는 여러 학습단원을 위한 자료의 저장고 역할을 하며, 비교적 여러 학년과 여러 교사에게 도움이 되는 것이다.

2) 단원의 계획

단원계획의 기초가 밝혀지면 단원을 설정해야 한다. 교사의 사전계획은 문제의 선정만으로 그치지 않고 단원전개의 기본적인 방향을 설정해야 한다. 단원전개를 계획할 때 공통적으로 갖추어야 할 내용은 다음과 같다.

① 단원의 목표 설정
② 단원의 요지 제시
③ 단원접근법을 계획
④ 작업단계를 계획 · 전개
⑤ 평가 기술을 제시
⑥ 기타 참고문헌이나 지역사회의 자료를 조사

3) 단원의 전개

계획된 단원을 실제로 전개함으로써 바람직한 교육성과를 올리는 것이 단원전개의 궁극적인 목적이다. 일반적으로 단원전개에 공통적으로 적용되는 절차는 도입단계, 전개단계, 정리단계 그리고 평가단계 등 4가지 단계인 것으로 합의되고 있다(오성삼, 구병두, 1996).

(1) 도입단계

도입단계는 학생이 계획된 단원에 흥미를 갖게 하고 학습의욕을 고무시킴으로써 학생이 주체적으로 학습에 참여하도록 하는 단계다. 이 단계에서 학습의욕을 유발시키는 동기유발기법이 필요하다. 따라서 교사는 학습동기 유발에 대한 전문적인 지식과 방법을 습득해야 한다.

(2) 전개단계

전개단계는 계획된 단원을 여러 가지 활동 방법으로 전개하는 단계다. 이 단계에서 교사는 사전계획에 따라 교육내용을 미리 활동의 성격에 따라 분류하는 것이 효과적이다.

(3) 정리단계

정리단계는 학습 성과를 정리하고 개관하는 단계다. 모든 학습결과를 종합하며 결론이나 원리를 끄집어내고 검토하는, 일종의 종합 및 완결의 단계다.

(4) 평가단계

평가단계는 학습결과를 평가하는 단계로서 가끔 정리단계에 포함시키기도 한다. 처음에 설정한 목표에 얼마나 접근하였는가를 확인하는데, 이 때 학생들의 학습성과 뿐만 아니라 교사 자신이나 선정한 단원도 평가해야 한다.

제4절 교육과정의 유형

교육과정의 유형분류에 관해서는 분류방법이나 기준이 일정치 않으나 일반적으로 내용과 형식이 두 가지로 분류하여 활용되고 있다.(길형석, 손충기, 2003).

1. 교과중심 교육과정

교과중심 교육과정(subject-centered curriculum)은 역사적으로 가장 오래된 전통을 가질 뿐만 아니라 가장 보편적인 교육과정 유형이다. 교과중심 교육과정은 지식의 체계를 중요시하는 교육과정으로 교사의 지도하에 학습자가 배우는 모든 교과와 교재를 말한다.

교과중심 교육과정은 문화유산의 전달이 주된 교육내용이며, 교육성과에 있어서 지식의 습득과 이성의 계발을 핵심으로 한다. 각 교과는 그 자체의 논리와 체계가 있으므로 이 교과를 체계적으로 학습하게 하는 것이 교육의 중요한 방법이다.

교과중심 교육과정의 유형에는 분과, 광역, 융합, 상관 교육과정 등이 있다. 또 그특징으로는 첫째, 문화유산의 체계적인 전달이 주된 교육내용이며, 둘째, 수업은 교사중심이고 지식과 기능의 신장에 주력하며, 셋째, 설명위주의 교수방법을 사용하며, 넷째, 학습을 조직하고 새로운 지식이나 사실을 설명하고 체계화하는데 논리적이며 효과적인 방법이라는 것이다.

2. 경험중심 교육과정

전통적인 교과중심 교육과정은 아동들이 현실 생활의 문제를 해결하는데 직접적인 도움이 되지 않는 교과를 맹목적으로 주입시키는 문제가 있다고 인식한 것이 경험중심 교육과정의 시작이다. 경험중심 교육과정(experience-centered curriculum)은 학생의 흥미, 필요, 경험, 활동 등을 강조하며 경험의 체계를 존중하는 교육과정으로 학생들이 체험하게 되는 모든 경험과 활동을 교육과정으로 보고 있다.

교과 조직은 아동의 기본적 욕구나 흥미를 중심으로 하며, 그 내용은 아동의 생활에 의미가 있는, 즉 아동이 스스로 학습에 참여할 수 있는 것으로 구성된다. 또한 교재를 가르치는데 치중하지 않고 학생의 바람직한 성장을 조성하는데 힘쓴다. 교재는 사전에 조직되는 것이 아니라 학습 현장에서 결정된다.

경험중심 교육과정은 지 · 정 · 의가 조화된 전인적 인간 형성을 지향하며 교과목의 엄격한 구분을 없애고 교과의 통합, 즉 통합형 조직 형태를 취한다.

3. 학문중심 교육과정

생활 경험을 중시하는 교육과정에서 야기된 학생들의 학력 저하를 비판하며 대두되게 된 것이 학문중심 교육과정이다. 학문중심 교육과정에서는 지식과 기술의 폭발적인 증가에 대체하기 위해 학문에 내재해 있는 지식의 구조, 학습의 전이가 높은 지식을 가르쳐야 함을 강조하였다.

지식의 구조는 학문을 특징짓는 사물을 보는 안목 또는 각 학문의 기본적인 아이디어, 지식의 기본개념, 지식의 기본원리 그리고 지식의 탐구 과정 등과 동의어로 사용되고 있다.

학문중심 교육과정(discipline-centered curriculum)은 1960년에 Bruner에 의하여 공식적으로 중요시되었다. 그는 지식의 구조와 탐구 학습을 강조하며 지식의 구조를 학습하는데 있어서 가설을 제시하였다. 그 가설은 “어떤 교과든지 지적으로 올바른 형식으로 표현하면 어떤 발달 단계에 있는 아동들에게도 효과적으로 가르칠 수 있다"는 것이다. 이것은 아무리 어려운 지식의 구조라 할지라도 아동의 지적 수준에 적절하게 표현하면 누구나 이해하고 배울 수 있다는 뜻이다.

탐구학습은 탐구과정과 방법을 중시한다. 학문은 저마다 탐구 대상이 다르고 탐구 방법이 다르다. 교과의 구조를 가장 적절하게 파악할 수 있는 최적의 탐구 방법이 중요하다. 해당분야의 학자가 탐구하는 것과 같은 방식으로 아동들이 탐구해 내도록 한다.

학문중심 교육과정은 나선형 교육과정을 강조한다. 각 학문의 기본 아이디어를 교육과정 개발의 출발점으로 삼고 먼저 기본적인 개념을 찾아낸 후 기본 아이디어를 중심으로 그 내용들을 조직해 나간다. 이처럼 학교 급에 따라서 교육과정의 내용의 깊이와 폭을 확대해 가도록 지식을 구조화하는 방식을 나선형 교육과정이라 부른다.

다시 말하면 유치원부터 고등학교에 이르기까지 동일한 개념을 가르치더라도 다만 수준을 달리해야 한다는 입장인 것이다. 나선형이라는 말은 달팽이의 껍질의 선이 위로 올라갈수록 점점 더 크게 되는 것에 비유한 것이다.

4. 인간중심 교육과정

1970년대에 접어들면서 인간성 상실과 비인간화 현상이 심각한 사회문제로 제기 되며 학문중심 교육과정이 비판의 대상이 되기 시작하였다. 지식을 가르치는 것만으로 복잡한 사회문제에 대응할 수 없다는 인식을 가지면서 인간의 잠재능력을 최대한으로 개발하여 개인적인 자아를 실현하며 사회발전에 기여할 수 있는 삶을 살 수 있도록 하는, 인간중심 교육을 강조하는 일련의 움직임이 대두되었다. 인간중심 교육과정(humanistic curriculum)은 교육 본질적 입장, 그리고 사회학적 입장으로 구분되고 있다(Mcdonald, 1997). 여기서 교육 본질적 입장을 취하는 인간중심 교육과정론자들은 인간 잠재 가능성을 최대한 실현한다는 관점에서 학교의 교과목간 균형을 강조한다. 그들은 아동들의 전인적 발달을 위해서 인문과학과 자연과학 과목을 골고루 가르쳐야 한다고 주장한다(김진규, 2002).

심리학적 배경을 가진 인간중심 교육과정론자들은 인본주의 심리학에 이론적 근거를 두고 있다. 인본주의 심리학의 주요 관심은 정의적 교육에 있으며, 건전한 자아개념, 진지한 감성, 올바른 태도와 가치 등과 같은 정의적 · 특성의 발달을 통해서 자아의 최대 실현을 돕는데 주안을 두고 있다. 인간중심 교육과정의 기본적 입장을 요약하면 개개인의 학습자로 하여금 그들 자신의 관점에서, 즉 지식, 정서적, 사회적으로 자신들을 발달시킬 수 있는 환경을 제공한다. 교육과정의 구성에서는 개인지향적 설계, 구조의 신축성, 교사 능력의 신장, 창조성의 조장 등을 고려해야 한다.

5. 구성주의 교육과정

구성주의에서 지식은 개인 경험과 이해의 수준에 따라 구성되는 것이며 학습자는 의미를 추구하는 능동적 유기체다. 모든 학습자가 학습내용에 따라 동일하게 지식을 형성하는 것이 아니며 개별 학습자의 내재적 이해 과정에 따라 다르게 형성된다.

구성주의에서는 지식을 개인의 독특하고 개별적인 인지적 활동인 동시에 특정 사회 구성원간에 공유되어지는 사회적 요소도 포함되는 개인적, 집단적 상황적 의미 형성으로 파악한다.

구성주의 교육과정(constructivism curriculum)의 특징을 요약하면 다음과 같다.

첫째, 학생들의 주체적 지식 구성과 학습참여를 강조한다. 학습자의 주도와 참여를 통해 학습자중심 교육 환경에서 학생들을 지속적인 학습자로 체질화하는데 궁극적 목표를 두고 있다(강인해, 1997).

둘째, 실제 생활에서 당면한 문제를 대상으로 삼고 있다. 학습은 구체적 상황에서 일어나는 실생활의 과제를 대상으로 한다. 학습은 일상생활에 연계되어 자아 성찰적 실천과 다양한 견해를 지닌 동료들과의 상호작용과 협조 속에서 풍성해지고 견고해진다.

셋째, 교사가 학생들을 도와주는 동반적인 관계를 유지하도록 요구한다. 교사들은 수업에서 정답을 강조하기보다 학생들의 지식추구 과정과 의미추구 과정을 강조해야 한다.

넷째, 학습자중심 평가와 학습과정 평가를 강조한다. 평가방법에서도 지식습득 여부를 확인하는 객관식 평가보다는 학습자 스스로의 자신의 학습에 대한 정리, 학습과정과 수업과정을 자아 성찰적으로 기록하는 반성노트의 활용 등과 같은 다양한 수행평가 방법을 이용한 종합평가를 실시한다.

제5절 우리나라 교육과정의 변천

이 장에서는 해방 전 교육과정을 간략히 살펴보고 해방 직후 교육과정, 제 1차 교육과정 제정에서 현행 제7차 교육과정까지를 구분하여 다루어 보기로 한다(김진규, 2002; 이칭찬 외, 2003).

1. 교수요목기(1945~1954)

해방 이후 제 1차 교육과정이 시행되기 전까지의 교육과정기를 교수요목시기라고 한다. 1946년 교수요목 제정위원회는 교수요목을 제정하고 교과서를 편찬에 착수하였으며 1948년 교육법을 제정하여 교육이념과 제도에 대한 기본 틀을 마련하였다.

교수요목시기의 특징은 다음과 같다.

첫째, 교과의 지도내용을 상세하게 표시하고 기초능력을 기르는데 주력하였다.

둘째, 교과는 분과주의를 선택하여 체계적인 지도와 지력을 기르는데 중점을 두었다.

셋째, 우리나라의 교육이념인 홍익인간 정신에 입각한 애국애족 교육을 강조하였으며, 일제의 잔재를 없애고자 각별한 노력을 기울였다.

넷째, 사회생활과가 신설되었다.

그러나 당시의 교수요목은 충분한 시간을 가지고 재정하지 못하였으므로 각 교과별로 가르칠 주제를 열거하는 정도에 불과하였고, 교수의 목표와 지도시의 유의사항 등에 관한 언급이 없었다.

2. 제1차 교육과정기(1954~1963)

제1차 교육과정은 1954년 문교부령 제35호로 제정, 공포된 초등학교 · 중등학교 · 고등학교 · 사범학교 교육과정 시간 배당 기준령과 그 이듬해인 1955년 문교부령 제44호, 제46호로 각각 공포된 초 · 중 · 고 · 사범대학 교과과정으로 1963년에 공포된 제2차 교육과정이 적용될 때까지 시행된 교육과정이다.

이 시기의 교육과정은 각 학교의 교과목 및 기타 교육활동의 전제로 정의되었으며 법령상의 명칭이 교과과정으로 되어 있었기 때문에 이 시기를 교과과정시기 또는 교과중심 교육과정시기라고 부른다. 이러한 제1차 교육과정은 우리 손으로 만든 최초의 체계적인 교육과정이라는 점에서 의의가 있다.

제1차 교육과정의 특징은 다음과 같다.

첫째, 교육과정에는 최소한 필수적인 교육내용만을 표시하여 국가 기준으로서의 교육과정임을 명확히 하고 있으며, 둘째, 반공교육, 도의 교육, 실업교육을 강조하며, 셋째, 특별활동 시간을 배당하여 전인교육을 지향하고 있다.

3. 제2차 교육과정기(1963~1973)

제2차 교육과정은 1963년 문교부령 제199호, 제120호, 제121호, 제122호로 제정 · 공포한 초등학교, 중학교, 고등학교 및 실업학교 교육과정을 말한다. 이 시기에는 교육과정을 "학교의 지도하에 학생들이 가지는 경험의 총제"로 봄으로써 이를 교육과정의 개념상 "생활중심 교육과정" 또는 "경험중심 교육과정"이라고 부른다.

이러한 생활중심 교육과정의 특징은 제2차 교육과정 곳곳에 잘 드러나 있는데 특히 총론에서는 "교육과정은 곧 학생들이 학교의 지도하에 경험하는 모든 학습의 총화를 의미하는 것이다. 따라서 학생들의 경험 여하에 따라 그들이 어떤 인간으로 성장하게 되느냐 결정된다"라고 교육과정을 정의하고 있다.

제2차 교육과정의 특징은 다음과 같다.

첫째, 교육과정의 내용에서는 자극성, 생산성, 유용성을 강조하였다.

둘째, 합리성을 강조하면서 학생의 성장 발달에 적용될 수 있는 통일성 있고, 계통성과 발전성 있는 교육과정의 조직을 제시하였다.

셋째, 지역성을 강조하여 각 지역사회의 모든 자원을 학습경험에 효과적으로 이용하게 하고 학습경험의 결과는 지역사회의 개선과 발전에 기여할 수 있도록 하였다.

즉 교육과정에는 일반적인 기준만을 제시하고 그 구체적인 운영은 지역사회에 맞게 해 나가도록 한 것이다(김대현, 김석우, 1996).

4. 제3차 교육과정기(1973~1981)

제3차 교육과정은 1973년, 1974년 문교부령 제325호, 제326호, 제350호로 제정 · 공포한 초등학교, 중학교, 고등학교 교육과정을 말한다. 제3차 교육과정은 우리나라 교육과정 제정상 처음으로 교육과정 심의회에서 시안을 확정하고, 2년간의 실험평가를 거쳐 확정한 것이다. 이는 1968년 선포된 국민교육헌장의 이념과 1960년대 미국교육계를 주도한 학문중심 교육과정이론에 바탕을 두고 이루어졌다. 즉 사회의 급격한 변화 속에서 팽창하는 학문적 지식을 보다 효과적으로 습득하기 위해서는 지식의 근간을 이루는 지식의 구조를 학생들에게 가르치되, 그 구조를 학생 스스로가 발견하고 탐구할 수 있도록 해야 한다는 이론에 바탕을 둔 것이다.

5. 제4차 교육과정기(1981~1987)

제4차 교육과정은 1981년 문교부 고시 제442호로 공포된 교육과정을 말한다. 제4차 교육과정은 민주사회, 고도산업사회, 건전한 사회, 문화사회, 통일조국 건설에 필요한 건강한 사람, 심미적인 사람, 능력있는 사람, 도덕적인 사람, 자극적인 사람을 길러 내는데 목적을 두었다. 제4차 교육과정은 개정의 방침을 ① 이전의 교육과정이 지닌 문제점들(학습내용의 과다, 학습하기 어려운 교육내용, 교과목위주의 분과교육, 일반교육의 소홀, 전인교육과 인간교육의 미흡)을 보완, ② 교육정상화를 위한 교육개혁의 추진(교육내용의 양과 수준의 적정화, 과열 과외 잠재요인 제거), ③ 국민 정신교육의 강화(초등학교 교육목표 내용을 체계화 등 각급학교 교육과정에의 체계적 반영) 등에 두었다. 특히 지금까지 소홀히 해 온 인간중심 교육과정의 성격도 반영되어 개인적 · 사회적 · 학문적 적합성을 고루 갖춘 교육과정이 되게 하였다(김대현, 김석우, 1996).

6. 제5차 교육과정기(1987~1992)

제5차 교육과정은 1987~8년 문교부고시 제87-9호, 87-7호, 88-7호로 공포된 초등학교, 중학교, 고등학교의 교육과정을 말한다. 제5차 교육과정은 교육과정 및 교과용 도서 중에서 개선이 필요한 부분만을 개정하는 것을 기본 원칙으로 삼고, 건강한 사람, 자극적인 사람, 창조적인 사람, 도덕적인 사람을 기르는데 목적을 두었다. 제5차 교육과정은 개정의 방침을 교육과정의 적정화 · 내실화 · 지역화에 두고, 개정의 전략으로 지속성(제4차 교육과정의 기본골격유지), 점진성(혁명적이고 총체적인 개혁보다 현실여건을 감안한 점진적인 개선), 효율성(교육과정이 의도한대로 기피하는 교육적 성취를 가져오도록 하는 제반 조치의 실행)을 제시하였다. 제5차 교육과정은 교육내용과 운영면에서의 개정의 중점을 기초 교육의 강화, 정보화 사회에 대응하는 교육의 강화, 교육과정의 효율성 제고 등으로 두었다. 특히 교육과정의 효율성을 높이는 것은 교육과정에서 의도한 바가 실제 교육 현장에서 그대로 실현되는 쓸모있는 교육과정이 되도록 한다는 것이다(김대현, 김석우, 1996).

7. 제6차 교육과정기(1992~1997)

제6차 교육과정은 교육부고시 1992-15호, 1992-16, 1992-11, 1992-19호로 1992년에 제청 · 공포된 유치원, 초등학교, 중학교, 고등학교 교육과정을 말한다. 제6차 교육과정은 ① 건강한 사람(몸과 마음이 모두 건강한 사람), ② 자주적인 사람(개성있고 자율적인 사람), ③ 창의적인 사람(창의성을 가지고 실천하는 사람), ④ 도덕적인 사람(옳고 그름을 판단하고 선한 일을 실천하는 사람)을 기르는데 목적을 두고 있다.

제6차 교육과정 개정의 중점사항은 첫째, 교육과정 결정의 분권화, 둘째, 교육과정 구조의 다양화, 셋째, 교육과정 내용의 적정화, 넷째, 교육과정 운영의 효율화에 두었다.

8. 제7차 교육과정기(1997~현재)

제7차 교육과정은 1997년 12월 30일에 고시된 것으로 2000년부터 적용되고 있는 교육과정이다. 이 교육과정은 21세기 정보화 · 세계화 사회를 염두에 두고 개발된 것이다. 이 교육과정은 이러한 정보화 · 세계화 시대에 세계를 주도할 경쟁력있는 인간을 효과적으로 양성해 내는 것을 목적으로 하였다(교육부, 1997).

제7차 교육과정의 기본방향은 목표, 내용, 운영, 제도라는 네 가지 측면에서 요약하면 다음과 같다.

첫째, 목표는 건전한 인성과 창의성을 함양하는데 기초 · 기본교육의 충실에 두고 있다.

둘째, 내용면에서 정보화 · 세계화 시대에 적응할 수 있는 교육에 중점을 둔다.

셋째, 운영면에서 학생의 능력, 적성, 진로에 적합한 학습자중심의 과정을 표방한다.

넷째, 제도면에서 교육과정 편성 · 운영에 대한 지역 및 학교의 자율성 증대를 강화한다.

제 7차 교육과정의 개정 중점을 요약하면 다음과 같다.

첫째, 국민공통기본 교육과정의 편성과 학생선택중심 교육과정을 도입하였다.

둘째, 수준별 교육과정을 도입하였다.

셋째, 재량활동을 신설하고 확대하였다.

넷째, 학습량 최적화의 수준을 조정하였다.

다섯째, 교육과정 평가 체제를 확립하였다.

여섯째, 창의성, 정보능력 배양을 강조하였다.

생각해 볼 문제

1. 교육과정의 정의를 내리고 그 영역을 설명하시오.
2. 교육과정의 철학적, 심리적, 사회와 문화적 기초를 설명하시오.
3. 교육과정이 구성요소를 요약하시오.
4. 우리나라 교육과정의 변천사를 요약하시오.

제7장

교육평가의 이해

교육에서 평가는 교육활동에 따른 순환적 흐름의 중요한 부분이다. 평가의 핵심은 가치에 근거하여 판단하고 결정하는 것으로 평가과정 속에는 기준에 비추어 정보를 비교하고 판단하는 것이 포함되어 있다. 또한 평가의 결과는 다시 교육목표에 피드백되어 교육목표를 수정하게 하며 이는 다시 수업활동에 영향을 준다. 이렇듯 평가는 교육활동과 밀접한 관련이 있다. 이 장에서는 평가의 개념을 보다 정확하게 이해하기 위해 측정관과 평가관에 대하여 살펴보고, 이어서 학교에서 이루어지고 있는 교육평가의 기능 및 교육평가의 절차를 기술한다. 교육평가의 유형에서는 준거를 기준으로 한 분류인 상대평가와 절대평가의 개념 및 장 · 단점에 대하여 토론하고, 평가의 목적을 기준으로 분류한 평가의 유형인 진단평가, 형성평가, 총괄평가의 개념에 대하여 살펴본다. 끝으로 좋은 평가도구가 갖추어야 할 기본적인 조건이라고 볼 수 있는 타당도, 신뢰도, 객관도에 대하여 살펴봄으로써 교육평가에 대한 기본적인 인식이 가능하도록 한다.

제1절 평가의 개념

모든 교수활동은 필연적으로 그 결과를 알아보기 위한 평가를 수반한다. 평가의 핵심은 가치에 근거하여 판단하고 결정하는 것으로 평가 과정 속에는 기준에 비추어 정보를 비교하고 판단하는 것이 포함되어 있다.

교육평가라고 하면 우리는 흔히 학교의 교육활동 과정에서 이루어지고 있는 각종 시험을 생각한다. 그렇다면 우리는 교육평가를 단순히 시험과 그에 따른 결과의 관점에서 이해해야 하는가? 물론 범위를 아주 좁혀 보면 시험을 통하여 측정한다고 하는 관점이 맞을 수도 있다. 그러나 우리가 교육의 목표를 개인의 수월성을 추구하고 교육을 통하여 개인이 가지고 있는 잠재역량을 최대한으로 발휘하도록 한다는 관점으로 눈을 돌려 교육평가를 보면, 평가라는 말 속에 그 이상의 무엇인가가 내재되어 있음을 알 수 있다.

교수 - 학습의 과정에서 보면 교육평가란 학생들이 교육목표를 어느 정도 달성하였느냐와 교육과정이 얼마나 효율적이었는가를 판단하는 정보의 수집활동이라고 볼 수 있다(신동로, 1996). 여기에서 교육평가가 교육목표와 유기적 관련을 갖고 있음을 알 수 있으며, 정보의 수집을 왜 하느냐의 물음과 관련하여 우리는 평가를 통하여 개인차를 알려고 하며 이러한 개인차를 아는 것이 바로 인간 이해를 위한 하나의 과정임을 알 수 있다. 교육평가에서 개인차를 다룬다는 것과 관련하여 한 가지 짚고 넘어가야 할 사실은, 개인차를 있는 그대로 정확하게 측정하여 개인과 개인을 변별하려는데 그 목적이 있는 것이 아니라 이 같은 차이가 왜 발생하고 무엇이 그것을 발생시키며 그것을 어떻게 통제할 수 있는가에 관심을 갖고 있다는 것이다. 이러한 과정을 통하여 교육평가는 인간의 이해에 기여한다. 평가관의 이러한 변화는 심리학의 발달과 인간에 대한 연구의 축적을 통한 인간을 보는 시각의 변화, 그리고 인간화를 지향하려는 노력에 힘입은 바가 크다.

물론 오늘날 우리가 지향해야 할 이러한 평가관이 평가의 전부는 아니며 기존의 측정이라고 하는 개념이 오늘날 필요 없는 것은 더더욱 아니다. 그렇지만 평가를 인간 이해의 한 방법으로 인식하고 이를 추구하려는 노력을 계속할 때 교육환경을 보다 인간화할 수 있는 것은 분명하다.

이 장에서는 교육평가의 기본적인 개념을 이해하는 수준에서 기술하기로 한다. 먼저 평가의 개념을 보다 정확히 하기 위하여 측정과 평가의 개념을 구분하여 살펴본다(김정휘, 주영숙, 1996).

1. 측정관

측정관에서는 이 세상의 모든 실제는 그것이 물질적인 현상이든, 행동적인 현상이든, 정신적인 현상이든, 안정성이 있다고 전제하고 있다. 이는 이 세상의 모든 실제가 인간의 인식과는 독립된 객관적인 형태로 존재하며 누구나 관찰할 수 있는 형태로 존재한다는 것을 가정하는 것이다. 측정(measurement)이라는 용어는 20세기 초부터 본격적으로 쓰이기 시작했으며, 이 시기에는 지나칠 정도로 행동변화의 양적 기술에 초점을 두는 측정활동이 성행했다. 이러한 측정관에서 강조하고 있는 것들을 살펴보면 다음과 같다.

첫째, 측정을 강조했던 이들은 측정절차나 방법에서의 표준화를 요구했다. 이를 적용하면 학생의 성취도 표준화된 자극에 반응한 속도와 정확도로 결정한다. 학생의 반응은 반드시 수량화하고(예컨대 IQ, 반응시간, 오류의 수 등), 이것을 다시 표준집단을 토대로 만들어진 규준자료에 비추어 그 의미를 해석한다.

둘째, 측정에서 가장 중요시하는 것은 점수의 신뢰성(reliability)과 객관성(objectivity)이다. 즉 얻어진 점수에서 오차가 얼마나 존재하느냐가 주된 관심사이며, 따라서 아무리 타당성이 높다 하더라도 신뢰성이나 객관성이 없으면 쓸모없는 증거로 간주한다.

셋째, 환경을 보는 시각의 문제로 측정관에서는 인간의 행동특성을 항구적이고 불변하며 안정성이 유지되는 것으로 보고 있다. 따라서 측정관은 환경의 영향을 무시하며 환경에 의해 어떤 변화가 생겼다면 그것은 측정의 정확성을 저해하는 방해요인(disturbing variables)으로 간주한다. 따라서 검사의 영향 그 자체도 측정의 정확성을 저해한다고 보고, 그 효과를 통제하거나 극소화하려고 하며 도구의 표준화를 강조한다.

넷째, 측정의 결과를 주로 선발, 분류, 예언, 실험에 이용하려 하며 유용하고 정확한 측정단위가 요구될 경우 여러 가지의 측정을 종합하여 예언력을 높이려고 한다.

이러한 측정관의 가장 큰 장점은 표준화 과정을 강조함에 따른 능률성에 있다 할 것이다.

2. 평가관

교육에서 평가(evaluation)란 교육의 결과에 대해 교육적인 의미와 해석을 부여하는 과정이라고 볼 수 있다. 이 세상의 모든 실제나 인간의 행동 특성은 변화한다는 관점을 전제하고 있으며 평가를 위해 사용되는 모든 도구 및 수단과 방법은 학생의 변화에 관심을 두고 있다. Gronlund(1981)는 평가를 학생행동의 질적 기술(예컨대, 행동의 일화록)과 양적 기술(예컨대, 시험점수)에다 가치판단을 더한 것이라고 보고 있다. 이러한 평가관에서 강조하는 것을 구체적으로 살펴보면 다음과 같다.

첫째, 평가관은 교육매체에 의해 일어난 학생의 변화에 관심이 있다. 따라서 무엇이 변화를 일으킬 수 있는 변인인지, 어느 정도의 변화를 일으킬 수 있는 것인지, 어떤 변화가 발생하였는지에 관한 정보에 흥미를 가진다. 이 같은 변화에 대한 관심은 그 변화의 정도와 질을 알기 위해 최소한 두 시점에서의 평가, 즉 시발검사와 종료검사를 요구한다.

둘째, 평가관은 평가의 신뢰성, 객관성, 능률성을 문제삼기는 하지만 이것은 부차적인 것이고 가장 핵심적인 것은 평가의 내용타당도 및 목표타당도다. 즉 교수-학습과정에서 의도했던 교육목표들을 얼마나 잘 반영하고 있으며 이를 잘 측정하고 있는가에 주된 관심이 있다.

셋째, 평가는 교육목표의 성취에 관한 증거와 정보수집에 제1차적 관심이 있다. 따라서 의도하는 목표가 다양하면 할수록 다양한 증거와 정보를 수집할 것을 요구한다. 이 같은 관점은 평가가 교육목표와 함수관계에 있다는 것을 시사한다. 따라서 학교에 따라, 교육과정에 따라, 또 교사에 따라 이 같은 목표는 다를 수 있고, 평가의 방법 및 절차도 다를 수 있다는 관점을 취한다.

넷째, 평가는 환경을 변화의 원천으로 본다. 측정관은 환경을 오차변인으로 보고 이 영향을 통제하거나 제거하려는 관점에 서 있는 반면, 평가관은 환경이란 변화를 일으킬 수 있는 것이며 개인은 환경과의 상호작용에 의해 변화한다는 변화관에 그 핵심을 두고 있다.

다섯째, 평가를 통하여 얻어진 정보는 평점, 자격판단, 배치, 진급, 분류 등에도 이용되지만 평가의 제1차적 목적은 교수방법, 교육과정, 교재, 교사의 행동 및 학생의 행동, 수업과정, 학습방법의 효능성을 증진시키고 개선하는 것이다.

여섯째, 평가 증거의 다양성을 들 수 있다. 즉 평가관은 시험 결과 뿐만이 아니라 총점, 반응유형, 오류의 유형과 질, 실패의 원인 등 다양한 정보를 활용하여 인간을 이해하고자 한다.

3. 학교에서의 교육평가의 기능

교육평가가 인간 이해를 위한 과정임을 전제하고 인간을 바라본다면, 교사는 무엇보다도 인간은 현실성보다 가능성이 크며 주어진 조건보다 개발될 수 있는 잠재 가능성이 크다는 신념에 찬 눈을 가질 필요가 있다. 또한 교육평가의 자료와 대상, 시간은 무한하다는 것을 알아야 한다. 수업시간 동안의 학생과의 대화, 학생의 낙서 한 줄, 일기장, 그림 한 점 등 학생의 교육활동과 관련된 모든 것이 평가의 자료가 될 수 있다. 여기에서 교사가 인간 이해자로서의 눈이 있어야 한다는 것이 전제되어야 함은 물론이다. 평가는 모든 장면에서 이루어질 수 있으며, 한 학생의 특성 전체를 평가할 수 있는 계속적이고 종합적인 과정이다.

Ahmann과 Glock(1981)은 교육평가의 기능으로 ① 개개 학생들의 학업성취에 대한 사정, ② 학생 개개인 혹은 학급 전체 학생들의 학습곤란 진단, ③ 교육과정, 수업자료와 절차, 그리고 조직상의 배열에 관한 교육적 효율성의 사정, ④ 제반 교육문제들을 이해하고 건전한 교육정책을 개발하는데 도움을 주는 기능의 네 가지를 들고 있다. 이외에도 여러 학자들이 평가의 기능을 제시하고 있으나 거의 유사하거나 중복된다. 이들을 정리하여 학교교육과 관련하여 교육평가의 역할을 구체적으로 살펴보면 다음과 같다(박도순, 변영계, 1996).

첫째, 교육평가는 학생 개개인의 학업성취도를 평가하는 일이다. 교육이 목표지향적인 활동이라면 교육에 의해 목표가 어느 정도 달성되고 있는가는 학생의 성취도를 확인하는 것으로 알 수 있다. 목표의 성취란 교육과정에서 명시한 목표가 학생의 행동으로 실현되는 상황을 의미한다. 그러므로 개개 학생이 교육목표를 어느 정도 성취하고 있는가를 평가하는 일은 교육평가의 중요한 영역이 된다. 이러한 목적의 평가를 위해서는 학교 수준별, 학년별, 교과 영역별, 단원별, 교육목표가 명료화되어 있어야 하고, 이러한 목표가 학생의 행동으로 실현되었을 때 나타나는 행위의 특징을 구체화하는 일은 중요한 선행과제가 된다.

둘째, 교육평가는 학습 개개인이 직면하고 있는 학습 곤란점을 진단해 내는 일을 한다. 교육평가활동은 교육의 과정이 부드럽게 진행될 수 있도록 돕는 역할을 해야 한다. 즉 학생 개개인이 곤란을 느끼는 학습, 즉 곤란을 느끼는 내용을 구체적으로 확인하고, 동시에 그러한 학습곤란의 원인이 학습 자체의 문제인지, 지능이나 적성과 같은 기본능력의 부족 때문인지, 정서적 문제 때문인지를 진단해 주는 것이다.

셋째, 교육평가는 교육과정, 수업자료, 수업절차 등의 교육 효과성을 평가하는 일이다. 이러한 평가를 통하여 교육 프로그램의 질적 수준을 향상시키고 이는 다시 교육 성취도에 영향을 준다.

넷째, 교육평가는 교육의 여러 문제를 이해하고 건전한 교육정책 및 일반 정책을 수립하는데 도움을 주는 역할을 한다. 전국 단위의 평가연구나 학력의 국제 비교와 같은 연구에서 자주 시사되고 있는 바와 같이, 전체의 학생 또는 전체 국민이 꼭 습득하고 있어야 할 기본능력을 어느 정도 가지고 있는가를 확인해 봄으로써 교육정책의 방향과 대체적인 방침을 수립하는데 도움을 준다.

4. 교육평가의 절차

교육평가는 그 목적과 방법에 따라 약간의 차이가 있으나 일반적으로 ① 수업목표의 확인, ② 평가장면의 선정, ③ 평가도구의 선정 또는 제작, ④ 평가의 실시 및 결과처리, ⑤ 평가결과의 해석과 활용의 5단계를 거쳐 이루어진다(김정규, 1988).

가. 수업목표의 확인

평가의 첫 단계에서 가장 먼저 해야 할 일은 측정하려고 하는 수업목표가 무엇인가를 분명히 하는 일이다. 주요 수업목표가 무엇이며, 이 목표가 평가하기에 적합하도록 구체적이고 명확한 용어로 진술되었는지를 따져 보아야 한다.

보다 정확한 평가를 위하여 수업목표를 확인하고 분석할 경우, 블룸(Bloom, B. S.)이 제안하였고 교육목표를 내용과 행동의 2개 차원에 따라 분류한 교육목표 이원분류표를 활용하는 것이 좋다. 이원목표 분류표를 작성하면 교사가 무엇을 평가할 것인가에 대한 명확한 답을 얻을 수 있을 뿐만 아니라, 문제의 출제에 있어서도 지식, 이해, 적용, 분석, 종합, 평가 등의 행동 분류에 따라 일부 내용이나 영역에 치우치지 않고 골고루 표집할 수 있는 가능성이 높아져 균형 있는 검사를 만들 수 있는 장점이 있다.

나. 평가 장면의 선정

수업목표가 일단 확인된 다음에는, 그 수업목표를 측정하기 위하여 어떠한 평가 장면이 가장 적합한가를 결정하여야 한다. 평가 장면의 적절성은 수업목표 달성도에 관한 타당한 증거를 얼마나 잘 수집할 수 있느냐에 따라 결정된다. 따라서 평가 장면은 수업목표에 명시된 행동특성이 그대로 드러날 수 있고, 실제로 그러한 행동을 학생이 할 수 있는 혹은 할 수 있었던 기회가 내포된 사태여야 한다. 예컨대 영어의 듣기나 말하기 능력을 지필검사로 평가하려고 한다면, 지필검사라는 평가 장면은 학생의 듣기나 말하기의 목표행동을 그대로 다 드러낼 수 없기 때문에 타당하다고 볼 수 없다.

교육평가에서 이용할 수 있는 평가 장면은 교육목표의 성질에 따라 교사제작의 필답고사, 자기보고 형식의 질문지법, 각종 표준화 검사, 관찰법, 면접법, 사회측정법, 작품분석법 등 다양하다. 이러한 평가 장면은 모두 각각의 특징이 있기 때문에 평가 장면의 선정은 평가의 목표에 따라 달라질 수밖에 없다. 한 가지 분명한 것은 평가 장면은 목표행동이 반응되어 나올 수 있도록 구안되어야 한다는 것이다.

다. 평가도구의 선정 또는 제작

수업목표 확인과 평가 장면의 선정에 이은 세 번째 단계는 평가에 사용할 도구를 직접 제작하거나 기존에 만들어진 평가도구들 중에서 알맞은 것을 선정하는 일이다. 이 때 주의할 것은 수업목표가 잘 반영된 평가문항을 제작하여 평가도구의 타당도, 신뢰도, 객관도를 높이도록 노력해야 한다는 점이다. 또한 수집 기록될 행동증거를 어떻게 분석하고 종합할 것인가에 관한 방법과 단위를 미리 결정해 놓아야 한다.

이미 제작된 측정도구를 사용할 때는 그 도구의 특성이 현재 평가하고자 하는 목적과 내용에 적합한 것인지 자세히 검토해 보아야 한다. 특히 평가도구의 특색을 기술한 검사요강을 충분히 검토해 보아야 한다.

라. 평가의 실시와 결과처리

평가를 실시할 때는 평가를 받는 학생들이 목표행동을 잘 나타낼 수 있는 상황이나 조건을 마련하는 일이 매우 중요하다. 평가의 실시과정에서 우선적으로 중요한 것은 래포(rapport)를 형성하는 일이고 그 다음은 평가 실시의 기본조건을 갖추는 일이다. 래포란 학생들이 평가에 흥미를 갖고 검사도구의 지시에 따르고 자발적으로 협조할 마음이 생기도록 하는 것을 말한다. 이러한 래포의 형성은 흥미, 태도, 성격과 같은 정의적 특성을 검사할 때 특히 중요하다. 검사 실시의 기본 조건으로서는 모든 피험자가 최대의 능력이나 정확한 정보를 제시할 수 있는 조건을 마련해 주되 그 조건이 피험자 모두에게 동일해야 한다. 검사장의 인원수, 활동 공간, 외부의 소음, 실내의 채광, 책상과 의자 등을 적절히 조절하여 피험자가 불편함이나 정신적 동요가 없도록 해야 한다.

검사 실시가 끝나면 자료를 한데 모아 채점을 하고 통계적 처리를 하게 된다. 채점은 객관적이고 신뢰성 있어야 한다. 채점에서 얻어진 점수인 원점수만으로는 의미 있게 해석하는데 어려운 경우가 많으므로 자료를 통계적으로 처리하는 작업이 필요하게 된다. 이 때 많이 쓰이는 점수표시 방법이 평균을 기준으로 평균과의 차이를 구하고, 이를 다시 표준편차로 나누어 점수를 표시하는 표준점수다. 표준점수로 많이 쓰이는 것은 Z점수와 T점수인데 이들에 대한 이해는 통계학 전문 서적을 참조하기 바란다.

마. 평가결과의 해석 및 활용

평가 작업을 통하여 수집한 정보와 자료는 의미 있고 바르게, 그리고 유용하게 해석되어야 한다. 애써 얻은 평가결과를 제대로 활용하지 못하고 서류함에 보관하는 것에 그친다면 그 동안 평가하느라 수고한 것이 모두 보람 없는 일이 되고 만다. 따라서 평가결과는 관련 대상자들에게 의미를 갖고 바르게 전달되어야 하며, 유용하게 사용되어야 한다.

예를 들어, 철수가 이번 영어 시험결과 얻은 원점수가 75점이고 이를 T점수로 환산했을 때 65점이라고 한다면, 전체 평균 50보다 잘했다고 말할 수 있다. 또한 지난번 시험에서 철수의 영어 성적의 원점수가 75점이고 T점수로 환산한 점수가 55점이었다면 철수의 이번 영어 시험성적은 지난번 점수와 같지만 지난번 시험과 비교해서 향상되었다고 말할 수 있다.

이렇게 변환점수를 사용하면 보다 정확하고 깊이 있는 해석이 가능해진다. 평가결과의 해석에서 항상 유의할 것은 변환점수의 특성을 정확히 알아서 적용하여야 하며, 과대 또는 과소 해석이 되지 않도록 주의해야 한다는 것이다.

교육평가는 교육향상과 개인의 발달을 위해서 존재할 때 평가의 존재 의의가 있으므로 평가결과를 통하여 처음 의도한 교육목표를 달성했는가를 확인하고, 결함이 발견되었을 때는 교정지도의 기회제공이나 교육프로그램의 수정하는 일에 활용하는 것도 중요하다.

제2절 교육평가의 유형

교육평가의 유형은 준거에 근거를 둘 경우, 상대평가와 절대평가로 나뉘어지며 평가의 목적에 근거를 둘 경우 진단평가, 형성평가, 총괄평가로 구분된다. 이외에도 여러 가지의 구분이 있으나 이 두 가지를 중심으로 살펴본다.

1. 상대평가와 절대평가

가. 상대평가

상대평가는 평가결과의 해석을 한 집단 내에서 차지하고 있는 상대적인 위치를 기준으로 학생들의 성취도를 기술하는 것으로, 규준지향평가(norm-referenced evaluation)라고도 한다. 따라서 상대적인 위치를 결정하기 위한 기준이 되는 대표적인 측정치가 필요한데 이 역할을 하는 것은 평균이다. 또한 상대평가는 전체

점수분포가 정상분포를 이룬다는 것을 전제하고 있으며 개인의 상대적인 위치 비교를 기초로 한다. 따라서 상대평가는 학생들의 상대적인 능력이나 기술을 비교해 보고 그것에 대해 어떤 결정을 내려야 하는, 즉 학생선발이나 우열을 가려내는데 강조되는 평가체제다. 20세기 심리학에 커다란 발전을 가져왔던 지능, 적성, 성격 등의 여러 심리검사의 모체 이론이며 표준화된 학력검사도 이 입장에 따라서 만들어진 것이다.

상대평가의 장점을 알아보면 다음과 같다.

첫째, 교사의 편견 없이 집단 내에서의 개인의 위치를 객관적으로 판단할 수 있다.

둘째, 각 평점이 나타내고 있는 가치의 정도와 각 학생집단들의 집단 내에서의 상대적 위치가 명확하다.

셋째, 경쟁을 통하여 학생들의 외적 동기유발을 꾀하는데 유리하다.

그렇지만 이러한 상대평가에도 여러 가지 문제점이 있다. 이들을 살펴보면 다음과 같다.

첫째, 인간의 발전성에 대한 신념이나 교육의 힘에 대한 신념을 흐리게 할 우려가 있다.

둘째, 참다운 학력평가가 불가능하다.

셋째, 경쟁의식의 조장을 통하여 학생들의 외적 동기만을 유발할 가능성이 크기 때문에 실제적인 동기로 작용하는 내적 동기를 유발하기 어렵다.

넷째, 교수-학습 개선의 기능을 약화시킬 우려가 있다. 상대평가는 교육의 목표 달성 여부에 관심을 두기보다는 상대적인 위치나 비교에 관심을 두기 때문에 교육의 질적 개선과 관련된 부분을 소홀히 할 가능성이 크다(김인식, 최호성, 1996; 안범희 외, 1998).

나. 절대평가

절대평가는 어떤 준거를 기준으로, 예를 들면 설정된 수행기준과 관련하여 학생의 현 수준을 확인하는데 사용하는 평가방식으로, 준거지향평가(criterion-referenced evaluation)라고도 한다. 어떤 학생을 다른 학생과 비교하기보다는 학생들의 목표 도달도와 이의 교육적 활용에 관심이 있다. 즉 평가하려는 속성을 대상으로 하여 어떤 합의된 기준을 설정하고 그 기준에 비추어 현재의 속성이 어느 정도인가를 밝히려고 하며, 이 결과를 활용하여 교수-학습활동을 개선 촉진하는데 관심이 있다. 따라서 절대평가에서는 학습목표가 중요한 준거가 된다.

절대평가는 다음과 같은 장점을 갖고 있다.

첫째, 인간의 무한한 가능성과 교육의 효과에 대한 신념을 성취할 수 있다.

둘째, 학생의 성취 수준을 정상분포가 아닌 부적 편포할 것으로 기대한다. 즉 모든 학습자를 목표 도달점으로 이끌어 가는 것이 이 평가체제의 목적이다.

셋째, 절대기준평가의 결과로 얻은 점수는 현재의 목표도달 수준을 의미한다.

넷째, 절대평가는 타당도의 개념을 강조한다. 즉 교육목표에 대한 교수-학습의 결과를 중시한다.

다섯째, 특정학습 목표에 대한 학습자의 도달 또는 미달 여부의 판정이 중요한 의미를 갖는다.

여섯째, 학생들 사이의 경쟁심을 제거하고 협동적인 학습을 가능하게 해 준다.

일곱째, 학생들에게 보다 많은 성취감 또는 성공감을 갖게 해 준다.

여덟째, 학습에 대한 효과적인 강화를 가능하게 해 준다. 효과적인 강화란 성취 수준 만큼의 보상을 말한다(안범희 외, 1998).

그렇지만 절대평가도 다음과 같은 단점을 갖고 있다.

첫째, 절대평가는 개인차를 변별해 내고자 하는 것이 평가의 목적이 될 때는 적절한 방법이 될 수 없다. 다수의 학생 중에서 소수의 학생을 선발해야 하는 경우 개인차를 변별해 주지 못하기 때문이다.

둘째, 절대평가의 기준이 되는 절대기준과 그 수준을 정하기가 어렵다. 교육에 있어서 절대기준을 누가 정하느냐 또는 어떻게 정하느냐에 대한 합의가 어려운 것 등은 절대평가의 단점이라고 볼 수 있다.

2. 진단평가 · 형성평가 · 총괄평가

진단평가 · 형성평가 · 총괄평가는 평가의 시기와 목적에 따른 분류다. 평가의 시점으로 보면 본 수업이 시작되기 전에 실시하는 진단평가, 수업 진행 중 또는 소단원마다의 평가활동인 형성평가, 대단원 또는 수업의 전 과정이 이루어진 후에 실시하는 총괄평가로 나누어진다. 평가의 목적에 따르면 진단평가는 기초학력이나 현재의 심리적 특성을 확인 파악하려는 것이고, 형성평가는 학습의 진전도 확인 및 교수-학습활동을 점검하는데 사용된다. 총괄평가는 최종 성취도 수준을 판단하기 위한 목적으로 시행된다.

가. 진단평가

진단평가는 본 수업이 시작되기 전 새로운 과제에 대한 기초학력이나 심리적 특성으로써 학습흥미, 학습동기, 학습준비도 등을 진단하여 효과적인 교수-학습 전략을 모색하기 위한 활동이다. 진단평가의 기능은 다음의 네 가지로 요약될 수 있다.

첫째, 학습하고자 하는 학습과제와 관련하여 선행학습의 결손을 진단하고 이에 대한 교정과 보충학습을 위한 것이다. 특히 학습과제를 구성하고 있는 주요 학습요소의 상호 위계적인 구조가 뚜렷한 수학과 과학과 같은 교과는 선행학습요소의 학습 여부가 매우 중요하므로 진단결과 필요성이 판명되면 적절한 보충을 해 주어야 한다.

둘째, 학습자의 학습과제에 대한 사전 습득 수준을 알기 위하여 사용된다. 평가결과 이미 학습과제를 습득하고 있다면 심화 프로그램을 제공하는 등의 적절한 조치를 취해야 할 것이다.

셋째, 학습자의 흥미, 성격, 학업성취 및 적성에 따라서 적절한 교수처방을 내리는데 사용될 수 있다.

넷째, 교수변인 외의 조건과 관련된 학습부진의 원인을 진단한다. 학습자의 학습실패의 신체적 원인, 심리적 원인, 환경적 원인을 진단하여 방책을 강구하려는 것이다. 학습자의 학습부진을 유발하는 신체적 원인은 건강상태의 이상, 영양관리의 이상, 내분비 및 신경계통의 이상 등을 들 수 있다. 심리적 원인으로는 정서적 요인에 의한 갈등, 적절치 못한 자아개념, 가정불화로 인한 심리적 불안정 등을 들 수 있다. 환경적 요인으로는 물리적, 경제적 빈곤으로 인하여 공부방이 없는 것과 주변 환경의 부적절성과 같은 환경적 결핍 등을 들 수가 있다(임인재, 1976).

나. 형성평가

형성평가는 학습이 진행되는 과정 동안 학습이 의도하고 있는 교육목표에 부합되게 잘 진행되고 있는지 점검해 보고 학생들에게 피드백을 주기 위한 평가다. 학교에서 종종 실시하고 있는 일일 고사와 주말 고사 같은 것이 여기에 속한다. 형성평가는 학습이 진행되는 과정 동안에 얻은 정보를 어떻게 효과적으로 이용하여 학습과정과 관련짓느냐가 주된 관심사로 교수-학습과정의 진전 상황에 관한 정보를 수집 분석하여 교수-학습 활동 개선에 이바지하는데 그 목적이 있다. 형성평가의 주요 기능을 살펴보면 다음과 같다.

첫째, 형성평가는 학생들의 학습 진행 속도를 적절하게 조절하는 역할을 한다. 형성평가는 학생들의 학습 진전 상태를 분명히 밝혀 줌으로써 학습진도를 자신의 학습능력에 맞추어 나갈 수 있게 한다.

둘째, 형성평가는 학생에게 자신의 학습 진도에 관한 정보를 제공함으로써 학생이 당면하고 있는 학습곤란이나 학습결손을 밝혀 이를 교정 또는 보충하는 기회를 제공해 준다. 이를 통해 학습결손의 누적현상을 피할 수 있으며 새로운 학습과제에 대한 기초를 다질 수 있다.

셋째, 학생의 학습활동을 강화하는 기능이다. 현재까지의 학습 진전 및 성취 자체는 보상과 격려가 되고 이는 성취한 만큼의 긍정적 자아개념을 형성하게 되어, 학습자는 더욱 자신감을 가질 수 있다.

넷째, 형성평가는 곧바로 피드백이 가능하므로 교사의 입장에서 교수방법에 대한 검토나 개선 등에 곧바로 활용되어 교수-학습을 개선하는데 도움을 준다.

다. 총괄평가

총괄평가는 주어진 수업목표의 학습이 끝났을 때 전체적인 학습목표의 달성도를 알아보기 위하여 실시하는 평가로 학교에서 실시되는 중간고사나 학기말 고사 등이 이에 해당된다. 따라서 총괄평가는 범위도 광범위하게 다루어지며 학생 개개인의 성취도의 판단 준거로 공식성을 띠게 되는 경우가 많다. 총괄평가의 기능을 구체적으로 살펴보면 다음과 같다.

첫째, 총괄평가는 학생들의 성적을 결정한다. 즉 학생들에게 성적, 등급, 평점을 부여하여 학생의 최종 성취수준 및 위치를 결정하는 기능이 있다.

둘째, 장래의 성적을 예측한다. 학생들의 과거의 성취와 현재의 성취, 현재의 성취와 미래의 성취는 높은 상관관계가 있으므로 총괄평가를 통하여 학생의 장래의 성공여부 예측 뿐만 아니라 학습지도에서도 중요한 자료가 된다.

셋째, 집단성과를 비교하고 교수방법을 개선할 수 있는 정보를 제공해 준다. 즉 투입효과에 따른 비교와 학급별 · 학교별 · 지역별 성취도 분석은 각각의 차이의 원인과 방해요소 등에 관한 다양한 정보와 총괄평가에서 얻은 결과를 바탕으로 다음 단계에서 교수의 질을 개선할 수 있는 자료로 활용할 수 있다.

넷째, 학생 개개인의 총괄평가의 결과는 개인적으로는 학습지도의 장기적 질 관리에 도움을 주며 총괄평가의 결과에 대처하는 과정에서 전체적으로는 교육정책의 수립에도 도움을 준다(이옥형 외, 1996).

제3절 좋은 평가도구의 조건

평가는 결과를 의미적으로 해석하는 것으로 좋은 평가를 위해서는 평가자체, 즉 평가내용, 도구 및 절차가 정확해야 하며 그 결과도 객관적으로 인식할 수 있어야 한다. 길이를 재려면 자(尺)가 있어야 할 것이고 시간을 재려면 시계가 있어야 하며, 이를 정확하게 잴 수 있는 사람이 측정해야 하는 것이다.

무조건 만들어 놓기만 하면 좋은 평가도구가 될 수 없다. 좋은 평가도구는 바라던 바의 목표를 달성할 수 있어야 하고, 측정이론에서 요구하는 기준에 부합해야 한다. 흔히 측정이론에서 주장하는 측정도구가 갖추어야 할 조건은 평가내용과 관련된 타당도, 평가의 채점과 관련된 객관도, 평가 절차 및 과정에 관련된 신뢰도로 요약된다(황정규, 1984).

1. 타당도

타당도란 한 검사 혹은 평가도구가 측정하려고 의도하는 것을 얼마나 충실히 측정하고 있느냐의 정도로 요약된다. 이 검사가 무엇을 측정하고 있는가의 질문은 타당도와 관련된 물음이다. 이와 같이 타당도는 무엇(what)이라는 개념과 관련이 있다. 예컨대 국어 능력을 잰다고 하면서 사회생활에 관한 능력을 잰다거나, 수학 능력을 측정한다고 하면서 국어 능력을 재는 것은 타당치 못하다. 타당도는 준거의 개념이 수반된다. 막연히 일반적인 어떤 조건에서 타당도가 있다 또는 없다고 말할 수 없는 것이다. 지능검사는 지능에 비추어 타당도가 있는 것이며 인성검사는 인성 특성에 비추어 이들을 정확하게 재고 있을 때 타당도가 있는 것이다.

타당도를 검증하는 방법으로는 내용타당도, 예언타당도, 공인타당도, 구인타당도 등이 있다.

가. 내용타당도

내용타당도는 목표지향 타당도라고도 하며 평가도구가 정의된 내용의 속성을 어느 정도로 잘 측정하고 있느냐를 판단한다. 내용타당도는 측정도구가 평가하려고 하는 내용(대개의 경우 교육목표)을 어느 정도로 충실히 측정하고 있는지를 분석, 측정한다.

내용타당도는 주로 교수-학습 과정에서 설정했던 교육목표를 평가도구가 얼마나 충실히 측정하고 있느냐를 결정할 때 적용되며, 교수-학습을 마친 후 학생에게 실시한 검사도구가 가르치고자 했던 목표에 얼마나 부합되는가의 정도로 타당도가 결정된다. 이를 충실히 측정하면 타당도는 높아지는 것이고, 그렇지 않으면 타당도가 낮아진다. 평가도구가 처음에 의도했던 교수목표에 비추어 적절한가, 문항내용이 교과내용의 중요한 내용을 빠뜨리지 않고 충분히 포함하고 있는가, 문항난이도가 학생집단의 특성에 비추어 적절한가, 문항의 표본이 모집단을 잘 대표하고 있는가에 따라서 내용타당도가 결정된다. 때문에 타당도를 검사의 진실성 혹은 정직성이라고 말하기도 한다.

나. 예언타당도

예언타당도는 평가도구의 검사결과가 피험자의 미래의 행동이나 특성을 어느 정도로 예언하고 있느냐에 의하여 결정된다. 이때의 준거는 시간적으로 미래의 행동특성이 된다. 미래의 행동특성은 학업이나 직업에서의 성공일 수도 있고, 개인적 · 사회적 적응의 정도일 수도 있다.

예언력은 학업평가에서도 중요하지만 적성검사와 같이 예언을 주된 기능으로 하는 검사에서도 중요하다. 예를 들어, '비행조종 적성검사'에서 높은 적성검사 점수가 나왔던 사람이 장차 조종사가 되었을 때 실제적인 비행능력이 뛰어나다면, 그 적성검사는 예언력이 높다고 할 수 있을 뿐만 아니라 검사의 타당도도 높다고 할 수 있다.

통계적 개념에 비추어 보면 예언타당도는 선행검사 X와 준거 Y와의 상관계수로 표시된다. 상관계수가 크면 그 만큼 예언의 정확성이 높아지고 예언의 오차가 줄어든다. 그러나 인간행동을 측정의 대상으로 하는 평가도구에서 완전한 예언이란 기대할 수 없으며 반드시 오차가 있기 마련이다. 이러한 예언의 오차는 측정의 오차다.

또한 예언타당도는 검사 X와 준거 Y의 두 평가도구의 신뢰도에 크게 영향을 받는다. 만약 두 검사 도구가 모두 신뢰롭다면 그 사이의 상관계수, 즉 예언타당도는 높아지지만 그렇지 않을 경우 예언타당도는 낮아진다.

다. 공인타당도

공인타당도의 통계적 방법은 예언타당도와 마찬가지로 검사 X와 준거 Y의 상관계수로 나타낸다. 차이점은 이들 타당도의 시간차원과 준거의 성질이 다르다는데 있다.

첫째, 공인타당도는 검사 X와 준거 Y가 동시에 측정된다. 즉 한 행동특성을 측정한 검사 X와 또 다른 행동준거 Y(검사 또는 평가행위)의 관계 정도를 알아보아 그 일치도를 판단하는 것이다. 예언타당도의 행동준거가 미래에 있다면 공인타당도는 현재에 있다.

둘째, 준거의 성질이 예언이라는데 있지 않고 공통된 요인이 있느냐 없느냐에 차이점이 있다. 즉 검사 X를 검사 Y로 대체할 수 있느냐는 공인타당도의 문제다. 예컨대, '철자법의 선다형 검사'를 '받아쓰기 검사'로 대체할 수 있는가, 작문검사를 학생의 편지로 대체할 수 있는가의 문제로 상관을 알아보는 경우는 공인타당도에 해당된다.

라. 구인타당도

여기에서 구인이란 검사 성취에 반영되어 있다고 짐작되는 인간의 어떤 가정적 속성을 말한다. 구인타당도는 한 검사가 조작적으로 정의되지 않는 어떤 특성이나 성질을 측정했을 때, 그것을 과학적 개념으로 분석하고 의미를 부여하는 과정이라고 규정할 수 있다. “이 특성을 가진 사람은 X라는 상황 아래에서 Y의 행동을 보일 것이다”라는 법칙정립이 구인타당도에서 노리는 핵심이다. 따라서 구인타당도는 우선 그 성질이 아직 모호하고 조작적으로 정의되지 아니한 구인이 대상이며, 이 구인의 성질에 관한 이론과 법칙을 정립하려는 과정이기 때문에 검사 자체보다도 준거의 확인과 이론 형성이 중심이 되는 타당화의 방법이다.

구인타당도를 밝히는 과정은 어떤 하나의 타당화 방법만을 적용하는 것이 아니라 앞에서 제시한 내용타당도, 예언타당도, 공인타당도의 모든 절차가 동원된다.

2. 신뢰도

타당도가 무엇(what)을 측정하고 있느냐의 문제라면 신뢰도는 평가도구가 ‘어떻게(how)’ 측정하고 있느냐의 문제다. 얼마나 일관성 있게, 얼마나 정확하게, 얼마나 오차 없이 측정하고 있느냐의 개념인 것이다. 흔히 신뢰도는 같은 대상에 대해 두 번 측정해서 얻은 두 개의 측정치 사이에 어느 정도 일관성이 있느냐의 뜻으로 해석되기도 하는데, 이는 정확한 이론적인 정의는 아니지만 비전문가가 신뢰도를 쉽게 이해할 수 있는 편리한 개념이다.

어떤 측정이든 이론적으로 보면 절대적인 엄밀성은 있을 수 없으며 인간의 행동특성은 더더욱 오차가 있기 마련이다. 그러나 고장난 시계로 시간을 잴 수 없듯이 신뢰롭지 못한 평가도구를 가지고 인간의 행동특성을 잴 수는 없는 일이다. 인간의 행동이 대상인 경우 어차피 어느 한계 내에서는 오차가 허용될 수밖에 없지만 측정된 인간행동의 특성을 보다 의미 있게 하기 위해서는 측정의 오차를 최소화해야 한 다. 검사의 신뢰도를 중요시하는 이유도 이 때문이다.

타당도는 평가도구의 필요불가결한 조건이다. 그러나 신뢰도가 낮으면 타당도는 이에 비례해서 낮아지기 때문에 신뢰도는 타당도의 선행조건이 된다. 역으로 표현하면, 신뢰도 없이 타당도가 높은 평가도구는 존재할 수 없다.

검사도구를 제작할 때, 검사도구의 신뢰도를 높이기 위해서는 신뢰도에 영향을 주는 요인을 고려하여야 한다.

첫째, 문항의 수로, 문항의 수가 적은 검사보다 많은 검사로 측정하는 것이 측정의 오차를 줄여 신뢰도를 높이는 방법이 된다.

둘째, 문항의 난이도가 적절하여야 한다. 검사가 너무 어렵거나 쉬우면 피험자의 진짜 능력을 측정하기 어렵기 때문에 신뢰도는 낮아진다.

셋째, 문항 변별도가 높아야 한다. 검사문항이 피험자를 능력에 따라 구분할 수 있는 변별력이 있어야 한다. 넷째, 검사도구의 내용이 보다 구체적이고 한정된 범위의 내용이어야 한다. 다섯째, 검사시간이 충분하여야 한다(김대현, 김석우, 1996).

신뢰도를 검증하는 방법으로는 재검사 신뢰도, 동형검사 신뢰도, 반분검사 신뢰도, Chronbach-α 계수 등이 있다.

가. 재검사 신뢰도

재검사 신뢰도(test-retest reliability)는 한 개의 평가도구를 사용하거나 검사를 같은 집단에 일정한 간격을 두고 두 번 실시해서 첫 번째 검사와 두 번째 검사간의 상관계수를 산출하여 얻은 신뢰도다. 전과 후의 점수 사이에 어느 정도 안정성이 있느냐를 보는 관점이기 때문에 안정성 계수(coefficient of stability)라고도 한다.

재검사 신뢰도는 전후 검사의 실시 간격이 너무 짧으면 첫 번째 검사에서의 기억, 연습효과 등이 두 번째 실시에 영향을 미칠 가능성이 높기 때문에 재검사 신뢰도에 영향을 줄 수 있다. 반대로 전후 간격을 너무 길게 잡으면 측정하려는 행동특성 자체가 변화될 가능성이 커진다. 따라서 실시 간격은 검사의 목적에 따라 달라야 하겠지만 대개 2~4주가 적당하다.

나. 동형검사 신뢰도

동형검사 신뢰도(equivalent-form reliability)는 미리 두 개의 동형검사를 제작하고 그것을 동일 집단에 실시해서 두 개의 동형검사에서 얻은 점수간의 상관을 산출하는 방법이다. 흔히 동형성 계수라고도 한다.

동형검사는 표면적인 내용이 서로 다른 두 검사가 측정이론의 관점에서 동질적이고 동일하다고 추정할 수 있는 문항들로 구성된 검사로, 난이도, 검사내용, 문항형식, 문항 수 등이 같아야 한다.

동형검사는 재검사 신뢰도의 문제점인 기억효과나 연습효과를 어느 정도 감소시킬 수 있는 장점은 있지만, 같은 내용을 다른 방식의 표현으로 같은 수준의 문항 난이도를 가지는 동형의 검사를 제작하기 어렵다는 것이 단점이다.

다. 반분검사 신뢰도

반분검사 신뢰도(spilt-half reliability)는 동질성 계수(coefficient of homogeneity)를 보는 한 가지 방법이다. 이것은 한 개의 평가도구 혹은 검사를 피험집단에게 실시한 다음, 그것을 적절한 방법에 의해 두 부분의 점수로 분할하고 이 분할된 두 부분을 독립된 검사로 그 사이의 상관을 계산하는 방법이다.

반분검사 신뢰도에서 두 부분으로 나누는 방법은 여러 가지가 있으나 앞뒤로 정확하게 반이 되게 하거나, 짝수 문항과 홀수 문항으로 나누는 방법을 주로 사용한다. 이 때 주의할 점은 검사도구의 문항내용과 구성 면에서 양분된 두 부분이 서로 비슷하고 동질적이 되도록 계획하여야 한다는 점이다. 이 방법은 재검사 신뢰도가 부적당할 때, 동형검사를 만들기가 어려울 때 쉽게 사용할 수 있는 방법이다.

라. Chronbach-α 계수

신뢰도의 추정을 상관계수의 방법에 의존하다는 것은 곧 두 번의 검사나 두 개의 검사를 이용해야 하고, 혹은 반으로 나누는 절차 속에서 오차의 원천을 더 많이 끌어들일 수 있다는 단점이 있다. Chronbach-α 계수는 Fisher가 개발한 분산분석에 기초하여 한 개의 검사를 한 집단에게 실시하고 거기에서 오차변량을 제외한 진 점수의 변량을 추정해 보려는 노력에서 개발되었다. 이 아이디어의 가장 기초가 되는 것은 한 검사 속의 문항들 사이의 신뢰도 계수를 급내 상관계수로 나타낸 것이며, 그것은 문항간의 평균 공분산/문항간의 분산의 비로 나타내려는 개념으로 검사의 내용이나 문항성분의 동질성 정도를 추정해 주는 신뢰도 계수다.

3. 객관도

객관도란 평가자 혹은 채점자 신뢰도라고 부르기도 하며 이는 채점자의 채점이 어느 정도 신뢰할 수 있으며 일관성이 있느냐로 규정된다. 이러한 채점자의 신뢰도는 학교현장에서 특히 중요하다고 볼 수 있다. 학교에서는 한 가지의 학생반응을 놓고 사람에 따라 다른 채점 결과가 나올 수 있으며 동일한 사람이라 할지라도 시간간격에 따라 달라질 수 있기 때문이다.

한 가지의 반응결과에 대해 여러 사람의 채점 및 평가가 일치하는 정도를 평가자 간 객관도라고 하며, 동일한 평가자가 시간적 간격이나 상황에 따라 같은 대상에 대해 다른 평가결과를 내리는 것은 평가자 내 객관도의 문제다.

일반적으로 객관도가 낮은 이유는 평가도구 및 평가기준이 비객관적인 경우이거나 평가자의 소양 부족에 기인한다고 볼 수 있다. 따라서 객관도를 높이려면 평가도구 및 평가기준을 객관화시켜야 하고, 채점자의 소양을 높여야 하며, 가능하면 여러 사람이 공동으로 평가하여 그 결과를 종합하는 것도 한 방법이다.

생각해 볼 문제

1. 오늘날 교육현장에서 평가가 적용되는 사례를 들고 이를 평가관과 측정관의 입장에서 비판해 보세요.
2. 대학입시의 관점에서 학교의 교육평가가 어떤 역할을 하고 있는가를 설명해 보세요.
3. 평가결과를 보다 정확하게 해석할 수 있는 방법에 대하여 설명해 보세요.
4. 검사에서 타당도가 중요한 이유를 설명해 보세요.
5. 상대평가와 절대평가의 장단점을 자신이 학창시절 받았던 평가를 예로 들어 비교 설명해 보세요.

제 8 장

교 육 방 법

교육방법이란 교수방법, 교육과정방법, 교육상담방법, 교육행정방법, 교육평가방법 등을 모두 포함하는 것이라고 할 수 있다. 교육방법에서는 주로 교수방법에 관련된 것을 다루게 된다. 교수-학습의 체제를 구성하는 하위 요소들로는 다양한 견해들이 있겠지만 일반적으로는 교육목표, 교육내용, 교육방법, 교사, 학생, 교수 환경 등이 있다. 교수-학습모형에는 Glaser의 교수-학습모형, Gagné의 교수-학습 모형, Carroll의 학교 학습모형, Bloom의 완전학습모형, Bruner의 교수-학습이론이 있다.

제1절 교육방법의 개념

1. 교육방법의 의미

교육방법은 교수방법, 교육과정방법, 교육상담방법, 교육행정방법, 교육평가방법 등을 모두 포함하며, 주로 교수방법에 관련된 것을 다룬다. 교수방법은 교사 및 기타 교수자들이 학습자에게 학습을 유포할 목적으로 설계 · 개발 · 적용 · 관리 · 평가를 하기 위한 지식과 실행력이라고 정의된다.

교육방법은 교육목적에 종속하는 관계에 있는 개념이다. 교육방법은 교육의 목적을 실현하는데 요구되는 모든 수단적 · 방법적 조건을 통칭하는 것이라 할 수 있다(황정규 외 2인, 1998).

교육방법은 그 자체의 독자적 영역을 가지면서도 교육목적을 실현하기 위한 수단이라는 성격으로부터 목적여하에 따라 그 내용구조가 이에 최적화되지 않으면 안 되는 존재다. 교육방법의 개념은 사용자와 논의의 맥락에 따라 매우 다양하게 이해되고 있다. 일반적으로 학생이나 교사들이 사용할 때의 교육방법은 교수(teaching)행위와 관련지은 것이며, 주로 교실에서 이루어지는 상황에 관한 것이다. 그들의 관심은 교사의 교수행위 이상의 것도 포괄적으로 다루고 있음을 볼 수 있으며, 교육방법의 주요 변인들로서 수업의 질을 결정짓는다. 교육방법은 결국 교사, 학생, 교육내용 간의 관계를 맺어 주는 작용이라 볼 수 있다. 즉 제시된 교육목표를 합리적이고 능률적으로 달성하기 위한 교사, 학생, 교육내용 간의 상호작용 체제인 것이다.

교수 - 학습방법은 교사의 효과적인 교수활동과 학습자의 학업성취 간의 인과관계를 규명하는 연구다. 이는 교수 - 학습과정에서 고려되어야 할 많은 변인들을 찾아서 그 변인들이 교수 - 학습 결과에 어떻게 작용하며, 어떤 영향을 미치는가를 보다 체계적으로 탐색하는 것이다(변영계 외 2인, 2003).

2. 교수와 수업

교수(teaching)와 수업(instruction)의 관계는 보는 측면에 따라 다음 세 가지로 분류할 수 있다.

첫째, 교수를 수업보다 포괄적인 개념으로 보는 관점이다. 수업은 학습자의 지적 · 탐구적 특성을 주로 자극하는 내용의 전달에 적용되는 말인데 비하여 교수는 학습자의 모든 능력을 자극하는 포괄적인 내용의 전달을 의미한다. 또 교수는 학습자가 보인 변화 중에서 의도적인 것과 비의도적인 것을 모두 포함한다는 점에서 수업보다 포괄적이다. 수업은 학습자에게서 어떤 변화를 일으키려고 하되, 체계적 · 의도적 · 계획적인 성격을 띠고 때로는 교사라는 인격체가 직접 나타나지 않고도 이루어진다. Reigeluth(1983)도 교수는 수업에 비해 포괄적 의미를 갖는 것으로써 설계 · 개발 · 실행 · 관리 · 평가를 포함하며, 수업은 주로 교사의 적용과 실행에 중점을 둔다고 하였다(이칭찬, 신민희, 2000).

둘째, 수업을 교수보다 포괄적인 개념으로 보는 관점이다. 교수는 교사의 전문적인 역할을 수행하는 행위이고 학습은 학습자가 학습과제를 이행하는 행위이며, 수업은 교수-학습과정을 의미한다고 할 때 수업이 교수활동과 학습활동을 포괄한다고 볼 수 있다. Hosford(1973)는 교수를 교사-학생 간의 상호작용을 통해 학습자의 학습목표 달성에 영향을 주려는 시도라고 보는 한편, 수업은 학습자의 학습목표 성취에 간접적인 영향을 주는 것으로 보고, 수업을 교수보다 포괄적인 개념으로 규정하고 있다. 수업은 반드시 교사가 없어도 수업매체를 통해서 수업목표를 달성할 수 있다는 것이다. 이러한 관점에서 수업이 교수보다 포괄적인 개념이라고 할 수 있다(김철주, 1999).

셋째, 수업과 교수를 동일한 의미로 사용하는 관점이다. 이는 교수와 수업의 용어는 다소 차이가 나는 것은 사실이지만 학생의 변화를 의도적이고 계획적으로 유도한다는 점에서 서로 일치하는 것으로 보는 견해다.

3. 교육방법의 영역

일반적으로 교육방법이라고 하면 교수-학습의 방법을 의미하고 생활지도를 합하여 생각하는 것이 보통이다. 하지만 교수 - 학습 활동은 교수 - 학습의 내용과 별도로 해서는 안 된다. 내용과 방법은 이론적으로는 서로 다른 영역을 가지고 있다. 따라서 연구 대상으로서도 별도로 생각해야 할 것이지만, 실천적인 면에 있어서는 양자는 일체가 되며 양자 중 한쪽을 상실한 경우에는 한쪽만의 기능을 할 수밖에 없다. 교육 활동은 항상 하나의 과정과 방법(curriculum and methods)의 것이기 때문이다. 교육방법은 하나의 방법에만 국한한 것이 아니라 생활지도법의 한 측면을 의미하기도 한다. 따라서 교육적 과정(educative process)이라는 말이 적당할 것이다.

교육 목적의 탐구에서부터 교육내용의 선택과 교육과정의 구성, 학습지도의 원리와 과정, 생활지도의 여러 가지 면을 교육 목적론과의 연속에 있어서 다루어지는 교육과정의 구성방법, 학습지도의 방법, 생활지도의 방법 등의 3대 영역을 총괄적으로 포함하는 것으로 다루는 것이 타당할 것이다(김경식 외 2인, 2001).

제2절 교수 - 학습의 체계

교수 - 학습의 과정은 교육목표를 달성하기 위하여 상호작용하는 수많은 하위 구성요소들을 포함하고 있다. 교수 - 학습의 체제를 구성하는 하위 요소들로는 다양한 견해들이 있겠지만 일반적으로는 교육목표, 교육내용, 교육방법, 교사, 학생, 교수 환경 등이 주로 거론되고 있다.

1. 교육목표

일반적으로 교수목표와 학습목표를 서로 구분하지 않고 사용한다. 교사가 가르치는 교수목표는 곧 학생이 학습하는 학습목표가 되기 때문이다. 이 두 용어를 모두 포함하는 의미로는 수업 목표라는 용어를 사용하는 것이 무방할 것이다.

교사가 기대하는 목표와 학습자가 인식하는 목표가 서로 합치되어야만 수업목표가 더 효율적으로 가능할 수 있으며, 따라서 교사는 수업목표의 설정에서 학습자들이 수업목표를 보다 명확히 인식하도록 배려해야 한다.

2. 교육내용

교육내용이란 교육목표가 무엇이냐에 따라 그 목표를 달성하기 위해서 제공되어야 할 학습경험(학습 내용)들을 말한다. 교과중심 교육과정을 강조하는 학자들은 교육내용으로서 교과로 대변되는 인류문화의 유산을 중시하였으며, 생활중심교육과정은 변화하는 환경에 대한 적응력을 강조하였고, 학문중심 교육과정은 학문의 탐구 능력을 교육내용으로서 매우 중요하게 생각하였다. Tyler는 학습경험을 교육내용과 학습자와의 상호작용이라고 하였다. 즉 수업에서 제공되는 교수자료들에 대하여 학습자들이 이런 경험을 하도록 할 것인가를 말한다. 이처럼 해당 수업에서 제공되는 교육 내용들은 그 특성에 따라서 적합한 서로 다른 교수방법 및 학습방법이 제공되어야 한다.

3. 교육방법

교육방법은 교육목표 달성을 위하여 교사와 학생간에 내용을 중심으로 한 상호 의사소통의 과정이다. 이 상호작용 과정에는 교사와 학생, 학생과 학생간의 의사소통을 가능하게 하는 교육매체가 포함된다.

수업의 대부분이 교사의 설명과 학생의 경험으로 이루어진다면 교사중심 수업 또는 설명식 수업이라고 볼 수 있고, 교사의 설명을 최소화하고 학생의 질문을 최대한 이끌어 내는 수업이라면 이를 발견식 또는 탐구식 수업이라 해도 좋을 것이다.

학생과 학생간의 상호작용은 협동학습, 토의식 수업, 문제중심 수업 등에서 활발하게 논의되는 상호작용의 형태로서 학습자들 간에 이루어진다.

내용 또는 매체와의 상호작용은 수업에서 제공되는 교수자료에 내재된 내용과의 상호작용을 말한다.

마지막으로 학생과 학생자신의 상호작용이란 학생이 학습을 수행하는 과정에서 자신의 사고 과정을 지속적으로 점검하고 반성하는 메타인지(meta cognition)적 과정을 의미한다.

연구 보고에 의하면 자신과의 상호작용이 활발한 학생일수록 보다 다양하고 적극적인 사고를 수행한다고 한다.

최근에 강조하고 있는 자기 주도적 학습의 아이디어는 결과적으로 이와 같은 자신과의 상호작용을 활성화함으로써 학습의 효과를 높이기 위한 시도라 할 수 있다.

4. 교사

교사는 수업에서 중심적인 역할을 수행한다. 교사는 교과영역에 대하여 전문적인 지식과 안목을 갖춘 교과 전문가로서의 역할을 수행한다. 자신이 담당하는 교과영역에 대하여 정통하고 있어야만 교사로서의 전문성과 자율성을 갖출 수 있으며 해당 교과 영역에서 주로 탐구하는 탐구과제, 그 동안의 탐구된 성과, 탐구방법 및 앞으로의 탐구과제 등에 대하여 깊이 있는 이해가 필요하다. 교사에게는 학생들이 학습해야 할 지식이나 개념, 원리, 아이디어 등 내용요소들을 잘 학습할 수 있도록 어떻게 해당 교과의 교수-학습과정을 계획하고 이끌어 가야 할 것인가에 대한 전문적인 안목이 필요하다. 또 자신의 교과가 학생 개인의 삶 및 사회의 발전에 어떻게 기여할 수 있을 것인가에 대하여 답할 수 있어야 할 것이다.

5. 학생

교수-학습체제가 추구하는 목표는 결과적으로 학생이 학습으로서 자신의 목표를 성취해야 한다. 그러므로 학생에게 요구되는 것이 무엇이며, 그가 무엇을 필요로 하는가를 토대로 하여 수업이 계획되고 수행되어야 한다. 학생의 여러 가지 특성, 즉 인성적 특징이나 능력, 학습 태도 등은 교수방법의 결정에 중요한 준거가 된다. 학생의 특성으로는 일반적으로 지능수준, 선수학습 정도, 학습 적성, 학습 양식, 학습 동기, 학습 태도 등이 거론되고 있다.

6. 환경

교수-학습과정에 영향을 미치는 환경은 학교환경, 교실환경, 교사환경, 학생환경으로 구분된다.

학교환경은 학교의 효과성에 영향을 미치는 환경 변인으로서 학교 교육행정의 경영 방식, 학교의 교수-학습문화, 교사집단 및 학습자 집단의 성격, 각종 교육시설 및 기자재 여건 등이 포함된다.

교실환경은 학급 경영에 영향을 미치는 환경 변인으로써 교실의 학습문화, 의사소통의 형태, 집단 응집성 등 심리적, 사회적 환경과 교수-학습자료, 교실의 조직, 교실의 크기 등 물리적 환경을 포함한다.

교사환경은 교사들의 교육에 대한 가치, 신념, 생활태도 등 교사 집단의 문화와 연령별, 성별, 경력별 등 교사 집단의 성격을 포함한다.

학생환경은 학습자 집단의 문화로서 부모의 사회 경제적 지위, 집단적 가치, 흥미 등 여러 가지 요인들이 반영된다.

제1절 교수-학습모형(수업과정 모형)의 이론

1. Glaser의 교수-학습모형

Glaser는 교수의 과정을 하나의 체계적이고 조직적인 체계로 보고 처음으로 교수 -학습과정의 개념 모형을 체계적으로 개발하였다. 그는 교수-학습단계를 네 단계로 구분하여 설명하였는데, 이것을 도식화하면 다음과 같다(김철주, 1999).

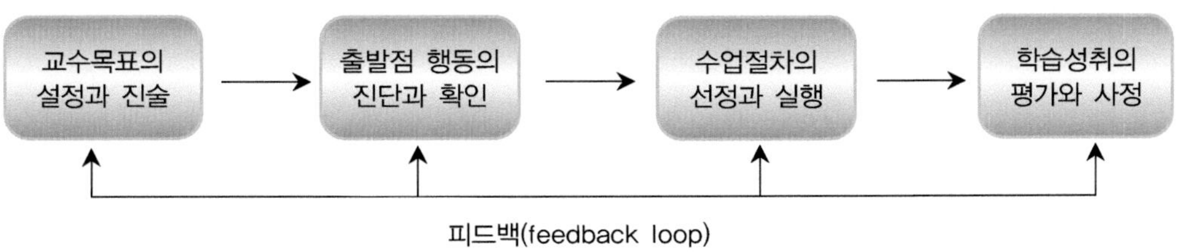

다음으로는 모형에서 제시한 개념들을 간단히 설명하기로 한다.

가. 교수목표의 설정과 진술

교수목표란 교육이 궁극적으로 달성해야 할 가치실현의 인간행동을 포함하여 학습자들이 무엇을 학습하기를 원하는가를 알아보는 일과 교과의 내용을 분석하는 일 등이 포함되어야 한다. 수업목표 설정은 일련의 수업활동을 통하여 학생들이 성취해야 할 행동을 관찰, 측정, 기술이 가능한 수준으로 세분화하여야 한다. 미리 설정된 수업목표라 하더라도 수업 중이나 수업 후의 평가결과를 기초로 다시 수정, 보완 되어야 한다.

Glaser는 교수목표 대신 종착점 행동이라는 용어를 쓰기를 원한다. 종착점 행동은 최저한도의 성취표준과 최대한도의 성취수준이 정해질 수 있다.

나. 출발점 행동의 진단과 확인

교수목표를 달성하기 위해서는 학습자의 현재 수준을 진단해야 한다. 출발점 행동이란 Glaser가 처음 사용한 말로서, 새로운 수업이 시작되는 단계에서 학생들이 가지는 선행학습의 정도를 말한다. 출발점 행동 진단은 학습자간 또는 학습자 내 교과목별 개인차를 알아보기 위해 시행된다. 즉, 진단과정을 통해 선수학습 능력의 정도, 사전학습 성취수준의 판정, 반복되는 학습곤란의 심층적 원인 판명 등을 하게 되는 것이다. 진단 시기는 올바른 능력에 맞는 자리를 배치해 주기 위해서는 학년이나 학기 초에, 단원 혹은 특정 학습과제를 위해서는 매 단원 초에 이루어진다.

출발점 행동의 진단은 학습자의 과거 학습경험과 학습자의 지적 능력, 발달 그리고 학습과 관련된 여러 정의적 특성들(흥미, 태도, 성격, 자아개념 등)이 포함된다.

다. 수업절차의 선정과 실행

수업절차란 교사의 수업 전개의 활동을 진행하는 단계다. 학습자가 교수목표를 성취하기 위하여 교사가 수립한 수업계획에 따라 가장 적합한 교수방법과 절차를 선정하고 다양한 시청각 매체와 학습 보조자료를 활용하여 수업을 전개해 나가는 것이다.

수업절차라는 측면에서 이 단계는 크게 학습지도와 형성평가의 단계를 포함한다. 학습지도 단계는 형성평가 결과에 따른 심화 및 보충학습의 단계를 포함한다.

도입단계에서는 학습자들로 하여금 도달해야 할 수업 목표가 무엇인지를 명백히 인지하게 하고 학습동기를 유발하며 선행학습 내용과 본시 학습내용을 관련짓는 활동이 이루어진다.

전개단계에서는 학습자의 수업활동을 자극하고 유도하는 활동과 더불어 형성평가가 이루어진다.

수업의 마지막 단계인 정리단계에서는 그 동안 이루어진 학업을 다지고 강화시킨다. 학습된 내용들을 정리하고 이를 반복 연습시켜 강화하며, 확실하게 파지 · 전이 시킨다.

라. 학습성취의 평가와 사정

학업성취의 평가활동은 마지막 단계로서 초기에 설정된 수업목표가 수업활동을 통하여 어느 정도 달성되고 있는가를 알아보는, 즉 수업이 끝난 후 학습자들이 나타내 보여준 행동의 변화를 알아보는 것이다. 평가는 형성평가와 총괄평가로 나눌 수 있는데 형성평가는 교수-학습과정이 진행되는 동안에 실시하며, 총괄평가는 학습이 완전히 끝난 후 실시되는 평가활동으로 학업성취를 파악하여 교수효율성을 확인하는 단계다. 이 단계는 주로 총괄평가에 해당하며 일정기간의 수업이 끝났을 때 하는 평가로 학기 말 또는 학년말 고사의 형태로 시행이 된다. 총괄평가에서 얻어진 정보는 설정된 표준에의 도달 정도를 판단하는데 이용되며 다음 단위의 교수과정 설계의 기초자료로 쓰이게 된다.

2. Gagné의 교수-학습모형

Gagné의 수업이론은 목표별 수업이론 또는 학습위계에 따른 교수모형으로 불리운다. Gagné는 학습에 영향을 미치는 변인을 학습의 조건이라고 하고 이를 내적 조건과 외적 조건으로 구분하였다. 내적 조건은 학습자가 이미 소유하고 있는 학습능력으로 선행학습, 학습동기, 자아개념 등이며, 외적 조건은 학습자의 외부에서 주어지는 것, 즉 교사가 학습자에게 제공해 주는 것으로 강화의 원리, 접근의 원리, 연습(반복)의 원리를 제시하였다. 이들 내적 · 외적 조건은 서로 상호작용하며 학습에 영향을 미친다.

지적 기능의 학습은 학습 과제의 성격에 따라 위계가 낮은 것부터 차례로 신호학습, 자극 - 반응학습, 운동연쇄학습, 언어연합학습, 변별학습, 개념학습, 규칙학습, 문제해결학습의 8가지 유형으로 분류하였다(김경식, 곽성기, 박혜신, 2001).

Gagné의 교수학습 모형에서 사용된 개념을 설명하면 다음과 같다.

① **신호학습** : 고전적 조건형성에 의한 반응으로 이루어진 학습으로 신호등의 빨간불, 파란불, 거리의 표지판 등에 해당되는 학습유형이다.

② **자극 - 반응학습** : 조작적 조건형성의 원리에 의해 학습되어지는 형태를 말한다. 신호학습이 강요된 반응의 학습이라면 자극 - 반응학습은 학습자의 자발적인 의사에 따라 행해지며, 또 그 행위에 따라 주어지는 보상과 결합하여 습관화되는 학습의 형태다.

③ **연쇄학습** : 하나하나의 단일 반응들이 적당한 순서로 연속해서 이루어지는 학습의 형태로 특별히 언어연합학습과 구별하여 운동반응의 연쇄를 의미한다.

④ **언어연합학습** : 지시체인 대상과 그 대상을 표현하는 언어, 기호 등을 연합하는 언어학습 유형을 말한다.

⑤ **변별학습** : 어떠한 사상을 서로 구별할 수 있게 되는 것을 말한다. 학생들은 어른과 아이의 차이를 알게 되고, 어른에게는 존대말을 사용해야 한다는 것을 알게 된다.

⑥ **개념학습** : 사물들 또는 사상들 간의 공통된 속성을 이해하여 그것을 기준으로 사물 또는 사상을 분류하게 되는 학습을 말한다.

⑦ **원리학습** : 이미 배운 개념이나 법칙을 새로운 학습에 적용할 수 있게 되는 학습을 의미한다.

⑧ **문제해결학습** : 이미 배운 원리를 응용하여 여러 가지 새로운 상황에서 당면하는 문제들에 대한 해결책을 발견하게 되는 학습을 말한다.

Gagné는 효과적인 학습을 위해 모든 과제는 여덟 가지의 학습위계에 맞도록 차례대로 구성되어야 하며, 제일 낮은 수준의 신호학습에서부터 문제해결학습에 이르기까지 모든 단계가 포함되어야 한다고 했다. 그는 효과적인 수업활동을 위하여 교수 장면에서 일어나는 일, 즉 교수활동을 제시하였다.

교수활동의 순서는 다음과 같다.

첫째, 주의를 집중시키고 통제한다. 어떤 외적 자극은 적절한 주의를 환기시킨다.

둘째, 학습자에게 교수목표를 알린다. 주로 학생과 언어적 대화를 통하여 학습자가 학습한 후 할 수 있는 성취행동을 말해 준다.

셋째, 적절한 선행학습 능력을 재생하도록 자극한다.

넷째, 학습을 위한 방향지도를 말한다. 언어에 의한 의사소통을 통하여 학습자의 사고는 어떤 촉진 내지 암시를 받게 되고 결국엔 본질적인 성취행동이 이루어진다.

다섯째, 결과의 지식(feed back)을 준다. 학습자는 새로 습득한 성취행동의 정확성에 대한 정보를 얻는다.

여섯째, 성취행동을 평가한다. 학습자에게 2개 이상의 장면에서 자기의 성취를 증명할 수 있는 기회를 부여한다.

일곱째, 전이에 대비하게 한다. 새로이 학습된 학습능력의 일반화를 시키기 위하여 몇 개의 새로운 예를 제시한다.

여덟째, 파지가 되게 한다. 새로운 학습능력을 활용시킴으로써 그것을 기억하도록 배려한다.

이러한 순서는 일반적인 교수과정에서 진행되고 있다.

3. Carroll의 학교 학습모형

Carroll(1963)의 학교 학습모형은 학교에서 이루어지고 있는 여러 가지 형태의 학습 가운데 특히 지적 학습에 작용하는 중요변인들을 추출한 다음, 그 변인들 간의 상호관계를 기초로 하여 학교학습의 방안을 조직적으로 체계화시킨 것이다.

Carroll은 교수이론을 전통적인 학습이론 체계와의 관련에서 보기보다는 오히려 소정의 학습성취를 위한 학교 학습의 경제에 중심을 두고 있다. 그의 모형은 학교 학습의 계량경제학이라 부를 수도 있을 것이다.

학교 학습모형의 기본형태를 살펴보면 학습자의 학습 정도는 학습자가 주어진 학습과제를 학습하는데 필요한 시간과 실제로 학습에 투입한 시간의 비율에 따라 결정된다는 것을 알 수 있다. 학습의 정도는 도달되어야 하는 목표 기준에 비추어 실재로 성취한 정도를 말한다. 학습에 필요한 시간은 주어진 학습과제를 주어진 기준선까지 학습하는데 사용한 총 시간량을 말하며, 학습에 사용한 시간은 학습자가 능동적으로 학습과제에 주의를 집중시키며 학습에 열중한 시간을 의미한다. 이와 같은 Carroll의 명제를 방정식으로 나타내면 다음과 같다(정명화 외 4인, 2001).

$$\text{학습의 정도} = f\left(\frac{\text{학습에 사용한 시간(학습지속력, 학습기회)}}{\text{학습에 필요한 시간(적성, 수업이해력, 수업의 질)}}\right)$$

Carroll은 이 모형에서 학습에 필요한 시간과 학습에 사용한 시간을 결정하는 변인으로 개인차 변인(individual variable)과 수업변인(instructional variable)을 제시하고 있다. 개인차 변인에는 적성, 수업이해력, 학습지속력이 포함되고, 수업변인에는 수업의 질, 학습기회가 포함된다.

이상의 제 변인들에 대해 설명하면 아래와 같다.

가. 적성

적성이란 최적의 학습조건하에서 주어진 학습과제를 일정수준으로 성취할 때까지 필요한 시간을 의미한다. 학생 각자가 일정한 학습 성취에 필요로 하는 시간의 차이를 Carroll은 적성이라고 한다. 적성의 측정은 특정의 학습과제와의 관계에서 이루어진다. 학생이 소정의 학습과제를 성취하는데 필요한 시간은 짧을 수도 길 수도 있다. 소요되는 학습시간의 길이로 따지는 적성은 여러 가지 종류의 학습과제에 연결되는 일련의 행동특징과도 깊은 관계를 가지게 된다(김성권, 1983).

나. 수업이해력

수업이해력은 학습과제의 성질과 교사의 수업절차를 이해하는데 소요되는 시간을 의미한다. 따라서 수업이해력은 학습절차나 교과 혹은 교재의 이해를 위해서 필수적인 것이라 할 수 있다. 이러한 수업이해력은 학습자의 일반 지능과 언어능력으로 대표된다. 이 수업이해력과 적성의 중요한 차이점은 전자가 일반적인 능력(general ability)인 반면에 후자가 특수적인 능력(specific ability)이라는 점에 있다. 즉, 한 학습자에게는 모든 종류의 과제 마다 그 성질과 구성을 달리하는 여러 종류의 학습 적성이 있을 수 있는 것이다. 수업이해력은 수업과 학습절차와 교재의 이해를 위해서, 적성은 학습과제 자체의 이해를 위해서 필요한 능력이다.

다. 학습지속력

학습지속력은 지구력(perseverance)이라고도 하며, 학습자가 학습을 위해 사용하려 하는 시간을 의미한다. 학습의 기회가 외적으로 주어지는 시간이라면, 지구력은 학습자 내부에서부터 나오는 변인으로 동기의 개념과 비슷하다. 지구력의 정도의 차이가 어디에서부터 오는가 하는 문제는 복잡한 문제이나, 대체로 학습과제의 종류, 내용, 적성, 수업이해력, 교수의 질, 학습 기회 등 학습에 영향을 미치는 것으로 생각되는 학습자의 모든 요인이 상호 역동적으로 영향을 준다고 본다.

Carroll의 모형에서는 학생들이 소기의 학습이 성취되면 이에 시간을 더 소비하지 않는다는 가정 하에 과다학습은 생각하지 않는다. 따라서 지구력의 측정은 다음과 같다. 만일 어떤 학생이 특성 학습과제를 성취하는데 2시간을 소요했을 때 그 학생이 1시간 동안만 주의를 기울여 학습하고 나머지는 놀았다면 과제의 50%만 달성할 것으로 보는 것이다. 학습에 있어서 지구력은 다른 여러 가지 변인들의 기능에 불과하다. 동기 혹은 학습의욕, 정서적 학습과제의 곤란도, 교수방법의 질 등이 그 중요한 변인의 하나다.

라. 수업의 질

Carroll은 수업의 질을 한 특정한 학습자에 대한 "학습과제의 제시 설명 및 구성이 최적선에 접근한 정도"로 정의한다. 즉 교사에 의해서 학습과제를 어떻게 효과적으로 조직하여 학생들에게 제시하느냐가 수업의 질의 척도라고 말한다. 수업의 질을 높이기 위해서 교사는 학습의 목표와 방법을 학습자가 이해할 수 있도록 명백히 설명하는 것과 학습과제의 각 단계를 명확한 계열에 따라 조직하는 것이 필요하다.

마. 학습의 기회

학습의 기회란 주어진 학습과제의 학습을 위해 외부에서 학습자에게 실제로 주어지는 시간으로써, 이는 학습자의 개인차나 수업의 질에 따라 달라질 수 있다. 학습자들은 각기 학습 적성에 개인차가 있기 때문에 학습기회를 각각 다르게 제공해야 한다. 학습자의 개인차에 따라 적절한 학습시간이 주어졌을 때 학습의 정도는 높아진다.

4. Bloom의 완전학습모형

완전학습이란 학급 내의 약 95%의 학생들이 주어진 학습과제의 약 90% 이상을 완전히 학습해 내는 학습이라고 할 수 있다. 학교 수업에서 Bloom은 교사들이 자기가 맡은 학생들 가운데 약 3분의 1은 충분한 학습을 할 것이고, 약 3분의 1은 배우기는 배우지만 충분히 배우지는 못할 것이고, 그 나머지는 실패하거나 겨우 실패를 모면할 것이라고 기대한다. 이러한 기대는 자기충족적인 예언력을 나타내어, 학기가 끝났을 때 학생들의 성적을 분류해 보면 불완전학습이 이루어질 것이라는 이상과 같은 기대가 거의 적중된다고 한다.

Bloom의 완전학습을 위한 교수 전략의 기본입장은 학습에 사용한 시간의 연장과 학습을 필요로 하는 시간의 단축이다(교육학과연구실, 1996).

가. 적성

Bloom은 Carroll과 마찬가지로 적성이란 그 과제를 완전 학습하는데 소요되는 시간으로 정의하고, 학습의 종류에 따라 그 적성도 각기 다르며 학습을 위한 적성 정도가 그 학습의 성취도를 예언해 줄 수 있다고 하였다. 따라서 학습자에게 완전학습을 기대할 때 수업전략의 기본적인 문제는 완전학습에 소요되는 시간을 단축시키는데 있고, 이를 해결하기 위해서는 적성수준을 높여주는 일과 학습조건을 개선하는 일이 필요하다.

나. 수업이해력

수업이해력을 증진시키기 위한 방법으로는 크게 두 가지를 생각할 수 있다. 한 가지는 학습자의 수업이해력 자체를 개발하고 육성하기 위하여 언어능력을 증진시키는 것이다. 이 언어 능력은 적절한 환경을 조성하고 훈련을 하면 어느 정도 증진 가능하다.

또 한 가지는 교수의 질을 높이는 것인데 그러기 위해서는 첫째로 학습자 개개인의 교수이해력에 알맞도록 교수를 해야 할 것이며, 둘째로 소집단을 구성하고 학습과정의 어려운 점을 서로 검토하며 개선하는 기회를 마련하는 것도 고려할 수 있으며, 셋째, 경우에 따라서는 개인 교수를 통하는 방법도 있을 수 있다. 교수이해력을 증진시키기 위해서는 설명 방법과 그 수준이 서로 다른 다양한 교과서의 활용이나 프로그램 학습 자료의 활용, 시청각 교구 등 여러 가지 보조 자료를 활용하는 것도 매우 큰 도움이 될 것이다.

다. 수업의 질

수업의 질을 개선하는 최상의 방법은 개별화된 수업이다. 개별화된 수업을 하기 위해서는 먼저 교사가 학생의 제반 행동특성, 예컨대 적성, 선행학습 경험, 학습장벽, 학습습관, 성격, 흥미 및 동기와 같은 것에 대한 정보를 파악하고, 이를 기초로 교수계획을 수립한 뒤 교수를 진행해야 된다. 또한 교수과정에서 항상 개선을 위한 단서를 파악하고 이를 토대로 피드백하면서 교수의 질을 높여야 한다.

라. 학습의 기회

Carroll의 모형에서 학습기회는 완전 학습에 이르는 가장 중요한 개념으로, 학습자에게 학습을 위해 실제로 주어지는 시간을 의미하였다. 그러나 블룸은 단순히 투입된 시간량이 반드시 학업성적과 정적 관계를 이루고 있는 것이 아니라 할당한 시간을 얼마나 유효적절하게 활용하느냐에 따라 완전학습이 좌우된다고 한다. 그에 의하면 적성과 학습 속도는 일정한 것이 아니다. 그래서 블룸의 가설은 교수와 학습에 있어 시간을 효과적으로 활용할 수만 있다면 대부분의 학생이 완전 학습에 도달되는 시간을 단축할 수 있을 것이라고 주장한다.

마. 지구력

지구력이란 학생이 학습을 위해서 사용하기 원하는 노력과 시간을 의미한다. 학습의 효과를 위해 학생의 지구력을 증가시키는 것도 중요하다. 그러나 Bloom은 지구력 자체를 증가시키는 것보다 지구력의 절대량을 줄임으로써 학습의 효과를 거둘 것을 강조하였다. 즉 최소의 노력으로 최대의 효과를 가져 올 수 있는 방법을 탐색하여야 한다는 것이다. 이를 위해 그는 학생의 개인차에 맞게 학습 자료를 조절할 뿐 아니라 학습자 특성에 맞는 개별 지도의 형태, 원활한 피드백의 활용, 학습 내용의 설명과 예시의 질을 포함하는 교수의 질의 개선을 예로 들었다. Bloom은 완전학습을 위한 수업 전개의 절차를 크게 수업 전 단계, 본 수업 단계, 수업 후 단계의 3단계로 구분하고 이를 다시 세분하여 모두 10단계로 구분하였다.

1) 수업 전 단계

1단계 : 진단평가의 단계로 기초학력의 진단평가단계
2단계 : 기초학습 결합의 보충지도 단계

2) 본 수업 단계

3단계 : 수업 목표의 명시단계
4단계 : 수업 활동이 활발하게 진행되는 수업단계
5단계 : 수업 활동을 위한 보조 활동 단계로 여러 가지 자료의 제시
6단계 : 형성평가의 단계
7단계 : 형성평가의 결과에 따라 feed back이 이루어지는 보충학습단계
8단계 : 심화학습 과정의 단계
9단계 : 제2차 학습기회의 단계로 자율적, 협력학습의 기회

3) 수업 후 단계

10단계 : 총괄평가의 단계로 수업이 종결된 후에 학습의 진전도를 평가한다.

5. Bruner의 교수-학습이론

Bruner는 교수이론은 처방적(Prescriptive)이고 규범적(normative)인 이론이라고 보고 있으며 일반적인 교수이론의 성격을 다음 네 가지로 제시하고 있다(정명화 외 4인, 2001).

가. 학습경향성

학습의 이론에서는 학습에 대한 경향성을 특정 개인에게 가장 효과적으로 심어줄 수 있는 경험에 대하여 명기하지 않으면 안 된다.

학습에 대한 경향성은 흔히 학습의욕이나 문제를 해결하려는 의욕에 영향을 주는 문화적 · 동기적 및 개인적인 요소에 초점을 두고 논한다. 이는 교사와 학생간의 권위적 관계나 학생 자신이 갖는 자신감의 정도나 사회적 전통 및 역할 등에 대해서도 관심의 대상이 된다. 학습경향성은 선행학습 경향성 또는 학습동기라 할 수 있으며 학습의 준비성, 출발점 행동과 유사한 개념이다.

나. 지식의 구조화

Bruner는 모든 지식이 구조를 가지고 있다고 한다. 지식의 구조(structure of knowledge)란 학문을 구성하고 있는 가장 기본적인 아이디어, 개념, 원리, 법칙 등을 말한다. 다음은 지식이 구조화되어 제시될 때 몇 가지 특징적인 전제를 기술한 것이다.

① 모든 지식의 문제는 어떤 학습자도 충분히 이해할 수 있도록 단순화해야 한다.

② 어떤 영역의 구조도 표현방식, 경제성, 생성력의 세 가지 방법에 영향을 주며 이는 학습자의 연령, 학습방법, 학습과제에 따라 달라진다.

③ 지식의 구조화의 과정은 동작적 표상, 영상적 표상, 상징적 표상을 포함한다.

④ 어느 정도까지 경제적이고 단순화, 표상화가 가능한 것인지는 지식의 영역에 따라 달라진다. 브루너는 어떤 과제(지식)라도 지적으로 A옳은 형태로 조직하면 어떤 발달단계에 있는 어린이들에게도 효과적으로 가르칠 수 있다고 하였다.

다. 학습의 계열화

학습의 계열화(sequence)란 학습내용을 학습자들이 이해, 변경, 전이하는데 도움이 되도록 순서대로 조직하여 제시하는 것을 말한다. 일반적으로 쉬운 내용을 먼저 학습한 후에 어려운 내용을 학습하고, 구체적인 개념을 학습하고 추상적인 개념을 학습하는 것이 계열성의 특징이다. 이를 위해서 교사는 학습자의 선행학습 정도나 발달단계, 학습과제의 성격 등을 고려해야 한다.

라. 학습의 강화

교수이론은 교수와 학습의 과정에서 적용해야 할 상이나 벌의 성질과 배열을 제시해야 하는데, 이것을 강화체제라고 한다. 수업장면에서 강화의 역할은 학습자에게 교정적 정보를 주는데 의미가 있다고 Bruner는 생각했다. 강화는 내적 보상에 의한 것과 외적 보상에 의한 것으로 구별하였으며, 외적 보상도 중요하지만 내적 보상을 우위에 두었다. 즉 학습에 대한 즐거움에 연결되는 발견의 기쁨, 성취의 만족 등은 내적 보상으로써 이들은 다른 어떤 보상보다도 훨씬 강하다는 것이다. 그는 결과에 관한 지식을 높이 평가하면서, 수업의 중요한 임무는 내적 보상과 외적 보상이 조화를 이루도록 하는 것이라고 하였다.

생각해 볼 문제

1. 교육방법의 정의를 내리고, 교수-학습체제를 구성하는 하위 요소들을 설명하시오.
2. Glaser의 교수-학습모형을 설명하시오.
3. Gagné의 교수-학습 모형을 설명하시오.
4. Carroll의 학교 학습모형을 설명하시오.
5. Bloom의 완전학습모형을 설명하시오.
6. Bruner의 교수-학습이론을 설명하시오.

제9장

교 육 공 학

교육에서 교육공학이란 교육의 목적을 달성하기 위하여 효과적인 교수 · 학습의 전 과정에서 자원을 체계적으로 활용하는 과정이다. 교육공학과 유사용어로는 시각교육, 청각교육, 시청각교육 등이 있다. 교육공학은 효과적인 교수 · 학습을 위해 과정과 자원을 이용하여 설계 · 개발 · 활용 · 관리 · 평가의 기능을 체계적으로 수행하는 학문분야인 것이다. 이는 과학적이고 잘 조직된 지식을 교육의 전 영역에 걸쳐서 발생할 수 있는 교육적인 문제의 해결을 위해 자원을 통합적 · 체계적으로 활용하는 과정인 것이다. 이 장에서는 제1절 교육공학의 기초로 교육공학의 개요, 교육공학의 변천사, 교육공학의 영역에 대하여 간략히 제시하였다. 제2절 교수개발로 교수개발의 개요, 교수개발의 모형을 예시하였으며, 교수개발 모형의 특징에 대하여 설명하였다. 제3절 교수매체로 개요, 교수매체의 선택과 교수매체의 유형, 시청각교육, 컴퓨터와 교육, 교육과 뉴미디어(인터넷, 멀티미디어, 원격교육)와 관련된 내용을 소개하였다.

제1절 교육공학의 기초

공학은 과학(science) 자체나 과학적 지식(scientific knowledge)으로 인간의 생활을 향상시키려는 실질적 가치를 위해 창의적으로 사용되는 용어로 교육에서의 공학의 의미는 Engineering이 아닌 Technology다.

교육공학(educational technology)은 과학적이고 잘 조직된 지식을 교육의 전 영역에 걸쳐서 발생할 수 있는 교육적인 문제의 해결을 위한 통합적이고 체계적인 과정을 말한다. 그리고 효과적인 교수 · 학습을 위해 그 과정과 자원을 이용하여 설계, 개발, 활용, 관리, 평가의 기능에 관한 이론과 실제를 체계적으로 수행하는 학문의 분야다. 또한 학습의 질적 향상을 위하여 과학적이고 체계적으로 교수 · 학습을 조직하는 새로운 접근 방법이다.

1. 교육공학의 개요

가. 교육공학의 개념

교육공학(educational technology)의 개념은 교육목적을 달성하기 위해 교수 · 학습의 전 과정을 계획하고 실행 · 평가하는 데 있어서 학습과 의사소통분야에서 이루어진 연구결과에 기초하여 인간적 · 비인간적 자원을 체계적이고 과학적으로 활용하는 과정이다. 즉, 교육공학의 의미는 교육의 목적을 달성하기 위하여 효과적인 교수 · 학습의 전 과정에서 자원을 체계적으로 활용하는 과정이다. 효과적인 교수 · 학습을 위해 과정과 자원을 이용하여 설계 · 개발 · 활용 · 관리 · 평가의 기능을 체계적으로 수행하는 학문분야다. 그리고 과학적이고 잘 조직된 지식을 교육의 전 영역에 걸쳐서 발생할 수 있는 교육적인 문제의 해결을 위해 자원을 통합적 · 체계적으로 활용하는 과정이다. 교육공학과 유사용어로는 시각교육, 청각교육, 시청각교육 등이 있다.

교육공학의 개념은 교육공학 역사적으로 자연과학 · 매체개념으로서의 교육공학과 커뮤니케이션과 체제개념의 교육공학, 또한 행동과학 개념의 교육공학, 끝으로 인지과학 개념의 교육공학 등 4가지로 나누어 생각할 수 있다.

자연과학 · 매체 개념의 교육공학은 녹음기, 비디오디스크, TV, 영사기, 컴퓨터 등의 기계적인 하드웨어적 장치와 이 · 공학의 기술을 교수 · 학습과정에서 사용하는 자료와 프로그램을 제시하기 위해 활용하는 것을 의미한다. 또한, 자연과학의 성과를 이용하여 개발된 교수 보조 장치 및 기기의 활용을 통해서 교육의 효율화를 꾀하려는 장비활용에 국한된 관점이라고 볼 수 있다. 이 개념은 1960년대에 쇠퇴하기 시작하여 커뮤니케이션과 체제개념으로 전환되었다.

커뮤니케이션과 체제개념의 교육공학의 개념을 생각하기 위해 커뮤니케이션개념과 체제개념을 각각 생각해 보면 쉽게 이해할 수 있다. 커뮤니케이션의 개념은 교수 · 학습 장(場)에 송신자와 수신자 간의 통신방식이 일방적인 형식이 아니라 쌍방적인 형태를 취하고 있다는 것을 의미한다. 이것은 시청각교육의 관점에 비해 포괄적이다. 체제개념은 체제(체제란 공통의 목적을 가진 구성요소들에 의해서 유기적으로 이루어진 조직체) 내에서는 구성요소 간에 상호관련성이 있고 이를 토대로 요소 간의 통합이 이루어진다는 점과 이를 통해서 체제의 효율성이 증가될 수 있다는 점을 포함하고 있다. 커뮤니케이션 개념과 체제개념이 통합된 시청각 커뮤니케이션은 시청각 교재를 커뮤니케이션 전체과정에 통합적으로 적용하는 교수체제를 추구하고 있다.

행동과학 개념의 교육공학이란 교수-학습에 있어 학습효과를 증진시키기 위해서 교수법 및 교육문제를 해결하기 위해 행동과학 분야의 지식과 방안을 조직적이고 과학적으로 적용하여 연구하고 탐구하고 실천하는 것을 의미한다. 인간에게 이 개념을 적용하여 학습하는 경우, 낮은 인지 수준에 관심을 두고, 즉각적으로 관찰 및 측정할 수 있다는 점이 좋아 교육과정을 작게 나누어 프로그램화할 수 있다는 장점이 있다. 그러나 행동주의적 개념이 학습자를 수동적인 존재(수동적인 반응을 하는 존재)로 간주하고 있다는 점과 학습자의 내적 인지과정을 다루지 않고 있다는 점에 비판을 받으면서 인지과학 개념의 교육공학이 대두하게 된다.

인지과학 개념의 교육공학은 행동과학 개념의 교육공학에서 다루지 못했던, 행동의 내적 과정을 이해하려고 시도하였다. 그래서 반응보다는 지식을 강조하였다. 여기서는 학습자가 능동적이고 구성적인 존재로, 지식을 습득하고 사용하는 과정에서 능동적으로 참여한다고 보았다. 그리고 학습자가 교수-학습과정에서 적절한 학습전략을 활성화하는데 중점을 두었기 때문에 학습자에 의한, 학습자를 위한 학습이 되도록 도모하였다. 또한, 학습자에 의해서 정보가 조직되고, 처리되고, 저장되는 것은 교수개발의 결정적 요소가 된다고 본 것이다. 인지과학 개념의 교육공학은 학습자가 정보에 주의 집중하여 지각하고, 기호화하여 정보를 인출하는 자신의 내적 과정을 제어하기 위해서 사용하는 지적 기능의 개념을 발달시켰다.

나. 교육공학의 대두 원인 및 의의

교육공학이 왜 대두되었는지 원인을 살펴보면, 시대에 맞는 사회철학을 재정리할 필요성이 있기 때문이다. 그리고 사회 전반에 걸친 테크놀로지의 도입을 교수과정으로의 확장할 필요성이 있었으며, 테크놀로지 사회를 이끌어 갈 과학자들을 양성할 필요성이 강조되었기 때문이다. 그리고 테크놀로지에 관한 일반교육과 인력의 재훈련이 필요했기 때문에 대두되었다고 본다.

교육공학의 의의는 교육의 생산성 · 효율성을 제고시키고, 교육의 개별화를 증진시키며, 교육의 과학적 기초를 제공하고 교육력을 증진시키는 점과 학습의 즉시성을 제고시키며, 교육의 기회균등을 제공하는 것과 교육의 지원기능을 평준화시키는 점 등을 들 수 있다.

다. 교육공학의 장 · 단점

교육공학의 장점은 대량교수에 의해 교육의 생산성을 향상시킬 수 있다. 그리고 학생들에게 필요한 경험의 즉시 제공으로 학습의 즉시성을 높일 수 있다. 자동교수에 의하는 경우 교사가 직접 교수에 투입되는 양을 줄일 수 있다. 그리고 시간 · 공간적 한계를 극복할 수 있으므로 교육의 기회균등을 실현할 수 있다. 교수의 개별화를 통해 학생 각자의 적성과 흥미에 따른 교육이 가능하고, 교육의 효과에 대한 즉각적 · 과학적인 평가가 가능한 점을 들 수 있다.

교육공학의 단점은 기계에 의한 학습으로 비인간화 현상을 초래할 수 있다는 점과 학생의 수동적인 반응만을 요구하므로 학습에 있어서의 능동성이나 자발성의 감소가 우려되는 점이다.

라. 교육공학의 정의와 교육공학의 영역

교육(education)에서의 공학(technology)이란 공학적으로 매체자료인 매체를 교육을 위해 사용하는 것을 말한다. 교육공학의 용어는 1920년경 Bobbit 과 Charters에 의해 교육 엔지니어링(educational engineering)이라는 말에서 유래하였다. 이후 1963년 교육공학 분야에 대한 정의가 처음으로 공식적으로 정의된 이래 지금까지 몇 차례 수정되어 왔다. 교육공학은 미국교육공학회(Association for Educational Communications and Technology, AECT)에서 1977년 현대사회의 비약적인 과학기술 발전이 사회와 교육에 불가피하게 기술(technology)을 적용하게 되어 교육공학이 대두되었다고 보고하였다. 1977년 AECT의 정의는 광범위한 교육공학의 정의로서 인간의 모든 학습과 관련된 문제를 분석하고 해결 방안을 고안하고 적용, 평가, 관리하기 위하여 인적 자원, 절차, 아이디어, 장비 및 조직을 포함하는 복합적이고 통합적인 과정을 일컬었다. 이후 AECT에서는 1994년 교수공학(instructional technology)에 대한 정의 및 영역을 보고하고, 이후 2008년도에 교육공학(educational technology)의 정의 및 주요요소에 대한 내용을 보고하였다. 여기서 1994년 교육공학의 정의에 따른 영역과 2008년 정의에 따른 주요 요소(영역)에 대하여 간단히 알아보자.

1) 1994년 교수공학(instructional technology) 정의(좁은 범위의 정의)

학습의 기원(학습 자원)과 학습과정을 고안하고 계발, 활용, 운용, 평가와 관련된 이론이며 실제다. 교육공학을 교수공학 또는 수업공학과 같은 의미로 보고 있다. AECT에서 1994년 교수공학(instructional technology) 정의는 "교수공학이란 학습을 위한 과정과 자원의 설계, 개발, 활용, 관리 및 평가에 관한 이론과 실제다"라고 하였다. 이 정의에서 교육공학의 영역은 설계, 개발, 활용, 관리, 평가의 다섯 영역으로 [그림 9-1]과 같이 하위범주로 구성되어 있다. 이들 사이의 관계는 선형적이라기보다는 상호 보완적이다. 이는 제1장에서 언급한 교육의 3요소(교사, 학습자, 교육내용)와 이 요소들을 둘러싸고 있는 교육환경이라는 환경적 요소와의 관련 속에서 교육공학의 영역(설계, 개발, 적용, 관리, 평가)의 개념을 함께 고려할 때, 교사 및 기타 교수자들이 학습을 발생시키기 위한 목적을 위한 지식과 실행력이라고 정의될 수 있다. 또한, 교육공학의 영역들은 전문직의 기초가 되는 교육공학의 이론과 실제에 모두 기여하며, 독립적이기는 하나 이론과 실제를 통해서 서로 관련이 있다.

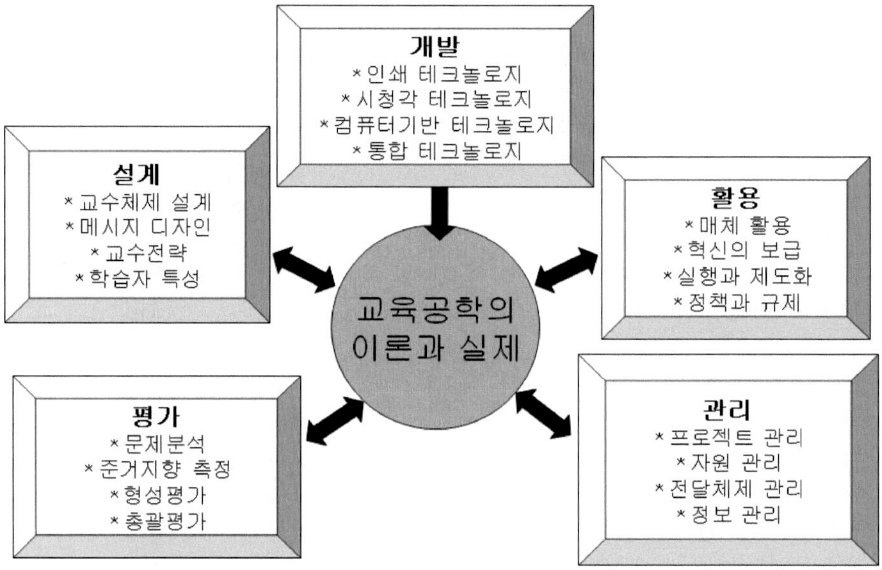

[그림 9-1] **교육(교수)공학의 영역과 하위범주**

교육(교수)공학 영역은 설계, 개발, 적용, 관리, 평가다. 교육(교수)공학 영역중 첫째, 설계영역은 부분적으로 교수심리학 운동에 기원을 두고 있다. 교수 심리 이외에 체제 이론을 적용하였다. 그리고 또한 어떤 특정한 과제를 수행하는 데 있어서 요구되는 실천적 문제해결 기법을 의미한다. 설계영역은 이론과 실제에서 네 개의 중요한 부분인 교수체제설계, 메시지 디자인, 교수전략 그리고 학습자 특성의 연구 등의 하위범주를 포함하고 있다. 이는 '어떻게 가르치고 배우게 될 것인가에 대한 계획 수립'하는 과정이다.

개발영역은 교수매체 제작 분야에 기원으로 두고 있다. 이 영역은 오래 전부터 인쇄물이 교육에 사용을 시작으로 1930년대에는 영화가 교육용으로 활용되고 2차대전 후에는 텔레비전, 1970년대에는 컴퓨터, 1990년대에는 멀티미디어가 활용되는 것과 같이 매체의 변화로 인해 변화되는 영역이라고 할 수 있다. 이는 교수를 위한 하드웨어와 소프트웨어를 통합한 것으로 시각과 청각 자료, 그리고 여러 부분을 통합한 복합 프로그램 또는 패키지의 개발을 포함한다. 이러한 측면에서 개발영역은 인쇄 테크놀로지, 시청각 테크놀로지, 컴퓨터기반 테크놀로지, 통합 테크놀로지 등의 하위범주 요소로 구성되어 있다.

활용영역은 교육목적을 달성하기 위해 교육매체 활용을 말한다. 20세기 초반의 시각교육 운동과 함께 시각매체 활용이 시작되었다. 활용은 학습을 위해 과정과 자원을 사용하는 행위로써, 활용영역에 종사하는 요원들은 학습자가 체계적으로 사용할 수 있도록 해 주어야 한다. 그 외에 활용은 보급, 확산, 실행 그리고 제도화를 필요로 한다. 이러한 측면에서 활용영역은 매체활용, 혁신의 보급, 실행과 제도화, 그리고 정책과 규제 등의 하위범주 요소로 구성되어 있다.

관리영역은 교육공학자들이 학교의 매체센터(교수학습지원센터), 산업체의 학습센터의 관리를 맡게 되는 경우가 많다는 관점에서 중요한 부분이다. 이 관리영역을 위한 실제적인 목표는 일의 환경에 따라 매우 다양하지만 기본적인 관리 기술은 환경 여하에 관계없이 일정하다. 관리영역은 프로젝트 관리, 자원 관리, 전달체제 관리 그리고 정보 관리의 하부범주 요소로 구성되어 있다.

평가영역은 일상생활에서 끊임없이 이루어지는 것으로 교수-학습 프로그램의 가치를 규명할 때 역시 프로그램의 목적과 사용 결과를 비교하는 과학적이고 체계적인 평가가 요구된다. 평가는 교수 산출물의 장점 또는 가치를 규명하는 절차이거나 한 사물의 가치를 결정하는 절차라 할 수 있다. 평가 영역은 문제 분석, 준거지향 측정, 형성평가, 총괄평가 하부범주 요소로 구성된다.

2) 2008년 교육공학(educational technology) 정의

2008년 AECT에서 내린 교육공학(educational technology) 정의는 "교육공학은 적절한 과학 기술적인 과정과 자원을 창출, 활용, 관리함으로써 학습을 촉진하고 수행을 향상하기 위해 연구하고 윤리적으로 실천하는 학문이다."라고 하였다. 이 정의에서 교육공학 영역은 첫째, 적절한 과학 기술적 과정과 자원, 둘째, 창출, 활용 및 관리, 셋째, 수행향상과 넷째, 학습촉진, 그리고 다섯째, 연구와 윤리적 실천이다. [그림 9-2]에 2008년 정의에 포함된 주요요소에 대한 시각적인 요약을 하였으며, 이 교육공학의 주요요소 영역에 대하여 다음에 설명한다.

첫째, 적절한 과학기술적 과정과 지원에 대한 내용에서 적절성은 의도한 취지에의 적합성과 호환성을 의미하는데, 이 말은 과정과 자원에 모두 적용된다. 테크놀로지는 과학적 또는 다른 조직화된 지식을 실제적인 과제에 체계적으로 적용하는 일인데, 이것은 과정과 자원을 설명하는 데 사용된다. 먼저 과정이란 어떤 구체화된 결과를 지향하는 일련의 활동들을 말하고, 자원이란 학습자를 도우려고 설계된 사람, 도구, 테크놀로지, 자료들을 말한다. 여기에는 교육공학의 하드웨어와 소프트웨어가 포함된다.

둘째, 창출, 활용 및 관리에서 먼저, 창출이란 다양한 환경에서 교수자료, 학습환경, 대형 교수 · 학습체제의 산출에 관련된 연구, 이론, 실제를 말한다. 창출은 사용되는 설계방식에 따라서 다양한 활동을 포함하는데, 개발자의 마음상태에 따라 진화한다. 활용은 학습자를 학습조건과 자원에 접촉하게 하는 데에 관련되는 이론과 실제를 말한다. 활용은 적절한 과정과 자원을 선정하는 일부터 시작하여 교수자의 지도하에 어떤 절차들에 따라서 어떤 환경에서 학습자원들을 만나게 된다. 이 과정에서 활용, 확산, 변화관리를 경험하게 된다. 다음으로 관리는 시청각센터의 운영/감독처럼 교육공학 분야에서 오래 전부터 관여해 온 일로 프로젝트 관리, 전달체제관리, 인사관리, 정보관리, 프로그램 평가, 품질관리와 품질보증과 같은 일이 수반된다.

셋째, 수행향상은 사용 가능한 역량을 학습함을 의미하고 모든 형태의 수행 향상 수단을 포함하지 않으며 유효성과 직결된다.

넷째, 학습촉진은 보다 지원적인 환경을 설계하고 자원을 조직하며 도구를 제공하는 일을 포함한다.

다섯째, 연구와 윤리적 실천에서 연구는 미디어와 테크놀로지가 수업에 효과적인 도구임을 증명하기 위하여 시도하는 조사로부터 학습개선 과정과 테크놀로지의 적용을 시험 및 조사로 성장해 왔다. AECT의 윤리강령은 교육공학 전문인들에게 그들의 적절한 행위에 대하여 정보를 제공하는 공약들이 열거되어 있다. 예를 들면, 교육공학 분야의 연구자, 교수, 컨설턴트, 설계자, 학습자원관리자들이 자신의 전문적이고 윤리적 행위를 하도록 도와주는 고려할 사항들이 제공된다.

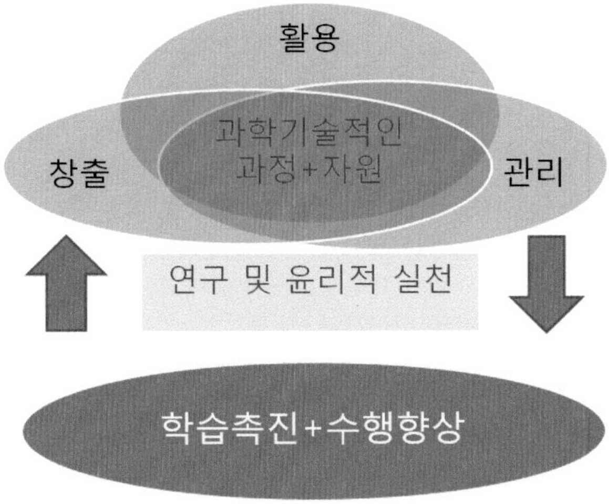

[그림 9-2] 2008년 정의에 포함된 주요 요소(영역)의 시각적 요약

2. 교육공학의 변천

가) 15C~19C 교육공학의 발달

표 9-1

15C~19C 교육공학의 발달

시기	대표학자	내 용
15C	권근(權近)	· 조선 전기의 교육사상가, 우리나라 최초로 도표를 사용하여 시청각 교육의 효과를 최대로 높인 「입학도설(入學圖說)」을 저술(대학, 중용을 도회화시킨 것)하였다. · 근소(近小)를 먼저하고 원대(遠大)를 나중에 하라는 심리학적 방법을 사용하였다.
16C	에라스무스 (D. Erasmus)	· 북유럽 사회적 인문주의 대표자로 언어를 통한 교육보다 즉물(卽物)교육, 실물(實物)교육을 주장하고 강조하였다. · 인간성 회복, 개성존중, 흥미 중시하고, 고전과 성서를 통한 도덕교육을 강조하였다. · 조기교육 · 태아교육, 사회대중의 풍부한 생활을 강조한 현대교육의 선구자다.

시기	대표학자	내 용
17C	코메니우스 (J. A. Comenius)	· 객관적 자연주의의 대표자로 17C 감각적 실학주의의 대표자다. · 세계 최초로 그림이 들어 있는 교과서 「세계도회」(1658)를 저술하였다(150여 장의 그림이 있는 라틴어 학습교재로 세계 최초의 시각교육 도서(권근의 「입학도설」과 비슷). · 시청각 교육의 선구자(실제적 기원, 효시)가 되었다. · 단선형 학제, 기회균등교육, 합자연성(자유주의)을 강조한 부모교육의 선구자다. · 모친학교, 국어학교, 라틴어학교, 대학을 설립, 감각적 직관주의로 감각적 직관교육을 중시하였다. 사물과 언어의 병행적 학습원칙을 확립하고, 직관교수를 구체화하였다.
18C	루소 (J. J. Rousseau)	· 「에밀(Emile)」이란 교육소설에서 주관적 자연주의 교육사상(합자연성)을 주장하고 자연을 통한 아동들의 직접교육을 주장, 어린이는 자연을 직접 관찰함으로써 배워야 함을 강조하였다. · 자발성, 성선설, 직관교수(교육). 신체단련, 도덕교육, 여성교육을 강조(현모양처), 전인적 인간양성을 강조하였다.
	바제도우 (Basedow)	· 18C 범애주의자이고, "초등독본(교본)"은 18C의 세계도회임.
19C	페스탈로치 (J. H. Pestalozzi)	· 합자연(자연주의), 교사는 학습의 안내자로 지덕기의 조화로운 교육과 노작교육을 중시하였다. 또한 감각적 인상의 중요성을 강조하고 형식적 교육의 지양과 감각교육, 실물교육, 직관교육을 주장하였다. · 중산층 대상 일반유치원, 교육은 사회개혁 수단, 귀납적 교수, 초등교육, 보상교육의 선구자다.
	프뢰벨 (F. Fröbel)	· 신과 일치된 인간교육, 은물(장난감) 교육으로 통합성 원리 추구, 아동중심 교육을 강조 했으나 실제는 교사, 성인중심 교육이다. · 유치원의 창시자로서 전통적인 언어주의 교육을 배격하였으며, 사물주의와 경험주의를 존중하고 감각적 지각력의 중요성을 강조하였다.
	듀이 (J. Dewey)	· 시청각교육과 직접 경험에 의한 교육을 주장하였다.

나) 20C 교육공학의 발달

표 9-2

20C 교육공학의 발달

구분	교육공학의 시기	관련 중요이론 및 매체	학자 및 학회
제1기	시각교육 (1920~1930)	· 추상적 개념의 구체화를 중요시하여, 각 시각자료와 교육과정의 통합을 통한 교수 · 학습의 효율성을 제고, 그에 따라 사진, 무성영화 등을 활용하였다.	호반
	시청각교육 (1940~1950,60)	· 효율적인 교수매체의 활용과 비언어적 경험의 중요성을 강조, 이론적 체계를 성립하였고, 녹음기와 축음기, 유성영화를 사용하였다. · E. G. Olsen은 대리적 학습경험설을 주장하였다. · E. Dale은 경험의 원추설을 주장하였다.	호반, 올센(E. G. Olsen), 데일(E. Dale), 킨더, 벌로
	시청각교육통신 (1950~1960)	· 통신이론: 통신모형, 교수 · 학습과정의 통신화. · 초기 체제개념: 집단학습과 개별학습을 교수체제 속에 편입시킴, 검은 상자 개념. · 시청각 교육통신: 교육통신과정과 시청각 통신과정의 통합 시도, Ely의 시청각 교육통신 과정과의 관계.	· 핀, 쉐논과 슈람, 엘리(D. P. Ely) · DIV→DAVI
제2기	초기 교수공학 (1960~1970)	· 행동주의 심리학: 프로그램 학습, 행동목표, 과제분석, 준거지향평가 개념 등을 교수 · 학습과정에 적용. · 교육공학을 기술적 '방법' 수준에서 '과학' 수준으로 끌어 올림. · 체계적 접근: 인간, 기계 체제, 체제공학, 관리체제 교수개발, 교수체제 개발모형. · 초기 교수공학: 교수 · 학습의 과정 개념 강조, 행동과학의 학습원리 통합, 복합적이고 통합적 조직으로서의 체제지향. · 이론적 체제의 결함: 완전한 체제가 되지 못함.	· 핀, 스키너, 메이거, 하이니히, 글레이저, 가네, 위틱과 슐러 · DAVI

구분	교육공학의 시기	관련 중요이론 및 매체	학자 및 학회
제3기	교육공학 (1970~1990)	· 교육공학개념체제 확립(AECT, 1977): 교육공학의 학문영역 규정, 교육관리기능 · 교육개발기능 · 학습지원 · 학습자의 네 가지 영역 확립, 교육공학에 대한 16가지 정의 · 교육공학과 교수공학의 상 · 하위 개념 체제 확립.	· 실버, 딕, 캐리, 하인니히, 엘리 · AECT
제4기	교수공학 (1990~2008)	· 교수공학과 교육공학을 동의어로 간주, 새로운 매체유형과 학습유형에 근거를 두었으며, 교수공학의 영역을 설계, 개발, 활용, 관리 및 평가 등 5개로 규명하였다. · 교육공학의 전문적 측면과 테크놀로지 측면의 급격한 변화에 부응하였다.	· 실즈(B. Seels), 리처리 (R. Richery) · AECT
제5기	교육공학 (2008~현재)	· 교육공학을 적절한 과학기술적 과정과 자원, 창출 · 활용 · 관리, 학습촉진, 수행향상, 연구와 윤리적 실천에 근거를 둠. · 교육공학은 적절한 과학 기술적인 과정과 자원을 창출, 활용, 관리함으로써 학습을 촉진하고 수행을 향상하기 위해 연구하고 윤리적으로 실천하는 학문으로 정의함.	· AECT

제2절 교수개발(instructional development)

1. 교수개발의 개요

가. 교수개발의 개념

교수개발(instructional development)의 정의는 교육프로그램 혹은 교수체제를 개발하기 위하여 조직적, 체계적으로 수행하는 분석, 설계, 개발, 활용, 관리, 평가하는 활동을 의미한다. 이 교수개발은 교수설계(instructional design)와 거의 동일한 개념이다. 일반적으로 교수설계와 교수개발은 구분되지 않고 사용되기도 하는데, 최근 교육공학 분야에서는 교수개발을 상위의 개념으로 보고 있다.

[그림 9-1]에서 설계는 '어떻게 가르치고 배우게 될 것인가에 대한 계획 수립'이라 하였다. 이 정의만을 놓고 본다면 교수설계는 교수개발의 하위 영역으로 볼 수 있다. 교수개발의 정의에 나타나 있듯이 교수설계는 분석 다음에 행해지는 하나의 단계인 것이다.

나. 체제와 교수체제개발

교수개발과 관련하여 언급되는 개념으로 교수체제개발(instructional systems development)이 있다. 이것은 교수를 하나의 체제로 가정한다는 점에서 차이가 있다. 그런데, 이 '체제'는 교육공학이 학문적으로 독특성과 함께 언급될 정도로 교육공학을 이해하는데 있어서 매우 중요한 개념이다.

체제란 입력과 출력이 있고, 구성요소들이 상호 연관되어 있으며, 공통의 달성하고자 하는 목표를 가지고 있으며, 목표달성 정도를 파악하여 작업을 수정하게 하는 귀환(feedback)과정을 가지고 있는 것을 말한다. 교육공학에서 체제의 개념은 1960년대부터 도입되어 준거지향평가, 목표분류학, 과제분석, 형성평가 등의 개념과 함께 새로운 형태의 절차를 마련하게 되었다. 이것이 수업에서의 체제적 접근, 교수체제개발 등으로 불리게 되었다.

이러한 체제 개념은 교육공학의 실질적인 기반을 구축하는데 다음과 같이 기여하였다.

첫째, 체제적 접근은 교육공학의 연구 단위가 개별적인 '자료'에서 완전한 '교수체제' 전체가 되었다.

둘째, 수업과 관련된 각각의 개념은 교사의 교수를 보조하는 개별 요소들이 아니라 교수체제를 구성하는 동등한 요소로서 의미를 가지게 되었다.

셋째, 체제에서 목표가 가장 중요한 기능을 수행한다는 점에서 교육목표의 중요성이 증가하였다.

다. 교수개발의 절차를 주요 단계로 제시한 ADDIE 모형

교수개발은 환경적인 변인에 따라 매우 상이한 절차로 이루어지기도 한다. 예컨대, 학교 교육에서 교사가 1년 동안 가르칠 수업을 개발하는 경우와 1차시 분량의 수업을 개발하는 것, 그리고 기업체에서 1주일 정도 실시할 연수 프로그램을 개발하는 것은 동일한 절차와 단계로 이루어질 수 없을 것이다. 그렇기 때문에 교육공학자들은 맥락을 고려하여 가장 적합한 개발 모형을 개발하려고 하였으며, 그 결과 매우 다양한 모형들이 제시되었다. 하지만, 이러한 모형들은 기본적으로 분석(analysis), 설계(design), 개발(development), 실행(implementation), 평가(evaluation) 등 다섯 단계를 바탕으로 하고 있다. 이 다섯 단계의 앞 글자만 모아 ADDIE 모형이라고도 한다. 이를 [그림 9-3]에 나타내었다.

[그림 9-3] **교수개발의 대표적인 ADDIE 모형**

[그림 9-3]과 같이 교수설계의 단계적 절차를 제시한 대표적 모형인 ADDIE 모형의 절차는 분석(analysis), 설계(design), 개발(development), 실행(implementation), 평가(evaluation) 순으로 이루어진다. 이에 대한 영역 및 하위범주에 대한 내용을 간단히 설명하고자 한다.

가. 분석

모든 수업의 시작은 수업할 요구내용 및 학습자, 교수환경 및 과제(교수)를 분석하는 것으로 출발한다. 이 분석은 일반적으로 요구분석이라고 불리기도 하는데, 그 핵심질문은 "어떤 학생들에게 무엇을 어떤 환경에서 왜 가르쳐야 하는가?"

1) 요구분석

요구분석은 성취해야 할 바람직한 목표수준과 현재 학습자들이 지니고 있는 능력수준 간의 차이(gap)를 분석하고, 그 결과에 기초하여 적정한 수업 목표를 설정하는 것이다. 요구분석의 절차는 관심의 대상이 되는 체제를 정의하고, 수행상의 결함을 결정한다. 그리고 수행문제의 근본원인이 동기문제인지, 관리 및 환경의 문제인지, 아니면 지식과 기능의 부족에 있는지를 판단하고, 해결해야 할 문제를 진술하며, 비용수익을 추정한다.

2) 학습자 분석

학습자의 일반적 특성은 교수를 설계하는 데 있어 교수설계자가 효과적 및 효율적 교수설계를 하는 데 중요한 분석이다. 학습자의 배경, 직무경험, 적성, 동기, 학습 및 인지양식 등이 학습자의 출발점 능력이나 학습양식 등을 분석하는 중요 대상이다.

3) 환경분석

환경분석은 이용 가능한 자원과 제약사항들을 미리 분석함으로써, 교수설계의 산출물이 실행 가능하도록 하는데 의의가 있다. 일반적으로 환경분석은 학습환경, 수행환경 그리고 개발환경에 대하여 고려하여야 한다.

학습환경이란 학습자들이 새로운 지식, 기능, 태도를 습득하는 학습현장의 환경을 의미한다. 여기에는 학습자의 수, 강의실의 크기, 책상 수, 이용 가능한 수업매체, 시설, 학습시간이 포함될 수 있다. 수행환경이란 습득한 지식, 기능, 태도를 활용하는 직무환경을 의미한다. 학습환경과 수행환경이 유사하거나 동일할 때, 학습의 전이도, 즉 현업활용도가 높아질 수 있다. 개발환경은 특정의 교육프로그램이 설계되고 개발되는 환경을 의미한다.

환경분석의 예로 교실에는 15명 내외의 학생이 있다. 교실 앞은 칠판과 빔 프로젝트를 이용할 수 있게 되어 있다. 여기서 환경분석으로 인터넷이 가능하며 학생 1명당 컴퓨터 1대가 배치된다. 학생들과 교사는 메신저와 교과 게시판이 통합된 가상 학습실에서 자료를 교환하며, 내용을 실시간으로 받고 줄 수 있다. 책상은

3~5명이 팀을 이루어 마주 보고 앉도록 되어 있으며 칠판은 학습자를 중심으로 좌우측에 있다.

4) 과제분석

과제분석이란 교수분석이라고도 할 수 있다. 과제분석은 학습자의 결과로 획득하게 되는 수행능력의 다양한 유형들을 확인하고 구조화된 학습내용의 요소들이나 단위들을 계열화하는 절차다.

적절한 과제(교수)분석이 이루어지지 않으면 교사는 학생들에게 무엇을 가르쳐야 할 것인지를 정확하게 파악할 수 없을 뿐만 아니라, 최적의 교수전략도 수립할 수 없게 된다. 그러므로 과제분석은 교수설계를 효율적으로 수립하는 데 필수 조건이다. 과제분석 단계는 다음의 두 가지 절차로 이루어지는 데 최종 과제목적 분석과 과제목적의 하위기능 분석이다. 먼저 과제분석의 첫 번째 절차인 최종 과제목적 분석은 다시 두 가지 과정으로 이루어진다. ① 설정된 교수목적의 학습영역이 언어정보(verbal information), 지적 기능(intellectual skills), 인지적 전략(cognitive strategies), 운동기능(motor skills), 태도(attitudes) 등 5개 중 어떤 학습영역에 속하는지를 분류하는 일이다. 교수목적이 어떤 학습영역에 속하는지를 분류하는 이유는 교수목적이 속하는 학습유형에 따라 목적분석 방법이 달라지기 때문이다. 그리고 ② 교수목적을 성취하기 위하여 요구되는 주요활동 단계를 분석하는 일이다.

다음 두 번째 과제목적의 하위기능 분석에는 최종 과제목적의 성취를 위해 요구되는 각 행동 단계를 수행할 수 있기 위해서는 각 단계의 선수 하위기능들이 학습되어야만 한다. 왜냐하면 학습자들이 최종목적의 각 단계를 학습하는 데 있어서 필수적인 기능을 학습하지 못한다면 그 최종 목적을 달성하기 어렵고, 결국 설계된 교수 프로그램은 효과가 없는 것이 되고 말기 때문이다. 그러므로 선수학습인 하위기능의 분석은 매우 중요하다. 하위기능 분석방법은 교수목적의 학습영역에 따라 각기 다르며, 이 방법에는 위계적 분석(hierarchical analysis), 절차적 분석(procedural analysis), 군집분석(cluster analysis) 그리고 이 3가지를 통합한 통합적 분석(combining instructional analysis)이 있다. ① 위계적 분석은 지적기능 목적의 학습영역을 분석하는데 사용한다. 다음 ② 절차적 분석은 운동기능 목적의 학습영역 하위기능을 분석하기 위한 것이다. 한편, ③ 언어정보 학습영역의 목적을 분석하는 최선의 방법은 그 언어정보의 목적이 의도하는 주된 정보를 찾아서 군집분석을 하는 것이다. 끝으로 ④ 태도를 학습하는 목적은 학습자가 어떤 지적 기능이나 운동기능을 선택하도록 학습시키는 것으로 통합적 분석이다. 그러므로 태도는 운동기능 또는 지적 기능이 그 하위기능으로 분류되어지며, 이들 기능들의 보조적 기능으로서 언어정보가 위계적이나 절차적으로 필요할 수 있다. 따라서 태도라는 목적의 학습영역을 분석하는 데는 여러 가지 학습영역의 요소를 포함한 운동기능의 목표는 하위기능으로 지적 기능과 언어정보 모두를 가지고 있으므로 통합적 분석이다.

나. 설계

이 단계의 핵심적인 질문은 '앞에서 밝혀진 필요를 바탕으로 설정된 목표를 달성하기 위해 어떤 내용들이 어떻게 조직되고 제시되어야 효과적인 결과 및 효율적인 결과를 얻을 것인가' 다. 이 과정은 한편으로 교수전략의 수립과 거의 동일하다. 설계에는 수행목표 명세화, 평가도구 개발, 교수전략 및 계열화의 하위영역이 있다. 수행목표 명세화는 성취해야 하는 목적을 구체적 수준에서 측정 가능하고 관찰 가능하게 진술한 것이다.

수행목표의 교수-학습 과정 또는 교수체제개발(ISD: Instructional Systems Development)의 맥락에서 다음과 같은 중요한 역할을 한다. ① 설계과정과 그 이후의 교수체제개발 방향을 제시한다. ② 교육훈련의 계획, 활동, 활동결과에 대한 의사소통을 촉진하여 효과성과 효율성을 제고시킨다. 교수자는 목표를 통하여 전체 교수활동의 일관성을 유지하고, 학습자는 목표를 인식하여 필요한 준비를 한다. ③ 교육훈련 평가의 내용, 절차, 방법에 준거를 제공한다. ④ 교육내용, 교수-학습전략과 매체의 선정의 지침이 된다.

교수설계(ID: Instructional Development) 또는 교수체제개발(ISD)은 목표지향적인 활동이다. 그 정도로 학습목표 또는 수행목표는 교수체제개발의 전 과정을 통하여 중요한 역할을 한다. 또한, 수행목표를 완벽하게 진술하는 데는 한계가 있으므로 수행목표는 경우에 따라 수정이 가능하다는 것 또한 중요하다.

여기서 수행(학습)목표의 구성요소에 대하여 알아보고자 한다. 수업목표의 구성요소는 학습자(audience), 행동(behavior), 조건(condition), 정도(degree)가 있는데 이들의 첫 글자를 따서 ABCD Rule이라고 한다.

① Audience(학습자): 수행목표는 강사(교사)중심이 아니라 대상 학습자 중심으로 진술한다.

② Behavior(행동): 수행목표는 학습경험 후에 기대되는 행동의 결과, 즉 수행을 진술한다. 관찰 가능한 행동을 진술하기 위해 행위동사를 사용한다.

③ Condition(조건): 수행목표는 학습자에게 주어지거나 억제된 자원들을 포함해서 행동이 나타날 수 있는 조건을 진술한다. 과제가 수행될 수 있는 작업환경을 진술한다.

④ Degree(정도), Criterion(조건) 또는 Standard(기준): 수행목표는 수행이 판단될 수 있는 질적 혹은 양적인 준거를 명세화한다.

이를 기초로 수행목표의 진술에서 가장 보편적으로 사용되고 있는 Tyler 진술방식과 Mager 진술방식을 생각해 보자. 먼저 Tyler 진술방식의 학습목표에는 반드시 ① 학습자를 주어로 하여, ② 학습내용과 함께, ③ 도달점 행동이 명세적으로 진술되어야 한다고 주장하였다.

(학생은) <u>삼각형의 합동조건을</u> 열거할 수 있다.
① 주어 ② 내용 ③ 도달점 행동

<u>조선시대의 왕의 이름을</u> 외워 말할 수 있다.
② 내용 ③ 도달점 행동

그리고 Mager 진술방식은 학습목표에 ① 학습자의 ② 도달점 행동과 ③ 그 도달점 행동이 일어나는 상황 및 조건 그리고 ④ 도달점 행동이 어느 정도 숙련되어야 하는지를 밝혀 놓는 준거가 명시되고 있다. Mager 진술방식에도 학습자(주어)를 생략하는 것이 일반적인 관례다.

십 단위 수를 두 개씩 무작위로 뽑아 만든 20개의 덧셈 문제를 주면, 수판이나 계산기를 사용하지 않고
③ 조건
(학생은) 20개의 문제 가운데 적어도 18개는 정확히 계산할 수 있다.
(① 주어) ④ 준거 ② 동사

다. 개발

이 단계에서는 앞서 설계한 수업을 실제로 개발한다. 따라서 설계내용을 바탕으로 가장 효과적으로 구현할 수 있는 매체를 선정하고 그 매체에 실행할 수 있는 자료를 제작하는 단계다.

라. 실행

이 단계에서는 개발한 내용을 실제로 적용해 보는 단계다. 이 실행은 학습자를 상대로 직접 수업을 진행하는 것과 더불어 앞서 설계 및 개발한 내용이 교수목표를 달성하는데 얼마나 기여하는지를 검토하기 위한 자료의 수집도 포함하고 있다.

마. 평가

실행단계에서 수집한 자료를 바탕으로 프로그램의 효과를 평가하는 단계다 이 평가는 개별학습자보다는 프로그램이 학습자가 교수목표를 달성하는데 얼마나 기여하고 있는지를 평가하고 있다는 점에서 이전의 평가와는 구별된다.

2. 교수개발모형(Dick & Carey의 체계적 수업설계 모형)

교수개발모형은 교수-학습 체제를 개발하는 과정 및 절차를 도식화한 것으로 1960년대 이후 교육공학에서 매우 활발히 제시되었다. 교수개발모형은 가장 효과적 및 효율적인 교수-학습체제 개발의 단계와 절차를 제시하여 수준 높은 교육프로그램 개발을 돕기 위한 것이었다. 물론 이 모형은 교수개발에 관여된 참여자들 간의 의사소통에 중요한 역할을 담당할 뿐만 아니라 개발 과정에 있어서 의사결정의 바탕이 되기도 한다.

지금까지 교수개발모형은 헤아릴 수 없을 정도로 매우 다양하게 개발되었다. 앞에서 설명되겠지만, 대표적인 모형이 [그림 9-3]의 ADDIE 모형이다. 각 모형들은 그것이 개발된 환경에 맞게 단계나 절차들이 설정되어 있다. 우리나라 교육환경에 적합하게 그 단계와 절차를 설정한 한국교육개발원개발 모형을 제시하기도 하였다.

또한 다양한 모형 중에서 [그림 9-4]에 나타낸 Dick 과 Carey의 체계적 수업설계 모형은 교수개발의 전형적인 모형으로 인식되고 있다. 이 모형은 인쇄물 형태의 자습용 프로그램을 개발하는 단계와 절차를 제시한 것이지만, 어떤 형태의 프로그램 또는 자료를 개발하는 데도 적용될 수 있다.

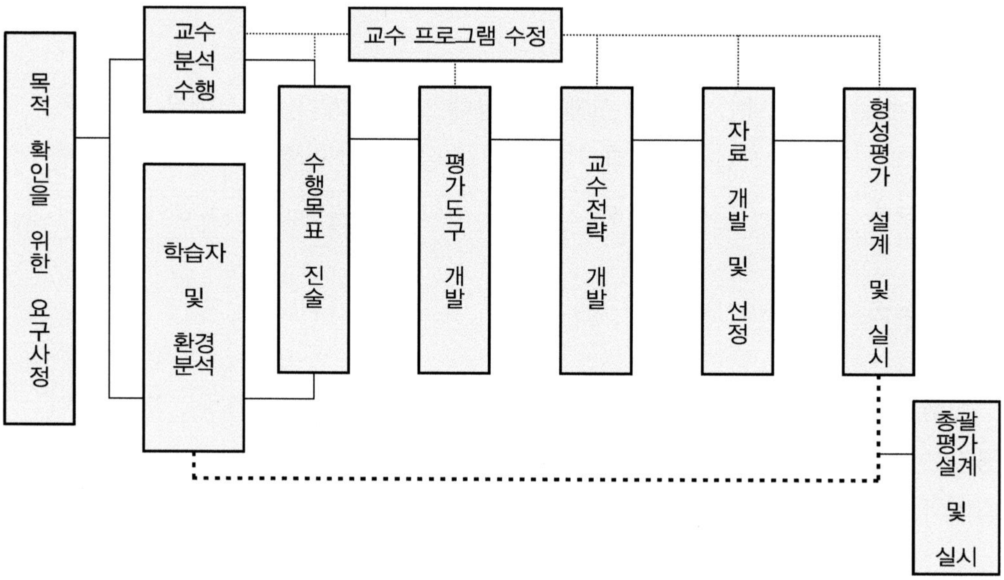

[그림 9-4] **딕과 케리(Dick & Carey) 모형**

가. 교수목표 설정

[그림 9-4]의 목적 확인을 위한 요구 사정에 해당한다. 교수목표는 수업이 종료되었을 때 학습자가 보여 줄 행동을 의미한다. 이 모형의 교수목표는 학습자의 수행과 연계시킨다는 점에서 차이가 있다. 즉, 수업이 종료되어 학습을 확인하고자 할 때 학습자에게 수행해 보게 할 행동으로 진술한다는 것이다.

사실, 대부분의 교수개발모형에서는 교수목표 설정에 앞서 요구분석 또는 직무분석 등과 같은 단계가 포함되어 있다. 이러한 분석 단계를 통해 얻어진 자료를 바탕으로 교수목표가 설정된다.

나. 교수분석

최종 교수목표가 한 문장으로 진술되더라도 그 목표를 달성하려면 하위목표 또는 세부수행단계 등이 먼저 달성되어야 한다. 예컨대, '곱셈을 할 수 있다'라는 목표를 달성하려면 우선 덧셈을 할 수가 있어야 한다. 이러한 교수목표의 분석 절차로 이 모형에서는 목표의 유형에 따른 하위기능 분석절차를 제시한다. 목표의 유형 분류는 Gagné가 제시한 학습영역 분류학에 따라 지적, 심체적, 운동, 그리고 태도 등 네 가지로 분류한다. 만약, 목표가 앞서 '곱셈을 할 수 있다'라면 지적 기능에 속하고 이것은 위계적 분석에 의해 구체적인 하위목표를 찾아낸다.

다. 학습자 및 환경분석

교수분석에 의해 구체적인 하위목표가 식별되면, 대상 학습자 및 교수 · 학습이 이루어질 환경에 대한 분석을 실시한다. 학습자 분석에서는 특히 교수목표와 관련하여 미리 갖추고 있어야 할 능력 또는 기능을 확인한다. 그리고 환경분석에서는 교수-학습 프로그램 실행과 관련된 내용을 중심으로 학인한다.

라. 수행목표 진술

수행(성취)목표란 학습되었음을 확인하고자 할 때 학습자에게 기대하는 성취행동 형태로 진술된 목표를 말한다. 이 목표는 Mager가 제시한 성취행동, 그 성취행동이 실행될 조건, 그리고 성취여부를 판단할 준거 등 세 가지 준거에 맞춰 진술된다.

마. 평가도구 개발

평가도구는 성취목표에서 가르치고자 했던 기능을 학습자가 성취했는가를 알아보기 위한 것이다. 전통적인 수업에서와는 달리 이 모형에서는 성취목표 진술과 함께 평가도구가 개발된다. 이것은 평가는 반드시 목표와 일치하여야 한다는 기본 가정 때문이다. 또한 이 모형에서 개발되는 평가도구는 목표의 성취정도를 측정하는 것이기 때문에 준거지향적이다.

바. 교수전략 개발(수립)

교수전략은 최종 교수목표를 달성하기 위해 제시할 내용, 절차 등을 계획한 것을 말한다. 이 모형에서 교수전략은 Gagné의 9가지 수업사태를 요약하여 교수전 활동, 정보제시, 연습 및 피드백, 추후 활동 등 다섯 가지로 설정하고, 이러한 내용을 계획하는 것을 교수전략 수립으로 본다.

사. 교수자료 개발 및 선정

교수전략에 의거하여 학습자용 활용지침서, 교수자료, 검사, 교사용 지침서와 같은 교수 프로그램을 만드는 것이다. 새로 개발하는 대신에 기존의 자료를 선택해서 수정하여 사용할 수도 있다.

아. 형성평가 설계 및 실시

모형에서 제시된 체계적인 절차에 따라 교수프로그램이 개발되면 전통적인 프로그램에 비해 보다 효과적일 것으로 추정은 할 수 있다. 그러나 이 프로그램이 최종 목표 달성을 보장하려면 그 효과를 확인하고 잘못된 부분이 있으면 수정하는 단계가 필요하다. 이 단계가 바로 형성평가인데, 개발된 프로그램을 현장에 시범적으로 실시하여 얻어진 자료를 바탕으로 프로그램을 수정하는 것을 목적으로 한다. 이 모형에서는 개별 학습자를 대상으로 실시하는 일대일 평가, 8~20명 정도를 대상으로 실시하는 소집단 평가, 그리고 현장평가 등 세 단계를 제시하고 있다.

자. 교수프로그램의 수정

형성평가의 결과를 바탕으로 하여 교수프로그램이 가지고 있는 결점을 수정 · 보완한다. 또한 교수분석의 타당성, 학습자의 출발점 행동 및 특성 분석의 정확성, 성취 목표 진술의 적절성, 검사 문항의 타당성, 절약의 효과 등을 검토하여 수정한다.

차. 총괄평가 설계 및 실시

형성평가와는 달리 총괄평가의 목적은 그 자체의 가치를 확인하는 것이다. 예컨대, 특정 프로그램을 도입할 것인지, 또는 현재 실시하고 있는 것을 계속할 것인지 등의 판단을 내릴 때 총괄평가를 실시한다. 따라서 이 평가는 설계와 개발을 주로 담당하는 교육공학자보다 평가전문가에서 맡겨진다. 그렇기 때문에 총괄평가는 엄밀하게 말하면 교수개발모형에 포함된다고 보기 힘들다.

3. Dick과 Carey의 교수개발모형의 특징

Dick과 Carey의 모형에 나타난 교수개발 단계들은 투입과 산출의 관계로 서로 밀접히 관련되어 있으며, 이들은 효과적이고 효율적인 교수프로그램을 만들기 위해서 역동적으로 상호작용한다. 이러한 특징은 대부분의 교수개발모형에서 공통적으로 찾아볼 수 있으며, 이것을 구체적으로 제시하면 다음과 같다.

교수목표는 반드시 구체적으로 제시되어야 한다. 여기서 구체적이라는 말은 반드시 행동적인 용어로 기술하는 것이 아니며, 누구든지 동일한 의미로 해석될 수 있도록 하라는 뜻이다. 이렇게 설정된 목표는 이후의 모든 활동을 설계하는데 기초가 된다.

교수내용은 반드시 교수목표를 달성하기 위한 내용들로 구성되어야 한다. 교수·학습의 활동은 구체적으로 진술된 교수목표를 달성하기 위해 필요 충분한 내용들로 구성되어야 한다. 특히 아무리 가치 있는 내용이라도 목표와 관련이 없다면 포함시키지 말아야 한다.

교수방법과 매체는 내용을 가장 효과적으로 전달하기 위한 것이냐는 점에서 선정한다. 지금까지 많은 연구에 의해 다양한 형태의 교수방법과 매체들이 제시되었다. 그런데, 이러한 방법과 매체는 절대적인 효과성을 가졌다기보다 의도하는 목표와 내용에 따라 상이한 효과성을 보이는 것으로 알려져 있다.

평가는 반드시 교수목표와 내용과 분명히 연관되어 있어야 한다. 교육공학에서 평가는 앞에서 설정한 목표와 그에 따른 내용을 학습자들이 얼마나 학습했는지를 확인하기 위한 것이다. 따라서 평가내용은 목표설정에 이어 작성되어야 하며, 또한 교수활동에 들어가기 전에 학습자들에게 미리 알려주어야 한다.

목표달성을 실패했을 경우, 그 잘못은 단지 학습자에게 있는 것이 아니라 방법, 매체, 학습자, 환경 등 교수환경에 있을 수 있다는 점이다. 극단적으로 말해서, 학습자가 낮은 성취도를 보일 경우, 그것은 학생이 잘못했기 때문이 아니라 교사 또는 교수프로그램이 잘못되었기 때문이라는 것이다.

제3절 교수매체

1. 교수매체의 개요

가. 교수매체의 개념

교수매체는 학습자들이 학습하는 데 사용되는 모든 자극의 조건 및 수단 · 환경들을 총칭한다. 그리고 교수매체는 교육목표를 달성할 수 있도록 교수자와 학습자, 학습자와 학습자 사이에서 학습에 필요한 커뮤니케이션이 발생하도록 도와주는 다양한 형태의 매개수단과 시스템을 의미한다.

나. 교수매체의 특성

교수매체의 특성은 크게 본질적 특성과 수업적 특성, 기능적 특성 등이 있다. 본질적 특성은 교사와 학습자 사이에 정보를 전달하여 상호 간의 의사소통을 가능하게 하는 것이다. 다음 수업적 특성은 교수의 전과정에서 교수활동을 전적으로 수행하는 교사의 대리자적 특징이 있다. 그리고 교사는 학생의 수업활동을 통괄하고, 매체는 수업의 보조물로서 교사의 교수활동을 돕는 특성이 있다. 기능적 특성은 〈표 9-3〉에 설명하였다.

표 9-3

기능적 특성

1	고정성	어떤 사람이나 상황을 포착하여 보존하고 재구성하는 성질이다.
2	조작성	사물이나 사건 · 상황들을 여러 가지 방법으로 시간적 상황을 고려하여 변형시키는 성질이다.
3	확충성	공간적인 확대로서, 하나의 사건에 대하여 거의 동일한 경험을 다수인에게 제공하는 성질이다.

다. 교수매체의 분류

1) 데일(Dale)의 분류(가장 구체적인 것부터 추상적인 것으로)

직접적 · 목적적 경험, 고안된 경험, 극화경험, 연시, 견학, 전시, 텔레비전과 영화, 녹음물, 라디오, 청사진, 시각기호, 언어기호 순이다.([그림 9-4] 참고)

2) 슈람(W. V. Schramm)의 분류

① **제1세대 매체:** 인간의 직접적인 접촉을 통해 교육이 이루어진 세대의 매체(차트, 지도, 그래프, 칠판, 극화물 등).

② **제2세대 매체:** 인쇄매체의 출현으로 사용하게 된 매체(인쇄된 교과서, 수련장, 검사물 등).

③ **제3세대 매체:** 대중매체의 발달에 의해 대량으로 전달이 가능하던 시기에 사용하던 매체(사진, 슬라이드, 각종 환등기, 영화, 라디오, TV 등).

④ **제4세대 매체:** 교육의 자동화에 의해 사용된 매체 (언어실습실, 프로그램화된 학습자료, 컴퓨터 등).

3) 브루너(J. S. Bruner)의 분류

① **대리경험장치:** 대리적인 경험을 제공하는 것(영화, TV, 슬라이드, 녹음테이프, 서적 등).

② **모형장치**: 사물의 영상을 모형을 통해 제시해주는 장치(실험장치, 시범장치, 차트, 인체모형 등).

③ **극화장치**: 현실의 경험을 생생하게 전달할 수 있는 장치(다큐멘터리 형식의 기록영화 등).

④ **자동화장치**: 교수의 자동화에 의해 교사를 대신할 수 있는 장치(교수기계, 컴퓨터 보조학습장치 등).

4) 브레츠(R. Bretz)의 분류

말하는 매체, 기록 또는 녹음하는 매체이다.

5) 맥루한(M. Mcluhan)의 분류

뜨거운 매체, 차가운 매체이다.

교육공학에서 사용하는 하드웨어(hardware)는 TV, 라디오, 교수기계, 컴퓨터, 영사기 등과 같은 기구이며, VTR 테이프, 녹음내용, 필름은 아니다.

라. 학습자료 선정 시의 고려사항

학습자료 선정 시의 고려사항은 교육목표와의 일치성, 학습자의 능력의 적합성, 정보의 확실성과 참신성, 흥미와 집중의 가능성, 참여의 가능성, 기술의 질, 효율성, 공정성 등이 있다.

마. ASSURE 모형(1989년)

ASSURE 모형은 Heinich, Molenda, Russel 등이 교수-학습과정에서 교수매체와 자료를 효과적이고 체계적으로 활용을 위하여 고안한 절차적 모형이다. 실제 교실에서의 수업을 위해 매체와 자료의 활용을 위한 계획의 수립에 초점이 있는데 [그림 9-5]에서와 같이 교수매체의 선정절차가 6단계로 이루어져 있다. 이에 대하여 알아보자.

A	S	S	U	R	E
학습자 분석 Analyze learners	목표의 진술 State objective	방법과 매체의 선정 Select methods, media & aterials	매체와 자료의 활용 Utilize media & materials	학습자 수행 요구 Require learners participation	평가와 수정 Evaluate & revise
일반적 특성 구체적 출발점 능력 학습유형	학습대상자 행동 학습의 조건 평가기준	수업방법 선정 매체 선정 자료의 선정	자료의 사전검토 환경정비 학습 위한 사전준비 자료제시	연습과 과제	학습목표 평가 매체와 방법 평가 교수 · 학습과정 평가 수정

[그림 9-5] **ASSURE 모형**

1) 학습자 분석(analyze learners)

교수매체를 적용할 학습자의 제반 특성을 분석한다.

① 학습자의 일반적 특성, 연령, 학년, 직업, 지위, 문화적 · 사회 경제적 요인은 우선적으로 고려해야 할 내용이다. 교사로 하여금 수업의 정도, 내용, 절차, 학습자에게 의미를 줄 수 있는 여러 가지 예를 결정하는 데 도움을 준다.

② 학습자가 이미 갖고 있거나 또는 필요로 하는 지식이나 기능에 관한 정보를 가지고 있으면 더욱 유용할 것이다.

2) 목표의 진술(state methods & materials)

가능한 한 자세하게 학습자가 학습을 마친 후의 행동을 진술한다. 수업 목표를 확인하는 일이다.

① 개별 학습자가 어떠한 목표에 이르기를 기대하는지, 수업이 끝난 후에 학습자로 하여금 어떠한 새로운 능력을 갖추기를 원하는지 모두 알아야 한다.

② 목표란 교사가 수업시간에 학습자에게 주입하려고 하는 무계획적인 것이 아니라 학습자가 진정 배우려고 하는 내용이 되어야 한다. 목표는 가능한 한 자세해야 한다.

3) 방법과 매체의 선정(select methods & materials)

최적의 교수매체와 자료를 선정한다.

① 매체 선정의 과정은 크게 두 단계로, 적절한 매체 형태를 선정하는 일과, 그 형태를 유지하면서도 그에 알맞은 특별한 매체를 고르거나 수정하거나 또는 설계하는 일로 나눌 수 있다.

② 각종 매체를 살펴보고, 학습자의 유형, 추구해야 하는 많은 목표와 관련지어 보아야 한다.

③ 교수매체를 신청할 때 고려해야 하는 요소로는 교수 상황 또는 형태(대규모 집단, 소규모 집단, 개별교수), 학습자 변인, 학습결과의 유행(인지적 영역, 정의적 영역, 행동적 영역) 등이 있을 수 있다. 예) 사서 교사와 의논하여 비디오, 책, 지도 등을 예약해 둔다.

4) 매체와 자료의 활용(utilize media & materials)

교수매체와 자료를 수업에서 활용한다. 고려해야 할 사항들은 매체의 사전 점검, 사용 방법의 숙달, 다양한 환경을 고려하는 것, 대상자들을 준비시키는 일, 실제 매체를 제시하는 일에서의 주의 등이다.

① 제1단계(사전시사) → 제2단계(제시순서 결정 · 리허설) → 제3단계(수업을 전개할 주변 환경 정비) → 제4단계(학습자의 사전준비) → 제5단계(교수자료 제시)

② 수업자료가 학습자와 학습목표에 적절한가를 사전에 검토한다(제1단계).

③ 교수매체를 이용할 교실의 주변 환경을 점검한다(제3단계)

④ 학습자에게 학습 준비를 위해 학습내용과 교수매체에 관한 정보를 제공하여 동기유발을 시킨다(제4단계).

5) 학습자의 수행요구(require learners participation)

학습자의 수행요구는 참여 유도와 반응정도이다.

① 가네는 여러 유형의 목표를 효과적으로 학습하기 위해서, 모든 목표달성에

공통적으로 필요한 조건은, 달성하려고 하는 기능을 직접 연습해 보이는 일이다.

② 가장 효율적인 학습상황은 학습자가 목표달성을 위하여 실제행동을 하도록 요구하는 일이다.

③ 참여의 형태로는 새로운 어휘의 반복적인 사용, 연습장에 수학문제를 실제 풀어 보는 행위 등이다.

④ 학습자의 참여활동을 위해여 어떤 특수한 도구를 사용할 수도 있다.

⑤ 학습자의 참여 중에서도 옳은 반응에 관한 교사의 즉각적인 인정은 특히 평균 이하의 능력을 가진 학습자의 학습에서 더욱 중요하다. 평균 이하의 능력을 가진 학습자를 위해서는 성공에 대한 즉각적인 증거가 다음 학습을 촉진시키는 강력한 동기 부여책이 될 수 있다.

⑥ 토론이나 짤막한 시험, 연습 등은 수업 도중에 반응을 강화하는 효과로서 훌륭한 기능을 한다. 교사 지침서나 교재에서는 학습자의 반응을 강화하고 촉진시키는 구체적인 기술과 방법을 제시해 주고 있다.

6) 평가와 수정(evaluate & revise)

교수매체와 자료의 활용 결과를 평가한다.

① 평가에서 취급되는 항목은, 교수매체가 효과적이었는지, 효율적이었는지, 매력적이었는지, 개선될 여지가 있는지 등이 반드시 평가되어야 한다.

② 평가결과는 교사 개개인 매체사용 자료집에 보관되어 차후의 사용을 위해 유익한 정보를 제공할 수 있어야 한다. 평가방법으로는 학급에서의 토론, 개별면접, 학습자 행동의 관찰 등이 사용될 수 있다. 물론 목표달성의 실패는 수업에서 무엇인가 잘못되었다는 것을 의미한다. 교사가 사용한 수업방법에 관한 학습자의 반응을 분석하는 것은 실패를 바로잡는데 도움이 된다.

③ 수업과정의 마지막 단계는 평가 결과 모아진 자료를 검토하는 일이다. 실제 벌어진 수업과 그 수업에서 기대한 학습목표 사이에 얼마나 큰 차이가 있는지, 학습자의 성취는 목표에 미달했는지, 초과달성했는지, 교사가 준비한 교수매체나 방법에 대한 학습자의 반응은 어떠한지, 교사가 선정한 매체의 가치에 본인은 만족하는지, 평가의 결과가 만족스럽지 못하다면 계획을 수정

해야 한다. 아무리 훌륭한 모델이라고 하여도 사용하는 사람들이 적절히 사용하며 부족한 점을 보충해 나갈 때 진정한 효과를 볼 수 있게 된다.

2. 교수매체의 선택과 유형

가. 교수매체의 선택기준

교수매체의 선택기준은 매체의 적절성, 난이도, 경제성, 이용가능도, 질적 양호성 등을 고려하여 적절히 선택한다.

나. 교수매체의 유형

교수매체의 유형은 비투사적 및 투사적 매체와 녹음자료, 그리고 방송매체 등이 있다. 비투시적 매체는 실물, 모형, 표본, 실물정화, 시뮬레이션 등이 있으며, 투사적 매체는 슬라이드, 실물화상기, OHP 등이 있다. 방송매체의 장점은 정보 및 지식을 수많은 사람에게 동시에 전달할 수 있어 집단학습에 유리하고 시간적 제한을 극복하여 과거의 사건을 현재로 생생하게 재현시킬 수 있으며, 생방송에 의해 현재의 사건이나 사실을 시청각적 통로를 통해 즉각적으로 전달할 수 있다는 것이다. 그러나 시청자에게 일방적인 정보제시를 할 뿐, 송신자와 수신자의 피드백(feedback)이 곤란한 점은 방송매체의 단점이다.

3. 시청각교육

가. 시청각교육의 개요

시청각교육(audio-visual education)의 정의는 시청각자료를 교육과정에 통합시켜 적절하게 활용함으로써 학습과정을 효과 있게 해 주는 교육방법이다. 시청각교육의 특성은 학습에의 도입을 효과적으로 할 수 있고, 인간의 감성적 인식의 한계를 극복하게 하며, 올바른 개념형성을 돕고, 태도의 형성에 도움이 되는 점이다. 그리고 동기유발과 흥미의 자극으로 영속적 학습을 돕는 점이다.

시청각교육의 기능은 경험영역을 확대한다. 의미 있는 정보를 전달할 수 있다. 흥미와 동기유발, 적극적 수업 참여를 유도할 수 있다. 교사의 육체적 제한점과 문제해결 능력을 보완한다. 학습의 진단과 처방을 내려 주는 점이다.

시청각교육시 시청각 자료의 특징은 산 경험을 제공할 수 있는 등 생생한 경험을 제공하여 감성적 인식의 한계를 극복하게 한다. 새로운 의욕과 흥미를 자극하여 동기유발을 도와 학습활동을 원활히 해 준다. 복잡한 내용을 체계적으로 단순하게 정리해 준다. 지리적 · 공간적 제한을 극복해 줄 수 있는 긍정적인 점과 학습 성취도 평가가 용이하지 못한 부정적인 점 등이 있다.

시청각교육의 한계점은 경험의 구체성을 너무 강조한다. 추상적 개념의 구체화가 곤란하다. 인격적 접촉이 간접적으로 이루어진다. 시청각 기술이 자동적으로 교육효과를 가져다 주는 것은 아니다. 구체적 경험만으로는 개념화가 불가능하다는 점이다.

나. 시청각 교육이론

1) 호반(C. F. Hoban)의 교육과정 시각화(1930년대)

교육목적은 인간경험의 일반화에 있고 이 과정에서 학습경험을 시각화하여야 한다고 주장하였다. 시각교재의 체계화를 시도하였다.

2) 올센(E. G. Olsen)의 대리적 학습경험(1940년대)

시청각자료에 의학 학습을 대리적 학습이라고 정의하였다. 학습유형은 직접적 학습으로부터 시청각자료를 통한 대리적 학습과 언어를 통한 대리학습이 있다고 하였다.

3) 데일(E. Dale)의 경험의 원추(1950년대)

① 이론의 개요

· 진보주의 교육이론에 기초하여 시청각 교육을 체계화하였다.

· 시청각 교육: 세계를 교실 안으로 끌어들이는 방법이다.
· 경험의 원추모형 제시: 시청각 자료의 역할과 성격을 규명한 모형이다.

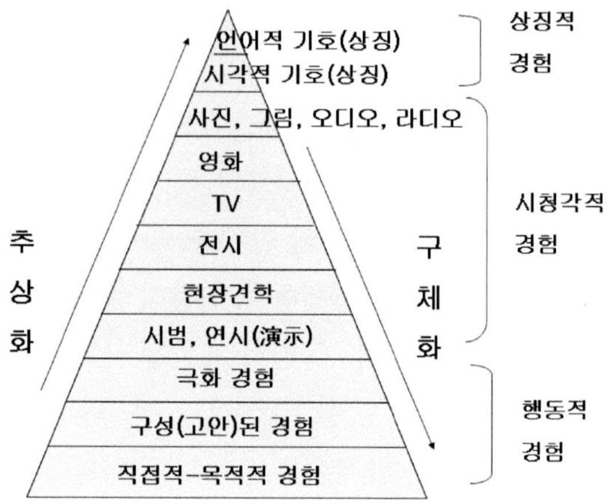

[그림 9-6] **데일의 경험원추이론**

② 경험의 원추와 학교교육
· 경험의 원추는 학습자의 발달단계와 관계가 있다.
· 발달단계가 낮은 학습자일수록 직접적 경험에 가까운 방법으로 학습한다.
· 발달단계가 높은 학습자(대학생)는 상징적 언어에 의한 학습이 효과적이다.
· 데일(Dale)의 경험의 원추에서 성공적인 학습을 위해서는 가능한 원추 하단의 매체를 이용하며, 원추 상단의 매체의 활용은 학습시간의 단축을 위해서 이용하면 좋다.
· 연령이나 지식의 정도가 중간 정도인 학습자의 확실한 학습보장을 위해서는 원추 하단의 매체를 사용하는 것이 좋다.
· 극화 경험은 재구성시킨 경험, 연극, 극적 참가와 관찰, 어떤 사건이나 주요 사상을 초점화한 것이다(컴퓨터 매체는 TV와 전시 사이에 넣을 수 있다).

③ 경험원추의 문제점
· 직접경험의 효과성을 강조하는 실용주의적 전제에 입각하여 매체의 교육적 기능을 간과하고 있다.
· 메시지의 내용과 방식에 따라 학습자에게 주는 의미가 달라질 수 있는데, 경험의 원추는 이를 무시한 교사중심적 분류방식이다.

4) 킨더(J. S. Kinder)의 지적 과정이론

① 지식획득의 단계는 아동의 심리적 발달단계를 중심으로 제시하였다.

② 시청각 자료는 학생들의 한정된 경험의 한계와 교실의 시간적 · 공간적 제한을 극복해 주는데 가치가 있다고 주장하였다.
③ 지적 활동이 감각 · 지각 · 기억 · 상상 · 비교 · 개념 · 추리의 순으로 형성된다는 이론이다.

4. 컴퓨터와 교육

가. 교수 · 학습을 위한 컴퓨터의 활용

1) 컴퓨터 보조학습(CAI: computer assisted instruction) 방식

컴퓨터 보조학습(CAI) 방식의 개념은 실제 수업과정과 유사한 과정으로 컴퓨터를 활용하여 컴퓨터가 직접 수업기능을 하도록 되어 있는 체제로, 컴퓨터가 직접교수매체로 활용되어 학습자를 가르치는 방법이다. 이는 교사와 컴퓨터 사이에 수업 역할을 분담할 수 있다. 컴퓨터 보조학습(CAI) 방식의 유형은 개별교수형, 반복연습형, 문제해결형, 발견학습형, 게임형, 모의실험형, 자료제시형 등이 있다. 개별교수형은 컴퓨터가 지식과 정보를 화면에 제시하고, 학습자의 이해를 확인하는 방식으로 학습자의 반응에 따라 피드백을 제공하는 방식이다. 반복연습형은 학습자가 새로운 정보나 지식 등을 습득한 후 그것을 반복하여 다루어 볼 기회를 제공함으로써 교육의 효과를 기대하는 것으로 CAI 중 가장 많이 사용되는 방식이다. 문제해결형은 학습자가 문제를 해결하고, 해결책을 이론적으로 분석하기 위해 사용하는 방법이다. 그리고 탐구식은 알고자 하는 원리나 개념 등을 학습자 스스로 컴퓨터를 통해 질문과 확인의 과정으로 이끌어 가는 문제해결형의 한 유형을 말한다.

컴퓨터 보조학습(CAI) 방식의 특징은 학습자 개개인에게 맞는 수준과 속도로 학습을 진행시킬 수 있어, 개인차에 적합하고 교육의 효과가 높다. 학습자와 프로그램 간의 상호작용의 기회를 충분히 제공할 수 있는 상호작용적인 점이다. 그리고 학습자의 학업 진행 정도와 성취수준을 기록 · 분석함으로써 학습 진단과 처방에 도움을 줄 수 있는 점이다. 또한 학습자에게 실수를 두려워하지 않고 독립된 문제상황에서 적절한 학습전략을 구사할 수 있는 환경을 제공할 수 있어 교수-학습과정이 개별화가 가능한 점이다. 학습자 특성에 맞게 다양한 자료제시방법, 경로,

수준 등을 활용할 수 있도록 흥미로운 학습경험을 제공하는 점이다. 운영상 편리하며 비용면에서 경제적이며 신속 · 정확하고 정보처리 능력이 뛰어나며 복잡한 정보저장이 가능하다는 점이다. 끝으로 수업원리를 활용하는 언어가 개발되어 융통성이 있다는 점이다.

2) 컴퓨터 관리학습(CMI: computer management instruction) 방식

컴퓨터 관리학습(CMI) 방식의 개념은 컴퓨터시스템을 학습자의 학업성취와 학습지원 가능성에 관한 정보관리에 활용하여 개별화 수업을 처방하고 관리하는 체계다. 컴퓨터 보조학습(CAI)과의 차이점은 컴퓨터가 직접적으로 수업기능을 담당하지 않는다는 점이다. 그리고 컴퓨터 관리학습(CMI)의 특징은 개별화된 교육체제 구축에 도움을 제공한다. 학습자 개개인의 반응과 프로그램의 적절한 피드백 사이의 다양한 관계에 포함된 관리 문제를 해결해 준다. 그리고 개별화된 수업체제의 구성을 지원한다는 점이다.

3) 컴퓨터 보조교육훈련(CBT: computer based traning) 방식

컴퓨터 보조교육훈련(CBT) 방식은 기업의 연수나 훈련을 효과적으로 실시하면서 시간과 비용을 절감하기 위하여 기업교육훈련에 도입되었다.

4) 컴퓨터 매개통신(CMC: computer mediated communication) 방식

컴퓨터 매개통신 체제는 컴퓨터를 전화선과 모뎀, 또는 통신망과 연결하여 사용자간의 정보공유와 교환, 의사소통이 되도록 한 체제다. 이 체제를 활용하는 수업방식을 컴퓨터 매개통신(CMC) 방식이라 한다. 컴퓨터 매개통신(CMC) 방식의 특징은 시공(時空)을 초월한 비동시적 상호작용을 가능하게 한다. 사용자가 편리한 시간과 장소에서 자유로운 학습 환경을 조성한다. 최신 정보의 교환수단으로 활용할 수 있다. 여러 가지 방식으로 정보교환, 토론을 통한 협동학습이 가능하다. 학교교육의 보조매체 활용 및 원격교육 방식을 발전시키는 핵심 매체인 점이다.

5) 컴퓨터 적응평가(CAT: computerized adaptive testing)

빠른 시간 내에 적은 수의 문제를 가지고 학습자의 능력을 정확하게 측정하기 위해서 개발된 평가용 프로그램의 일종이다.

6) 컴퓨터 리터러시(computer literacy)

컴퓨터 리터러시는 현대의 정보산업사회에서의 생활을 영위하고 업무수행을 원활하게 수행하기 위해서 필요한 지식과 기술로서의 컴퓨터에 관한 이해와 활동 능력을 갖추는 것을 의미한다. DOS(disk operating system)와 Windows 등의 기본운영 체제, 워드프로세서, 데이터베이스 운영 방법과 활용, 최근의 인터넷과 전자우편이 교육내용에 포함된다. 빠른 시간 내에 학습자의 능력을 측정하기 위해 컴퓨터 적응 평가(CAT) 시스템을 사용한다.

7) 통합학습시스템(ILS: integrated learning system)

1990년대 중반부터 미국에서는 컴퓨터 리터러시, CAI, CMI의 세 가지 기능을 포함한 통합학습시스템(ILS)이 개발되고 있다. ILS의 특징으로는 각 수업들이 표준 과정 안에 통합되어 있으며, 프로그램들이 포괄적으로 여러 학년에 걸쳐 있고, 교수목표에 따라 구체적으로 독립된 수업들로 구성되어 있고, 전체 시스템이 LAN으로 연결되어 운영된다. 학생들의 성취도를 기록하고 저장하는 운영시스템이 있다. 프로그램들이 퍼스널 컴퓨터 및 터미널에 의해 운영된다. ILS의 장점은 개별화 수업을 위해서 적절히 사용될 수 있다. ILS의 단점은 비용이 많이 들고 학교교육과정이 교사나 학부모들에 의해 조정될 기회를 상대적으로 상실된다.

나. 컴퓨터 활용학습의 장 · 단점

컴퓨터 활용학습의 장점은 개별화 수업을 가능하게 한다. 학습자의 반응에 대하여 빠른 속도로 개별적 반응을 하게 한다. 컴퓨터를 이용하기 위한 인내와 개인적 태도 등의 정의적인 면에서 긍정적인 분위기를 만들어 준다. 수업내용의 표준화에 기여한다. 다양한 색깔이나 음악 그리고 만화화된 영상 등은 학습자의 흥미를 끌고 수업내용의 현실성을 높여 준다. 효과와 효율성을 높인다. 끝으로 학습자는 논리적인 방법으로 의사소통을 하도록 자극받게 된다는 점이다.

한편 컴퓨터 활용수업의 단점은 도입비용과 효과에 대한 면밀한 검토가 선행되어야 한다. 호환성이 문제가 되기도 한다. 노력하지 않아도 컴퓨터가 모든 것을 해결해 주는 것으로 비현실적인 기대를 할 수 있다. 컴퓨터로 가르칠 수 있는 교육내용이나 이용목적에는 한계가 있다. 컴퓨터 보조학습에서는 창의성이 무시되기 쉽다. 학습자의 정의적인 측면과 심동적인 측면, 대인관계의 기술로 가르치기에는 적합하지 않으며, 학습자의 사회적 관계가 결여되기 쉽다. 초기 단계의 컴퓨터 보조학습이 가졌던 매력을 최근에 상실하고 있다. 끝으로 질 높은 컴퓨터 보조학습을 하려면 비용이 많이 든다는 점이 있다.

5. 교육과 뉴미디어

가. 인터넷과 교육

인터넷을 활용하여 국가의 교육정보화 사업의 일환으로 국내외 학습 · 학술자료와 교육행정 등에 관련된 종합정보시스템인 에듀넷(EDUNET)을 운영하고 있다. 에듀넷은 교사 · 학부모 · 학생들이 컴퓨터 통신망을 통해 국내외의 학습 및 학술자료와 교육행정 등 교육에 관련된 정보의 고속도로를 의미한다. 에듀넷 운영은 한국교육학술정보원(KERIS)에 위탁 · 운영한다.

인터넷의 교육적 활용의 특징을 살펴보면, 시공(時空)을 초월하여 융통성 있는 교육을 허용한다. 수업보다는 학습 위주의 교수 · 학습 환경을 제공한다. 자기에게 필요한 정보를 찾아가는 과정을 배울 수 있는 등의 창의성과 종합적인 사고를 길러준다. 인터넷의 활용을 통해 글쓰기와 의사소통 능력을 기를 수 있다. 그리고 인터넷은 교실과 세계를 잇는 가교역할을 하기 때문에 학생들은 이를 통해 실생활에서의 문제해결 방법을 배울 수 있다. 인터넷을 이용해 끊임없이 정보를 찾고 활용하는 과정에서 질문하는 방법과 논쟁하는 방법을 습득할 수 있다. 수업준비에 소요되는 시간을 줄일 수 있으며, 다양한 전문가들의 조언을 얻을 수 있다. 끝으로 인터넷을 통한 상호작용이나 의사소통으로 정보 교환이 가능하지만 사회적 관계가 결여되기 쉽다. 인터넷 이용 내용은 다음과 같다.

① **정보검색**: 다양한 정보의 바다에서 학습자가 우선하는 정보를 찾으려고 노력하는 과정 자체가 학습활동이 될 수 있다. 이는 학습자 주도능력을 배양할 수 있는 사이트를 이용하여 수업을 한다.

② **정보교환**: 전자우편(e-mail)과 파일전송(FTP)의 방법으로 정보를 교환하는 방식으로 수업이 진행될 수 있다.

③ **온라인 강좌**: 인터넷을 통해 강좌를 개설하여 비용 절감효과를 기대하는 수업이 이루어질 수 있다.

④ **개별학습**: 인터넷에는 학습자의 능력과 선호에 적합하게 학습자 주도능력을 배양할 수 있는 사이트가 많이 개설되어 있다.

⑤ **수업단계**: 수업단계별로 인터넷이 이용될 수 있다. 즉, 계획, 진단, 지도, 발전, 평가의 각 단계에서 인터넷이 활용될 수 있다.

⑥ **비디오**: 비디오는 인터넷을 이용한 수업이 아니며 동영상 혹은 인터넷을 통한 음악 감상 등은 인터넷을 이용한 수업이 될 수 있다.

나. 멀티미디어와 교육

컴퓨터는 디지털한 자료를 받아들여 기억, 실행하며 기억된 명령어에 따라 결과를 산출하도록 구성된 조작적인 기계인 하드웨어다. 반면에 멀티미디어(multimedia)는 통합된 매체이며 여기에는 텍스트, 그림이나 사진 등의 이미지, 애니메이션, 음향이나 음성의 사운드, 그리고 비디오 등이 컴퓨터를 중심으로 디지털 방식으로 통합되어 커뮤니케이션과 상호작용(interactivity)을 가능케 하는 소프트웨어의 개념이다. 따라서 컴퓨터와 멀티미디어는 함께 공존하는 하드웨어와 소프트웨어로 이해하면 된다.

멀티미디어는 다양한 형태의 정보를 통합하여 제시하기 때문에 풍부한 학습환경을 조성할 수 있다. 그리고 사전에 정해진 학습계열에 따라 학습이 진행되는 전통적인 컴퓨터 보조학습(CAI: computer assisted instruction)과는 달리 학습자는 자유롭게 학습내용을 통제할 수 있다.

멀티미디어 교육의 장점은 다양한 형태의 정보를 통합하여 한 화면에 제시한다.

상호작용을 가능하게 하여 학습경험을 확장시켜 준다. 현실과 유사한 풍부한 학습 환경을 제공한다. 많은 양의 정보를 수록할 수 있다. 시공간적(時空間的)인 제한을 극복할 수 있다. 학생들의 흥미를 끌어 깊이 몰입(flow)하게 한다. 문자에 소리와 영상을 결합시켜 다양한 감각에 호소한다. 연결버튼을 사용하여 다른 미디어에 접속할 수 있다. 사용자는 자신이 원하는 곳으로 항해하면서 지식을 쌓을 수 있다. 끝으로 교사와 학생은 자신이 창조하고 싶은 자료를 간단하게 만들 수 있다.

멀티미디어 교육의 단점은 멀티미디어 도구를 효과적으로 사용하기 위해서는 많은 시간과 헌신이 요구된다. 프로그램 제작비가 비싸다. 프로그램 개발을 위해 다수의 전문 인력자원이 필요하다. 구조화된 안내를 선호하는 학생들은 당황할 우려가 있다. 구체적인 피드백이 없으면 일방적인 정보 제시(提示)로 끝날 수 있다. 고급 저작(著作) 도구일수록 사용하기가 어렵다. 끝으로 제공되는 정보가 비선형적이고 탐험을 요구하므로, 수업목표에 도달하기 위해서는 시간이 많이 소요 된다는 점이다.

멀티미디어의 제한점은 학습자가 원하는 곳을 항해하다가 자신의 위치를 모르는 경우가 발생할 수 있으며, 구체적인 피드백을 제공하지 않아 일방적인 정보제시로 끝날 수 있다. 고급 저작 도구일수록 사용하기가 어려우며 제공되는 정보가 목표에 도달하기 위해서 시간이 많이 소요되는 점이다.

다. 원격교육(E-learning)

집에서 학교까지 1시간 이상이 소요되는 교수자와 학습자 간의 물리적인 격리가 되어 있고, 인터넷, 팩시밀리, 위성 TV 등의 통신수단이 잘 보급되어 있어, 학습주체가 교사와 학습자 간의 상호작용(쌍방향 의사소통)을 필요로 할 때에 적절한 교육방식으로 인쇄자료, 음향, 영상자료 등의 교수매체를 활용, 교수-학습활동을 하는 교수전략이다. 즉 교수자와 학습자가 직접 대면하지 않고, 방송교재, 오디오나 비디오 교재 등을 매개로 하여 교수-학습활동을 하는 교수전략이다.

원격교육의 개념적 속성은 교수자와 학습자 간의 교육적 통신이 지리적 거리에 의해 분산된다. 교수자와 학습자는 쌍방향적인 상호작용이 이루어져야 한다. 학습과정을 촉진하기 위해서 일종의 교수매체가 사용되어야 한다. 그리고 원격교육은 다양한 교수매체의 활용과 '면대면 수업'을 병행함으로써 거리를 최소한으로 좁히려는 교육활동이다.

원격교육의 특성은 교수자와 학습자는 지리적 거리에 의해서 분리되어 있으며, 교수매체를 통하여 의사소통을 한다. 원격교육은 다수 대상의 개별학습이 이루어지기 때문에 학습자의 책임감이 필요하며, 기초가 되는 것은 학습자가 개별적으로 사용하는 교수매체다. 각종 피드백, 면대면 출석강의, 전화 · 팩스상담, 컴퓨터통신을 통한 토론, 음성 또는 화상 회의시스템을 통한 쌍방향 의사소통이 필수적이다. 사전에 계획되고, 준비되고 조직된 교재를 통하여 개별학습이 이루어진다. 학습자는 언제, 어디서, 어떻게 학습을 할지 스스로 결정해야 하기 때문에 자신의 학습에 보다 책임을 갖는다. 교재개발과 학생지원서비스 등을 제공할 물리적 · 인적 조직이 필요하다.

원격교육의 장점은 학습자들이 원하는 시간과 장소에서 교육받을 수 있다. 다수의 학습자를 동시에 교육할 수 있다. 가격 대비 효과면에서 경제적이다. 학습자들은 최신 정보를 필요할 때 입수할 수 있으며, 원거리에 있는 교사나 전문가와의 접촉이 가능하다. 네트워크로 연결된 여러 지역의 학습자들이 생동감 있고 상호작용적인 학습 환경에서 협력 학습을 할 수 있다. 흩어져 있는 학습자원을 공유할 수 있다.

원격교육의 단점은 원격교육이 경제적이나 시스템 구축을 위한 초기 비용이 많이 든다. 계속적인 지원조직이 필요하기 때문에 계속적인 투자가 필요하다. 학습의 질을 관리하고 평가하기가 어렵다. 의사소통 채널의 변경으로 교수자와 학습자 간에 의사소통의 문제가 발생할 수 있다.

가상교육이 기존의 수업방식과 다른 점으로 컴퓨터 매개에 의한 가상교육은 정보교환과 집단 상호작용이 가능한 다수 대 다수의 커뮤니케이션이다. 가상교육의 이 같은 특성은 네트워크로 연결된 여러 지역의 학습자들이 생동감 있고 상호작용적인 환경에서 협력학습을 할 수 있게 한다. 그리고 공간을 초월한 커뮤니케이션이며, 시간을 초월한 커뮤니케이션이고, 컴퓨터 매개학습인 점이다.

생각해 볼 문제

1. 미국교육공학회(AECT)에서 1994년도와 2008년도에 교수공학과 교육공학의 정의 내용을 간단히 설명하고 교육공학의 영역을 5가지로 나누어 간단히 설명하시오.
2. 교수개발의 주요단계의 대표적 모형인 ADDIE 모형에 대하여 설명하시오.
3. 대표적 교수개발모형인 딕과 케리(Dick & Carey)의 체계적 수업설계모형을 설명하시오.
4. 수업자료 선정 시의 고려사항과 ASSURE 모형에 대하여 설명하시오.
5. 시청각교육에 대하여 설명하시오.
6. E. Dale의 경험의 원추(1950년대)에 대하여 설명하시오.
7. 교수·학습을 위한 컴퓨터의 활용 방법 5가지 이상을 설명하시오.
8. 컴퓨터 활용수업의 장 · 단점에 대하여 논의하시오.
9. 인터넷과 교육, 멀티미디어와 교육, 원격교육에 대하여 간단히 설명하시오.

제 10장

교육행정과 조직

동서양 어디에서나 교육이 처음 시작될 때에는 가르치는 일만 있었을 것이다. 우리나라의 서당을 생각해 보면 교장이나 교사, 직원의 구별 없이 훈장 혼자서 모든 일을 했다. 마찬가지로 미국의 "one-room-school"도 교사 혼자서 가르치는 일도 하고 학교를 관리했다. 그러다가 학생 수가 늘어나고 학교의 규모가 커지면서 가르치는 일과 이를 지원하는, 즉 행정하는 일이 필요하게 되었다. 교육행정에서 이루어지는 일(tasks)은 다음과 같다.

· 교육목표를 설정하고 교육과정과 프로그램을 선정 · 조직하고 교육자료와 교육방법 등 교육내용에 관한 일
· 이런 일을 해낼 수 있는 사람, 즉 인적 자원을 확보하고 배분 · 조직하는 교직원 인사에 관한 일
· 학생을 어떻게 조직하고 복지와 후생, 상벌 등을 어떻게 할 것인가에 관한 학생인사에 관한 일
· 교육에 관한 여건을 조성해 주고 지원해 주는 교육시설에 관한 일
· 교육을 하는데 필요한 재정을 확보하고 배분하고 회계하는 교육재정에 관한 일
· 교육내용, 교직원 인사, 학생인사, 교육시설, 교육재정에 관한 일을 기록하고 정리 · 보관하는 일

여러분들은 대체로 교육행정이 어렵고 멀리 있다고 느끼는 경향이 있다. 하지만 교육행정에서 하는 일을 보면 교육행정이 우리가 하는 교육과 멀리 있는 것이 아니며 밀접한 관련이 있다는 것을 이해할 수 있을 것이다.

제1절 교육행정의 기초

1. 교육행정의 의미

교육행정이란 무엇인가? 쉽게 말하면 교육활동이 쉽게 잘 일어나도록 지원하는 일이다. 교육행정은 교육을 위해서 필요한 것이고 교육 때문에 존재한다. 행정을 의미하는 영어의 "Administration"이라는 말은 ad(to) + minister(serve)로, 어원적으로 봉사라는 말에서 나왔다. 그래서 행정은 본질적으로 지원활동, 봉사활동이다. 그럼에도 우리는 교육행정이 교육을 위해서 필요하고 교육을 위해서 존재한다는 말에 쉽게 수긍이 가지 않는다. 그 동안 교육행정이 교육을 위한 수단적 · 지원적 봉사활동이기 보다는 행정행위 그 자체에 치우쳐 오히려 불편함 느꼈기 때문이다.

교육학에 입문하는 입장에서 교육행정이란 무엇인지를 분명히 이해하고, 왜 교육행정이 교직과목 속에 포함되어 있는지를 이해해야만 한다. 더욱이 앞으로 경력을 쌓고 공부를 더 하여 교육행정가가 되고자 하는 사람은 출발점에서부터 남에게 봉사함으로써 즐거움과 보람을 찾고자 하는 마음을 가져야 한다.

교육의 1차적 소비자(primary consumer)는 학생이고 2차적 소비자가 학부모, 주민, 지역사회가 된다. 그렇다면 교육행정의 1차적 소비자는 누구인가? 바로 학교의 조직구성원, 즉 교직원이다. 교육행정의 1차적 영향은 교직원이 받게 된다. 또 이들의 협조 없이는 교육행정의 목적을 달성할 수 없다. 2차적 소비자는 학생이 되고 3차적 소비자가 학부모, 주민, 지역사회(예 : 기업체 등 직장)다(주삼환 외 5인, 2006 : 46). 교육행정이 궁극적으로 교사들의 교수-학습(teaching-learning), 즉 교육을 촉진하고 조장하기 위해서 이루어지는 봉사활동이라면, 교수-학습 행위를 하는 교사들이 바로 행정지원을 받는 수혜자다. 교사들은 교육활동에 필요한 지원을 잘 받기 위해 교육행정이 이루어지는 학교를 이해하고, 보다 효과적인 교수-학습 활동을 위한 지원을 받을 수 있어야 한다.

교육행정이란 교육목적을 설정하고, 설정된 목표를 달성하기 위하여 필요한 인적 · 물적 · 재정적인 자원을 적절히 투입하고, 투입한 자원들이 목표설정을 위해서 그 기능을 발휘하도록 지원하는 봉사활동이다. 결국 행정은 교육 때문에 존재하는 것이며 교육이 잘 이루어지도록 지원하고 봉사하는 활동이 교육행정이다.

교육행정과 유사한 개념으로 학교행정(school administration)이라는 개념이 있는데, 교육행정은 포괄적인 의미이고 학교행정은 학교에 초점을 맞춘 교육행정으로, 대부분 초 · 중등학교에 관한 것을 의미한다. 반면에 대학에 관한 행정은 고등교육행정(higher educational administration)이라고 한다. 대부분의 교육행정이 초 · 중등학교의 학교행정에 관한 것이기 때문에 두 개념을 엄격히 분리하기는 힘 들다.

교육경영(educational management)이라는 말도 교육행정과 비슷한 개념이며 엄격히 분리하기 힘들다. 다만 행정은 공공기관에서 많이 쓰고 경영은 기업계에서 많이 쓰인다. 행정이 상위의 철학적, 가치적인 면을 다룬다면 경영은 하위적이고 구체적, 사실적, 기술적 측면을 강조한다고 할 수 있다(주삼환 외 5인, 2006 : 22). "management"를 '관리'라고 번역하여 재무관리, 인사관리, 시설관리, 사무관리 등 더 구체적이고 기술적으로 표현하여 실무적인 면을 강조한다.

교육정책(educational policy)과 교육행정에 있어서 행정을 협의로 보면 정해진 정책을 집행하는 것이 행정이 되어, 정책이 우선이고 상위이며 행정은 나중이고 하위가 된다. 그러나 행정을 광의로 보면 교육정책의 결정과정이 모두 행정활동에 속하게 되어 교육정책은 교육행정 속에 포함된다.

교육제도나 교육기획(educational planning)이란 말도 행정을 협의로 보느냐, 광의로 보느냐에 따라 교육정책의 경우처럼 선후, 상하개념의 관계가 바뀐다. 그러나 일반적으로 행정을 광의로 해석하여 교육행정 속에 교육정책과 교육제도, 교육기획 등이 모두 포함되는 것으로 이해할 수 있다.

교육행정과 유사한 개념은 보는 입장에 따라서 다소 달라질 수 있다. 최근 경향은 교육행정을 광의로 보며, 이런 입장에서 교육정책, 교육제도, 교육기획 등이 교육행정에 포함된다. 또한 교육행정의 기술적이고 실무적인 측면을 강조해서 교육경영을 다룬다.

교육행정은 교육의 대상에 따라 유아교육행정, 초등교육행정, 중등교육행정, 고등교육행정, 교원교육행정, 특수교육행정, 사회교육행정, 해외교육행정 등으로 나뉜다. 또 교육조직의 단계에 따라 행정이 따라 붙어야 하므로 학교행정, 지방교육(자치)행정, 중앙교육행정으로 나누어 볼 수도 있다.

2. 교육행정의 과정

모든 일에는 순서와 절차, 과정이 있다. 행정에도 행정을 해 나가는 과정이 있다. 1916년 프랑스의 Fayol이 행정 또는 관리의 요소로 ① 기획(planning), ② 조직(organizing), ③ 지휘(commanding), ④ 조정(coordinating), ⑤ 통제(controlling)의 다섯 가지 요소를 제시한 이래 많은 학자들이 약간씩 강조점에 따라 용어를 바꾸어 가면서 행정과정의 요소들을 제시하였다. Gulick과 Urwick은 1937년에 ① 기획(planning), ② 조직(organizing), ③ 인사(staffing), ④ 지시(directing), ⑤ 조정(coordinating), ⑥ 보고(reporting), ⑦ 예산(budgeting)의 일곱 가지를 제시하였다. 그 후에도 많은 학자들이 행정이 어떤 과정을 거쳐 어떤 기능을 하는지 밝히기 위해 많은 연구를 하였다.

기획(planning)은 교육목표를 설정하고 이 목표를 달성하는 데 필요한 최선의 절차와 방법을 합리적으로 마련하는 사전준비과정이다. 조직의 목적을 달성하기 위하여 해야 할 일과 그것을 이행하는 데 필요한 방법을 포괄적으로 작성하는 것이다.

조직(organizing)은 목표를 효율적으로 달성하기 위하여 분업적 협동체를 구성하는 것이다. 과업을 담당할 부서를 정하고, 구성원 각자의 역할을 규정하며, 부서별로 권한과 책임의 한계를 공식적으로 수립하고, 필요한 인적 · 물적 자원을 적절하게 배분하는 일이다.

지휘(commanding)는 교육목표를 달성하기 위해 여러 가지 의사결정을 하며, 결정된 사항이 부서별 또는 각자 구성원들 별로 이루어지도록 이끄는 일이다. 하지만 일방적인 명령이나 지나친 권위의 행사보다는 민주적인 지도성의 발휘와 적절한 의사소통 등이 중요시된다.

조정(coordinating)은 교육목표 달성을 위하여 수행하는 역할이 서로 중복되거나 부족한 부분이 있을 경우, 각 부서별 활동을 조절하고 유기적으로 상호관련시키는 일이다. 교육목표 달성을 위해서 투입된 교직원의 노력과 각 부서의 활동 및 제반 물적 자원이 최선의 산출을 기할 수 있도록 통합되고 조절하는 것을 의미한다.

평가(evaluating)는 교육목표가 어느 정도 달성되었는가를 분석 · 검토하는 일이다. 평가를 하는 목적은 교육행정 과정에서 나타난 문제점을 발견하고, 이를 피드백 함으로써 교육행정의 성과를 높이는 것이다.

행정과정을 보다 압축하면 'plan-do-see'의 과정이라고 할 수 있다. 계획(plan)하고, 이 계획을 실천(do)하고, 계획과 실천을 평가(see)하여 새로운 행정에 반영하는 순환적 과정인 것이다. 과거의 행정은 실행(do)에 치중했지만 점차 계획(plan)과 평가(see)를 더 강조하게 되었고, 근래에는 이러한 능력을 갖추는 것을 더 높은 행정가의 능력으로 보고 있다.

제2절 교육행정이론의 발전

1. 교육행정이론의 발달 과정

교육행정은 교육활동을 지원하는 실천적 · 실제적 활동이라고 할 수 있다. 교육행정의 실제 활동이 활발해지고 이론이 성숙되면서 이를 체계적, 탐구적으로 연구하려는 경향이 나타나게 되었다. 미국에서는 1910~1930년대 과학적 관리시대, 1930~1950년대 인간관계시대, 이후 1950~1970년대의 행동과학시대로 발전하고, 특히 행동과학의 시기에 교육행정의 이론화 운동으로 교육행정이 하나의 학문으로 성숙하게 되었다. 이제 교육행정이론이 어떻게 발달해 왔는지 간단히 살펴보았다(주삼환 외 5인, 2006 : 35-38).

가. 과학적 관리론

1910~1930년대는 과학적 관리론으로 대표적인 사람은 Taylor다. 이 때는 미국의 경제공황의 시기로, 어떻게 하면 생산과 능률을 올리느냐에 온갖 초점이 맞춰졌으므로 능률지상주의라고 할 수 있다. 이 당시 인간은 돈을 위해서 일한다고 보고 생산을 많이 하면 임금을 많이 주어서 돈으로 인간을 동기유발시키려고 했다. 대표적으로, 테일러의 시간동작연구(time and motion study)는 인간의 동작을 하나하나 분석하고 작업시간과 휴식시간을 스톱워치 초시계를 가지고 재는 연구였다. 이로

부터 어느 정도 성과를 올렸지만 보다 중요한 것은 인간이 기계의 부속품처럼(man as a machine) 되었다는 데 문제가 있는 것이다. 이것이 교육과 교육행정에도 적용되어 학교가 공장에 비유되고 학생은 원료에, 교육방법은 생산방법으로, 교원은 생산자 종업원에 비유되었다. 뿐만 아니라 모든 것이 표준화되었으며 학급편성과 시험제도가 도입되었다. 우리가 앞에서 배운 행정과정이나 관리요소의 분석과 추출에 대하여 열을 올리던 때도 이 때다.

나. 인간관계론

1930~1950년대는 인간관계시대(human relations)로 두 번째 발달단계다. 인간관계시대의 계기가 된 것은 호손(Hawthorne) 공장에서 이루어진 호손실험 연구다. 대표적인 사람들은 Follett, Mayo, Roethlisberger, Dickson 등이다.

과학적 관리시대의 사고방식에 의하여 작업실의 밝기와 전화기 조립 생산량은 비례할 것이라는 가설 하에 실험집단을 표집하여 실험한 결과, 가설이 긍정되지 않았다. 방의 밝기에 따라 생산량이 비례하여 올라갈 때까지는 과학적 관리론이 긍정되었으나 방의 밝기를 차차 어둡게 하여 처음 실험을 시작할 때보다 더 어둡게 했는데도 생산량은 계속 올라가더라는 것이다. 어둡다고 불평하면서도 생산량은 계속 올라가니 과학적 관리론으로는 이를 설명할 수 없었다. 연구자들은 마침내 방의 밝기와 같은 물리적 요인 이외에 다른 요인이 작용하였다는 사실을 발견하였다. 실험집단 내에 물리적 요인 외의 심리적 환경, 인간관계, 사회적 요인이 형성되어 이들 요인이 물리적 요인보다 더 영향을 주었다는 결론을 얻은 것이다. 이를 계기로 하여 인간관계시대가 열리게 되었으며 집단의 사기, 직무만족, 응집력 등이 중시되기 시작하였다. 특히 진보주의 운동과 함께 행정에서도 민주행정, 수평적 행정, 참여행정이 강조되었다.

다. 행동과학론

1950~1970년대에 행동과학(behavioral science)의 출현으로 교육행정에 이론화 운동(theorizing movement)이 일어나고 행정가의 행동에 관심이 집중되게 되었다. 대표적인 사람은 Barnard와 Simon이다. 과학적 관리시대가 조직목적을 강조한

것을 正(thesis)이라고 한다면, 인간관계의 시대는 개인의 특유성, 종업원의 목적을 강조한 反(antithesis)의 시대라고 할 수 있다. 행동과학시대는 어떻게 보면 正과 反을 조화시키려는 合(synthesis)의 시대라고 볼 수 있다. 이들은 조직을 협동체제로 보고, 조직에 대한 기여와 만족감의 형평형, 공식조직과 비공식조직을 모두 인정하고, 특히 지도자의 행동에 관심을 갖기 시작하였다. 지도성에서 주도적 구조중심(initiative structure) 지도자 행동과 배려성 중심(consideration) 지도자 행동, 과업(task)중심 지도자와 종업원(person)중심 지도자 등의 연구들이 나타나게 된다. 의사결정에서도 합리적 의사결정모형이 나오게 된다. 인간을 고도의 합리적인 동물이라고 본 것이다. 이때의 영향으로 우리나라에서도 지도자의 행동에 관한 연구가 지금까지도 많이 나오고 있으니 당시의 물결이 얼마나 거세었는지 짐작할 수 있을 것이다.

라. 체제론

행동과학과 거의 동시에 체제론(system theory)이 나타났다. 체제론은 현상을 이해하고, 이를 바탕으로 문제를 해결하는 수단으로 이용되었다. 조직에서 일어나는 여러 가지 사건들을 부분적으로 이해하고 해결하기보다는 전체적인 순환적 인과관계 또는 역동적 관계로 이해하고 사고하는 접근방식이다. 체제는 환경으로부터 자원이 투입(input)되어 과정(process, throghput)을 거쳐 산출(output)을 하고, 이를 다시 피드백(feedback)하여 재투입하는 순환과정을 거치게 된다. 즉 투입, 과정, 산출을 부분으로 보는 것이 아닌 전체로 보았다.

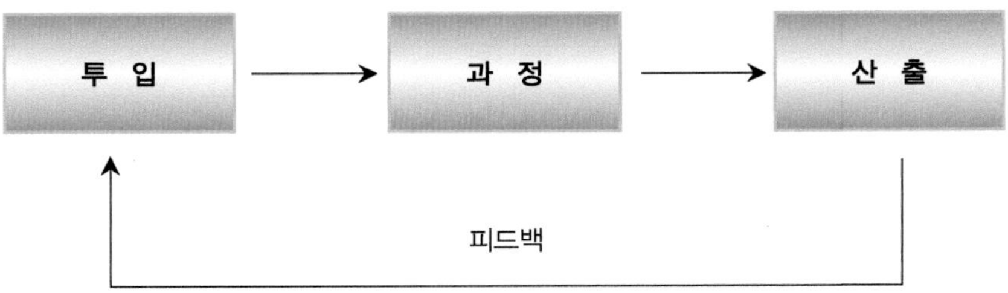

[그림 10 - 1] **체제적 사고**

2. 교육행정의 주요이론

지금까지 이론의 발달과정을 과학적 관리론, 인간관계론, 행동과학론, 체제론 순으로 설명하였다. 여기서는 교육행정의 주요 이론에 대하여 간단히 소개하고자 한다. 교육행정에서 주로 활용되고 많이 다루는 이론으로는 조직론, 지도성이론, 의사결정론, 의사소통론, 동기이론 등이 있다.

가. 조직론

조직은 행정을 담는 그릇이다. 음식이 어떤 그릇에 담기느냐에 따라 느낌이 달라지듯사람도 어느 조직에 속하느냐에 따라 행동이 달라지게 된다. 조직을 이해함으로써 조직 구성원들의 행동을 이해할 수 있는데, 예컨대 학교라는 조직만이 가지고 있는 특징을 이해함으로써 학교 구성원들의 행동을 제대로 이해할 수 있다. 조직의 특성에 따라 조직형태가 달라지고 조직형태에 따라 행정의 모습이 달라진다. 학교에 근무하는 사람이 군대나 기업에 있는 사람과 다른 행동 특성을 보이는 것은 이러한 이유 때문이다.

개인이 조직을 통해서 자아실현을 하는 동시에 조직은 개인을 통하여 그 목표를 달성한다. 이와 같이 조직과 개인의 관계가 공존과 조화의 적합한 균형을 유지하는 것이 조직의 핵심이다. 조직은 개인과 서로 밀접한 관계를 유지하면서 상호 공존관계를 형성한다.

나. 지도성론

지도성 이론은 행정가가 지도력을 발휘하여 조직의 목표를 달성해야 하기 때문에 중요하다. 똑같이 어려운 교육 여건이라도 지도자가 어떤 사람이냐에 따라 교육행정의 효과는 완전히 달라지기 때문에, 행정에서는 지도자를 핵심 인물(key person)이라고 표현한다. 교육행정에서 지도성에 관한 연구는 상당히 축적되었고, 지금도 지속적으로 이루어지고 있다.

지도성에 대한 연구는 학자에 따라 다르지만 크게 다음과 같다.

① '효과적인 지도자와 그렇지 못한 지도자는 다른 특성을 지니고 있다'는 가정에서 지도자와 지도자가 아닌 사람을 구분하고 효과적인 지도자와 비효과적인 지도자를 구분하는 특성론
② '가장 효과적인 지도자의 행동 유형이 있다'는 가정에서 지도자의 행동이 부하에게 어떤 반응을 일으키는가를 연구하는 행동론
③ '모든 상황에 적합한 최선의 지도성은 존재하지 않는다'는 가정에서 지도자의 행동과 부하의 반응, 그리고 상황의 차이에 따른 지도성 효과를 연구하는 상황론
④ '지도자는 진실로 추종자의 발전과 스스로 잠재적 능력을 실현하도록 한다'는 측면의 변혁적 지도성

이처럼 지도성에 대한 연구는 새로운 이론으로 변화되어 가고 있다.

다. 의사결정론

의사결정론은 행정의 핵으로 비유된다. 행정 활동이 이루어지는 핵심이라는 의미이고, 이러한 의사결정에 따라 행정행위가 일어나기 때문이다. 결국 의사결정론은 의사결정에 누구를 언제 어떻게 참여시키고, 단독결정을 할 것이냐 아니면 집단결정을 할 것이냐 하는 문제를 다루게 된다. 여기에는 이론뿐만 아니라 여러 가지 의사결정 방법과 기술도 필요하다.

학자에 따라 표현은 약간씩 달리하고 있으나 합리적 의사결정의 과정은 대체로 다음과 같은 과정을 거친다.

① 문제를 확인하여 정확하게 정의
② 달성하고자 하는 목적과 목표 설정
③ 문제해결을 위하여 있을 수 있는 모든 가능한 대안 탐색
④ 각각의 대안을 선택했을 경우 예상되는 결과를 예측하여 이에 대한 검토
⑤ 각각의 대안에 대하여 설정한 목적과 목표의 달성 여부를 평가
⑥ 평가결과에 따른 최선안을 선택
⑦ 결정된 선택안을 실행

라. 의사소통론

의사소통론은 행정의 중요한 수단이며 도구다. 의사소통 없이 이심전심으로 행정을 할 수는 없을 뿐만 아니라 어떻게 보면 '이심전심'이란 말 자체도 하나의 의사소통이라고 할 수 있으므로 의사소통 없는 행정은 불가능하다고 할 수 있다. 특히 현대 행정은 집단사고와 집단의사결정에 의하여 이루어지기 때문에 행정가의 의사소통 기술과 능력은 필수요건의 하나다.

효과적인 의사소통을 위해서는 송신자와 수신자가 똑같은 정보와 생각을 갖는 것이 필요하다. 이를 위해 메시지, 의사소통 통로, 매체, 소음, 왜곡현상 등에 세심한 주의를 기울여야 한다.

마. 동기이론

구성원들이 피동적으로 참여하고 부정적인 태도를 갖는다면 의도한 효과를 거둘 수 없다. 행정에서 중요한 일은 구성원들의 내적 동기를 자극하는 일이다. 구성원의 자아실현 욕구를 유발시키고 성취동기를 자극해야 한다.

동기이론은 행정의 과정에서도 언급된 것처럼 조직구성원으로 하여금 헌신하고 충성하도록 동기유발하고 자극하는 일과 관련된 이론이다. 인간의 욕구에 의하여 동기가 유발되어 행동으로 나타나기 때문에 인간행동을 이해하는 데도 동기이론이 필요하다.

제3절 교육행정의 조직

1. 조직의 의미

우리는 조직과 밀접한 관계를 맺고 있다. 예를 들어, 우리는 세상에 태어날 때도 병원이라는 조직의 힘을 이용하게 되고, 마지막 순간도 장의사라는 조직의 힘을 빌리게 된다. 아리스토텔레스가 '인간은 사회적 동물이다'라고 한 것처럼 우리는 조직을 떠나서 생활할 수가 없다. 또한 교육행정을 접하면서 자주 듣는 소리가 '조직'이라는 용어다. 조직을 정확히 이해하는 것이 행정에서 매우 중요하다. 예를 들어, 서울에서 부산까지 가는 새마을호 승객들은 조직인가? 또는 서울에서 부산까지 가는 관광열차는 조직인가? 종족, 가족, 교육학과 A반, 엘리베이터를 탄 열 명, 대형 마켓 등도 조직인가? 단순히 공동의 목표를 가진 사람들을 조직이라고 할 수 있는가?

관광열차에 탄 사람들은 함께 모여서 가고자 하는 목적지는 같지만 가는 동안 목적을 달성하기 위한 상호작용이 없기 때문에 조직이 아니다. 그러나 승무원이나 기관사들은 철도청에 있는 조직의 일원이다. 승객들이 안전하게 목적지까지 갈 수 있도록 서로 맡은 역할을 하면서 상호작용을 하고 있기 때문이다.

조직을 이루고 있는 사람들은 각자 역할, 의무, 과업, 책임, 권한 등을 분담하고, 보다 효과적으로 목표를 달성하기 위해서 상호 협력한다. 인간은 조직 속에서 각자의 요구를 충족하면서 공동의 이익을 추구한다. 조직의 목표를 효과적으로 달성하기 위한 조직구성원 간의 상호 협동적인 노력이 행정인 것이다.

2. 조직의 구분

가. 공식조직과 비공식조직

공식조직(formal organization)은 그 조직의 기구표에 나타나는 조직이다. 공식조직은 조직의 목표를 효과적으로 달성하기 위해 제도화한 조직의 체계다. 직무, 책임, 권한을 중심으로 구성원 혹은 작업집단들을 나누고 권한의 계통과 기능적 분업이 이루어진다. 비공식조직(informal organization)은 조직 속에서 조직구성원들 간의 소속감과 정서적 유대 등에 의해 형성되는 자연발생적 집합체다. 이러한 비공식조직은 학연, 혈연, 지연, 동호회 등 다양한 형태가 있다.

조직 내에서 공식조직과 비공식조직 중 어디에 더 비중을 두느냐에 따라 조직의 성격은 달라진다. 또한 공식조직과 비공식조직의 관계도 중요하다. 공식조직과 비공식조직이 조화로운 관계라면 조직의 단결력이 생겨서 의사소통이 쉬워지고,

개인의 정체감과 자존심을 높여 줌으로써 조직의 활력소가 된다. 반면에 갈등적인 관계라면 비공식조직이 공식조직의 의사소통을 차단하거나 왜곡하여 비합리적인 의사결정이나 갈등이 일어나는 등 혼란이 있을 수도 있다.

나. 계선조직과 참모조직

조직 내에는 계선조직과 참모조직이 있다. 계선조직은 일을 실제적으로 처리하기 위하여 상하위계 속에서 지휘와 명령계통에 따라 움직인다. 따라서 구성원 상호 간의 권한과 책임의 한계가 명백하고, 조직의 간결화로 의사결정이 신속하게 이루어지며 경비절감의 효과를 가져올 수 있다. 계선 부분이 지나치게 강조되면 최고관리자의 업무량이 과중하게 되고, 전문가의 지식이나 경험이 활용되지 못해 독단적인 의사결정이 이루어져 조직의 경직성을 초래할 수 있다.

반면에 참모조직은 계선조직이 원활하게 목적 달성을 하도록 지원 · 보조해 주는 조직이다. 따라서 계선조직의 의사결정이나 업무를 추진하는데 필요한 정보나 아이디어를 제공하고, 필요한 사항에 대해 자문 · 지원하는 역할을 담당한다. 참모조직을 잘 활용하면 계선조직에서 일을 처리하는 데 필요한 정보를 제공하여 효과적으로 추진할 수 있지만, 지나치게 참모조직을 활용하다 보면 일의 진행이 늦고 자원의 낭비를 초래할 수가 있다.

다. 집권화 조직과 분권화 조직

조직의 성격을 이해하는 데 중요한 요인 중의 하나가 집권화와 분권화다. 집권화(centralization)란 권한 및 의사결정권이 상부조직에 집중해 있는 현상을 말하고, 분권화(decentralization)란 반대로 하부조직에 분산되어 있거나 위임되어 있는 현상을 말한다. 조직의 권한과 의사결정권이 집권화되어 있느냐 분권화되어 있느냐 하는 문제는 조직구조에 많은 영향을 미친다. 일반행정 뿐만 아니라 교육행정에서도 집권화와 분권화 사이에 적절한 정도의 권한 배분과 균형을 유지해야 한다는 입장에서 '적도집권(適度集權)의 원리'가 요구되고 있다.

집권화를 할 경우에는 통일된 정책을 수행할 수 있으며, 신속하게 업무를 처리하는 데 용이하다. 또한 통합적 조정이 쉽고 행정기능의 중복과 혼란을 피할 수 있다.

하지만 지나친 집권화는 획일주의에 빠져 개별의 특수성과 적시성을 고려하지 못하며 권위주의적이고 형식적인 행정 병폐를 초래할 수 있다.

3. 학교조직의 특징

학교조직은 구조적으로 관료적 특성을 나타내는 동시에 전문적 특성을 가지는 것이 특징이다. 다음으로는 학교조직의 관료적 특성과 전문적 특성에 대해서 요약하고, 학교조직에서 두 가지 특성이 혼합되어 있는 특징을 알아본다.

가. 관료적 특성

사회학자이며 사학자였던 M. Weber는 20세기 초 서구사회를 분석하면서 관료제의 조직구조에 대해서 몇 가지 원칙을 제시하였다. 학교를 포함한 거의 모든 현대 조직들은 Weber가 열거한 관료적 특성을 갖고 있다. 관료제는 오래 전부터 존재해 왔지만 관료제의 순기능과 역기능에 대한 논란은 계속되고 있다. 관료제의 특징에 따른 순기능과 역기능을 보면 다음과 같다.

표 10-1

관료제의 순기능과 역기능

역기능		관료제적 특징		순기능
권태감	←	분업	→	숙련된 기술
사기저하	←	몰인정지향성	→	합리성
의사소통 단절	←	권위와 계층	→	훈련된 준수와 조성
경직성과 본말전도	←	규칙과 규정	→	계속성과 통일성
업적과 연공제간의 갈등	←	경력지향성	→	유인

첫째, 분업과 전문화(division of labor and specialization)는 조직의 과업을 보다 효율적으로 수행하기 위하여 직위 간에 직무를 적정하게 배분하고, 전문화를 도모하는 것이다. 그러나 분업은 업무의 단순화와 단조로움으로 인해 일에 흥미를 상실하여

권태감(boredom)이 생기는 역기능을 초래할 수도 있다.

둘째, 몰인정지향성(impersonality)은 무사지향성(無私指向性)이라고도 하는데 개인적인 감정을 떠나서 원리원칙에 의해 조직을 운영하는 원리다. 개인적인 편애가 아닌 나타난 사실이나 결과에 기초하여 차별 없이 균등하게 대우하고 의사결정을 함으로써 합리성이 높아진다. 그러나 개인적인 감정이나 개인 간의 편차 등을 전혀 고려하지 않고 지나치게 합리성만을 강조하다 보면 조직구성원의 사기를 저하시킬 수도 있다.

셋째, 권위의 계층(hierarchy of authority)은 관료제에 있어서 모든 직위가 공식적 명령계통을 중심으로 계층구조를 가지고 있다는 것이다. 권위의 계층은 지휘계통과 보고체계가 확립되어, 조직운영에 있어 상사의 지휘에 잘 순응하며 부서 및 개인의 활동을 조정하고 통제하는 데 용이하다. 그러나 계층화가 지나치게 강조되면 상사의 지시나 명령에 문제점이 있다고 해도 이의를 제기하지 않게 되어 상향적 · 상호적인 의사소통이 이루어지지 않는다.

넷째, 규칙과 규정(rules and regulations)은 과업수행의 계속성과 일관성을 유지하도록 하고, 구성원들의 행동에 있어 통일성과 안정성을 확보하도록 한다. 각종 법률과 이들의 시행령 및 각종 훈령 그리고 각종 규칙과 세칙 등에 의하여 교육행정이 이루어지고 있다. 그러나 규칙과 규정에 지나치게 얽매이게 되면 융통성이 없어 조직 운영이 경직되거나 목적전도(goal displacement) 현상이 일어나게 된다. 규칙과 규정은 목표를 성취하기 위한 수단에 불과하다.

다섯째, 경력지향성(career orientation)은 조직구성원들의 직무경력을 중요하게 여기는 것이다. 경력지향성은 조직구성원으로 하여금 한 조직에 오랫동안 남게 하는 유인(incentive)으로 작용하는 장점이 있으나 조직효과성을 고려할 때 실적 중심이 소홀히 다루어질 수도 있다는 문제점도 있다.

학교가 관료제적 특성을 띠게 되는 이유는 학교 규모의 대형화 추세, 학교의 조직과 기능의 복잡화, 행정업무의 계속적 증가, 상급기관의 개개 학교에 대한 압력증가와 학교의 획일화 경향, 학부모와 지역사회집단이 학교정책의 수립과 학교가 달성해야 할 책임성에 대한 평가에의 깊은 참여경향 때문으로 볼 수 있다(주삼환, 1985 : 250-252).

나. 전문적 특성

교직이 과연 전문직인가? 이에 대한 대답을 하기 위해서 전문직의 기준에 비추어 교직의 전문성 여부를 논의할 필요가 있다. 여러 학자들이 전문직의 기준에 관하여 그 나름대로 기준을 제시하고 있다. 김성렬(1987 : 47-84)은 전문직의 기준을 요약하여 [그림 10 - 2]와 같이 전문직의 기준을 모형으로 제시하였다.

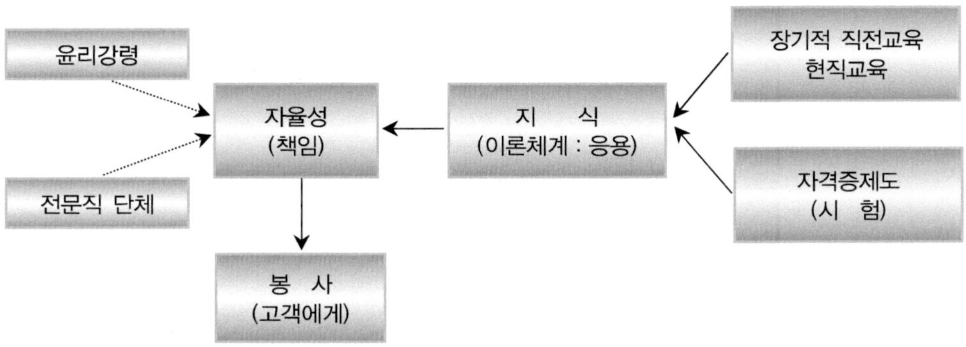

[그림 10 - 2] **전문직의 기준**

우선 전문직이 되기 위해서는 장기간의 직전교육이 선행되어야 하며 전문직을 수행하면서도 지속적인 현직교육이 필요하다. 또 해당 분야의 장기적인 직전교육을 받더라도 시험이나 자격증을 통해서 전문지식을 입증받아야 한다. 전문지식을 갖추게 되면 그 직을 수행하는데 자율성을 갖게 된다. 자율성이란 직무를 수행하는 데 어떠한 외부의 통제나 간섭을 받지 않으며 스스로의 판단에 의해서 행동하며 이에 대한 책임을 스스로 지는 것이다. 이러한 자율성은 자기 자신의 이익을 위해서가 아니라 고객(client)에 대한 이타적 봉사를 위해서만 사용되어야 한다. 자율성을 발휘하는 과정에서 자신의 이익을 위하거나 고객의 이익을 침해하는 일이 없도록 하기 위해 스스로를 통제하도록 하는 윤리강령을 제정하여 이를 지키도록 한다. 반면에 자율성을 발휘하는 과정에서 자신들의 전문성에 대한 권익을 보호하기 위해 전문직 단체를 구성하기도 한다.

교직은 교사가 되기 위한 장기간의 직전교육(preservice education)과 교사가 된 이후의 현직교육(inservice education)을 함께 수행한다. 이런 과정을 통해서 전문적 지식을 갖추고 자율성을 발휘하게 된다. 또한 스스로를 통제하도록 사도강령과 사도헌장을 제정하여 이를 지키도록 한다. 아울러 교사들의 권익보호를 위해서 한국교원단체총연합회와 전국교원노조연합회 등 교직단체를 결성하고 있다. 이렇듯 교직이 전문직으로서의 기본적인 조건은 갖추고 있으되 아직은 다소 미흡하다는 지적이 있다. 따라서 교육의 전문성 제고를 위한 노력이 필요하다.

다. 관료적 · 전문적 특성의 이중 구조

학교조직은 관료적 특성과 전문적 특성 두 가지를 모두 가지고 있다. 학교는 고도로 분업화된 관료적 특성을 가지고 있지만 그 일을 수행하기 위해서는 전문성이 필요하다. 가장 전형적인 예는 학교장이다. 교장의 권위가 관료적 직위에서 나오는가 아니면 전문적인 기술에 바탕을 두고 있는가를 고려해 보면 이러한 두 가지 측면이 혼합되어 있다. 교사들도 자신이 전공한 분야만 수업을 맡고 있어 분업적인 의미를 주지만, 수업을 위한 계획을 세우고 직접 수업을 하는 것은 교사의 자율성을 강조하므로 전문적인 특성을 갖게 된다.

학교의 조직 목적을 달성하기 위해 교육계획을 세우고, 이를 분담하여 학교행정을 추진하는 담당자는 행정적인 지시와 규정에 따라 업무를 처리하는 관료적인 특성을 갖지만, 그 일을 수행하기 위해서는 고도의 전문성이 필요하다.

결국 학교라는 조직을 움직이는 행정은 관료적 특성을 갖지만 교사들이 학생들을 가르치는 교육은 전문적 특성을 갖는다.

이처럼 학교조직에서 관료적 특성과 전문적 특성이 동시에 존재하기 때문에 내부적으로 갈등을 초래하기도 한다. 조직 내의 지위계층에 따라 교사들은 갈수록 전문화되지만 위로 올라 갈수록 관료화가 요구되기 때문이다. 학교조직 내의 두 가지 특성 중에서 어느 특성이 더 강하느냐에 따라 행동도 달라지게 된다. 이와 같이 조직이나 구성원들 간에 관료적 특성이 강한가 아니면 전문적 특성이 더 강한가에 따라 조직의 특성과 구성원들의 행동특성을 이해할 수 있다.

4. 우리나라 교육행정조직

우리나라의 교육행정조직은 중앙교육행정조직, 지방교육행정조직, 단위학교조직으로 나눌 수 있다.

가. 중앙교육행정조직

중앙교육행정조직은 정부의 교육행정조직을 위한 조직과 구조를 의미한다. 일반적으로 중앙교육행정조직이라면 정부의 행정조직으로 대통령과 국무회의를 포함시킬 수 있다. 교육행정에 관한 행정권은 대통령을 정점으로 하여 국무회의를 거쳐 교육에 관한 정부부처에 이르는 행정체계를 통하여 이루어지고 있다. 중앙교육행정조직은 '정부조직법'의 개정에 따라 바뀌고 있다. 얼마 전까지 중앙교육행정조직의 핵심 부처는 교육인적자원부이었으나 지금은 교육인적자원부와 과학기술부가 합쳐져서 교육과학기술부에서 맡고 있다(정부조직 및 교육과학부 홈페이지 참조). 조직의 권한과 의사결정권이 중앙교육행정조직에 집중되어 있으면 중앙집권화라고 하고, 반대로 지방교육행정조직에 집중되어 있으면 지방분권화라고 한다. 우리나라 교육행정조직은 지방교육행정의 특수성과 자율성을 기하기 위해서 중앙집권화에서 지방분권화 방향으로 가고 있다.

나. 지방교육행정조직과 지방교육자치제

지방교육행정조직은 지방의 교육행정을 위한 전반적인 조직과 구조를 의미한다. 우리나라 지방교육의 행정조직은 특별시 · 광역시 · 도의 교육청과 그 하부조직인 시 · 군 · 구 교육청을 들 수 있다. 지방교육행정조직은 각 시 · 도 교육청에 따라 조직이 약간 다르다(해당 시 · 도교육청의 홈페이지 참조). 이러한 교육청 조직은 단순히 지방교육행정의 사무집행을 위한 행정기관의 성격을 가지며, 지방교육행정을 보다 구체적으로 이해하기 위해서는 지방교육자치제에 대한 이해가 필요하다.

우선 지방자치를 하는 이유는 지역적인 특수성을 행정에 반영할 수 있는 장점이 있기 때문이다. 지방자치는 지역 주민의 의사를 존중하여 지역주민의 요구사항이나 지역특성에 부응하는 행정을 펴나가기 위한 것이다. 지방자치는 지역 주민이 선출한 지방의회 의원들이 지역 주민의 의사를 반영하여 정책을 결정하고(의결기능), 지방의회에서 결정된 내용을 지방행정기관에서 공무원들이 지역사회와 지역 주민의 이익을 위하여 업무를 수행한다(집행기능). 그럼에도 지방자치에서 '교육'만 분리하여 지방교육자치를 운영하는 이유는 교육이 갖는 특수성 때문이며 이것이 바로 지방교육자치의 근거가 된다. 지방교육자치제의 원리는 다음과 같다.

첫째, 자주성 존중의 원리다. 이는 교육활동의 자주성과 독립성을 보장하기 위하여 지방교육행정기구를 일반행정기구에서 독립시키는 것을 말한다. 교육 본래의 목적에 맞게 아동과 학생들의 다양한 특성과 적성에 따른 대응을 하여야 한다는 점에서 강조되는 것이다. 특히 정치적 중립성을 보장하기 위해서 교육기본법 제6조1항에는 "교육은 교육 본래의 목적에 따라 그 기능을 다하도록 운영되어야 하며, 어떠한 정치적 · 파당적 또는 개인적 편견의 전파를 위한 방편으로 이용되어서는 아니된다"고 명시되어 있다.

둘째, 전문성 추구의 원리다. 교육은 교육에 관한 전문적 지식을 갖춘 교육자와 교육전문가가 담당해야 한다는 것이다.

셋째, 지방분권의 원리다. 교육정책의 결정과 주요시책의 집행에 있어 획일적이고 중앙집권적이 아닌 지역의 환경과 배경에 맞는 지역적 특수성을 반영한 교육이 이루어져야 한다는 것이다.

넷째, 주민의 참여와 책임의 원리다. 이는 민중통제의 원리라고도 하는데 주민이 교육에 대한 요구와 그 운영에 필요한 경비나 교육지원을 해야 한다는 것이다.

이러한 교육자치제의 원리에도 불구하고, 우리나라 교육자치제는 지난 2006년 12월 교육자치제의 의결기구인 교육위원회가 일반행정인 시 · 도의회의 상임위원회로 전환됨으로써 교육자치제의 자주성 존중의 원리에 역행했다. 교육 및 학예에 대한 독립적인 의결기능을 갖지 못하고 지방의회에서 상임위원회의 성격으로 이루어지기 때문에 교육에 관한 의결기능이 일반행정에 포함된 것이다.

다. 단위학교

엄격한 의미에서 단위학교는 교육행정조직은 아니다. 그럼에도 실제 단위학교는 교육이 이루어지는 현장으로서 각급 학교별 행정업무가 이루어지고 있다. 단위

학교의 운영에 대한 의결, 심의, 자문의 성격을 갖춘 기구가 바로 학교운영위원회다. 학교운영위원회는 학교운영의 자율성을 높이고 지역의 실정과 특성에 맞는 다양한 교육을 창의적으로 실시하고자, 학부모, 교원, 지역사회인사들로 구성되어 있다. 운영위원의 정수와 구성 비율은 지역특성, 학교규모, 학교급별 등을 고려하여 학교에서 자체적으로 학교의 운영위원회를 규정하고 있다. 대체적으로 운영위원의 구성 비율은 학부모위원 40~50%(실업계 학교 : 30~40%), 교원위원 30~40%(실업계 학교 : 20~30%), 지역위원 10~30%(실업계 학교 : 30~50%)로 하고, 위원의 정수는 7~15인의 범위 내에서 정한다.

제4절 장학의 본질과 임상장학

1. 장학의 본질

장학은 어원적으로 보아 감독(監督)이란 말로부터 출발하였다. 장학이라는 말은 영어로 대개 'supervision in education' 또는 'supervision in schools'라고 하는데, 이는 경영학 등에서 사용하는 'supervision'이라는 말과 구별하기 위해서 '… in education' 또는 '… in school' 이라고 함께 붙여 쓰고 있다. 'supervision'은 'super'와 'vision'의 합성이다. 여기서 'super'는 '높은 곳' 혹은 '우수한'이라는 의미를 지닌 접두어이고, 'vision'은 '본다' 또는 '감시한다'는 의미를 갖고 있는 단어다. 따라서 supervision이라는 말은 '높은 곳에서 본다 혹은 감시한다 '라는 뜻으로 감독을 의미한다. 유럽에서 많이 쓰는 'inspector'도 'in(안)' + 'spect(보다)'가 합쳐져 '찬찬히 들여다 본다'는 뜻으로 받아들여져 supervision 보다 더 심한 감시, 시찰, 검열의 의미로써의 감독이 된다.

장학의 본질은, 장학에 의하여 (1) 교사의 교수행위에 변화를 일으켜 학생의 학습을 향상시키고, (2) 교육과정과 내용을 개발 · 수정 · 보완하여 학생의 성취를 높이고, (3) 교육자료와 학습환경을 개선하여 학생의 학습을 촉진하는 것으로, 궁극적으로는 '수업개선'이라고 할 수 있다.

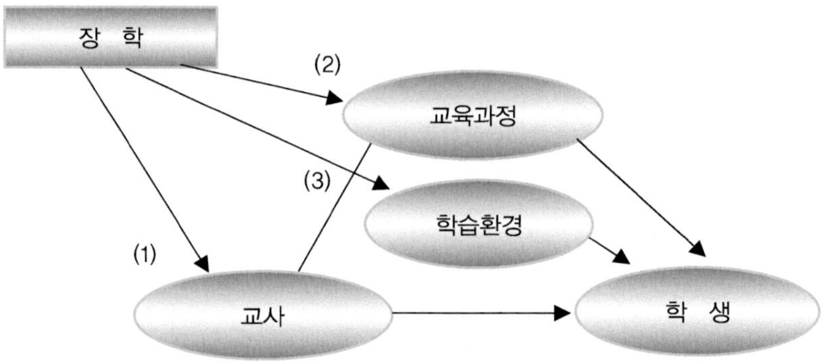

[그림 10-3] **장학의 본질 : 수업개선**

장학사가 학교에 오는 이유는 교사의 수업개선에 있었는데, 그 동안 학생들의 눈에 비친 교사들의 모습을 볼 때, 우리나라의 장학이 '수업개선'이라는 본질과 얼마나 동떨어진 것인가를 알 수 있다. 결국 우리나라에서는 장학의 본질을 잃어버리고 주변적이고 외형적인 것, 형식적이고 획일적인 것에 맴돌고 있는지 반성해 볼 필요가 있다.

2. 임상장학

전통적 장학은 장학사나 교장, 교감이 잠깐 교실에 들러 수업을 관찰하고 평을 하는 형식을 취한다. 그래서 교사의 눈에는 도와 주려는 의도로 비춰지기보다는 감독을 하는 것으로 이해되어 전통적 장학에 대하여 일반적으로 거부감을 가졌던 것이다.

그러나 장학진의 수적 제약과 시간적 제약 때문에 어쩔 수 없이 이런 전통적 장학을 할 수밖에 없었고, 현재도 대부분 이런 전통적 장학에 의존할 수밖에 없는 실정이다. 전통적 장학에서 벗어나 계획적으로, 또 수업에 초점을 맞춰 도와주려는 의도로 실시하려는 장학 유형이 점차 늘어나고 있다. 예를 들어, 장학담당자와 교사가 함께 교사의 수업개선에 더 밀접한 상호작용을 전제로 이루어지는 임상장학이 대표적인 예라고 할 수 있다.

임상이라는 말 속에 병리적, 처치적인 뉘앙스가 풍기는 것과는 정반대로 임상장학은 오히려 건전한 교사, 발전지향적 교사라는 기본 가정에서 출발한다. 이는 Carl Rogers의 '내담자 중심 카운슬링'이라는 상담 원리와 일맥상통한다.

임상장학은 교사의 잠재능력을 믿고 이를 개발해 주어 교수기술을 향상시키고 전문적 성장을 하게 하여 교사를 행복하게 해 주자는 의도를 갖고 있다. 간접적, 우회적으로 도와주는 것이 아니라 교실활동에 실질적, 직접적으로 도움을 주자는 것이다.

임상장학은 교실현장에서 장학 담당자와 교사가 1 : 1의 친밀한 관계 속에서 교사의 교수기술 향상과 지속적인 전문적 성장을 위하여 계획협의회, 수업관찰, 피드백협의회의 과정을 거치는 특별한 하나의 장학대안이다. 임상장학은 교사의 필요에 의하여, 교사의 요청에 의하여 교사를 중심으로 이루어지는 장학이기 때문에 교사중심 장학이라고 할 수 있다. 종래의 장학과는 달리 장학의 범위를 교실로 좁히고 그 중에서도 수업에 초점을 맞추고, 수업 중에서도 교사가 문제점으로 삼는 부분에만 제한하여 조금씩 개선해 나가려고 한다는 점이 특징이다.

처음에 임상장학 방법을 개발한 하버드 대학 팀은 8단계를 적용했으나 그 후에 많은 사람들이 ① 관찰 전 협의회 ② 수업관찰 ③ 분석과 전략 ④ 관찰 후 협의회 ⑤ 관찰 후 협의회 분석의 5단계로 압축하였다. 이것을 더 압축한 것이 ① 계획협의회 ② 수업관찰 ③ 피드백협의회의 3단계다.

임상장학에서는 사전에 계획협의회를 거치는 것이 하나의 특징이다. 계획협의회에서 교사와 장학사가 친밀한 관계를 형성하여 교사, 학급, 수업, 장학의 필요성 등에 대해 상호 이해를 하며 사전계획을 세우고, 상호 약속을 하여 일종의 계약을 하는 단계라고 할 수 있다.

수업관찰은 계획협의회에서 약속한 대로 약속한 도구에 의하여 필요한 객관적인 자료를 수집하기 위해 교실을 방문하여 실제로 수업을 관찰하는 임상장학의 핵심적인 단계다. 수업관찰은 임상장학 뿐만 아니라 모든 장학활동의 핵심 부분이다. 그래서 수업을 정확하게 관찰할 수 있는 방법을 연구하는 일은 장학을 잘 하는 지름길이라고 본다. 또한 교사들도 많은 수업을 관찰하고 그 결과를 자신의 수업에 반영하여 개선하는데 사용할 수 있다. 수업을 잘 관찰하기 위해서는 교사가 되려는 직전교육 과정에서부터 많은 훈련과 연습이 필요하다.

피드백협의회는 수집된 자료를 놓고 협의하여 수업 개선과 수업기술 향상의 전략을 모색하는 단계라고 할 수 있다.

임상장학은 과거의 장학과는 달리 수업과 장학이 시작되기 전에 장학자와 수업자가 만나서 여러 가지 계획을 협의하고 약속을 하고, 또 이 약속에 의하여 수업관찰을 하여 객관적인 자료를 수집하고, 수집된 자료를 놓고 피드백협의를 통하여 수업기술을 향상시키려 한다는 점이 특색이다.

임상장학을 3단계로 구분해서 임상장학의 목적과 방법을 요약하고 주요 제목만을 적어 놓은 것이 [그림 10 - 4]이다.

목 적	방 법
1. 래포의 형성 2. 수업관찰의 목적과 기능 설정 3. 관찰할 수업측면에 대한 협의 4. 관찰 중 사용할 절차 개관 5. 관찰 중 장학자와 교수가 수행할 역할 확인 6. 피드백협의회의 목적과 성격 결정 7. 수업관찰과 피드백협의회에 대한 교사의 질문에 대답	1. 수업에 대한 교사의 관심 확인 2. 교사의 관심을 관찰 가능한 행동으로 바꾸기 3. 교사의 수업개선을 위한 절차 확인 4. 교사로 하여금 자기 개선의 목표를 설정하도록 돕기 5. 수업관찰의 시간 결정 6. 기록할 관찰도구와 관찰행동을 선정하기 7. 자기기록을 위한 수업장면을 명료화하기

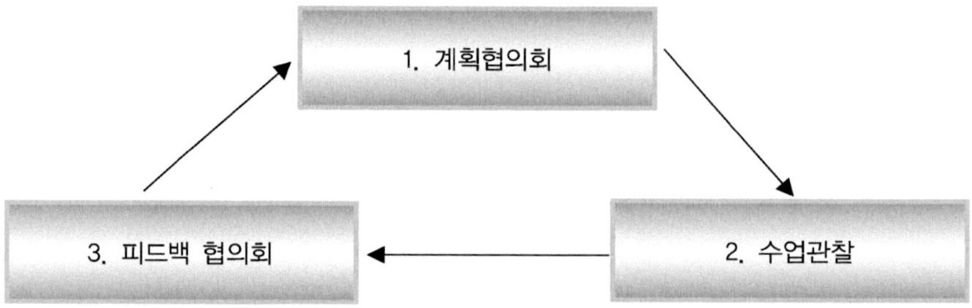

3. 피드백 협의회	2. 수업관찰
〈목적〉 1. 수업상황에 대한 지각과 그 이유에 대한 이해 2. 수업문제에 대한 가능한 해결책 탐색 3. 수업개선의 행동계획의 설계와 합의 4. 교사의 수업 개선시의 진전상황 검토 **〈방법〉** 1. 객관적 관찰자료에 의해 교사에게 피드백 2. 교사의 추측과 의견, 느낌을 끌어내기 3. 대안적 수업목적, 방법, 이유를 고려하도록 교사를 격려하기 4. 교사에게 연습과 비교의 기회를 제공하기	**〈목적〉** 1. 교사의 장점과 개선 필요영역을 확인, 진단 2. 학생학습을 손상시키는 상황을 관찰 3. 수업에 관한 객관적 자료의 수집 **〈방법〉** 1. 부분적인 정확한 기록방법 2. 좌석표에의 관찰기록 3. 전반적인 관찰방법 4. 체크리스트

[그림 10 - 4] **임상장학의 단계별 목적과 방법**

수업관찰은 임상장학 뿐만 아니라 모든 장학활동의 핵심 부분이다. 그래서 수업을 정확하게 관찰할 수 있는 방법을 연구하는 일은 장학을 잘 하는 지름길이라고 본다. 또한 교사들도 수업개선을 위해서는 많은 수업을 관찰해야 하고 그 결과를 자신의 수업에 반영하여 개선하는데 사용할 수 있다. 수업을 잘 관찰하기 위해서는 교사가 되려는 직전교육 과정에서부터 많은 훈련과 연습이 필요하다.

장학은 '학생의 학습성과를 촉진, 제고시키고 학교조직의 목적을 효과적으로 달성하기 위해 직접적으로 교사의 행위에 영향을 주는 체계적인 행위'라고 볼 수 있는데, 궁극적인 목적은 '수업 개선'에 있다.

생각해 볼 문제

1. 교육행정의 의미를 설명하고, 교사로서 교육행정을 학습하는 이유를 제시해 보자.
2. 교사가 되었을 때 학급운영을 한다면, 교육행정 이론의 발달과정에서 과학적 관리론과 인간관계론 중에서 어느 이론을 더 선호할지 자신의 입장을 이야기해 보자.
3. 학교조직의 관료적 특성과 전문적 특성의 예를 들어 보고 교사가 되었을 때, 두 가지 특성을 어떻게 활용할 것인지를 이야기해 보자.
4. 장학이 교사를 위한 것이고, 수업의 질을 향상시킨 것이란 점에 대해서 자신의 생각을 이야기해 보시오.

제 11장

생활지도와 상담

생활지도는 자기이해, 자기조정, 자기실현을 통하여 남의 조력 없이도 스스로 자신을 훌륭하게 이끌어 나갈 수 있는 자기지도에 이를 수 있게 조력하는 과정이다. 생활지도를 효과적으로 이끌기 위해 필요한 제반활동에는 조사활동, 정보 제공활동, 상담활동, 정치활동, 추후활동이 있다.

상담은 생활지도 활동에 있어서 가장 핵심적인 중심활동이다. 상담은 상담자와 내담자의 만남의 과정에서 내담자가 현명한 적응과 문제해결을 할 수 있는 능력을 배양하고 스스로 성장할 수 있도록 돕는 전문적인 활동이다. 상담이론에는 지시적 상담, 비지시적 상담, 정신분석적 상담, 행동주의적 상담, 합리적 · 정서적 상담 등이 있다.

제1절 생활지도의 기초

1. 생활지도의 의의

생활지도란 영어의 Guide에서 유래했는데, 이는 인도한다, 지도한다, 조언한다, 안내한다의 뜻이다. 생활지도는 광의의 교육과 같은 것으로, 학교의 모든 프로그램은 생활지도의 목표를 실천하기 위하여 조직되어야 한다. 그러나 어떤 사람들은 생활지도를 직업지도 또는 도덕지도에 국한시키려고 한다. 생활지도의 의미는 그 용어가 가지는 뜻이 다양하고 사람에 따라 각기 다른 해석을 내리고 있기 때문에 한 마디로 간단하게 정의를 내리기는 어렵다. 생활지도의 의미에 대하여 몇몇 학자의 정의를 소개하기로 한다.

Jones는 "생활지도란 현명한 선택과 적응을 위해 개인에게 주는 조력을 의미하며 이 선택은 생득적인 것이 아님으로 지도가 필요하다"고 보았다. 이영덕은 "생활지도는 한 학생이 자신의 본래의 성격을 정확히 파악하고 문제해결을 위한 이해와 통찰을 가짐으로써 보다 안정되고 통합된 성장을 할 수 있도록 도움을 주는 과정이다"라고 말하였다. Traxler는 "생활지도란 개인의 능력과 흥미를 이해시키고 가능한 정도까지 최고로 그들을 발달시키며 생활의 목표와 관련시켜 최후로 민주사회의 바람직한 시민으로서 원숙한 자기지도가 될 수 있는 상태에 도달시키려는 것이다"라고 하였다. Strange는 "생활지도는 개개인의 가능성을 발견하고 그 자신의 노력을 통해 그의 개인적인 행복 및 사회적 유용성을 발달시켜 나가는 과정이다"라고 말하였다.

위의 여러 사람의 정의 가운데 종합적인 공통점을 찾아낸다면 생활지도란 ① 자신의 발견 및 이해, ② 타고난 자질의 개발, ③ 현명한 적응과 선택을 통한 문제해결, ④ 원숙한 자기실현, 자기지도 등을 들 수 있다.

생활지도는 자기이해, 자기조정, 자기실현을 통하여 남의 조력 없이도 스스로 자신을 훌륭하게 이끌어 나갈 수 있는 자기지도(self-guidance)에 이를 수 있게 조력하는 과정이다. 다시 말하면 생활지도란 각 개인이 일상생활에서 해결해야 할 여러 가지 문제를 자력으로 해결할 수 있도록 지도하기 위한 조직적 봉사 활동이다.

2. 생활지도의 목표

생활지도가 개인의 봉사에 초점을 둔 활동이라면 생활지도의 목표는 개인을 돕는 활동 차원에서 결정될 수 있는 것으로, 그 목표를 5단계로 구분하여 제시한다.

가. 자신의 능력과 흥미의 발견 및 이해

생활지도는 개인의 존엄성과 가치에 기초를 둔다. 생활지도는 각 개인이 그가 속한 한 사회의 문화가치 속에서 최고의 자기실현을 할 수 있도록 돕는 교육적 노력이다.

나. 능력과 흥미의 최대한의 개발

개인이 가진 흥미를 풍부하게 살릴 수 있도록 직업적 훈련의 기회를 만들고 원만한 인간관계를 기르도록 협동적 경험을 쌓는 것은 자신의 능력과 소질을 키워 가게 하는 생활지도의 중요한 목표가 된다.

다. 현명한 선택과 적응을 통한 문제해결력 증진

일상생활에서 일어나는 문제들을 자신의 힘으로 부딪쳐 보고 실제 경험을 통하여 자신의 능력을 더욱 이해하고 자신을 수정 보완해 나감으로써 건전한 자아개념이 서서히 형성될 수 있다. 생활지도는 사회적 변화와 개인의 내적 변화에 잘 적응하기 위하여 가정, 학교, 사회가 협동적으로 노력하여 청소년들의 적응문제를 해결하는데 도움을 준다.

라. 전인성으로서의 발달

인간은 지적 방면의 발달만으로는 행복해 질 수 없으며 신체적 · 사회적 · 정서적 모든 면의 발달이 잘 조화되고 통합될 수 있을 때 가장 완전해 질 수 있다는 견해가 바로 생활지도의 입장이다. 학교는 자라나는 청소년들의 감정과 의지, 개성과 사회성을 고르게 발달하도록 지도하여야 한다.

마. 유능한 민주시민으로의 육성

개성의 최대한의 발달은 그 사회를 위하여 유익되게 사용될 때 가장 훌륭한 공헌이 될 수 있다. 그러므로 개인의 신장과 사회의 발달이라는 신념은 민주주의와 생활지도가 일치되고 있는 견해다.

다음으로는 학생, 개인의 성장 발달을 돕는 생활지도의 목표에 대한 견해를 알아보겠다. 학교교육에서 전개되는 생활지도 활동이란 개인적인 도움을 통하여 학생으로 하여금 그들이 당면하고 있는 적응문제를 해결하도록 도움을 주는 일이다. 그러므로 생활지도의 근본목표는 개인을 돕는 일이다.

전찬화는 생활지도의 근본 목표는 개인을 돕는데 있지만 학교에 대해서도 도움을 줄 수 있다고 보고, 개인을 돕는다는 측면과 학교를 돕는다는 측면으로 구분하여 개인적인 면에서 본 생활지도의 목표는 학생들이 가져야 할 권리를 행사할 수 있도록 도와주는 것이라 하여 Humphrey와 Traxler의 표현을 인용하였다

① 학생 자신의 노력으로 자기가 가지고 있는 수용력을 잘 나타내게 하며 삶의 여러 영역에서 개인적인 성취감을 얻을 수 있게 하고 사회에 최대의 공헌을 할 수 있도록 도와주는 것이다.
② 학생 자신이 당면 문제를 해결할 수 있게 하고 사실을 정확하게 해석하여 현명한 선택과 적응을 할 수 있도록 도와주는 것이다.
③ 학생 자신이 건전하고 성숙된 적응을 할 수 있도록 영구적인 기반을 만들도록 준비하게 하는 것이다.
④ 학생으로 하여금 신체적, 지적, 정서적 그리고 사회적인 모든 면에서 조화있는 삶을 누릴 수 있도록 도와주는 것이다.

학교의 입장에서 본 생활지도의 목표는 학생을 돕는 것 이외에 교직원, 행정가, 연구 활동에 많은 도움을 주고 있다. Froehlich의 견해에 의하면 생활지도 프로그

램에서 교사들이 학생에게 도움을 주어야 할 활동은 다음과 같다.

① 교사들은 학생을 좀 더 잘 이해할 수 있도록 해야 한다.

② 교사들에게 체계적인 현직교육의 실시를 통하여 학생의 문제와 행동을 진단, 이해할 수 있도록 도와주어야 한다.

③ 일반교사들이 자기의 능력으로 감당하기 어려운 학생의 문제는 전문가에게 위탁할 수 있도록 도와주고 그런 방안을 사전에 마련해 놓아야 한다.

학교행정가가 해야 할 일은 다음과 같다.

① 생활지도 프로그램을 통해 그들이 발견한 사실을 행정가에게 보고하여 교과활동에 반영시키도록 하여야 한다.

② 생활지도 담당자인 카운슬러는 학교 행정가들과 지역사회 사이의 교량 역할을 하게 되며 많은 정보와 지역사회의 각계 인사와 교제하고 학교정보를 지역사회에 알려주어야 하므로, 생활지도 프로그램은 이와 같은 유대관계를 갖도록 함으로써 학교 행정가들을 도와주는 것이다. 또한 생활지도 프로그램은 연구 활동에도 많은 도움을 준다. 즉 지역사회 조사를 통해 직업정보를 얻어내고 졸업생에 대한 추수지도를 통하여 학교의 교육과정, 학생활동, 생활지도 프로그램에 대한 문제점을 발견하고 그 개선 방안을 모색하는 등 연구활동에도 도움을 주고 있다고 하였다(김청자, 장선철, 2004).

3. 생활지도의 주요활동

생활지도를 효과적으로 이끌기 위해 필요한 제반활동은 다섯 가지 활동으로 나눌 수 있다.

① 학생을 이해하기 위한 조사활동

② 필요한 정보를 제공하는 활동

③ 부적응의 문제를 해결하기 위한 상담활동

④ 수집된 정보에 의해 학생 자신이 어느 한 단계에서 다음 단계로 옮겨갈 때 적절한 도움을 주는 정치활동

⑤ 생활지도 프로그램에 의해 도움을 받는 학생을 대상으로 하는 추후활동

가. 학생이해를 위한 조사활동

생활지도 활동의 중추적 역할을 담당하고 있는 생활지도 교사는 학생 개개인과 그를 둘러싸고 있는 인적·물적인 환경을 정확하게 그리고 포괄적으로 파악해서 이들 자료를 필요로 하는 학교 내외의 인사들이 학생의 성장, 발달을 돕기 위한 자료로 활용할 수 있도록 하여야 한다. 따라서 학생들을 올바르게 이해하기 위해서는 우선 그들의 필요, 흥미문제 성장 가능성과 생활환경을 바르고 정확하게 이해하는 것이 조직적인 생활지도의 가장 기초적인 단계라고 할 수 있다.

학생을 이해하기 위한 방법으로 가정환경, 개인의 지적 능력, 학업성취도, 적성 및 인성 또는 장래 희망 등의 자료를 수집하여 분석하는 것이 필요하다. 이와 같은 여러영역에 걸친 자료를 분석하기 위한 방법과 기술로는 ① 관찰법 ② 질문지법 ③ 면접법 ④ 검사법 ⑤ 사례연구 등이 있으며 각종 개인정보를 제시한 생활기록부 또는 각종 누가기록을 통해하여 파악할 수 있다.

나. 학생이 필요로 하는 정보제공 활동

학생이 자신의 문제를 해결하거나 장래계획을 세우기 위해서는 자기를 둘러싸고 있는 환경조건을 이해하고 정확히 파악할 수 있어야 한다. 따라서 필요한 정보를 수집하고 제공하는 일은 생활지도 프로그램에서 중요한 자리를 차지한다.

C. H. Miller는 정보활동의 목적을 다음과 같이 제시하였다.

① 학생이 현재 직면한 환경을 이해하고 이에 적응하는 것을 돕기 위한 것이다.
② 학생이 미래의 직업이나 장래를 탐색하는데 소용되는 보다 넓은 정보를 마련하는 일이다.
③ 장차 특정한 계획과 직업계획에 필요한 정보를 얻고 해석하는 것을 돕는 것이다.

이러한 목적에 대해 생활지도에서 필요로 하는 정보는 ① 교육적 정보, ② 직업적 정보, ③ 개인적·사회적 정보 등의 세 영역으로 구분할 수 있다.

교육적 정보란 학생들이 학습활동을 해나가는데 관계되는 정보를 말한다. 다시 말해서 학생들이 자기의 교육계획을 합리적으로 세우고 교육과 학습의 기회를 최대한으로 활용하기 위하여 알아 두어야 할 정보자료를 말한다. 예를 들면, 상급학교 진학을 위한 교육프로그램에 관한 안내, 장학제도 및 기타 학비조달에 관한 사항, 학교 내외의 도서관 이용법과 자료 수집법, 학습습관과 기술에 관한 사항, 특정한 과정의 학습 요령 등이다.

직업적 정보란 직업에 관련된 사항을 합리적으로 계획하고 타당한 직업 선택을 할 수 있도록 도움을 줄 수 있는 유용한 자료를 말한다. 예를 들면, 작업의 분류와 종류, 각종 직업에 취업하기 위한 자격, 취직과 승진에 필요한 지식과 방법, 각종 직업에서의 작업조건, 기술고시 및 기술자 등록에 관한 사항 등이다.

개인적 , 사회적 정보는 자기 자신과 남을 이해하는데 필요한 정보로서 자신을 보다 잘 이해하고 발전시키는 것을 돕는 인간에 관한 자료를 말한다. 예를 들면, 자기 이해와 자기 통찰에 유용한 자료, 건전한 인성의 발달을 도울 수 있는 자료 등을 말한다.

이상의 정보들은 한데 묶어서 통합적으로 수집하고 제공하는 과정으로 이루어져야 한다. 정보의 수집은 여러 분야에 있어서 전문적인 이해가 있는 교사에 의해 그 원천을 찾아 여러 정보를 수집, 적절히 분류하고 조직하여 언제나 필요한 정보를 용이하게 사용할 수 있도록 하여야 한다. 또한 수집된 정보를 제공할 때는 학생의 성숙 수준과 필요와 흥미에 맞추어 교육적으로 제공되어야 한다.

다. 학생문제 해결에 도움을 주는 상담활동

상담은 전체 생활지도 활동 가운데 가장 핵심적인 영역을 차지하는 활동으로 간주되고 있다. 학생들은 상담을 통해서 그들이 당면하고 있는 부적응의 문제해결과 그들의 장래 계획을 설계하고 자신의 힘으로 건전한 발달을 이룩하는데 도움을 받게 된다.

생활지도나 상담은 다 같이 모든 학생을 대상으로 그들의 건전한 성장, 발달을 도와주기 위한 활동이다. 특히 상담은 적응상의 문제를 가지고 있는 학생을 대상으로 그가 당면하고 있는 부적응의 문제를 바르게 이해하고 자기 힘으로 해결할 수 있도록 도와주는 활동이다. 이는 내담자와 상담자와의 일대일의 관계인 대화를 통해서 문제를 해결하는 계획적이고 전문적인 임상적 봉사 활동이다. 상담은 인간에 대한 이해와 온정, 및 인도주의적 태도를 갖춘 상담자에 의해서만 성공을 거둘 수 있다. 그러므로 성공적인 상담을 위해서는 과학적인 지식이나 기술만이 아니라 인간에 대한 성숙한 태도와 내면세계에 관한 민감한 이해가 필요하다.

라. 정치활동

정치활동이란 학생 자신이 적재적소에 적응할 수 있는 능력을 지니도록 도와주는 활동이다. 개인의 성장과 발달은 삶의 장기적인 전망 속에서 선택과 결정을 통하여 이루어지고 있다. 그러므로 인간은 어느 한 가지를 결정짓고 다음 단계로 넘어가 새로운 결정을 내리지 않으면 안 되며 이 때에 자기선택과 자기결정을 위해서는 보다 많은 객관적인 정보와 제삼자의 도움을 필요로 하게 된다.

학생 자신이 건전하고 보다 잘 적응된 생활을 영위하도록 하기 위해서는 학생으로 하여금 일정한 계획을 세우고 그의 능력에 맞게 다음 단계에서 취해야 할 행동과 위치와 자리를 성공적으로 정하도록 도와주어야 한다. 이러한 도움을 주는 활동을 일컬어 정치활동(placement service)이라고 부른다. 따라서 정치활동이란 취업, 진학, 진급, 선택과목의 선정, 특별활동 부서의 결정 등과 같이 개인 또는 집단이 어떤 선택적인 결정을 내려야 할 때에 합리적이고 현실적인 의사 결정을 하도록 돕고 의사 결정에 필요한 정보를 제공하고 조정하고 협조하는 일련의 활동을 말한다. 그러므로 정치활동이란 학생들이 자신의 욕구를 충족시키기 위하여 다음 단계의 계획을 세우고 새로운 위치를 정하고 전진하도록 도와주는 일체의 활동이라고 할 수 있다.

마. 추후지도 활동

추후지도 활동은 생활지도 프로그램에 의해 도움을 받은 학생을 대상으로 하여 계속적이며 향상된 진로를 통해 도움을 주고 동시에 학교의 생활지도 프로그램의 평가와 개선을 위해서 필요한 활동이다. 따라서 추후지도의 대상은 재학생, 중도퇴학자, 졸업생을 포함한다.

추후지도를 하는 목적은 지도를 받았던 학생의 지속적인 성장 · 발달을 돕고 학교 생활지도 프로그램의 개선점을 찾아 효율적인 생활지도 활동이 되도록 하려는 것이다.

학생에게 일정한 봉사를 하고 좋은 결과를 얻었다는 데서 모든 지도가 끝나는 것이 아니라 그 학생이 얼마나 지속적이고 향상적인 발전을 해나가고 있는가를 알아보고 보살펴 주는 것은 지도의 완성을 위하여 꼭 필요하다.

제2절 상담의 이해

상담은 생활지도 활동에 있어서 가장 핵심적인 중심활동이라 할 수 있다. 생활해 가는 동안 부딪히는 당면 과제를 스스로 해결하기 위해서는 보다 전문가에게 도움을 얻고 상담을 받음으로써 자력으로 문제해결에 도달할 수 있게 된다. 여기서는 상담활동을 정확히 이해하고 적응하기 위하여 상담의 의미, 상담의 이론, 집단상담에 관하여 알아보고자 한다.

1. 상담의 의미

상담인 counseling이란 말은 라틴어의 counsulere에서 유래한 것으로 고려한다(consider), 반성한다(reflect), 숙고하다(deliberate), 조언한다(counsel), 상담한다(consult) 등의 뜻을 지니고 있다(황응연, 1975).

상담의 의미에 대하여 여러 학자들이 내린 정의를 중심으로 그 의미를 밝혀 보기로 한다. E. G. Williamson(1950)은 "카운슬링이란 현실적으로 각 개인의 적응을 도울 뿐만 아니라 장래 적응을 준비하도록 도와주는 것이다."라고 하였다. 이로서 그가 내담자의 적응문제에 관심을 가지고 있는 것을 알 수 있다.

C. R. Rogers(1961)는 상담은 개인이 행동과 태도를 변화하는데 도움이 될 목적을 가진 개인과의 일련의 직접적 접촉이라 하였다. Shertzer와 Stone(1980)은 상담은 자기와 환경에 대한 의미있는 이해를 촉진시키고 장래 행동의 목표나 가치관을 확립해서 명료화하도록 하는 상호작용의 과정이라고 하여, 자신과 환경에 대한 학습을 강조하고 있다.

정원식과 박성수(1978)는 상담이란 도움을 필요로 하는 사람과 도움을 줄 수 있는 사람 사이의 개별적인 관계를 통하여 새로운 학습이 이루어지는 과정이라고 정의하였다. 또 이장호(1999)도 상담이란 도움을 필요로 하는 사람이 전문적 훈련을 받은 사람과의 대인관계에서 생활과제의 해결과 사고, 행동 및 감정 측면의 인간적 성장을 위해 노력하는 학습과정이라고 정의하여, 궁극적으로는 학습과정을 강조하고 있다. 황응연과 윤희준(1983)은 상호작용의 관계를 강조해서 상담을 "도움을 필요로 하는 사람을 다른 사람이 도와주는 상호작용의 인간관계"로 보고 이 인간관계는 다음과 같은 특성을 갖는 전문적인 관계라고 밝히고 있다. 첫째, 일대일의 관계, 둘째, 언어적 수단에 의한 역동적인 상호작용, 셋째, 전문적인 조력, 넷째, 사적이고 비밀적인 관계 등을 들고 있다.

이상의 여러 학자들의 상담에 관한 정의와 특성을 요약하면, 상담이란 상담자와 내담자의 만남의 과정에서 내담자가 현명한 적응과 문제해결을 할 수 있는 능력을 배양하고 스스로 성장할 수 있도록 돕는 전문적인 활동이다.

상담과 유사하게 사용하는 개념으로 생활지도, 심리치료가 있다. 이들을 명확하게 구별하기란 쉽지 않다. 특히 상담(counseling)과 심리치료(psychotheraphy)의 구별은 더욱 모호하다. 상담과 심리치료는 다음과 같은 차이가 있다.

첫째, 내담자 또는 학생의 문제의 정도에 따라 상담과 심리치료를 구별한다(정원식, 박성수, 1982).

단순한 정보를 제공하는 것에서 만족스런 해결을 얻을 수 있는 문제에 가까울 때는 상담이고 정신질환의 문제쪽으로 기울어질 때는 심리치료라고 보는 관점이다. 그러나 상담활동에서는 정상의 문제를 다루고 심리치료에서는 비정상의 문제를 다룬다는 것은 실제로는 명확하게 구분하기가 어렵다. 왜냐하면 "정상적인 문제"도 이상심리적인 경향이 어느 정도는 개입되어 있고, 비정상적인 문제에도 정상적인 심리상태가 있기 때문에 내담자 또는 학생의 문제를 정상과 비정상의 기준으로 나누어 생각하는 것은 무리가 있다([그림 11-1] 참조).

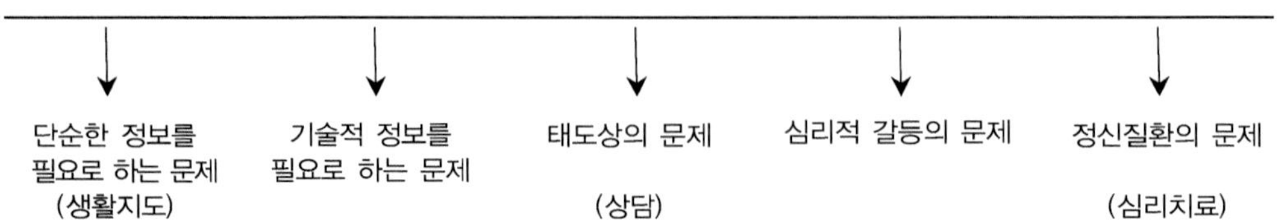

[그림 11-1] **생활지도, 상담, 심리치료의 비교**

둘째, 상담이란 내담자가 직면하고 있는 현실적인 문제나 내담자가 의식하고 있는 문제를 주로 다루는 것임에 반해 심리치료는 성격적인 문제나 무의식의 문제를 다룬다. 또한 상담은 교육, 직업, 결혼 등의 선택과 결정의 문제를 다루는 것임에 반해 심리치료는 지속적이고 반복적인 정서적 갈등을 다룬다.

셋째, 상담과 심리치료는 목표가 다르다고 보는 관점도 있다. 상담은 성장과 발달을 촉진하며 예방에 역점을 두는 것에 비해 심리치료는 장애를 제거하거나 완화시키는 것으로 치료와 교정에 있다.

넷째, 상담과 심리치료를 적용하는 기법이나 방법의 차이로 구별하려는 경향이 있다. 상담은 무의식의 세계를 표현하지 않고 은폐하는 방법을 사용하고 심리치료는 무의식의 세계를 파고들어 심리적 갈등을 해결하는 비은폐적 방법을 사용한다. 또한 상담은 생각과 의견을 주로 다루는 인지적인 방법을 적용하는 것임에 반해서 심리치료는 증오, 애정, 충동 등과 같은 감정이나 본능을 주로 다루는 정서적인 방법에 의존한다.

그 외에도 상담은 학교, 기업체, 상담소 같은 곳에서 상담자가 수행하며 심리치료는 의학이나 임상심리 분야에서 훈련받은 상담자가 병원에서 수행하고 있다.

위에서 두 가지의 관계를 보여주듯이 명확히 구별하기보다 같이 중첩하여 사용하는 것이 좋을 것 같다. 상담과 심리치료는 둘 다 내담자의 문제를 해결하고 나아가 개인의 성장과 발전을 촉진하려는 것이다. 그러나 내담자를 다루는 모형을 교육적 모형과 의학적 모형으로 구별한다면 교육상황에서 이루어지는 상담은 의학적 모형에 근거하는 것보다 교육적 모형에 근거하는 것이 바람직하다고 하겠다.

2. 상담이론

상담자가 적절한 상담 방법을 사용하여 내담자의 문제해결과 지도방안을 마련하기 위해서는 인간행동에서 나타나는 여러 가지 현상을 과학적으로 분석할 수 있는 상담이론들을 이해하고 있어야 한다. 상담활동에서 지켜야 할 자세는 상담자의 태도와 전문적 소양의 상담기술이 있어야 하며 내담자를 인도할 때에 부작용이 없도록 적재적소에 알맞은 상담이론을 참작하여 활용할 수 있어야 한다. 그러나 상담이론이나 접근방법은 주장하는 학자에 따라 또는 내담자의 문제 양상에 따라 각기 다르게 분류하여 적용하기 때문에 상담자는 필연적으로 다양한 상담이론의 이해와 기술을 가지고 있어야 한다. 여기서는 편의상 주장하는 문제나 영역에 관계없이 몇 가지 상담이론을 제시해 보겠다.

가. 지시적 상담

지시적 상담은 E. G. Williamson에 의해 제시된 이론으로 흔히 특성요인상담, 임상적 상담, 상담자 중심상담 등의 여러 가지 용어로 불리고 있다. 지시적 상담은 교육 및 직업상담을 기초로 하고 있기 때문에 상담을 받는 사람들의 특성을 직업적 또는 교육적 부적응으로 생각한다. 또한 상담자와 내담자의 상호관계는 교사와 학습자와의 관계와 같으며, 이는 고도로 인격화된 교수와 학습과정이다. 상담자의 역할은 내담자에게 좀더 적합한 행동으로 대치하도록 가르치거나 도와주는 것이다. 따라서 상담이란 상담자가 내담자의 교육적 또는 직업적 적응행동을 도와주는 것으로 보고 있다.

1) 상담의 목표

① 내담자가 자신의 동기, 능력, 적성, 성격, 흥미 등의 특성을 이해하고 수용하도록 한다. 이는 자신의 가능성을 확인하는 중요한 단서가 된다.
② 자신의 특성과 직업 등을 검토하여 만족스러운 결정을 내릴 수 있도록 한다.
③ 내담자가 자신의 가능성을 확인하고 이를 실제로 활용할 수 있도록 한다.
④ 내담자 자신의 문제를 스스로 해결할 수 있도록 한다(강봉규, 1999).

2) 상담의 과정

Williamson(1980)은 상담과정을 6단계로 제시하고 있으며 상담자는 상담을 진행할 때 아래 제시한 단계를 적절히 활용하는 것이 좋다.

① 분석(analysis) : 내담자에 관한 정보와 자료수집으로 이루어지는 단계다. 내담자의 적성, 흥미, 동기, 신체건강, 정서적인 면 등에 관련된 정보를 수집하기 위해 연구방법을 사용한다. 분석을 위한 도구로는 누가기록, 면접, 시간할당표, 자서전, 일화기록, 심리검사 등의 도구를 들 수 있다.

② **종합**(synthesis) : 분석단계에서 수집한 자료를 종합단계에서는 실제 상담과정에서 유용하게 활용할 수 있도록 배열, 정리하는 단계다. 내담자에 관련된 정보를 분류하여 적응 · 부적응의 상태를 분석할 수 있도록 자료를 요약하고 구조화시키는 것이다.

③ **진단**(diagnosis) : 지시적 상담의 효과를 크게 좌우할 수 있는 단계로 진단이 잘못되면 상담 전체가 잘못된다고 볼 수 있다. 내담자의 두드러진 특징과 문제를 기술하고 내담자의 문제 및 그 원인과 관련된 특징을 간결하게 요약하거나 자료를 해석하여 문제행동에 관해 진단을 내려야 한다.

④ **예후**(prognosis) : 진단과 예후는 둘 다 내담자가 성취하려고 하는 목적과 관련된 것이지만 진단은 과거 및 현재와 관련된 반면 예후는 미래와 관련된 예측이다. 문제의 정도나 조건이 앞으로 어떻게 진전될 것이라고 예측하는 것이다.

⑤ **상담**(counseling, treatment) : 상담자가 내담자로 하여금 현재 및 미래의 일상생활에 최적의 적응을 할 수 있도록 도와주는 지도 및 조언과정이다. 이 단계에서 상담자는 내담자의 문제해결을 위하여 암시, 격려, 충고, 설명, 지시 등 모든 기술을 동원하게 된다.

⑥ **추수지도**(follow-up service) : 상담을 종료한 후 내담자에게 다시 문제가 발생하였거나 상담의 효과를 확인하고자 할 때 실시하는 단계다.

3) 상담의 기법

① **래포**(rapport)**형성** : 내담자를 존중하고 비밀을 유지하며 친밀한 관계를 형성한다.

② **자기이해 증진** : 내담자 자신을 보다 객관적으로 정확하게 이해하도록 해 준다. 여러 가지 검사결과나 자료 또는 상담과정을 통해 도움을 준다.

③ **활동 계획의 수립** : 내담자가 자기 자신을 이해할 수 있도록 조언을 해 주어야 한다. 조언의 방법에는 설득적이고 설명적인 방법을 사용한다.

④ **계획의 실행** : 내담자가 자신의 계획을 확인하여 실행하도록 도우며 다음 단계를 제시해 준다.

⑤ **다른 전문가에게 의뢰하기** : 자신의 능력 밖이라고 여겨지면 내담자의 동의를 얻어 다른 전문가에게 의뢰할 수 있다(Williamson, 1980, 한국대학카운셀러연구회편, 1993).

4) 상담의 기술

상담할 때에는 아래 제시한 다섯 가지 상담의 기술 중에서 상담 진행 과정에 필요하다고 생각하는 가장 적절한 기술을 선택하여 사용하면 된다.

① **동조를 요구하기**(forcing congormity) : 상담자가 내린 결정을 내담자가 동조해 줄 것을 요구하는 것이다. 상담자의 의견이 적절한 것일지라도 내담자는 강요받는다는 느낌이 강하므로 충고로 끝날 위험이 있다.

② **환경을 변화시키기**(changing the environment) : 상담목표 달성에 도움이 되도록 내담자의 물리적 환경과 특성 등을 변화시키는 것을 말한다.

③ **적절한 환경을 선택하기**(selecting the appropriate environment) : 상담목표에 맞는 환경을 선택한다. 즉 내담자 자신이 적절하게 의사결정을 내린다.

④ **필요한 기술을 습득시키기**(selecting the appropriate environment) : 상담목표에 맞는 기술을 습득하도록 하는 것이다.

⑤ **태도 바꾸기**(changing attitude) : 내담자의 욕구와 환경의 요구가 조화를 이루도록 내담자의 이성적인 판단으로 합리적인 행동을 하도록 한다.

5) 공헌점

① 상담 발달의 초기단계에서 개인의 문제를 과학적인 방법으로 해결하려 했다. 이러한 점은 상담을 전문화시키는데 많은 기여를 했다고 볼 수 있다.

② 객관적 자료를 강조하였다. 따라서 객관적 자료를 위한 검사의 개발, 활용, 보급 및 예측에 많은 기여를 했다.

③ 문제행동과 원인을 다루는데 체계적이고 조직적인 면에 강조점을 두고 있다.

④ 많은 상담이론들이 정서를 강조한데 반해 이성을 강조함으로써 상담활동의 균형적 발전을 이룩하게 되었다.

⑤ 지시적 상담은 특히 교육 및 직업에 관련된 부적응 문제에 적합한 방법이다.

6) 제한점

① 적용대상이 어느 정도 책임감이 높고 정서적으로 성숙되어 있는 내담자들이

어야 하며 상담자의 역할을 지나치게 강조하여 내담자의 독립적 결정을 경시하고 있다.

② 지나치게 객관적인 자료에 의존하여 합리적 의사결정을 추구하고 있기 때문에 내담자의 감정과 정서를 무시하고 있다.

③ 상담자는 내담자가 최선의 잠재력을 실현하도록 영향력을 발휘해야 하지만 이 상담의 특성은 설득, 충고, 명령 등을 사용하게 되므로 노련한 전문가적 능력이 없으면 상담의 기본적인 원리에 위배될 수 있다.

④ 상담이 진행되는 과정보다 결과를 중요시했다. 결과의 변화를 중요시하는 이 상담은 다른 상담들에 비해 지나치게 문제해결에 중점을 두었다.

나. 비지시적 상담

비지시적 상담은 Carl R. Rogers(1902~1987)에 의해 발전된 상담의 한 접근방법이다. 이 상담은 내담자의 긍정적인 성장 가능성을 중시하는 입장으로 내담자중심 상담, 인간중심 상담이라고 불리고 있으며 현상학적 접근 혹은 자아이론 접근이라고도 불린다. 상담의 관계는 하나의 독특한 인간관계로 '상담자'의 태도 면에서 진실성, 무조건적인 긍정적 수용, 공감적 이해 등과 같은 친밀하고도 진지한 일치성이 있는 특정한 조건이 존재한다면 그로 인해 '내담자'의 문제해결이 이루어지며 더 나아가 성장적인 변화가 일어날 것이다.

1) 상담의 목표

비지시적 상담에서 문제시되는 부적응행동이란 개인의 자아(경험에 대한 자각)가 왜곡된 결과라고 할 수 있다. 그러나 개인은 심리적인 부적응 요인들을 자각하는 능력과 부적응의 상태에서 벗어나 심리적 적응으로 향하는 경향성을 가지고 있다. 때문에 상담자는 개인에게 성장할 수 있는 합리적인 조건들을 제공하면 타고난 잠재능력을 건설적으로 발달시킬 것이라고 본다. 따라서 상담자는 상호신뢰적인 분위기를 조성하여 내담자가 거리낌 없이 자기를 표현하도록 함으로써 자신의 내면세계를 이해하고 자신의 문제를 파악할 수 있게 한다. 이런 관계 속에서 내담자는 자신의 왜곡된 지각을 수정하고 현실적 경험과 자아개념간의 조화를 이루며 능력과 개성을 발휘하여 자아실현을 통해 완전히 기능하는 사람이 되도록 한다.

2) 상담의 기법

비지시적 상담의 기법은 상담자와 내담자와의 상담관계 형성이다. 내담자에게 도움이 되거나 변화하고 성장하게 하기 위해서 스스로 자신 속에 있는 능력을 발견하도록 만드는 것이다. 효과적인 상담자의 특성은 공감, 진실성, 수용적인 태도로 내담자와 함께 생각하고, 느끼고 탐색하여 내적 준거체제를 발전시키도록 해야 한다.

① **무조건적 긍정적 수용** : 내담자를 전적으로 신뢰하고 수용하여 내담자 자신이 자기이해 및 긍정적인 변화에 의해 잠재력이 있음을 깨닫도록 한다. 내담자의 행동에 가치의 유무에 상관없이 비판적인 행동을 보여서는 안 되며 내담자가 지닌 그 자체를 있는 그대로 받아들여야 한다.

② **진실성** : 진지성(realness), 진솔성(authenticity), 일치성(congruence)이라는 용어로도 쓰인다. 진실성이 있는 상담자는 속으로 생각하고 느끼는 것과 드러나는 언행이 같다. 그는 자신의 마음 속의 느낌을 각성하고 받아들이며 그것에 맞추어 적절한 언어적, 비언어적 의사소통을 정확하게 구사할 수 있다.

③ **공감적 이해** : 공감이란 내담자의 생각, 감정, 경험에 대하여 내담자의 입장에 따라 그대로 이해하는 것이다. 즉 상담자가 내담자와 “더불어, 함께 하는” 과정이라고 할 수 있다. 상담자가 내담자의 내면세계를 정확하게 그리고 감정이입적으로 이해하는 것을 뜻한다. 즉 자기 자신을 잃지 않고 내담자의 내적 세계를 마치 자신의 내면세계인 것처럼 느끼는 것이다.

3) 상담의 진행과정

① 내담자가 상담자의 도움을 받기 위해 온다.

② 내담자 스스로 문제를 해결해야 함을 알게 하여 상담이라는 상황을 정의한다.

③ 상담자는 내담자 자신의 문제에 대한 감정을 자유롭게 표현하도록 북돋아 준다.

④ 상담자는 내담자가 표출하는 부정적 감정을 수용하고, 알아주고, 정리해 주어야 한다.

⑤ 부정적인 감정을 완전히 표현할 수 있게 된 후에는 미약하고 잠정적이기는 하지만 성격 성장에 보탬이 되는 긍정적 감정과 충동이 나타나게 된다.

⑥ 상담자는 내담자의 부정적 감정을 받아들임과 동시에 긍정적인 감정을 인정하고 받아들인다.

⑦ 부정적 감정과 긍정적 감정을 모두 경험하면 자기 이해, 자기 수용, 자기 통찰이 나타난다.

⑧ 통찰과 함께 여러 가지 의사결정을 할 수 있는 길이 선명하게 보이게 된다.

⑨ 내담자는 긍정적 행동을 취하게 되며, 생활 장면에 대해 더욱 정확하고 완전한 분별을 하게 된다. 처음에는 부분적이나마 긍정적인 행동을 하다가 시간이 흐름에 따라 보다 적극적인 행동을 하게 된다.

⑩ 긍정적인 행동을 하게 되면 점차로 통찰이 확대 심화되어 정확한 자기 이해를 할 수 있게 된다.

⑪ 내담자는 보다 잘 통정된 긍정적 행동을 점점 더 많이 하게 된다.

⑫ 내담자는 이제 도움을 받을 필요를 덜 느끼게 되고 치료관계를 종결해야겠다는 생각을 하기에 이른다.

4) 공헌점

① 비지시적 상담 과정은 많은 사람들을 이해할 수 있고, 다양한 심리치료에 활용할 수 있는 방향으로 발전시키는데 많은 공헌을 하였다. '순수성', '공감적 이해', '무조건 긍정적 수용'의 기본조건들은 누구나 이해할 수 있고 성공적으로 사용할 수 있다.

② 성격 변화를 촉진하는 것은 상담에서 이루어지는 관계이며 또한 상담 진행과정에서 요구되는 상담자와 내담자의 관계의 특징들을 분명하게 밝히고 있다.

③ 상담과정에서 내담자 자신이 중요한 결정을 하는 사람으로 인정하였다.

④ 인간행동에 있어 정서나 감정의 역할이 적절하게 강조되었다.

5) 제한점

① 상담자가 상담치료의 기본철학을 철저히 이해하고 생활화할 수 있어야 한다. 따라서 상담자의 인격과 소양이 중요시된다.
② 내담자의 내면의 세계, 정서 및 감정의 표현을 강조하는 반면 지적 및 인지적 요인들을 무시하는 경향이 있다.
③ 비교적 정상적인 내담자에게 적용될 수 있으나 현실접촉, 의사소통 능력, 지적 기능이 떨어지는 내담자에게는 효과적이지 못하다.
④ 객관적인 정보를 사용하여 내담자를 도와주는 면이 부족하다.
⑤ 상담자에게 탈 가치적인 태도를 지니도록 요구하지만 인간관계에 있어 탈 가치적이 된다는 것은 불가능한 일이다.

다. 정신분석적 상담

Freud의 정신분석 이론은 인간의 성격발달에 관한 본성 이론을 제시하였고 심리치료의 기초가 되고 있다. 정신분석학은 인간에 대해 결정론과 무의식이라는 두 가지 개념을 가정하여 제시하였으며, 기본적으로 심적 에너지와 유아기의 경험에 의해 결정된다고 본다. 또한 무의식적 동기와 갈등이 현재 행동의 중심이 된다. 인간은 비합리적인 힘이 강하며 성욕과 공격충동에 의해 움직인다. 성인의 성격상의 문제는 과거 어린 시절에 잘못 발달된 성격에서 발생하는 것으로 유아기에 억압된 갈등에 근원을 둔다.

정신분석학 이론에서의 정상적인 성격발달은 유아기의 성공적인 결정과 발달단계에서의 심리, 성적인 단계의 통합에 의해 이루어진다. 잘못된 성격의 발달은 어린 시절의 부적절한 생활경험에서 발생하는 외상(trauma)의 결과다. 원욕, 자아, 초자아가 성격의 기본 구조다. 불안은 기본 갈등을 억압하는 결과이며 자아방어는 불안을 통제하기 위해 발달된다.

1) 상담의 목표

상담의 목표는 무의식을 의식화함으로써 개인의 기본 성격을 수정하고 행동이

보다 현실적으로 되어 본능적 충동에 따르지 않도록 자아를 강화시키는 것이다. 이를 위해 내담자가 초기의 경험에서 벗어나 억압된 갈등을 해결하도록 돕는 것이 상담자의 역할이다. 결국 정신분석적 상담의 목표는 문제해결이나 새로운 행동을 학습하기보다 깊이 있는 자기 통찰을 위해 과거의 억압의 세계를 깊이 탐색해 들어가는 것이다.

2) 상담의 기법

상담에 사용되는 주요기법은 자유연상, 해석, 꿈의 분석, 저항의 분석, 전이의 분석이다. 이 모든 것들은 내담자가 그의 무의식적 갈등을 자각하도록 돕는 기법인데 이것은 통찰과 자아에 의한 새로운 융합으로 이끄는 기법이다(Hjelle & Ziegler, 1981).

① **자유연상** : 내담자의 마음에 떠오르는 대로 말하게 하는 방법으로 정서적 문제에 대한 무의식적 동기나 원인이 되는 단서를 얻을 수 있다.

② **해석** : 꿈이나 자유연상, 저항, 상담관계 등에서 나타난 내담자 행동의 의미를 상담자가 지적하고, 설명하고, 때로는 가르치기도 하는 기법으로 상담의 기본 절차다.

③ **꿈의 분석** : 꿈에 상징적으로 나타나는 동기와 갈등에 초점을 두고, 무의식적으로 억압된 욕구를 찾아내어 내담자로 하여금 해결되지 않은 문제들에 대한 통찰력을 얻게 하는 중요한 절차다. 꿈에 대해 분석해 가면서 내담자는 자신의 문제행동에 대한 인식을 갖게 된다.

④ **저항의 분석** : 저항은 상담의 발전을 저해하고 내담자가 무의식적 욕구를 표출하는 것을 방해한다. 이렇게 내담자가 저항하는 이유는 자신의 억압된 충동이나 감정을 알아차렸을 때 느끼게 되는 불안으로부터 자신을 보호하기 위해서다. 상담자는 이러한 저항을 지적해야 하며 내담자는 이런 저항에 직면해야 한다.

⑤ **전이의 분석** : 내담자가 과거의 중요한 인물에게 느꼈던 감정을 상담자에게 옮기는 것이다.

상담자는 내담자의 전이를 이해하고 분석해 주어야 하며 내담자의 전이감정이 해소되면 내담자는 과거의 영향으로부터 벗어나게 되며 보다 정서적으로 성숙한 인간이 될 수 있는 것이다.

3) 공헌점

① 행동의 결정요소로서 무의식과 같은 개념을 언급하여 자신이 인지하지 못하고 수용할 수 없는 충동들에 의해서 사고와 행동이 동기화된다는 사실을 밝혀 주었다.
② 무의식을 탐색하는 여러 기법을 발달시켰다. 이것은 전이, 역전이, 저항, 불안, 자아방어기제 등의 역동성에 대한 이해를 더욱 알기 쉽게 해 주었다.
③ Freud의 인간행동에 대한 관찰은 성격이론의 시초가 되었으며 내담자가 본질적으로 가지고 있는 저항을 처리하는 방법을 제시하였다.
④ 유아기의 체험이 성격형성의 바탕이 된다는 점을 지적하고 유아기의 중요성을 강조하였다.

4) 제한점

① 상담자에게는 장기간의 훈련을 요하며 내담자에게는 많은 시간과 경비를 요하는 단점이 있다.
② 인간의 충동을 동물적인 것으로 보고, 생물학적 · 본능적 요인을 강조하며 사회적 · 문화적 요인이나 인간의 합리성을 무시한다.
③ 신경증의 치료기법으로 다른 분야에 적용하는데 한계가 있다.
④ 유아기의 경험을 강조하는 결정론적인 입장을 취하고 있기 때문에 자신의 행동에 대한 책임을 극소화하며 개인 스스로의 변화를 제한하고 있다.

라. 행동주의적 상담

행동주의 상담은 학습이론적 접근 또는 행동수정적 접근이라고 부르기도 한다. 행동주의 상담은 실험 연구에서 밝혀진 학습원리를 심리치료에 응용한 것으로 객관적으로 관찰할 수 있고 측정 가능한 행동을 치료대상으로 삼기 때문에 치료의 효율성과 진전 정도를 객관적으로 평가할 수 있다. 이 이론은 학습의 법칙과 원리,

즉 역조건 형성이나 조작적 절차 혹은 강화를 적용하여 행동을 수정해 가는 접근방법이다. Kazdin은 행동수정을 '개인적, 사회적 문제를 해결하고 인간의 기능을 증대시키기 위해 실험심리학의 기본적인 연구와 이론을 적용하는 것'이라고 정의하고 있다(Kazdin, 1978). 행동은 학습의 산물이다. 인간은 환경의 산물인 동시에 그것을 만드는 존재다.

표출된 행동, 상담목표의 구체화, 상담계획의 발달, 상담결과에 대한 객관적인 평가 등에 초점을 둔다. 일반적인 행동은 강화와 조건화를 통해 학습된다. 비정상적인 행동은 잘못된 학습의 결과이며 현재의 행동을 강조한다. 부적응 행동을 제거하고 보다 효율적인 행동을 학습하게 하고 행동에 영향을 주는 요인을 밝혀 문제행동에 대해 무엇을 어떻게 할 것인가를 결정하는 목표를 설정하고 실행하는데 의의가 있다.

이 기법은 결과에 대한 경험적인 타당성에 기초한 실용적인 기법이다. 이 접근법은 주로 공포증, 우울증, 성도착증, 아동의 행동장애, 말더듬증, 심장질환의 예방 등에 적용될 수 있다.

1) 상담의 목표

학습된 구체적인 부적응 행동을 소거시키고 보다 효과적이고 바람직한 행동을 새롭게 학습시키는 것이 주요목표다. 목표는 언제나 구체적이면서 관찰되고 측정될 수 있는 행동술어로 진술되어야 한다.

2) 상담의 기술

주요 기법은 체계적 둔감법, 이완기법, 강화기법, 모델링, 인지적 재구성, 사고정지, 주장훈련과 사회적 기술훈련, 자기관리 프로그램, 행동연습 등이며 그 외에도 갖가지 복합모형의 기법들이 있다.

① **체계적 둔감법** : 불안을 일으키는 자극을 가장 약한 정도에서 출발하여 가장 강한 자극으로 옮겨가면서 점차 자극력을 감소해 나가는 방법이다. 근육의 긴장이완 훈련은 불안의 위계표를 작성한 뒤 위계에 따라 학습하면서 불안정

도를 줄이는 방법이다.

· 근육이완 절차 — 근육긴장은 불안과 관계가 있다는 것이므로 근육이 이완될 수만 있다면 불안은 감소될 수 있다. 따라서 근육을 일부러 이완할 수 있도록 훈련을 한다.

· 위계구성 — 내담자의 문제와 관련된 구체적이면서도 현실적인 문제 상황들을 묘사한 뒤 최저점과 최고점의 불안 위계수준을 정한다.

· 둔감절차 — 불안이나 공포를 느끼는 문제 상황을 가장 낮은 단계에서 높은 위계 단계까지 제시하여 공포상황을 점점 줄여 나가는 방법이다.

② **모델링** : 다른 사람의 행동을 관찰함으로써 내담자가 습득해야 할 행동을 변화시키는 방법이다.

③ **사고 정지** : 내담자의 부정적인 인지를 억압하거나 제거함으로써 비생산적이고 자기패배적인 사고와 심상을 통제하도록 도와주기 위해 사용된다.

④ **인지적 재구성** : 부정적인 자기 패배적 사고 대신에 긍정적인 자기 진보적 사고를 갖도록 교수하는 체계적인 기법이다.

⑤ **토큰 보상치료** : 바람직한 행동을 인정해 주는 표시로 상징물(token)을 주어 나중에 내담자가 원하는 물건이나 권리와 바꿀 수 있게 함으로써 행동수정에 유용하게 사용되는 방법이다.

⑥ **혐오치료** : 비합리적인 증상이 나타날 때마다 고통스러운 혐오자극을 가하여 문제행동을 소거시키는 치료법이다. 혐오자극으로는 전기자극이나 구토제가 쓰이며 이 방법은 문제행동을 처벌하는 동시에 대처할 바람직한 다른 행동을 강화해 줄때 효과가 더 크게 나타난다.

3) 공헌점

① 인간의 구체적인 행동에 중점을 두었다. 개개인에게 맞는 구체적인 상담기술을 다양하게 적용할 수 있게 하였다.

② 환경 내에 존재하는 여러 가지 제약을 어떻게 제거할 수 있으며, 효율적 행동의 학습을 위한 환경적 조건을 어떻게 조성할 수 있는가를 밝혀 냈다.

③ 강화자, 모델, 교사, 조언자로서의 상담자의 역할이 뚜렷하다.

④ 상담의 결과를 측정할 수 있게 함으로써 구체적이고 실증적인 행동목표를

명백하게 하여 상담을 과학으로 발전시켰다.

4) 제한점

① 행동은 변화시킬지 모르나 감정은 변화시킬 수 없는 것이다. 현재 행동의 원인이 되는 과거사가 무시되며 상담자에 의해 통제되고 조작된다.
② 환경적인 변인들은 엄격하게 통제하기 어렵기 때문에 행동변화를 반드시 객관적으로 평가할 수는 없다.
③ 학습이론에서 발전된 특정개념, 가설, 법칙들은 아직 인간의 모든 학습현상을 종합적으로 설명할 수 있을 만큼 포괄적이지 못하다.

마. 합리적 · 정서적 · 행동적 상담

인간의 신념이나 생각 등 인지적인 면들이 정서와 행동에 크게 영향을 미친다는 점을 강조한 대표적인 이론인 합리적 · 정서적 상담은 Albert Ellis에 의해 창시되었다. 그에 의하면 "비합리적인 생각이 부적절한 정서로 이어지고, 또한 부적절한 정서는 결국 부적절한 행동으로 이어지므로 합리적인 생각을 하도록 하여, 그러한 합리적인 생각이 적절한 정서와 행동으로 바뀌도록 하는 것이 REBT의 핵심이다."라고 하였다. Ellis는 1962년 발표한 저서 "심리치료에서의 이성과 정서(Reason and Emotion in Psychotherapy)"에서 REBT 이론을 집약하였다. 1968년 합리적 · 정서적 치료 연구소를 설립하여 현재까지 REBT 훈련과 상담을 연구하고 있다. 이 이론은 어떤 사건에 대해 우리가 경험하는 정서나 행동은 사실 그 자체에 의해서라기보다는 그 사실에 대해 우리가 가지고 있는 신념이나 생각에 의해서 결정된다고 보고 있다. 어떤 사건에 대해 우리가 합리적인 생각을 하게 되면 바람직한 정서와 행동을 경험하게 되지만 비합리적 생각을 하게 되면 바람직하지 못한 정서와 행동을 경험하게 된다는 것이다. 그래서 이 이론에서는 내담자의 비합리적인 생각을 합리적인 생각으로 대치시키거나 최소화시켜서 내담자가 보다 합리적이고 융통성 있는 인생관을 가질 수 있도록 하는데 강조점을 두고 있다.

1) 상담의 목적 및 목표

① 내담자의 핵심적인 자기 파괴적 생각을 최소화하고 삶에 있어 더욱 현실적이고 관대한 철학을 갖도록 한다.
② 삶에 있어 바람직하지 못한 결과가 나왔을 경우 자기 자신이나 다른 사람에 대한 비난을 줄인다.
③ 자기 자신과 사회에 대한 관심을 촉진시킨다.
④ 관용성 및 융통성을 기른다.
⑤ 불확실성과 자기 자신을 수용할 수 있도록 한다.
⑥ 유토피아적 생각을 갖지 않고 과학적으로 생각할 수 있도록 한다.
⑦ 심신에 몰입하여 모험을 할 수 있도록 한다.

2) 상담의 과정

REBT의 상담과정은 내담자가 가지고 있는 비합리적 생각을 확인하고 논박하여 합리적 생각과 자기 언어로 바꾸고, 이를 토대로 적절한 정서를 가지며 바람직한 행동을 할 수 있도록 하는 것이다.

이 과정을 구체적으로 제시하면 다음과 같다.
① 상담관계를 수립하여 내담자가 자유스럽게 이야기할 수 있는 분위기를 마련한다.
② 내담자가 느끼고 있는 비합리적인 생각, 부적절한 정서 및 행동을 확인한다.
③ 내담자에게 비합리적인 생각과 대치되는 합리적 생각과 정서를 지니도록 자기언어로 진술해 보도록 한다.
④ 자기 언어로 진술된 합리적인 생각을 실제 행동에 적용시키도록 한다.
⑤ 이상의 결과를 일반화시킬 수 있도록 내담자가 합리적인 사고와 자기언어에 근거해서 삶을 살아갈 수 있도록 한다.

3) A-B-C-D-E 분석

① A(행동 유발 사실) : 개인이 정서적 혼란을 가져오게 되는 활동(activity), 행동

(action), 또는 사건(agent)이다.

② B(행동 유발 사실에 대한 생각) : A에서 일어나는 활동, 행동 또는 사건에 대한 개인의 신념(belief)으로 이성적, 현실적, 합리적 신념(rational beliefs : rB's) 과 비이성적, 비현실적, 비합리적 신념(irrational beliefs : iB's)이 있다.

③ C(행동 유발 사실에 대한 생각의 결과) : B에 대한 정서적, 인지적, 행동적 결과나 반응(consequence)으로 이성적, 현실적, 합리적 결과(rational consequence : rC)와 이성적, 비현실적, 비합리적 결과(irrational consequence : iC)가 있다.

④ D : 비합리적 신념을 바꾸도록 돕는 과학적 방법을 적용하는 논박(dispute)이다.

⑤ E : 논의 또는 논쟁하여 획득하는 효과(effect)다.

4) 기법과 절차

(1) 인지적 기법

① 상담자가 비합리적인 내담자의 신념을 논박한다.

② 내담자의 내면화된 자기 강제적인 사고를 제거한다.

③ 매일 일정시간 내담자는 자신의 비합리적인 신념이 약화될 때까지 비합리적인 신념을 스스로 논박한다.

④ 내담자는 절대적인 "해야 한다"를 "하고 싶다" 등의 말로 대치함으로써 보다 합리적인 사고로 자신을 진술하는 법을 배운다.

(2) 정서적 기법

① 내담자가 습관적으로 부적절한 느낌을 갖는 장면을 생각하게 한 뒤 적절한 행동으로 바꾸도록 한다.

② 문제행동 관련된 장면에서 어떤 일이 일어났는지 알기 위해 역할 놀이로써 그 장면의 행동을 시도해 본다.

③ 주위사람들이 어떻게 생각할지에 대한 두려움으로 하지 못하는 행동이 있으면 실제로 해 보도록 한다.

④ 내담자가 겪고 있는 정서적 혼란에 대하여 다르게 생각하는 사람들의 생각이나 행동을 상담자가 보여 준다.

(3) 행동적 기법

REBT는 인지적 행동적 상담의 한 형태이기 때문에 조작적 조건화, 체계적 둔감법, 도구적 조건화, 생체기기제어, 이완 등의 행동적 상담기법을 모두 사용할 수 있다. 행동적 기법에서는 내담자의 생각이나 정서와는 상관없이 행동의 변화에만 초점을 두지만 REBT에서는 행동의 변화 뿐 아니라 생각, 더 나아가 정서까지도 변화시키려는데 주안점을 둔다.

5) 공헌점

① 인간의 생각, 신념, 자기언어와 같은 인지적인 면이 경험이나 느낌만큼 인간 행동에 중요한 영향을 미칠 수 있다고 보았다.
② 통찰된 것은 행동으로 옮겨야 함을 강조하였다.
③ 포괄적이고 절충적인 상담과정에 강조점을 두었다.
④ 정서적 장애와 문제행동의 원인 및 해결방법을 명확히 제시하였다.
⑤ 상담자의 직접적인 중재 없이도 자신의 치료법을 이행할 수 있는 방법을 내담자에게 가르칠 수 있다.

6) 제한점

① 모든 내담자에게 적용하기에는 무리가 있다.
② 과거의 경험을 경시하고 있다.
③ 자발성이 없는 내담자에게는 효과를 기대할 수 없다.
④ 다른 치료법 보다 지시적이어서 상담자의 철학적 관점이나 가치가 내담자에게 강요될 수 있다.

3. 집단상담

상담은 주로 개인의 문제를 해결하는 것으로 인식되어 온 것이 사실이다. 때문에 상담을 곤란한 사태에 직면하여 고민하는 사람이 경험이 풍부한 사람의 조력을 얻어 해결방법을 스스로 결정하는 과정으로 보는, 개인 대 개인의 인간적, 역동적 관계로서 개별지도에 중점을 두어 왔던 것이다. 그러나 상담을 개인으로 하여금 적당한 환경을 선택하게 하거나 적응에 필요한 기능의 학습을 계획하게 하거나 주체의 태도를 전환시키는 지도방법이라고 하는 관점에서 보면 오히려 집단생활이 문제해결의 실마리가 될 가능성이 크다고 보겠다. 즉 개인으로 하여금 주어진 환경을 개조하도록 하는 방법과 주체의 태도를 전환시키는 방법으로 어떤 부분에서는 집단생활의 특징인 역동성을 적용하는 것이 효과적일 수 있다는 것이다.

집단상담과 유사한 용어로는 집단지도, 집단치료가 있는데 이는 집단의 활동을 이용한 카운슬링의 독특한 형태라고 볼 수 있다. 우리나라에서는 1970년대에 들어오면서 학교와 산업체 등에서 집단상담에 대한 활발한 연구가 실제로 적용 추진되어 상당한 실효를 거두고 있는 상황이고, 앞으로 과학화, 기계화된 현대사회에서 더욱 필요한 문제해결 방법이 아닐 수 없다. 개인 상담으로서는 현재 상담의 역할을 크게 기대할 수 없을 뿐만 아니라 과밀학급 등 수많은 학생들을 상담하기에는 너무나 벅찬 부담이 작용하므로 자연적으로 집단상담의 방향으로 시선을 돌려야 하는 것이다.

가. 집단지도, 집단상담, 집단치료의 개념

1) 집단지도

집단지도(group guidance)는 학생을 개별적으로 지도하지 않고 집단적으로 지도하는 활동을 말한다. 집단지도는 학교라는 장에서 학생들을 대상으로 하며 주도자는 집단의 관리, 방향, 활동, 조직에 대한 책임을 지며 교육적, 직업적, 사회적 지도와 여가활동, 성격문제와 관련된 프로그램, 심리교육, 직업알선, 이성교제 등에 관한 정보를 제공하여 예후지도도 해야 한다는 점이다(김충기, 2000).

2) 집단상담

한 사람의 카운슬러가 동시에 여러 사람의 피상담자와 상담관계를 맺는 것으로, 피상담자의 수는 6~8명이 적당하다고 보고 있다. 집단 구성원간의 역동적 관계를 바탕으로 내담자 개개인의 문제해결 및 변화가 이루어지는 집단적 접근 방법이다(이장호, 1982).

집단상담(group counseling)은 훈련을 받은 전문가인 상담자와 비교적 적정범위의 적응수준에 속하는 사람들을 대상으로 그들의 태도를 수정함으로써 보다 능률적으로 발달된 문제를 취급할 수 있도록 상호간의 문제를 탐색, 조사하여 의식적 사고와 행동, 허용적 현실에 초점을 두어 상호 신뢰, 이해, 수용 등의 치료적 기능을 포함하는 역동적 대인간의 과정이라고 정의를 내릴 수 있다.

3) 집단치료

집단치료(group therapy)는 심리적 갈등을 가진 두 사람 이상의 개인을 동시에 치료하는 방법을 말한다. 집단치료에서 다루는 문제는 정상에서 이탈되었거나 성격이상이나 정신 신경증과 같은 경우이며 치료를 하는 사람은 임상 심리학자나 정신 의학자 등의 전문가다. 이장호(1999)는 집단치료란 한 사람의 상담자가 동시에 4, 5명 이상의 내담자들을 대상으로 심리적 갈등을 명료화하여 문제행동을 수정해 가는 일련의 집단면접이라고 정의한다.

주로 병원에서 이루어지는 집단치료는 다음의 네 가지 특성을 지니고 있다.

① 이 방법은 주로 치료적 목표를 갖는다.

② 보다 나은 자기 이해를 통해 심리적 긴장을 감소시킨다.

③ 치료자는 허용적이고 지지적 역할을 한다.

④ 비적응적 태도의 변화 및 심리적 문제해결에 직접적 관심을 둔다.

앞에서 언급한 집단상담에 해당하는 집단지도, 집단치료는 중복되는 목표와 기술을 지니고 있어 포괄적으로는 동일하게 사용하기도 하고 약간 차이가 있는 것으로 간주하기도 한다.

집단지도는 예방적이며, 정보제공의 기능을 하고, 집단상담은 예방과 치료의 중간 형태로서 자기이해, 정서적 문제해결이다. 집단치료는 병적인 문제, 심각한 정서장애를 오랜 기간을 통해 치료하는 과정으로 분류하고 있다(Gazda, 1971).

나. 집단상담의 유형

집단상담을 실시하는 방법은 문제의 특성이나 대상 또는 지도 목적에 따라 다르게 사용하고 있어 대표적인 몇 가지 형태를 제시하기로 한다.

1) 훈련집단(training group)

T-집단이라고도 하며 이 집단은 초기에 기업체에서 작업집단의 효율성과 능률을 높이기 위한 집단 기능과정을 연구하는데 사용되었다. 이 T-집단은 집단 구성원들의 집단 안에서의 역할을 강조하고 그들의 능력을 증진시키려는 교육적 목적에서 시작되었다. 이처럼 T-집단은 무엇보다도 참여자 개인의 잠재적 개발을 중요시하며 과업 지향적이다.

2) 감수성 훈련집단(sensitivity training group)

이 집단은 개인적인 자각을 일깨우고 잠재능력을 발달시키는 것에 초점을 맞춘 인간잠재력 개발운동의 일부다. 이 방법은 T-집단에 해당하는 것으로 동일하게 사용되기도 한다. 이 모임은 대인관계에 있어 자신의 잠재력을 탐색하고 실현할 수 있는 건강한 사람에게 기회를 제공한다.

3) 집단 역학(group dynamics)

이 방법의 선구를 이룬 것은 사회봉사(social work)의 일부로 실시되어온 집단작업(group work)이다. 대인 상호작용을 조정함으로써 집단 내 개인의 성격 개선을 도모하는 동시에 집단으로서의 활동력을 향상시키려는 것이다. 이 집단 역학의 특성은 다음과 같다.

① 집단간의 대인관계의 형태와 집단 사이의 발달과 기능을 연구하는 분야다.
② 집단 내의 원인-결과 관계의 탐구, 즉 단체 구성원 사이의 상호관계를 연구하고 어떻게 그것이 형성되며 다른 집단에 반응하는가를 연구한다.

③ 집단 역동은 응집력, 통솔력, 의사결정, 하위집단의 형성 및 이들 간의 상호관계를 포함한다.

4) 만남집단(encounter group)

이 집단 형태는 T-집단 원리의 일부를 보완하여 개발시킨 모형으로 대면집단이라고도 한다. T-집단과 다른 점은 비언어적 표현과 가벼운 신체적 접촉을 사용한다는 것으로 다른 사람과의 관계를 통해 자신에 대한 심리적 과정을 탐색, 경험하는 훈련집단이다. 이 만남 집단은 외부로부터 자신을 보호하기 위해 허식적이며 많은 형식으로 자신을 에워싸고 있는 무가치한 것들을 스스로 깨달을 수 있도록 한다.

집단상담을 진행하는 과정에서 참여자들은 자기의 마음을 열고 정직하고 진정한 대화를 여기-지금의 느낌을 말하도록 권장하여 자신의 체면이나 위신을 낮추어 버리도록 한다. 그러므로 이러한 위선적이고 순수하지 못한 모든 것을 떨쳐버리고 보다 자기의 내면적인 면에 충실한 상태에서 다른 사람을 만나 직접적인 신체적 접촉이나 대화가 필요하다는 것이다.

다. 집단상담의 장단점

1) 장점

① 개인상담에서는 한 사람의 문제를 다루는데 비해 집단상담은 짧은 시간에 다수의 내담자를 접할 수 있어 실용적이다.
② 여러 가지 상황이나 장면에서 내담자가 겪게 되는 많은 문제를 한꺼번에 지도 및 치료할 수 있다.
③ 구성원들의 모임인 사회적 관계 속에서 대인관계에 의해 제기되는 문제들을 다룰 기회를 제공한다.
④ 사회의 축소판으로 작용하며 각 개인에게 상담경험의 일부로서 동료들의 압력, 사회적 영향 등을 경험할 기회를 제공한다.
⑤ 내담자는 다른 구성원에 의해 도움을 받을 뿐만 아니라 다른 성원에게 도움을

줄 기회를 갖는다.

⑥ 자기 자신의 조력행동이 다른 참여자에 의해 강화되면서 긍정적인 자아개념을 형성하는데 도움을 줄 수 있다.

2) 단점

① 내담자 중에는 기본적인 개인 문제를 해결해야 하는 경우가 있을 경우 상담자의 역할이 분산되므로 내담자 개인의 문제는 등한시하게 될 수도 있다.

② 집단에 대한 신뢰감을 발전시키는 것이 어려울 수 있으므로 자신의 솔직한 감정, 태도, 가치관과 행동 등을 논의의 대상으로 제기하지 못할 수도 있다.

③ 어떤 내담자의 문제 유형이 집단상담이나 개인상담에 유리한지 정보가 많이 부족한 실정이다(Shertzer & Stone, 1974).

④ 집단경험을 통해서 일상생활을 향상시켜야 하는데 경험 자체를 목적으로 삼기도 한다. 자신의 문제를 집단에 풀어놓기만 하고 행동을 변화시키려고 하지 않는다.

⑤ 집단원들이 다수이기 때문에 지도자가 통제력을 잃을 경우 심리적으로 상처받기 쉽고 상당한 고통을 느낄 수도 있게 된다.

이와 같은 경우에는 개인상담을 실시하거나 병행하면 좋은 효과를 기대할 수 있을 것이다.

3) 집단상담이 필요한 경우

① 여러 사람들을 보다 잘 이해해야 하고 다른 사람이 자기를 어떻게 보는가를 알아야 할 것으로 판단되는 내담자

② 개인의 성격, 생활배경 등에 대해 다른 사람이 배려해야 하거나 존경심을 갖도록 해야 할 것으로 판단되는 내담자

③ 다른 사람과의 대화를 통해 사회적 기술의 습득이 필요한 내담자

④ 다른 사람과의 유대감, 소속감 및 협동심의 향상이 필요한 내담자

⑤ 동료나 타인의 이해와 지지가 도움이 되리라고 판단되는 내담자

⑥ 자기의 관심사나 문제에 관해 다른 사람의 반응, 조언이 필요한 내담자
⑦ 자기문제에 관한 검토, 분석을 기대하거나 유보하기를 원하고 자기 노출에 관해 필요 이상의 위협을 느끼는 내담자

이와 같이 집단상담은 개인상담과 비교할 때 자기에 대한 타인의 지각과 반응을 알고자 하거나 알아야 될 경우, 특히 대인관계에서의 자신감과 사회적 기술의 경험이 필요한 경우에 더욱 효과적이라고 볼 수 있다. 집단상담은 대인관계간의 수용적 상호 교류의 분위기를 형성하여 인간관계의 향상을 위한 노력을 가능하게 해 준다(이장호 외, 1992).

생각해 볼 문제

1. 생활지도의 정의와 목표를 정리해 보자.
2. 생활지도의 활동 영역을 정리해 보자.
3. 상담에 대한 여러 학자들의 정의를 요약하고 자기 나름대로 정의를 내려 보자.
4. 생활지도와 상담과 심리치료는 어떤 관계가 있는지 고찰해 보자.
5. 상담이론을 인간관, 상담기법, 상담과정 등으로 비교 분석해 보자.

제 12장

교직사회의 이해

교육은 기존 사회의 문화를 계승하고 유지하는 기능뿐만 아니라 사회를 개혁하고 새로운 문화를 창조해야 하는 기능을 가지고 있다. 교육은 그 사회 구성원을 사회화함으로써 우선 그 사회에 적응할 수 있는 자질을 갖추게 하고, 이런 성원의 사회 참여를 통해서 새 가치, 새 체제, 새 문화의 창출을 꾀하는 사회개조를 위한 기반 조성이 된다. 따라서 교사는 아동에게 현존하는 사회질서의 비판 및 새로운 가치규범과 가치관을 추구함으로써 사회개혁을 할 수 있는 지식, 기능, 태도, 신념 등을 형성해 주어야 한다. 학교의 사회 개혁적인 일면은 학교가 중심이 되어 직접적으로 현 사회를 개혁하는데 지도적 역할을 담당하는 일이다.

이 장에서는 예비교사로 하여금 직업과 교직과의 차이점, 교직의 소중함, 그리고 현대사회에 있어서 교사가 갖추어야 할 자질 등을 습득하도록 하는데 목적이 있다.

제1절 직업과 교직

사람은 누구나 일을 하면서 살아왔고, 앞으로도 일하면서 살아갈 것이다. 직업은 성인들의 일상적인 활동으로써 경제적으로 보상되는 활동이며 자아실현의 한 과정이기도 하다. 인간은 직업을 통해 자신의 능력을 발휘하고 자아실현을 한다. 따라서 직업은 개인적으로는 생계수단인 동시에 자아실현의 과정이며, 사회적으로는 사회 구성원의 책무로 사회적 역할 수행이라고 할 수 있다. 직업관은 직업생활에 대한 일정한 견해나 마음가짐으로 이는 직업에 대한 이해나 해석의 정도에 따라 달라질 수 있다(서명원 외, 1996).

직업에 대한 보다 구체적인 이해를 위해 개인적 측면과 사회적인 측면에서 살펴보면, 개인적 측면에서 직업은 대체로 성인들이 생계유지를 목적으로 수행하고 있는 일상의 생산적 활동인 동시에 자신의 능력을 실현하는 자아실현의 과정이다. 인간은 자신과 가족의 생계를 유지하기 위해 경제적 소득을 목적으로 일을 한다. 이러한 생계 유지수단으로서의 직업은 생존을 위해 어쩔 수 없이 해야 하는 강제된 의무이므로 노동의 개념이 강하다. 그러나 인간은 단지 먹고 살기 위해서 일하는 것은 아니다. 일하는 과정을 통해서 인간은 자신의 능력과 개성을 발휘하며, 그 속에서 삶의 기쁨과 보람을 느끼게 된다. 이러한 과정이 바로 자기실현의 과정인 것이다. 자신이 하는 일이 강제적 의무가 아니라 내적인 필요에 의해서 자주적이고 자유스러운 동기에서 행해질 때 직업은 고통스런 것이 아니라 개인의 재능, 능력, 개성을 발휘하는 과정이 되며, 삶의 희열을 느끼는 것이 된다. 그러므로 직업은 생계유지의 수단뿐만 아니라 자기의 능력과 개성을 실현함으로써 기쁨과 보람을 느낄 수 있는 삶의 활력소가 되어야 한다(이무근, 1996).

사회적 측면에서 직업은 사회 구성원의 책무로써 사회적 역할 수행이라고 할 수 있다. 직업은 단지 개인적 차원에서의 생계유지나 자아실현에 그치지 않고 개인이 분화된 사회기능 속에서 자신의 전문적 역할을 수행함으로써 사회가 유지되고 발전되는 것이다. 인간은 직업을 통하여 사회조직 속에 들어가며 사회적 연대를 형성하여 그 사회의 구성원이 된다. 따라서 직업은 독립적이고 개별적인 것이 아니라 상호보완적 관계를 지니며 직업 속에서의 역할수행을 통하여 한 사회가 성립할 수 있다. 그러므로 직업은 단순한 생계유지나 자기실현을 넘어서는 사회적인 역할을 수행하는 것이다.

직업에 따라 다양한 특성이 있지만 그 중에서도 교직은 특별한 의미를 지니고 있다. 왜냐하면 교직은 2세들의 교육을 담당하는 교사들의 직업으로써 다양한 인간성을 지닌 아동들을 대상으로 하기 때문이다. 교육은 인간세계의 가장 근원적이고 밀착된 현상으로 인류의 역사와 더불어 시작되었다. 교육이라는 현상 및 작용은 우리 인간의 존재와 생활에 지극히 근원적인 것으로, 좀 더 나은 인간생활을 하기 위해 인류에게 반드시 필요하다. 나약한 인간이 만물의 영장으로 우수성을 지닐 수 있었던 것은 부모가 자녀에게 이 우수성을 전수하고 자녀는 이것을 교육활동을 통하여 한층 더 발전시켜 왔기 때문이다.

이처럼 교육이 지극히 오래되었으며 근원적인 것은 인간은 교육에 의해서 인간이 되며, 교육이 없으면 인간이 될 수 없기 때문이다. 이렇게 인간의 생육에 많은 시간을 필요로 하는 것은 인간에게 얼마나 교육이 필요하며 얼마나 중요한가를 말해 준다. 즉 인간은 교육적 배려 없이는 생물로서의 생육과 성장도 어려우며, 만물의 영장으로서 지능과 덕성에서 뛰어나는 일도 불가능하다. 이렇게 중요한 교육은 기본적으로 인간을 보다 바람직한 인간으로 형성시키는 작용이므로 인간에게 이보다 더 중요한 일은 없다. 때문에 교육은 인간 생활에서 가장 근원적이며 중요한 위치를 차지하고 있다.

인간은 교육을 통해서만 인간다워질 수 있다. 교육은 과거, 현재, 미래에 걸쳐 중요한 기능을 발휘한다. 교육의 기능을 변천하는 사회의 차원에서 볼 때는 과거를 중시하는 유형유지 기능이 있고, 현재를 강조하는 사회적응 기능이 있으며, 미래를 중시하는 사회개조 기능이 있다. 교육에서 유형유지 기능이란 제도화된 문화유형의 계속적인 안전을 유지하기 위한 기능, 즉 사회의 유지 존속을 위한 문화유산의 전달 기능을 말한다.

교육은 사회생활의 필요에 의하여 사회존속의 수단으로 시작되었다. 사회의 존속이란 성인세대가 생물학적으로 사멸하면 다음 세대가 그 사회의 성원이 되어 생명을 이어간다는 의미뿐만 아니라 그 사회의 문화유산을 다음 세대에 전달하고 또 그 다음 세대는 그것을 계승함으로써 사회가 정신적으로 존속하여 가는 것이다. 따라서 교육은 인류가 수천 년의 역사를 통해서 축적해온 여러 영역에 걸친 문화유산을 다음 세대에 계승 유지시키고, 나아가 그들의 창의적 활동을 통해서 확장시키는 것을 의미한다.

학교 교육에서 문화유산의 전달은 근본적으로 청소년의 사회화에 관계된다. 학교에서 교사는 아동들에게 사회생활과 복지에 필요한 언어와 기술을 훈련시키고, 사회의 규범과 관습에 숙달하게 하며, 문화의 기본적 가치를 익히도록 한다. 또한 교사는 아동에게 문화유산을 전달하되 그들이 비판적으로 학습하도록 지도해 간다(심진구, 1996).

교육은 기존 사회의 문화를 계승하고 유지하는 기능뿐만 아니라 사회를 개혁하고 새로운 문화를 창조하는 기능을 가지고 있다. 즉 교육은 그 사회 구성원을 사회화함으로써 우선 그 사회에 적응할 수 있는 자질을 갖추게 하고, 이런 성원의 사회참여를 통해서 새 가치, 새 체제, 새 문화의 창출을 꾀하는 사회개조를 위한 기반 조성한다. 따라서 교사는 아동에게 현존하는 사회질서의 비판 및 새로운 가치규범과 가치관을 추구함으로써 사회개혁을 할 수 있는 지식, 기능, 태도, 신념 등을 형성해 주어야 한다. 학교의 사회 개혁적인 다른 일면은 학교가 중심이 되어 직접적으로 현 사회를 개혁하는데 지도적 역할을 담당하는 일이다. 현 사회의 문제점을 발견하고 지역사회 주민과 협력하여 이를 시정하고 개발하는 일 또한 학교에 맡겨진 기능의 하나라고 본다.

교직은 일반직업에 비해 다음과 같은 특성을 지니고 있다(권상혁 외, 1996).

첫째, 교직은 인간을 대상으로 하는 직업이다. 인간을 대상으로 하는 직업은 다양하지만 그들의 대상은 인간 그 자체를 주 대상으로 하기보다는 신체적인 혹은 정신적인 어떠한 기능의 일부만 대상으로 한다. 이와는 달리 교사가 대상으로 하는 인간은 전인으로서의 인간, 즉 지적, 정신적, 신체적, 정서적, 사회적, 문화적, 정치적 특징을 지닌 인간 그 자체다. 이것이 바로 교직만이 갖고 있는 특징이며, 다른 직업과의 차이점이다. 그러므로 교사는 지식을 가르치는 것도 중요하지만 전인적인 인간, 인간다운 인간을 길러 내는 것이 더 중요하다고 하겠다.

둘째, 교직은 미성숙자를 대상으로 하는 직업이다. 교사는 아직 장성하지 않은 어린이, 아직 성숙하지 않은 사람을 대상으로 다룬다. 아동기는 가소성(plasticity)이 큰 시기로 교육 정도에 따라서 개인의 삶이 얼마든지 바뀔 수 있다. 따라서 교사는 현재의 미성숙한 인격을 가진 아동이 이상적인 인간으로 성장 · 발달할 수 있도록 도와 주어야 한다.

셋째, 교직은 사회에 봉사하는 직업이다. 물론 교직도 일반 직업처럼 경제적 보수를 목적으로 하는 것은 분명하지만 여타 직업에 비해 사회봉사가 더욱 요구되는 것은 분명하다. 그러므로 교직은 봉사직으로서의 사명이 더욱 요구되는 전문직이다. 이점에서 교직을 인류와 사회에 대한 봉사직이며, 희생을 감수해야 할 직업이라 하여 천직 또는 성직이라고 한다.

넷째, 교직은 국가와 민족에 지대한 영향을 주는 공공기업이다. 교직은 피교육자인 어린이에게 관심을 가져야 하는 동시에 그들이 구성원이 될 사회를 고려하여야 한다. 교직은 개인적으로는 피교육자인 어린이와 가장 친근한 사적인 관계를 맺는 동시에 사회적으로는 국가나 민족의 장래에 대하여 지대한 영향을 미치는 공공사업이다. 물론 다른 직업도 직접 · 간접적으로 국가사회나 민족의 운명과 밀접한 관계를 갖지만 교직은 이와는 차원을 달리하여 국가나 민족의 정신적 교화의 주역이 되며, 나아가서는 국가나 민족이 당면한 문제를 가장 효과적으로 해결해 나갈 수 있는 원동력을 가지고 있다는 점에서 국가나 민족의 운명과 직결된다. 오늘날 국가마다 교육부분에 막대한 경비를 투자하고 있는 것은 교육이 국가와 민족의 흥망성쇠와 직결되는 중대한 문제이기 때문이다.

다섯째, 교직은 사회 발전에 중대한 역할을 담당한다. 교육의 중요한 기능은 인류가 쌓아온 문화유산을 보존하고 계승하여 새로운 문화를 창출하는 것이라고 할 수 있다. 따라서 교육을 담당하는 교사는 인류가 축적해온 문화유산을 다음 세대에 전달하는 동시에 현재를 출발점으로 하여 보다 나은 미래문화를 창조하는 일에 주역이 되어야 한다. 그러므로 교사는 현상유지에 급급하고 무사 안일하며 보수적이고 소극적인 자세에서 벗어나 미래를 위해 적극적이고 진취적인 자세로 행동하여 미래지향적으로 대처해야 한다.

이처럼 교직은 미성숙자인 아동을 대상으로 하여 이상적인 전인적 인간으로의 성장 발달을 도모하고, 나아가 아동으로 하여금 훌륭한 사회인이 될 수 있도록 교육함으로써 사회와 국가발전에 기여할 수 있는 전문적이고 봉사하는 직업으로서 막중한 역할을 수행하여야 한다. 특히 미래사회를 나아갈수록 교사의 역할은 더욱 강조될 것이다.

제2절 교직관

교직관에 관한 기본적인 시각과 관점의 차이에 따라 교사의 교직과 교원 단체에 대한 가치관과 태도에 차이가 생기며, 이는 교육의 수행에 엄청난 결과를 빚는 원인이 된다. 어떠한 교직관이 우리 사회의 교직 발전과 국가발전에 보다 적합하고 적극적인 기여를 할 수 있느냐에 관한 논쟁은 오래된 것은 아니다. 교직관은 다양한 관점에서 정의되어 왔지만 전통적으로 성직관 · 노동직관 · 전문직관이라는 세 가지 유형이 제시되고 있다. 이 세 가지 유형의 교직관은 각기 다른 철학적 기초, 사회적 배경, 현실적 감각, 문제인식을 가지고 있다(곽영우 외, 1998).

1. 성직관

교직을 성직이라 일컫게 된 연유를 살펴보면, 교육하는 일은 서양의 중세사회에서는 종교가의 겸직이었다. 따라서 서양 중세사회의 직업에서 교사는 독립된 하나의 직업으로 취급되지 않았다. 이처럼 교사라는 직업은 처음에는 종교가가 맡고 있었기 때문에 성직으로 불려졌고, 국가에 의한 국민 교육제도가 확립된 이후에도 교직을 성직시하는 경향이 계속 이어져 오고 있다.

교육을 담당하는 일은 기계로 물건을 생산하거나 물건을 판매하는 직업과는 달리 인간으로 하여금 장래의 성공적인 사회의 일원이 되도록 하기 위하여 피교육자의 성장 발달을 돕고 인격 형성을 도모하는 일이기 때문에, 다른 직업과는 비교조차 할 수 없는 숭고한 가치를 갖고 있는 업무이므로 교직을 성직으로 보는 것이 타당하다. 또한 교직은 고도의 정신적 봉사활동이기 때문에 세속적인 것과는 거리가 먼 직업이 되어야 한다는 관점인데 이러한 생각은 그 동안 많은 교직자들 자신은 물론이고 사회 각계 인사들이 바라는 바였다. 따라서 교사교육은 성직자적 교사상을 함양하기 위하여 무엇보다도 교사의 권위를 중요시하였고 엄숙한 몸가짐과 태도, 성직자와 같은 사랑과 헌신, 희생과 봉사를 강조하였다. 이러한 견지에서 교직을 하나의 성스런 정신적 활동으로 보는 관점은 오랜 전통을 이루어 왔으며,

오늘날에 있어서도 상당히 광범위한 호응을 받고 있다. 교육의 본질이 인간의 영혼과 정신을 다루는 것이며, 세속적인 것과는 거리가 먼 정신적 자세로 교직에 종사한 사람이 많았기 때문에 이와 같은 교직관이 형성되었을 것이다.

이와 같은 성직관은 교사의 높은 윤리성과 인격성을 강조하는 관점에서는 긍정적이다. 특히 한창 성장기에 있는 학생들에게 있어 교사는 주요한 동일시 대상이기 때문에 교사가 윤리적, 도덕적으로 모범적인 생활을 보여주고 높은 인격으로 학생들을 감화시켜 주는 일은 충분히 강조되어야 한다.

그러나 교사가 봉건적 사회질서를 유지하는 가치관과 세계관을 학생들에게 강제로 주입시켰던 중세사회에서는 시의적절한 교직관이라고 볼 수도 있다. 그러나 현대는 다원적인 가치와 민주적인 생활양식이 중시되는 사회다. 따라서 획일적인 가치체계에 의해 존속되던 전통사회에 적합한 교직관을 그대로 유지할 수는 없다. 따라서 현대사회에 보다 적합한 새로운 차원의 인격성과 윤리성이 요구되어야 할 것이다.

2. 노동직관

노동직관은 교사가 아무리 인간형성이라는 중요한 업무에 종사하고 있다고 할지라도 학교라는 직장에서 일정한 근무조건에 따라 보수를 받고 일하고 있기 때문에 기본적으로는 노동자의 근무구조를 갖고 있음을 강조한다. 이러한 주장에 의하면 교사도 노동자의 범주에 속한다. 따라서 다른 노동직과 마찬가지로 노동의 반대급부로서 임금을 지불받고 노동조건의 개선과 처우의 개선을 위하여 단결하고 집단적으로 교섭하여야 하며, 경우에 따라서는 단체행동도 불사한다는 입장을 가진다.

이 입장은 교원도 여타의 노동자나 근로자와 마찬가지로 학교라는 직장에 고용되어 정신적 노동이나 근로를 제공한 대가로 생계를 유지하기 위한 보수를 받는다는 점에서 노동자나 근로자에 불과하다는 견해다. 국 · 공립학교의 경우 국가나 공공단체가, 사립학교의 경우 사학재단인 학교법인이 사용자 또는 고용주이고, 교원은 피고용인인 노동자 또는 근로자이며, 학교의 고객과 소비자는 아동과 학생이라는 것이다.

산업화 과정에서 노동자들이 단결하여 그들의 권익을 지키기 위한 수단으로 조합주의를 택했던 것과 같이 노동직관을 가진 교사들은 그들 자신의 권익을 옹호하는 수단으로서 뿐만 아니라 교육의 발전을 위해서도 조합주의와 집단행동이 필요 불가결한 조건임을 강조한다.

이러한 노동직관은 교사의 지위 향상도 오직 노동자로서의 권리행사를 통하여 이룩될 수 있다고 믿는다. 교육과 교직의 문제를 이상적이고 당위적인 차원에서가 아니라 실제적이고 사실적인 차원에서 접근함으로써 자본주의 사회에서 교육 또는 교직에 관련된 부정적인 문제해결에 어느 정도 기여하고 있다고 평가할 수 있다. 또한 노동직관은 교사들의 사회 · 경제적 지위를 향상시키고 교육에 대한 외부의 부당한 침해를 차단하려는 노력한는 점에 있어서도 긍정적인 평가를 내릴 만 하다.

그러나 교직을 노동직으로 정의하는 개념은 애매모호한 점이 있다. 교직을 노동직으로 볼 경우 누군가에게 고용되어 보수를 받는 모든 직업은 노동직이며 그들은 노동자인 것이다. 또한 노동직관에서 주장하는 노동 3권의 완전한 보장은 교육현장에 있어서 위험 요소를 지니고 있다. 예를 들어, 교사의 단체행동권을 인정하여 교사의 태업 또는 파업, 즉 수업거부를 합법적인 노동쟁의로 인정하게 될 경우 학생들에게 직접적인 피해가 돌아갈 수 있는 것이다. 그러나 어떤 경우에도 교사가 교육행위 자체를 거부하는 일은 정당화될 수 없다. 현 정부가 전국 교직원노동조합을 합법화하면서도 단체행동권을 인정하지 않은 것도 바로 이러한 문제가 발생할 가능성이 있기 때문이다.

3. 전문직관

서양의 경우 전통적으로 대학에서 전문인을 양성하였기 때문에 신학, 법학, 의학의 학문적 배경과 지적 훈련을 바탕으로 인간을 위해 봉사하는 성직과 의사 및 법률가, 그리고 이들을 양성하는 대학의 교수직을 전문직의 전형으로 삼고 있다. 이들 직종은 현재에도 여전히 전문직으로서의 역할을 하고 있다. 하지만 사회의 변동과 발전에 따라 직업이 점차 세분화되고 고도화되면서 전문직의 범위가 확대되어 전문직과 비전문직을 구분하는 기준에 따라 전문직을 정의하기가 모호하고 불분명하게 되었다.

일반적으로 전문직의 의미를 파악할 때 전문직이라는 개념 자체를 정의하기보다는 전문직의 속성이나 특징을 열거하여 전문직을 결정하는 준거로 삼는다. Lieberman(1956)은 전문직의 요소에 대해 ① 독자적이고 분명하며 본질적인 사회적 봉사, ② 봉사를 수행함에 있어서 지적 기능(intellectual techniques)의 강조, ③ 장기간의 전문적 양성교육, ④ 개인 실무자로서나 전체 직업집단으로서나 광범한 자율권, ⑤ 전문적 자율권의 범위 내에서 내린 판단이나 행동에 대한 책임의 수용, ⑥ 경제적 이익보다는 자기가 행한 봉사의 중요성, ⑦ 실무자들의 광범한 자치조직 등으로 파악하였다.

전문직으로서의 교직관에 있어 가장 중심적 특징은 전문 자율성이다. 교직은 특히 이 부분이 중요시된다고 보아진다. 그 이유는 교육이라는 일이 인간 정신의 내면에 관한 것이며 이는 매우 섬세하고 규격화하기 어려운 성질의 것이기 때문이다. 전문 자율성이란 직무의 수행에 있어 전문적인 사항에 관해서는 자주적인 판단과 기술을 행사하는 자유를 인정받는 것이다. 자율성이 사회적으로 용인되고 적정하게 행사되자면 고도의 전문성과 책임성이 전제되어야 한다. 교사의 직무 수행에 있어 전문적인 사항인 교육내용과 교육방법을 결정하는데 있어서는 교사의 자유가 허용되어야 하는데, 이러한 자유의 남용을 방지할 수 있는 것은 교사가 학생을 교육한 결과에 대해서 책임을 진다고 믿기 때문이다. 따라서 전문직관에서의 교사상은 전문적 · 자율적 교사다.

전문인으로서, 교사는 교육목적을 달성하기 위하여 자신이 맡고 있는 학생들에게 상응하고 적합한 교육내용을 선정할 줄 알아야 하며 교육내용에 따른 다양한 교수법을 구사해야 한다고 보기 때문에 교사의 교직기술을 대단히 중요시하는 입장이다. 교사의 정치활동에 관한 견해에 있어 이들은 학교교육의 장에 교사의 정치성이 학생에게 부당한 영향을 끼쳐서는 안 되기 때문에 교사는 정치적 중립을 엄정하게 지켜야 한다는 입장이다. 또한 교사의 경제적 지위에 있어 교직에 유능한 인재를 확보해야 한다는 관점에서 교사의 보수는 다른 직업인의 보수보다 높게 책정되어 있어야 한다고 주장한다.

교직을 성직이나 노동직으로 보지 않고 하나의 전문직으로 보는 이 입장은 교직을 고도의 지성과 정신적 봉사활동을 위주로 하는 직업으로서 국가 사회가 공인하는 엄격한 자격을 소유한 자라야 종사할 수 있다고 본다. 교원들은 전문적 지식과 기술을 소유한 자로 공인된 자이기 때문에 업무수행상의 자율성과 더불어, 그 업무의 이타적 봉사성 때문에 고도의 윤리성이 요구된다.

교직을 이와 같이 전문직으로 인식하여 교직에 종사하는 교원에게 요구되는 것은 다음과 같다. 우선 자기가 가르치는 교과에 대한 전문지식이 필요하고, 다음에는 그것을 가르치는 교육방법, 가르친 바를 평가하는 방법, 교육내용의 선정과 구성, 학생에 대한 이해, 생활지도의 방법 등이 필요하다. 그리하여 이미 고찰한 바와 같이 교직과정의 구조가 전공교과와 교과교육 및 교직이론으로 구성되는 것이다.

이처럼 교직을 종교적, 윤리적 측면을 강조한 성직으로 보느냐 경제적 측면과 더불어 교원의 권익을 보다 중요시한 노동직이나 근로직으로 보느냐 또는 교육을 수행하는 학교사회나 교육조직의 독자성과 역할수행의 전문성을 인정하여 전문직으로 보느냐의 관점에 따라 교원의 자질과 역할 수행에 영향을 끼친다.

제3절 교원의 역할과 윤리

1. 교원의 역할

'인간은 사회적 동물이다'라는 명제가 시사하는 바는 인간은 홀로 존재할 수 없으며 반드시 두 사람 이상이 모여 집단이나 조직을 이루고 생활하는 존재라는 것이다. 현대인은 조직 속에서 각자의 욕구를 충족하면서 공동의 이익이나 목적을 추구하고 있다. 각자의 욕구를 최대한으로 충족하면서 조직의 공동목표를 최대한으로 추구하려면 조직을 구성하고 있는 사람들의 협동적 노력이 필요하고, 이를 가장 능률적이며 효과적으로 달성하는 방법이 기능적인 분업화다. 그리하여 조직은 상사와 부하간이라는 종적, 수직적인 분업체제로서 계층이 있고, 같은 계층간에도 과업의 성격에 따른 부서라는 횡적, 수평적인 분업관계가 형성되어 있다. 현대인은 이와 같은 종적, 횡적으로 구성되어 있는 조직의 어떤 자리를 차지하며 인생을 영위하고 있는 것이다.

이처럼 역할이란 조직에서의 자리 · 위치 · 직위, 즉 지위를 차지하고 있는 사람에게 기대되는 일 · 과업 · 업무 · 직무 · 책임 · 의무 · 행동을 개념화한 것이다. 결국 역할이란 지위에 기대되는 행동, 즉 지위의 역동적 측면이며 지위란 역할의 정태적 측면이다. 따라서 지위와 역할은 동전의 앞뒤와 같이 불가분의 관계에 있다. 교장의 역할은 교장의 지위에서 수행해야 할 책임과 의무를 의미한다. 그런데 이와 같은 역할은 그와 관련된 상대적 역할과의 관계에서 더욱 분명해진다. 예컨대 한 가정에서 남편의 역할은 부인의 역할과, 부모의 역할은 자녀의 역할과의 관계를 떠나서 존재할 수 없고, 학교에서 교장의 역할과, 교사의 역할은 학생과의 관계를 떠나서 규정될 수 없듯이, 관련된 역할과의 상보적 관계에서 분명해진다. 역할은 역할담당자의 특성을 고려하지 않고 모든 역할담당자가 그 자리에 주어진 역할은 동일하게 수행하기를 기대하고 개념화된 것이다. 따라서 교사의 역할은 학교라는 조직에서 교사라는 지위에 있는 모든 사람들에게 기대되는 행동유형이다. 그러므로 교사의 역할에 포함된 기본개념은 교사의 지위와 기대 및 행동이다.

2. 교사의 자질

교사는 교육에 있어서 핵심적인 역할담당자이며 질 좋은 교육이 이루어지기 위해서는 훌륭한 자질을 갖춘 교사가 필요하다. 교사의 자질이란 교사에게 부여된 역할을 성공적으로 수행하기 위해서 교사에게 요구되는 자질로서 교사가 갖추어야 할 인간적인 바탕을 뜻하는 것이다. 따라서 훌륭한 교사는 다음과 같은 자질을 갖추어야 한다.

첫째, 신체적으로 건강한 교사가 되어야 한다. 어느 직업이나 건강한 직업인을 요구하지만 교직에 있어서 교사의 건강은 가장 필수적인 요소다. 왜냐하면 가르치는 일은 무척 힘든 일이기 때문이며 교사의 건강이 좋지 않은 경우에 그 영향이 직접 학생들에게 전달되기 때문이다. 건강한 교사는 모든 일에 적극적이고 진취적이다. 또한 건강한 교사는 학생들을 가르치고 지도하는 일에 싫증을 내지 않으며 교사의 생활자체가 명랑하고 낙천적이며 역동적이 될 수 있다. 이에 비해 건강치 못한 교사는 소극적이고 수동적이며 학생들을 가르치고 지도하는 일에 소홀하며 기계적으로 될 가능성이 높다.

둘째, 교사는 정신적으로 건강하며 정서적으로 안정성을 갖추어야 한다. 교사에게 있어서 정신적 건강과 정서적 안정성은 신체적 건강 못지않게 중요한 것이다. 늘 불안해하는 교사, 감정의 기복이 많은 교사, 항상 비판적이고 공격적인 교사,

타인을 곤경에 몰아넣고 쾌감을 느끼는 교사, 교직에 있으면서 학생을 싫어하는 교사 등은 모두 정신적으로 불건강한 상태에 있으며 정서적으로 안정되지 못한 상태에 있는 것이다. 정신적으로 건강하고 정서적으로 안정되어 있는 교사는 자신이 처해 있는 위치를 바로 볼 줄 알며, 그 토대 위에서 학생들과의 인간관계를 포함한 모든 사회관계를 원만하게 처리할 수 있는 것이다. 학생들은 이러한 교사의 영향에 따라 정서적인 안정성을 가져오기 때문이다.

셋째, 교사는 상식과 교양을 갖추어야 한다. 훌륭한 교사는 지식의 전달자로서의 역할뿐만 아니라 광범위한 분야의 상식과 교양을 쌓을 필요가 있으며, 넓은 분야의 교양을 갖추고 있어야 할 것이다. 훌륭한 교사는 학생들에게 교과서의 지식 전달에만 그치지 않고 넓은 의미의 생활지도를 해야 하기 때문에 풍부한 교양이 절실히 요망된다. 또한 교사에게 있어서 일반적인 교양만큼 중요한 것이 전문학과의 교양이다. 특히 중등학교의 교사에게 있어서는 전문적인 교양이 절실히 요구된다. 교직을 전문직이라 함은 교사 각자가 자기가 맡은 분야에 대해서는 전문적인 지식을 갖추고 있음을 의미한다. 따라서 교사는 자신의 분야에 있어서 전문적 지식을 갖추고 있을 때 학생들을 올바르게 지도할 수 있는 것이다.

넷째, 인생의 통합성을 갖춘 교사여야 한다. 교사는 교사이기 이전에 한 인간이다. 인간답게 살고 인간답게 즐기고 다른 인간과 생의 뜻을 발견하고 자기가 알고 지낼 수 있는 인간이어야 한다. 더구나 교사는 항상 자라나는 청소년들과 생활하기 때문에 한 마디로 원만한 인간이어야 할 것이다. 인간의 참된 인간성은 그의 사람됨에서 출발하는 것이므로 교사는 자신의 인격부터 수양해야 한다. 교육은 단순한 지식의 전달로서 끝나는 것이 아니며 참된 교육이 생활 속에서 학생들에게 주는 교사의 인간적 감화라고 한다면, 이 인격의 통합성 문제는 교사가 갖추어야 할 자질의 하나로서 매우 중요하다.

3. 교사의 임무

교사의 임무란 교사의 지위에 부여되는 기대에 따라 한 교사가 수행하는 행동을 말한다. 기대는 보통 규범성을 가지고 있어 개인의 사회적 행동에 영향을 주고 있으나 어떤 지위에 부여된 일반적 기대만으로 그 지위의 모든 사람이 똑같이 행동할 것이라고 예언할 수는 없다. 따라서 여러 가지 원인에 의해 실제 수행하는 역할행동과 역할기대간에 일치 또는 불일치 현상이 일어난다. 따라서 교사에 있어서도 그 지위에 기대되는 임무 중에서 몇 가지 기본적인 임무에 대해 밝히고자 한다.

가. 학습을 도와 주는 교사

학생들에게 필요한 지식을 교수하는 것은 교사의 주임무다. 학생들은 교사가 살아있는 교과서의 역할을 해 주기를 바란다. 교사의 지식 정도는 학생들의 학업성취와 밀접한 관련이 있으며 따라서 교사는 지식의 공급원으로서 학생들의 학습을 도와야 한다. 그러나 교사의 역할이 단순히 지식을 전달하는 데 그쳐서는 안 된다. 학생들이 중요한 지식을 이해하고 새로운 지식을 찾아내고 이미 습득한 지식을 적용하여 새로운 문제를 해결하는 등의 학습과정에서 교사는 유능한 조력자로서 행동해야 한다. 이는 특정한 개념이나 원리를 학습자의 발달단계에 맞도록 설명해 주는 일, 학생들의 개인차에 맞도록 학습과정을 마련해 주는 일과 같은 학습조력자로서의 역할을 수행하는 것이다.

나. 인생을 안내하는 교사

학생들은 교사와의 인간적인 상호작용을 통하여 성장 · 발달하게 된다. 따라서 교사는 학생들의 인간적인 성숙을 위하여 다양한 역할을 수행하게 되는데, 이를 인생안내자로서의 역할이라고 할 수 있을 것이다. 교사는 이미 학생들보다 다양한 경험을 했으며 이러한 경험은 진학지도나 취업지도, 학습지도 등과 같은 학생지도에 귀중한 자료가 될 수 있다. 또한 학생들의 바람직한 인격과 지식의 습득, 그리고 학생집단의 질서를 유지하고 공공의 규칙을 지키는 태도를 기르기 위해서는 엄격한 훈육자로서의 역할도 수행해야 할 것이다.

다. 불안을 해결해 주는 교사

아동은 성장해 나가는 과정에 있어서 여러 가지 불안을 겪게 된다. 자기가 처해 있는 상황에 대한 이해의 부족이나 그러한 상황을 처리할 수 없는 자신의 능력부족에서 오는 불안은 자연히 성인의 도움을 필요로 하게 된다. 상황에 대한 적절한 설명, 아동들의 안정된 생활에 맞게 상황을 통제하는 일 등, 교사는 아동의 불필요한 불안을 제거해 주는 역할을 한다. 그러나 교사의 행동은 학습자에게 불안을 제거해 주기도 하지만, 새로운 불안을 가져다주는 경우도 있다. 학생들로 하여금 지나친 경쟁 상태에 처하거나, 학생의 능력한계를 벗어난 기대, 일관성 없는 훈육 등은 학습자에게 불안을 가져다 줄 수 있는 가능성을 포함하고 있다.

라. 자아실현을 도와 주는 교사

성장 중에 있는 학습자들이 당면하는 문제에는 자신을 잃게 하는 일, 자기부족을 느끼게 하는 일, 열등감을 느끼게 하는 일 등이 있다. 현실적인 목표를 세우고 작업과정에서 성공감을 맛보게 하고, 성취에 대한 주위의 인정을 받도록 하는 일들은 모두 아동의 자아를 옹호해 주고, 증진시켜 주는 일에 속한다. 항상 새로운 학습과업에 부딪치게 되는 학교의 생활상황에서 학생들의 자아를 옹호해 주는 일은 교사에게 맡겨진 중요한 책임 중의 하나다.

마. 동일시 대상인 교사

학생들의 사회화 과정에서 교사는 사회의 가치와 생활양식의 동일시 대상으로서의 역할을 담당하게 된다. 교사는 학생들에게 있어서 가장 대표적인 동일시(identification) 대상으로 교사의 행동과 사고방식은 학생들의 성장과 발달에 큰 영향을 미치므로 교사의 역할은 매우 중요하다.

이 밖에도 교사의 역할에 대해 C. S. Brembeck은 학습매개자, 평가자, 훈육자, 상담친구, 중류 도덕성의 대리자, 부모의 대행자, 조력자 등의 역할을 제시했으며, Redle과 Wattenberg는 교사의 역할을 학생과의 심리적 관계를 중심으로 살펴보면, ① 사회의 대표자로서의 역할, ② 판단자로서의 역할, ③ 지식 자원자로서의 역할, ④ 학습조력자로서의 역할, ⑤ 심판자로서의 역할, ⑥ 훈육자로서의 역할, ⑦ 불안 제거자로서의 역할, ⑧ 동일시 대상으로서의 역할, ⑨ 자아옹호자로서의 역할, ⑩ 집단지도자로서의 역할, ⑪ 부모 대행자로서의 역할, ⑫ 적대감정의 표적으로서의 역할, ⑬ 친구로서의 역할, ⑭ 애정 대상자로서의 역할 등으로 구분된다고 하였다. 이외에도 학급경영자로서의 역할, 학교직원으로서의 역할, 지역사회 자원인사로서의 역할 등 교사의 역할은 매우 다양하다.

4. 교직윤리

윤리란 사람의 품성이나 행위의 규범이고, 도덕의 근본관념인 도리, 의무를 뜻한다. 다시 말하면 윤리란 개인행동이나 개인과 개인의 상호작용이 이루어질 때 지켜야 할 규범이나 도덕을 말한다. 따라서 교직윤리란 교사로서 지켜야 할 도리를 말한다. 교직은 개인의 성장과 국가사회 발전의 원동력이 되는 교육을 하는 직업이다. 따라서 교사에게는 법규적 · 공식적인 규칙의 준수도 중요하지만 학생지도나 조직생활에서 요구되는 윤리의 실천이 더욱 중요하다. 교직은 다른 직업에 비하여 법규나 법률보다는 윤리나 도덕이 더욱 강조된다. 이는 교직관에서 나타난 바와 같이 교직은 성직이며, 전문직이기 때문이다. 교육의 성과는 교육력에 의하여 좌우되고, 교육력은 교권의 수준과 같은 관계에 있다. 그러므로 교권이 확립되지 못할 때는 교육력이 약화되어 제도나 시설, 방법 등이 아무리 좋아도 높은 수준의 교육성과는 기대할 수가 없다. 아울러 학생의 바람직한 성장은 교사와 학생간의 바람직한 인관관계에서 이루어지기 때문에 교사나 학부형의 윤리성은 학생의 발달에 많은 영향을 미친다. 이처럼 교사의 학생에 대한 사랑이나 신뢰는 학생의 성취에 절대적인 영향을 미치기 때문에 교사의 윤리 문제는 매우 중요하다.

교직윤리란 교직자가 교직 실천에서 지켜야 할 것으로 기대되는 행동 규범이다. 그런데 교사가 교직 실천을 하려면 자기를 어떻게 관리해야 할 것이며, 학생, 가정 및 지역사회에서 사람들과의 관계는 어떻게 유지 · 처신하며, 교직 직무수행을 어떻게 해야 할 것인가? 이와 같은 사실에 대한 사회적 규율을 교직윤리라고 할 수 있다. 교직윤리의 규율은 강제적 · 타율적이 아니라 자발적이며 능동적이다. 교직 수행의 전과정에서 교사 스스로 실천하기를 기대하는 규범이 교직윤리다.

교직(teaching profession)이란 교육직, 다시 말하면 교원의 직무를 말한다. 교원의 직무는 한 마디로 교육하는 일로서 가르치는 직무를 말한다. 교육하는 일이란 사람을 가르쳐 사람을 만드는 일로서 개인적 입장에서 볼 때는 개인의 능력과 자질과 도덕적 품성을 형성하는 일이며, 국가 사회적 입장에서 생각할 때는 시민 혹은 국민의 생산력과 도덕적 자질을 만드는 일이다. 교직은 일반 생산 노동자가 아니며 단순한 공무원도 아니다. 개인의 일생에 영향을 미치며, 국가 · 사회의 미래에 막중한 영향을 미치는 시민의 도덕적 성품과 자질을 형성하는 일이다. 그러므로 교직자는 다른 어떤 직종의 사람들보다도 높은 도덕관과 표준적 윤리관을 가지고 있어야 한다. 교직자의 교육 실천 행위는 누구의 간섭도 받지 않지만 사회적 요구와 기대라는 보이지 않는 윤리적 규제의 대상이 된다.

물론 교사의 행동을 규제하는 통제 메커니즘으로서 국가적으로는 성문법으로서의 법규가 있다. 법규는 헌법, 초 · 중등교육법 등 기본법에서부터 교육공무원법, 교육공무원법 시행령 등 각종 법률과 명령에 의한 규제를 직접 받는다. 이는 외적 · 공식적 측면에서 강제적으로 교사의 행동을 규제한다. 그러나 교사 행동의 적절성 또는 적부의 판정은 이와 같은 외적, 강제적, 형식적 통제만으로도 충분하지 않다. 따라서 내면적, 자발적, 잠재적 규제가 뒷받침되어야 한다. 인간형성이라는 교직의 직무는 정형화되어 있는 것이 아니고 다양하며, 자유재량의 폭이 매우 크다. 그러므로 교사의 내적, 심리적, 잠재적 동기와 자발적, 능동적 규율이 중요하다. 인간의 도덕적 품성의 형성은 내적 동기와 자발적 의지에 의해 더 크게 영향을 받는 것이다. 그러므로 교사의 법규 준수 그 자체보다도 교사행동에 대한 윤리성이 중시되는 것이다.

전문직의 속성이나 전문직으로서의 교사관에서는 교사에게 고도의 윤리성이 강조된다. 다른 전문직과는 달리 교직에서 윤리성이 더욱 강조되는 것은 무엇보다도 교사의 봉사대상이 미성년인 아동 · 학생들이기 때문이다. 학교가 일종의 공익조직이면서 학교가 그 이익과 혜택을 보장해 주려는 대상이 학교의 교직원이 아니라 다름 아닌 학생들이기 때문에 이들을 위주로 모든 학교운영이 영위되어야 하기 때문이다. 그런데 '교실왕국'이라는 말이 있을 정도로 학생들은 교사에게 일방적으로 지배되고, 통제되는 나약한 위치에 있고, 자기들에게 최선의 이익이 무엇인가를 잘 알지 못할 뿐만 아니라 그것을 안다 하더라도 교사에게 그것을 정당하게 주장할 수 있는 위치에 있지 못하다. 따라서 교사와 학생간의 일방적이고 경직된 상하관계를 완화하고 학생의 학습과 성장을 최대한으로 보장하려면 교사의 도덕적 성실성과 윤리의식에 의존하지 않을 수 없는 것이다. 때문에 각국은 법규면에서 교사의 권리와 더불어 의무를 규정하고 있을 뿐 아니라 교직단체를 통해 교사들 스스로의 윤리강령을 제정하여 이를 생활규범으로 준수하고 있다.

가. 사랑과 신뢰의 교직

사랑과 신뢰는 교직생활에서 꼭 지켜야 할 으뜸되는 윤리로 학생지도에 가장 큰 영향을 미치는 덕목이다. Bollnow도 성공적인 학생지도를 위한 윤리의 덕목으로 사랑과 인내와 신뢰를 제시하였다(Otto Friedrich Bollnow, 1984).

교사는 제자를 사랑하고 개성을 존중하며 한 마음, 한 뜻으로 명랑한 학풍을 조성해야 하고, 학생의 인권을 존중하고, 학생을 공평하게 지도하며, 개성을 존중하고, 교사 자신의 언어와 행동이 사회의 존경을 받도록 교양을 높여야 한다.

나. 성실과 창조의 교직

교사에게 있어서 성실성은 매우 중요시되는 항목이다. 교사는 폭넓은 교양과 부단한 노력으로 교직의 전문성을 높여 국민의 사표가 되고, 원대하고 치밀한 교육계획의 수립과 성실한 실천으로 맡은 책임을 완수해야 한다. 또한 교사는 언제나 품위 있는 언동으로 학생을 지도하고, 사회의 일원으로서 모든 책임과 의무를 완수하며, 자기 성장을 위하여 부단히 연구 조사하고 이러한 회합에 적극적으로 참여해야 할 것이다.

다. 협동과 봉사의 교직

교사는 서로 협동하여 교육의 자주 혁신과 교육자의 지위 향상을 위하여 적극 노력하고, 가정교육, 사회교육과의 유대를 강화하여 복지국가 건설에 공헌해야 할 것이다. 또한 교사는 가정과 유기적인 관계를 맺도록 노력하여 가정교육에 적극 협조하고 자녀에 대한 부모의 책임을 존중하고 그 의견을 학교교육에 반영하며, 동료간의 친목과 협조로서 건실한 학원 분위기 조성에 노력해야 한다. 이처럼 교사는 사랑과 신뢰, 성실과 창조, 협동과 봉사의 덕목을 고루 갖추어야 할 것이다.

교사들은 이와 같은 교직윤리를 철저히 지켜야 한다. 그러나 교사들이 이와 같은 윤리를 지킨다고 반드시 교육이 잘 된다는 보장은 할 수 없다. 교육력의 바탕이 되는 교권은 상대적인 성격을 띠고 있기 때문에 윤리실천을 위한 교사의 노력만으로 교권이 확립되는 것이 아니라 사회와 학부형이 교육을 바르게 이해하고 윤리적으로 성숙이 될 때 교직윤리의 실천도 가능할 것이다.

우리나라에서는 1958년 교직단체인 대한교육연합회에서 교원의 윤리강령을 제정하여 공포하였는데 이를 대폭적으로 개정하여 '사도헌장'과 '사도강령'을 1982년 5월 15일 스승의 날에 선포하여 오늘에 이르고 있다.

제4절 현대사회와 교사상

사회가 다르고 시대가 변함에 따라서 교육관, 교직관에 변화가 생기고 따라서 기대되는 교사상도 변천하기 마련이다. 그럼에도 불구하고 일반인들이나 교사 자신이 생각하는 교사상에 대한 관점은 큰 변화가 없었던 것이 사실이다. 21세기 사회는 교직의 보편적이고 항구적인 역할담당자로서의 교사뿐만 아니라 미래를 지향하는 교사를 요구하고 있다. 또한 미래의 한국사회는 전문성, 전인교육, 평생교육, 국제화의 요구에 부응할 수 있는 교사를 원한다. 이를 바탕으로 미래사회가 요구하는 교사상은 다음과 같이 파악된다.

첫째, 자기가 가르치는 교과에 대해 넓고 깊은 지식을 가지며 실력이 있어야 하고 동시에 자기가 가르치는 교과를 좋아하여야 한다. 교사의 첫 번째 임무는 교수 · 학습지도에 있으며 스스로 가르치는 교과에 대하여 충분히 알고 튼튼한 실력을 지녀야 함은 너무나도 당연하다. 동서고금을 막론하고 변함없는 기대의 하나는 교사 자신이 자기가 가르치는 교과에 대하여 철저하고 정확한 지식을 가져야 된다는 점이다. 이는 교직의 전문성을 나타내는 척도이기도 하다.

둘째, 교사는 이해와 사랑과 봉사에 철저해야 한다. 교사는 필연적으로 어떤 복잡한 인간관계의 망 속에 들어가게 된다. 교사는 학생들을 사랑과 이해와 친절과 따뜻함으로 대해야 한다. 받는 사랑이 아니라 주는 사랑을, 한없이 베푸는 사랑을 해야 한다. 똑똑한 학생을 칭찬하는 대신 학습부진아에 대한 동정과 책임감이 교사가 갖추어야 할 성품이며, 성서에서 말한 대로 잃어버린 한 마리의 양을 찾아 헤매는 목자와 같은 성품을 지녀야 한다. 교사는 학생을 사랑하고 학생 개개인을 바르게 이해하며 잘 알고 있어야 한다. 학생의 개성을 존중하고 그 능력과 적성 및 발달 단계에 맞게 교육하는 것이 올바른 교육의 길이다. 학생의 발달단계, 능력 및 적성에 맞는 교육을 실시해야 올바로 학생을 사랑하고 이해할 수 있으며 그 바탕 위에서 교육이 성립되는 것이다.

셋째, 교원은 스스로 자기의 품성과 자질, 능력 등을 꾸준히 발전시키고 향상시키는 데 앞장 설 것이 기대되며 모든 일에 솔선수범하여야 한다. 교원은 학생들로 하여금 잠재적 능력을 개발 신장하도록 도와주어야 한다. 남을 지도하면서 스스로 노력하지 않는다면 위선자가 되거나 무능력자가 되기 쉽다. 제아무리 훌륭한 실력을 가졌다 하더라도 오늘날과 같이 급변하는 사회에 있어서 꾸준히 노력하지 않고서는 탁월한 실력을 유지하기 힘든다. 우리는 이 사실을 운동세계에서 자주 접하게 된다. 매일 갈고 닦지 않으면 한때 제아무리 명성이 높은 선수라 하더라도 언젠가는 쇠락의 길을 걷게 된다. 꾸준히 자라나는 세대에 대하여 참다운 선생으로서 존경을 받고 신뢰를 받는 것은 부단한 노력 속에서 가능하다.

교사는 행동으로 옮기는 사람이 되어야 한다. 학행일치(學行一致)라는 말이 있듯이 교양과 인간애를 갖추었으면 그것을 실제로 행해야 한다. "남을 움직이려거든 내가 먼저 움직여야 하고 남을 감동시키려거든 내가 먼저 감동해야 한다"라는 말이 있다. 이처럼 교사의 행동이나 언어 하나라도 세심한 배려로써 행할 때 다른 사람을 감동시키는 폭발적인 힘이 발휘된다. 이는 교사만이 지니는 특권이요, 신비스런 작용이다. 그래서 교사는 자기 자신을 보다 세련되게 다듬는 자기반성의 시간을 게을리해서는 안 된다.

솔선수범의 자세는 인격교육의 원리는 물론 학습지도 면에서도 인격적 교섭관계 속에서 교육이 이루어진다는 사실을 상기한다면 반드시 실천해야 할 요건이다. 물론 교사라고 해서 모든 면에서 모든 학생을 앞설 수만은 없을지도 모른다. 그러나 학습지도나 품성지도에 있어서 바른 본보기를 보여주지 못한다면 학생은 동일시 대상을 잃게 되며 그렇게 될 때 교직은 아무런 의미가 없는 직업으로 전락하고 말 것이다.

넷째, 교사는 학생들에게 희망을 주는 사람이 되어야 한다. 교사의 얼굴에는 그림자나 어둠이나 실망이 없고, 언제나 미래를 내다보는 희망이 깃들어 있어야 한다. 학생이 잘못을 저질렀을 때 비관하는 얼굴이 아니라 바른 길로 가도록 격려하는 얼굴을 보여야 한다. 교사의 얼굴은 오늘날 우리 사회의 부조리에 낙망하는 것이 아니라, 내일의 비전에 용기를 가지는 얼굴이다. 교사가 가져야 할 희망적인 생의 태도는 주위환경의 조건에 따라가는 것이 아니라 현실을 보다 바람직하게 개선하고 개혁하며 혁신하려는 굳은 의지를 갖추는 것이다. 교사는 미래에 대해 희망적인 전망을 가져야 하고, 설령 미래가 밝은 전망을 내다볼 수 없을 때에도 희망을 갖고 이 희망을 주위 사람들에게 불러일으켜 잠자는 혼을 깨워야 한다.

다섯째, 교사는 교육혁신에 대하여 수동적 · 방관자적 태도를 버리고 이에 능동적으로 참여하며 스스로의 위치에서 교육의 혁신을 추진하고 실천하는 변화의 촉진자 역할을 해야 한다. 교육혁신과 문화창달은 국가 정책적 · 제도적 차원에서의 변화는 물론 보다 새로운 교육풍토를 이룩하고 교육의 운영과 방법에 대해서도 끊임없는 쇄신과 발전을 기하고자 하는 정책지향을 추상적으로 표시한 것에 불과하다. 교사는 항상 교육발전과 쇄신에 대한 구상을 가져야 하며 그것을 실천함에 있어서 방관자의 입장을 떠나 능동적으로 비판하고 창의적으로 참여하는 실천인이 되어야 한다. 교사들이 정책발전이나 정책형성은 물론 집행과 평가의 과정에서 보다 활발하게 의견을 개진함으로써 교단중심 교육행정이 이루어지도록 돕는 것도 중요하다. 그보다 더 중요한 것은 스스로 학생을 지도하는 과정에서 구습을 버리고 항상 새로운 창의와 개척의 정신으로 개선과 향상을 기하려는 전진적 의지와 자세를 가져야 한다는 점이다. 스스로의 위치와 처지에서 변화, 보다 나은 방향으로의 변화를 설계하고자 하는 자세를 견지하여야 한다.

여섯째, 국제화에 대응하는 안목과 능력, 태도를 가져야 할 것이다. 새로운 국제화 시대, 세계 속의 한국으로 크게 부각되고 있는 개방사회 지향의 시대적 · 사회적 요청을 받아들여 보다 넓은 시야와 관점에서 자라나는 세대의 젊은이들을 이끌어 나갈 수 있는 안목과 능력, 태도 등을 가져야 할 것으로 기대된다. 교사들 스스로가 세계적인 교육이나 교육정책의 사조와 추세를 이해함은 물론 자라나는 청소년들로 하여금 자주적 정신과 더불어 세계를 향하여 개방된 진취적 태도를 견지할 수 있도록 유의하여야 할 것이다. 다른 민족과 문화에 대한 이해를 증진하게 하며 자기중심적인 세계관을 버리고 폭넓은 시야와 아량과 도량을 가질 수 있도록 스스로 본보기를 보여주어야 할 것이다.

생각해 볼 문제

1. 교사가 갖추어야 할 바람직한 교직윤리는 무엇인가?
2. 미래사회에 교사로서의 교직관에 대해 생각해 보시오.
3. 교사의 임무에 대해 생각해 보고, 중학생에게 있어서 가장 중요시되는 임무는 무엇이라 생각하는가?
4. 현대사회에 있어서 교사가 지녀야 할 교사상은 무엇인가?

제13장

평 생 교 육

이 장에서는 시대적인 요청에 따라 평생학습이 요구되는 현대사회에서 평생교육의 개념은 무엇이고, 평생교육과 같은 맥락에서 쓰여지고 있는 용어들은 무엇이며, 평생교육의 발달과정과 특징은 무엇인지 살펴본다. 또한 평생교육의 근간이 되는 이론적 기반들을 살펴보고 평생교육체제와 평생교육법 등을 통해 현재 이루어지고 있는 평생교육의 현황을 점검하며 향후 평생교육의 과제에 대해 설명하고자 한다.

제1절 평생교육의 이해

1. 평생교육의 개념

가. 평생교육의 의미

우리나라에서 평생교육이라는 개념이 쓰이기 시작한 것은 그리 오래되지 않았다. 2000년 이전에는 평생교육 대신 '사회교육'이라는 말이 주로 쓰였다. 이는 일본에서 청소년 교육이나 도서관, 그리고 공민관(公民館)에서 실시하는 교육을 일컫는 사회교육이라는 말을 가져와 그대로 썼기 때문이다. 그러다 1999년 8월 31일에 「평생교육법」이 공포되고 2000년 3월 1일부터 시행되면서 사회교육이 평생교육으로 바뀌었다. 이에 따라 2000년 이후에는 기존의 「사회교육법」이나 '한국사회교육학회' 등의 명칭도 「평생교육법」이나 '한국평생교육학회'로 바뀌게 되었다.

평생교육은 평생 동안 이루어지는 교육의 과정이자 프로그램으로, 좁은 의미와 넓은 의미의 두 가지로 나누어 살펴볼 필요가 있다. 좁은 의미의 평생교육은 2007년 12월에 개정된 「평생교육법」 제2조에 "학교의 정규 교육과정을 제외한 학력보완교육, 성인 기초 · 문자해득교육, 직업능력 향상교육, 인문교양교육, 문화예술교육, 시민참여교육 등을 포함하는 모든 형태의 조직적인 교육활동을 말한다"라고 정의되어 있다. 넓은 의미의 평생교육은 각자의 삶의 질을 향상시키기 위한 경험, 지식, 기능을 자기 주도적, 의도적, 체계적으로 평생 동안 배워 습득하는 일이다(한숭희, 2005).

즉 평생교육의 개념은 생애 각 시기의 수직적 통합 교육으로 유아기, 청소년기의 교육에서부터 성인기와 노인기에 이르는 전 생애에 걸친 교육활동이다. 학습의 내용면에서는 기초교육 위에 생활 향상, 자아실현(교양교육), 지역사회의 발전, 직업(전문)적 능력 신장을 위해, 학교와 같은 교육기관을 비롯하여 가정, 사회라는 공간에서 여러 교육기관이 가지고 있는 다양한 교육기능을 통해 개인의 학습 요구와 사회적 기대에 부응하기 위하여 자발적 의사에 의해서 행해지는 교육이다.

나. 평생교육 관련 개념

평생교육과 유사한 개념으로 사용되고 있는 것은 사회교육(social education), 성인교육(adult education), 계속교육(further education), 비형식교육(nonformal education), 학습사회(learning society), 순환교육(recurrent education) 등이다.

우리나라에서 오랫동안 사용하여 오던 "사회교육"은 한 · 중 · 일 동아시아와 인도 등의 국가에서 사용하는 것으로, 학교 밖의 사회에서 전개되는 모든 교육적 활동을 지칭하며 학습이 전개되는 장소의 특성을 강조하고 있다. 이는 성인을 대상으로 하는 모든 교육적 활동을 지칭하며 "안드라고지(Adragogy)" 개념과 연결된다.

안드라고지는 전통적인 학교교육인 페다고지와 구별하여 성인교육의 특성을 명확히 나타내기 위해서 사용하고 있다. 페다고지(pedagogy)는 '아동(child)'을 의미하는 'paid'와 '지도하다(leading)'를 의미하는 'agogos'라는 희랍어에서 유래되어, 아동 · 청소년을 가르치는 기술 내지 과학을 의미한다. 반면, 안드라고지(andragogy)는 'andros(amn)'와 'agein(to lead)'에서 유래되어 성인을 가르치는 기술 내지 과학을 의미한다. 페다고지와 안드라고지 사이에는 학습자에 대한 관점과 이에 따른 교육방법에 차이가 있다. 페다고지적 접근에서는 권위적 · 형식적이고 경쟁적인 수업 분위기를 지지한다. 교육계획 · 요구진단 · 교육목표의 설정 및 평가 등 모든 교육과정에서 교사의 주도권을 인정한다. 따라서 수업은 교과목 및 내용의 논리에 따라 진행된다. 이와는 대조적으로 안드라고지적 접근에서는 서로를 존중하며 비형식적이고 협동적인 학습 분위기를 조성한다. 또한 교육계획 · 요구진단 · 교육목표의 설정 및 평가 전 과정에서 교육자와 학습자의 상호협력이 강조된다. 학습과정의 계획은 학습준비도에 따라서 문제 중심으로 이루어지며, 그룹 토의 · 역할극 · 현장 연구 · 실험 · 세미나 · 사례연구 등의 방법이 중요한 안드라고지적 기법이 된다. 교육자는 지식 전달자라기보다는 학습촉진자로서의 역할이 강조된다.

계속교육이라는 용어는 영국에서 주로 사용되는 것으로 성인교육이 주로 인문교양교육(liberal arts education)이었던 데 비하여 직업교육 중심의 성인교육을 계속교육(further education)이라고 강조한 것이다.

한편, 비형식교육은 형식교육인 학교교육에 대칭되는 개념으로 동남아시아 등의 저개발 국가에서 성인을 대상으로 한 기초교육을 지칭하던 것이다.

학습사회 개념은 "누구나 언제 어디서나" 원하는 교육을 받을 수 있는 평생교육 이념이 구현되는 사회를 지칭하는 것으로 R. M. Hutchins의 「The Learning Society」(1968)에서 처음으로 소개되었다. 그가 말하는 학습사회란 "모든 성인남녀에게 언제라도 정시제의 성인교육을 제공할 뿐만 아니라, 학습자가 자기충족(fulfillment)됨을 목표로 하여, 모든 제도가 그 목적의 실현을 지향할 수 있도록 가치의 전환에 성공한 사회"(Hutchins, 1968 : 134)라고 정의되고 있다. 물론 그가 제안한 학습사회는 단순히 교육기회가 모든 성인에게 개방된 사회나 교육제도가 발달된 사회를 의미하는 것만은 아니었으며, 자기의 능력을 최대한도까지 발달시키는 것을 목표로 하는 사회를 뜻했다.

마지막으로 1970년 경제협력개발기구(OECD)에서 주창하였던 순환교육은 사회변화에 유연하게 대응할 수 있도록 교육을 순환적으로 제공하여야 한다고 설명하고 있다. 이는 지금의 생활주기, 즉 교육기 - 노동기 - 은퇴기가 고정되어 있는 모델(frontend model)이기 때문에 시대 변화에 적절하게 대응할 수 없으며 이를 상호순환(recurrent)할 수 있는 교육체제로 변혁해야 한다고 주장하였다. 평생교육의 구체적인 방식으로 제시된 순환교육은 가정, 직업, 노동, 여가 등과 같은 활동과 더불어 사회경제적인 세력과 긴밀한 관계를 갖는 것이다. 때문에 순수한 교육정책만으로 성립되는 것이 아니라 사회경제정책의 변화에 따라서 영향을 받을 가능성이 크다. 그러나 최근 평생교육 논의를 주도하면서 OECD는 순환교육을 평생학습이라는 용어로 전환하여 사용하고 있다.

2. 평생교육의 발달

현대에 들어 지식이 폭발적으로 증가하고 과학과 기술이 급속히 발달하면서 학교에서 배운 지식과 기능이 한계를 가지게 되었다. 평생교육이 필요한 직접적 원인은 이러한 사회적 구조의 발전상에 있다. 그렇지만 인간의 삶 전체를 총체적으로 이해하고 그에 능동적으로 대처하기 위해서는 지식과 기능을 수동적으로 습득시키는 학교교육의 장을 뛰어넘어야 한다는 주장이 첨가되면서 평생교육은 더욱더 중요한 것으로 부각되었다.

1960년대 이전에 네덜란드, 덴마크, 독일 등에는 이미 국민고등학교나 사회교육 등 민중의 구제를 위한 교육이 존재했다. 그렇지만 평생교육의 중요성에 관한 보다 체계적인 주장은 1960년대 이후 프랑스의 P. Lengrand과 E. Faure에게서 시작되었다고 할 수 있다. Lengrand(1910~2003)은 유네스코의 성인교육국(Division of Adult Education) 국장이었다. 그는 1965년 12월 파리 유네스코의 성인교육발전위원회를 통해 「영속교육(L'education Permanente)」이라는 보고서를 제출했는데, 여기서 평생교육이라는 개념이 나오게 되었다. 이어 그는 1970년 유네스코 '세계교육의 해'의 기본 이념으로 평생교육을 제창하였고, 그 후 평생교육은 유네스코 교육사업의 기본 틀이 되었다(한숭희, 2005).

Faure(1908~1988)는 프랑스 급진주의를 이끌었던 정치인이자 학자로서 장관, 수상, 국회의장을 지낸 사람이다. 그는 1972년에 유네스코에 「존재를 위한 학습(Learning To Be)」이라는 보고서를 냄으로써 평생교육 사상, 실천, 연구의 기초를 닦은 사람이다. 당시 유네스코 사무총장이었던 R. Maheu가 Faure를 중심으로 일곱 명의 국제교육발전위원회를 만들었는데, 여기서 낸 보고서가 「포레 보고서」다.

한국에서의 평생교육의 발달은 1903년의 '황성기독교청년회'라는 기독교적 특성을 지닌 한국의 초창기 평생교육단체가 그 시작이라 할 수 있다. 이 단체는 잔존하던 신분체제 속에서 공업과 상업을 가르치고 외국 스포츠를 보급하였다. H. B. Hulbert의 YMCA가 그 정신을 이어 각종 교양강좌, 토론회, 계몽운동, 농촌운동, 농민교육, 야학 등 다양한 활동을 전개하였으며, 일본어와 영어를 가르치고 직업교육에 역점을 두며 애국정신을 길렀다.

광복 후 문맹퇴치와 농촌계몽 활동은 한국의 평생교육에서 중요한 역할을 차지했다. 이후 사회교육이 보다 체계적으로 실시된 것은 1970년부터라 할 수 있다. 1970년대는 직업훈련원, 사설학원, 야학, 산업체 부설학교, 방송통신고등학교, 방송통신대학 등의 평생교육 시설이 생겼다. 이는 1960년대 후반부터 세계 각 나라가 평생교육을 중요하게 다루기 시작하면서 한국에서도 이에 대한 관심이 높아졌기 때문이다. 1973년 8월 평생교육의 이념과 전략을 주제로 한 세미나가 열린 것을 비롯하여 제5공화국 직전의 1980년 「헌법」제27조 제5항에서 국가가 평생교육을 진흥한다는 것을 명기하였다. 1982년에 「사회교육법」을 제정해 법적 기반을 마련하였으나, 정작 그 실행은 실속 있는 것이 아니었다. 1995년 5월 대통령자문기구인 교육개혁위원회가 '열린교육사회, 평생학습사회'를 내세우며 평생교육의 중요성이 본격적으로 부각되기 시작했다. 그 후 1999년 8월 31일에 「평생교육법」이 공포되고 2000년 3월 1일부터 시행되면서 평생교육은 본격적으로 국가의 관심 사업이 되었으며, 현재는 2007년 12월 14일 전면 개정된 「평생교육법」에 의하여 주요 용어의 개념이나 방향 등이 정해졌다.

3. 평생교육의 특징

평생교육은 기존의 학교교육과는 다른 다음과 같은 특징을 지니고 있다.

첫째, 평생교육은 평생이라는 긴 시간 속에서 계속적으로 이루어지는 학습의 과정이다. 기존의 학교교육이 일정 기간에 이루어졌던 '교육'이었음에 비해, 평생교육은 인생의 모든 국면을 다루며 전 생애에 걸쳐 지속되는 '학습'의 과정이다. 평생학습의 틀은 전 생애에 걸쳐 모든 형식적 · 비형식적 학습 형태를 포괄하는 학습기회를 제공한다.

둘째, 기존의 학교교육이 학교의 테두리 안에서 이루어졌음에 비해, 평생교육은 나이와 장소의 제한 없이 이루어진다. 「평생교육법」에서는 학교교육 이외의 교육을 평생교육이라 했지만, 삶의 질을 향상시키기 위해 모든 기관과 장소에서 자발적으로 평생에 걸쳐 이루어지는 학습이 평생교육이다.

셋째, 평생교육은 계획적 학습을 통해 교육 기회를 확대하고 평등을 실현시킨다. 이를 위해 평생교육은 학교교육의 독점에서 벗어나 사회를 교육적인 환경으로 만들고, 일반교양교육과 전문교육을 조화시키거나 공식적 교육과 비공식적 교육을 통합하는 등의 다양성과 융통성을 추구한다.

넷째, 평생교육은 학습자 중심의 자기 주도적 학습을 중시한다. 전통적 학교교육이 국가가 주관하는 교과목과 교사 중심으로 일정 기간에 걸쳐 이루어진 것이었다면, 평생교육은 학습자 개인의 생존과 필요에 맞는 교육 내용과 경험을 중시하는 학습자 중심의 교육이다. 특히 학습자 자신이 자기의 학습을 스스로 주도하게 한다는 특징을 가진다. 평생교육에서는 다양한 학습자의 다양한 요구를 충족시키기 위한 전략이 필수적이다. 따라서 평생교육에서는 교육수요자의 관심에 부응하도록 노력해야 하고, 학습동기를 육성하여 자기 속도대로(self-paced) 자기 주도적(self-directed)으로 학습하는 일을 중시해야 한다.

다섯째, 평생교육은 주로 비형식적 교육의 모습을 지닌다. 비형식적 교육이란 형식적 교육보다는 덜 체계적이고 학력을 인정해 주지는 않으나 비교적 조직적이고 지속적인 교육활동을 포괄한다.

제2절 평생교육의 학문적 배경

1. 평생교육의 필요성

가. 지식정보사회의 도래

1970, 80년대에 '지식의 폭발'이라는 말이 유행하면서 평생교육의 중요성이 부각되기 시작했다. 당시에 이미 세계는 지식과 정보의 '홍수' 사회로 접어들었고, 21세기인 지금은 대량의 지식과 정보가 확산되는 지식정보화 사회가 되었다. 지식정보화 사회란 지식과 정보가 사회 생산의 근간이 되는 사회다. R. Rifkin이 말했듯이, 지식정보화 사회에서 지식노동자는 후기 산업사회와 후기 서비스업의 글로벌 경제를 구성하는 정보 흐름의 창조자이자 조정자이며 전달자다(차갑부, 2004). 여기에 매스컴의 발달로 지식과 정보가 한층 더 빨리 확산되고 급증하게 되었다. 이러한 사회에서 학교교육은 구조적 한계를 드러냈고, 그에 따라 평생교육이 중요한 자리를 차지하게 되었다. 지식과 정보의 폭발적인 확산과 과학기술의 급속한 발달은 기존의 지식과 정보주기를 단축시키게 되었다. 미래학자들은 지식이 2020년에는 73일마다 2배로 증가하며 2050년에는 현재 지식의 1%만을 사용할 수 있을 것이라면서, 지식의 생성은 물론 그 소멸 주기도 급속히 짧아질 것이라고 예측한다(Drucker, 1998; 이희수, 2005 : 10에서 재인용). 이렇게 기존 지식과 정보의 단명화와 새 지식으로의 교체 요구 등은 평생교육을 더욱 부각시켰다.

나. 학습 주체의 변화

지식은 교육되는 것이 아니라 학습을 통해 획득되는 것이다. 지식은 교육을 통해서보다는 학습을 통해서 더 효과적으로 습득된다. '교육'이 주로 가르치는 자의 입장을 대변하는 것이라면, 학습은 학습자의 주체성과 능동성을 중시한다. '평생교육'이 '평생학습'으로 바뀐 데는 바로 이런 배경이 자리한다. 평생학습사회는 교사가 주도하는 학습(guided learning)을 넘어 학습자 스스로 선택하고 조직하는 자율적인 학습(do-it-yourself learning)을 중시하는 사회다(매일경제지식부, 한승희, 2000 : 21). 지금까지 교육이 특정 시기 동안에 학교 본위로 이루어졌다면 앞으로의 학습은 평생 동안 비형식학습(non-formal learning) 위주로 바뀔 수밖에 없다. 평생교육의 주체는 가르치는 자가 아닌 학습자(한준상, 2001; 김신일, 박부권, 2005)이고, 가르치는 사람은 평생학습의 주체로서 끊임없이 공부해야 한다.

다. 교육의 확장

산업사회에서는 학교교육과 직업훈련이 인적 자원 개발의 중심이었다. 그러나 지식정보화 사회에서는 학교교육을 넘어선 평생교육이 인적 자원 개발의 핵심이다(매일경제지식부, 한승희, 2000). 지식기반 사회에서는 경직된 학교교육의 틀을 벗어나 다양한 삶의 여건과 직업 세계의 요구에 맞는 새로운 형태의 학습이 필요하다. 누구나 어디에서나 교육을 받을 수 있도록 교육의 대상과 장면을 확장하는 일이 평생교육의 기본 원리다.

지식정보 시대의 요청에 따라 교사가 주도하였던 학교교육을 넘어서서 스스로 선택하고 조직하는 평생학습이 중요하게 되었다(매일경제지식부, 한승희, 2000). 또 학교교육을 보충할 필요가 있거나 공식적 정규교육을 받지 못한 사람에게 교육 기회를 제공하고 그 영역을 확장하기 위해서, 또 생애의 각 발달 단계에서 수행할 새로운 역할을 습득하며 새로이 나타나는 개인의 요구를 만족시키기 위해서 평생교육이 필요하게 되었다.

라. 여가의 증대

인간의 생활시간은 흔히 생리적 필수 시간과 노동 시간으로 구분되어 왔다. 과거에는 생산을 위해 한 사람이 노동의 전 과정에 개입해야 했지만, 분업이 이루어지고 생산기술이 향상되면서 자유 시간이 생겼다. 수면, 목욕, 식사 등의 생리적 필수 시간과 생산활동을 하는 노동 시간외에 각자의 만족을 추구하는 시간이 늘어난 것이다. 이에 따라 현대사회에서 여가가 노동 시간보다 더 중요한 자리를 차지하게 되었다. 여가는 생계를 위해 꼭 투입해야 할 시간도 아니고 의무가 따르지도 않는 시간이다. 그러나 개인은 각자의 삶의 질 향상과 만족을 위해 여유로운 시간과 활동을 구가한다. 이렇게 여기 시간이 증대하고 개인이 여가를 통해 자아실현을 하려고 함에 따라 기존의 학교교육에서 제공하지 않았던 그 밖의 프로그램을 필요로 하게 되었다. 학교교육의 범위에서 벗어나 인생의 모든 단계에, 그리고 각자의 요구에 맞는 프로그램을 제공할 필요성이 커지면서 평생교육이 중요해졌다.

마. 비판적 의식 고취

현재에도 사회 곳곳에는 여전히 이데올로기 간 대립이 남아 있다. 대개의 이데올로기들이 민주화와 인간화를 주창하고는 있지만, 각 이데올로기들은 서로 대립의 각을 세우고 있다. 이러한 이데올로기 간 대립 속에서 개인은 정치적, 도덕적, 사회적 삶을 어떤 기준에 따라 어떻게 영위해야 할지 판단을 내리지 못하는 경우가 많다. 이런 상황에서 균형 있고 적극적인 비판의식을 육성할 필요성이 제기되었다. 또한 각자가 처한 사회적 환경 속에서 인간의 존엄성과 자유, 그리고 민주적 삶을 유지하는 데 장애가 되는 이념들의 실체를 파악하고 그에 대처하는 능력이 필요하게 되었다. 특히, 각 이해집단의 숨겨진 의도나 이기적 정책 수립 내용을 비판적으로 보는 능력이 요청되는 것이다.

2. 평생교육 패러다임

가. 보상교육모형

평생교육은 학교교육을 받지 못했거나 그 이전 단계의 교육적 결손을 보상하는 기능을 한다는 관점이다. 이 모형에서는 교육 기회를 제공하는 일을 중시한다 (Aspin et al., 2001). 학교교육을 받는 단계에서 생긴 가정과 학교에서의 결손을 보충해 주려는 의도가 강하다. 교육적 차원의 복지 개념이 중요하게 원용되기 때문에 정권을 잡은 정당의 사회철학에 따라 평생교육의 지원규모가 결정된다.

나. 계속직업훈련모형

평생교육은 직장 내 직무 능력과 기능을 향상시켜 개인의 적응력을 높이며 실업을 겪지 않도록 하는 기능을 한다는 관점이다. 이것은 주로 직업 세계에 초점을 맞춘 것으로, 세계화의 경향 속에서 각국이 경제적 생활 수준의 향상을 위해 평생교육을 활용하는 것을 강조하는 것이다(Aspin et al., 2001). 최근에 인적 자원 개발이나 조기 퇴직 후 재취업을 위한 평생교육 등이 여기에 해당된다.

다. 사회개선모형

평생교육은 성숙한 시민의식과 사회적 기술을 습득시키는 기능을 한다는 관점이다. 다변화 · 다원화된 사회일수록 성숙한 시민의식이 필요하다. 세련되고 질서의식을 소유한 구성원, 그리고 개성과 다양성을 존중할 줄 아는 시민이 있어야만 민주사회를 실현할 수 있기 때문이다. 평생교육은 바로 이런 사회를 지향하며 각자의 교양 있는 자세를 향상시키려는 목적을 지니고 있다. 또 민주적 삶이나 자유로운 개인, 그리고 인간 존엄성을 훼손하는 각종 제도적 장치에 대한 비판의식과 이를 위한 적극적 개선 태도를 육성하려는 노력도 이 모형에 해당된다.

라. 여가추구모형

평생교육은 여가생활에 필요한 다양한 프로그램을 제공하는 기능을 한다는 관점이다. 현대에 들어 늘어난 각자의 여유 시간을 유익하고 효율적으로 사용할 수 있게 해 주는 것이 평생교육이라고 보는 것이다. 여가는 생계를 위해 꼭 투입해야 할 시간도 아니고 의무가 따르지도 않는 자유 시간이다. 이런 시간을 방탕하고 무익하게 허송하지 않도록 각자의 요구와 의도에 맞는 프로그램을 제공하는 일이 평생교육의 임무라고 본다. 다만, 최근 대부분의 평생교육이 여가를 추구하는 쪽에 초점을 두고 있다는 비판이 일고 있다.

마. 학교교육모형

평생교육은 비형식적인 교육을 존중하면서도 학교라는 기존 제도의 활용을 중시하는 관점이다. 학교교육을 평생교육의 틀 내에서 접근한 가장 대표적인 저작은 Dave의 「평생교육과 학교교육과정(Lifelong Education and School Curriculum)」(1973)이다. 이것은 학교체제를 평생교육 과정 속에서 구체화한 중요한 저작이다. Dave는 Lengrand과 Faure 등의 기본 철학을 바탕으로 스무 가지 평생교육의 개념과 평생교육제도의 이론적 · 실천적 관계 구조도를 만들었다. 이 모형은 모든 형태, 모든 단계, 모든 측면의 교육활동을 평생교육이라는 전체 틀로 포괄하고 있다. 또한 평생교육의 체제를 이론적 측면과 실제 운영 측면의 유기적 연관성하에 체계화하고 있다. 이러한 의미에서 이 모형은 평생교육이 전체 체제와 갖는 상호 관련성을 체계적으로 구조화한 최초의 도식이라고 할 수 있다. 또한 파컨(Parkyn)모형과 스폴딩(Spaulding)모형과 함께 평생교육의 개념 모형을 연구한 문헌 중 대표적인 것이며, 평생교육 시스템 구상 및 평생교육 이념에 입각한 학제 구상의 출발점 역할을 한다(이희수, 2005).

바. 총체적 패러다임모형

총체적 접근이란 학습자 개개인에 맞는 성장을 중시하는 영성적(靈性的)접근법이다. 여기에서 영성적인 것이란 특정 지역, 인종, 종교 등에 구애받지 않는 윤리적 · 정신적 자세다. 이를 위해 기분, 몸, 명상, 요가, 기공훈련, 침묵, 풍요로운 마음, 기쁨, 의사소통, 언어, 개인적 이야기, 개인적 신념과 가치, 공간 구성, 문화적 다양성 등에 초점을 맞춘다. 그리하여 '내 성격은 내 마음'임을 인정하면서 '자기 나름의 삶을 살기'를 강조한다. 따라서 개인의 현재 기분과 영성적 성장을 위해 조화로운 학습환경을 조성하는 일을 중시한다(Shelton-Colangelo, 2006).

사. 포스트모더니즘모형

평생교육은 세계화, 환경 파괴가 부른 위기, 불확실성, 반성, 다양성, 차이 등의 문제에 봉착한 현대사회에서 개인이 어떤 삶을 살아야 하는지에 관한 모종의 나침반 기능을 한다는 관점이다. Usher(2001)는 포스트모던한 사회에서 평생교육을 새로이 들여다 보았다. 포스트모더니즘의 출현으로 전통적인 교양교과의 중요성은 상대적으로 약화되었으며 포스트모더니즘적 평생교육은 다양한 사회적 현실 속에서 요청되는 다양한 지식을 강조한다(Aspin et al., 2001 : xxix에서 재인용).

제3절 평생교육체제

1. 평생교육법의 제정

초기 평생교육론은 이념적 차원에서 출발하였다. 그러나 최근 각국에서는 평생교육을 교육정책의 지도 이념은 물론이고 실제 정책으로 받아들이고 있다. 우리나라도 1996년 교육개혁의 지도 이념으로 평생교육을 채택하였다. 일명 5 · 31교육개혁은 "21세기 급변하는 세계화 · 정보화 사회에서 누구나, 언제, 어디서나, 원하는 교육을 받을 수 있는 [열린교육사회 · 평생학습사회]를 구축하여 교육복지국가(Edutopia)를 건설함으로써 국민의 삶의 질 향상과 사회 발전에 기여"하는 것을 기본 목표로 추진되었다. 우리나라는 헌법에 "국가는 평생교육을 진흥해야 한다(제 31조 5항)."고 규정하고 있으며, 이에 근거하여 1999년 8월 31일 법률 제 6003호로 평생교육법을 제정 · 공포하여 기존의 사회교육법을 개정하였다.

평생교육법의 주요 내용은 첫째, 고등교육기회 확대 등을 통해 학력사회에서 능력사회로 변화를 유도, 둘째, 국가와 지방자치단체의 평생교육적 책무를 확인하고 이를 추진할 전담기관으로서 국가 평생교육센터-평생교육정보센터(시 · 도 단위) - 평생학습관(시 · 군 · 구 단위)을 설치, 셋째, 다양한 평생교육기관 운영으로 성인교육 기회를 확대, 넷째, 다양한 학습지원제도의 도입을 통해 평생학습 기회를 확대 등이다.

사회교육법에서 개정된 평생교육법은 2007년 12월 다시 전면 개정되었는데, 새로이 개정된 평생교육법에서 추구하고 있는 평생교육의 이념은 첫째, 모든 국민은 평생교육의 기회를 균등하게 보장받는다.

둘째, 평생교육은 학습자의 자유로운 참여와 자발적인 학습을 기초로 이루어져야 한다.

셋째, 평생교육은 정치적 · 개인적 편견의 선전을 위한 방편으로 이용되어서는 아니 된다.

넷째, 일정한 평생교육과정을 이수한 자에게는 그에 상응하는 자격 및 학력인정 등 사회적 대우를 부여하여야 한다 등의 네 가지로 제시되어 있다.

새로운 평생교육법의 특이점은 첫째, 교육인적자원부장관은 매 5년마다 평생교육진흥기본계획을 수립하여야 하고 평생교육진흥위원회의 심의를 거쳐 확정하며, 시 · 도지사는 연도별 시행계획을 수립하여 제출토록 함을 정하고 있다.

둘째, 전국평생학습도시협의회의 구성과 평생학습도시에 대한 사항을 규정하고 있다.

셋째, 평생교육진흥원과 시 · 도평생교육진흥원 설치 및 지정 · 운영에 관한 사항을 정하고 있다.

넷째, 평생교육사의 등급과 자격조건, 연수기관 및 이수과정, 배치대상 및 기준을 정하고 있다.

다섯째, 평생교육기관의 설치자의 학습비 징수에 관한 책무사항을 정하고 있다.

여섯째, 학력인정 문해교육프로그램의 설치 및 지정기준과 문해교육심의위원회를 구성 · 운영토록 규정하고 있다.

일곱째, 전문대학 학력인정 평생교육시설 설치자격과 전문학사학위에 관한 내용을 담고 있다 등으로 구성되어 있다.

2. 평생교육 관련 제도

평생교육법의 내용에서 담고 있는 평생교육전담기관, 학점은행제, 독학사제도, 교육계좌제, 문하생제도 등을 간략하게 살펴보기로 한다.

가. 평생교육 전담기관

영국의 성인교육센터, 호주의 지역사회교육센터, 이스라엘의 성인교육관, 일본의 공민관, 미국의 지역사회센터 등 선진국의 공적 평생교육 인프라가 오랜 역사를 가지고 있는 것과는 달리 우리나라는 오랫동안 공적 평생교육전담기관이 없었다. 평생교육법이 제정되면서 중앙에 평생교육센터가 16개 시 · 도에 평생교육정보센터, 각 시 · 군 · 구 단위에 평생학습관이 지정되었다. 그 기능을 살펴보면, 「평생교육법」에 명시된 ① 평생교육에 관한 연구, ② 평생교육 종사자에 대한 연수, ③ 평생교육에 관한 정보의 수집 · 제공 및 평생학습의 상담, ④ 지역 주민을 위한 평생교육 프로그램의 개발 운영, ⑤ 기타 평생학습에 관한 사항을 담당한다.

그러나 2007년 새로 개정된 평생교육법에서는 평생교육기관을 "평생교육법에 따라 인가 · 등록 · 신고된 시설 · 법인 또는 단체, 「학원의 설립 · 운영 및 과외교습에 관한 법률」에 따른 학원 중 학교교과교습학원을 제외한 평생직업교육을 실시하는 학원, 그 밖에 다른 법령에 따라 평생교육을 주된 목적으로 하는 시설 · 법인 또는 단체"로 정의하여 평생교육기관의 범위를 확대시켜 놓았다.

또한 2008년 평생교육진흥원을 설립하도록 하여 ① 평생교육진흥을 위한 지원 및 조사 업무, ② 진흥위원회가 심의하는 기본계획 수립의 지원, ③ 평생교육 프로그램 개발의 지원, ④ 제24조에 따른 평생교육사를 포함한 평생교육 종사자의 양성 · 연수, ⑤ 평생교육기관간 연계체제의 구축, ⑥ 제20조에 따른 시 · 도 평생교육진흥원에 대한 지원, ⑦ 평생교육 종합정보시스템 구축 · 운영, ⑧ 「학점인정 등에 관한 법률」 및 「독학에 의한 학위취득에 관한 법률」에 따른 학점 또는 학력인정에 관한 사항, ⑨ 제23조에 따른 학습계좌의 통합 관리 · 운영, ⑩그 밖에 진흥원의 목적 수행을 위하여 필요한 사업 등을 하도록 규정하고 있다. 또 각 시 · 도에 평생교육진흥원을 두어 ① 해당 지역의 평생교육기회 및 정보의 제공, ② 평생교육 상담, ③ 평생교육 프로그램 운영, ④ 해당 지역의 평생교육기관간 연계체제 구축, ⑤ 그 밖에 평생교육진흥을 위하여 시 · 도지사가 필요하다고 인정하는 사항의 업무를 수행하도록 규정하고 있다.

나. 학점은행제

소정의 기준에 의해 인정된 학습기관의 교육 프로그램을 이수하는 등의 방법으로 대학 울타리 밖에서 학위취득에 필요한 대학의 학점을 취득하여 학위를 받을 수 있는 제도다. 학력중심 사회에서 능력중심 사회로 전환하는데 중요한 메카니즘이 될 수 있다고 평가되고 있다.

다. 독학사 제도

독학으로 취득한 지식을 국가시험을 통해 4단계 평가를 거쳐 학위를 받을 수 있는 제도로서 학점은행제와 연계될 수 있는 제도다. 현재 한국방송통신대학교에서 주관하고 있다.

라. 교육계좌제

교육계좌제(education account)는 국민의 평생교육, 특히 취업자의 계속교육을 촉진하기 위해 개별적으로 취득한 학력, 자격 등 인증된 학습경험과 학교의 교육 등에서 얻은 학습경험을 종합적으로 누적 기록 · 관리하고 이를 객관적으로 인증받기 위한 제도적 장치로서 성인용 '종합생활기록부'라고 할 수 있다. 교육계좌 정보망을 통해 개인별 평생학습경력을 누적 관리하여 학점 · 학력인정, 취업 및 인사 자료 또는 금융대출의 신용정보 자료 등으로 활용할 수 있으며, 평생학습활동 관리 체제 구축을 생애 학습설계 지원 등에 활용, 종합적인 인력관리를 통한 국가의 인적 자본 축적 강화, 국민의 실질적 학습권 보장과 교육복지 수준 향상에 기여할 수 있을 것이다.

마. 문하생 학력인정제

오랜 기간 동안 형식적인 학교교육 제도와는 무관하게 진행되어 왔던 국가 지정의 중요 무형문화재 전수교육을 평생교육체제인 학점은행제와 접목하여 전통문화 전승자들의 전수경험을 대학 학점으로 등가치하여 인정하고, 보다 체계화된 교육 내용을 통해 전승활동이 이루어지도록 함으로써 중요 무형문화재의 계승 발전을 도모코자 2002년부터 시행되고 있다.

3. 평생교육체제

인간의 삶의 질을 향상한다는 교육의 궁극적인 목적을 달성하기 위하여 학교교육과 사회교육을 중심축으로 한 평생교육체제가 요청된다. 이는 한 개인의 전 일생에 걸친 다양한 교육활동을 제공할 수 있는 종합적 체제다. 이를 평생교육체제라고 하는데 이 개념은 학교중심의 교육관에서 벗어나 평생학습체계로의 이행을 도모하기 위한 것으로 교육시설과 학습자 사이의 연계망(network) 구축에 관심을 가지고 있다.

평생교육은 그 사회의 정치, 경제, 사회, 문화 등의 세력에 의하여 결정된다고 할 수 있다. 이러한 환경적 기초 위에서 개인의 교육은 출발하는 것이기 때문에 평생교육체제의 하부 구조를 형성한다. 이제 교육체제 내부로 들어와서, 유아로부터 노인에 이르기까지 다양한 학습 주체가 교육체제의 지층을 형성하게 된다. 이들의 학습을 위하여 다양한 학습방법이 제시되는데, 강의식 방법을 비롯하여 매스미디어를 이용한 방법, 실제 경험을 중시하는 방법에 이르기까지 각종 방법이 활용될 수 있다. 이상과 같은 개인의 학습요구는 학습장면으로 들어오게 되는데, 학습기관 단체는 학교를 포함하여 각종 교육기관이 네트워크를 형성한다. 이 교육기관들은 개인의 평생교육체제를 위하여 정비、확장되어야 할 것이다. 즉 평생교육체제의 하위체제라고 할 수 있는 학교교육과 사회교육으로 대별되어 형식적 교육부문은 학교교육체제로, 무형식 · 비형식 교육은 사회교육체제로 구성된다.

학교교육과 사회교육을 두 중심 축으로 "평생교육체제"가 있지만, 이 체제를 행 · 재정적으로 지원하는 공공부문과 인적 · 물적 자원을 원조하는 민간부문이 필요하다. 이는 평생학습을 지원 · 원조하는 체제를 의미하는 것으로 사회에 존재하고 있는 다양한 교육 · 훈련 자원 및 기구들을 유기적으로 통합시키는 틀이라고 할 수 있다.

이 개념의 도입으로 인하여 이전과 같이 각 교육 시스템에 대한 독립적 사고에서 탈피하여 지역사회의 여러 교육 자원들과 기능이 통합적으로 평생학습을 지원하는 시스템화의 사고방식으로 변화할 수 있다. 즉, 주민들이 평생학습에 참여할 수 있도록 다양한 학습기회와 장을 제공하기 위해서는 사회교육과 학교교육 뿐만 아니라 일반 행정과 민간도 참여하여야 한다. 의회와 정당, 중앙정부, 지방자치단체 등의 공공부문에서 행 · 재정 지원을 담당하며 지역의 인적 · 물적 자원, 시민단체, 산업체, 대학, 연구소, 병원 등의 민간부분의 원조 체제가 있다. 이는 평생학습을 지원 · 원조하는 체제를 의미하는 것으로 사회에 존재하고 있는 다양한 교육자원 및 기구들을 통합시키는 구조라고 할 수 있다. 최근에는 교육인적자원부에서 평생학습도시를 제정 · 지원함으로써 이러한 지역단위의 평생교육체제가 자리잡아 가고 있다.

제4절 평생교육의 쟁점과 과제

1. 쟁점

평생교육과 관련하여 다루어야 할 쟁점은 우선 평생교육의 정의 문제다. 앞에서 말했듯이 「평생교육법」에서 규정한 평생교육은 학교교육을 제외한 모든 형태의 조직적인 교육활동이다. 이러한 정의는 평생교육을 협의적으로 규정한 것이다. 그러나 다음과 같은 물음이 제기될 수 있다.

첫째, 평생교육을 위해서 정규 학교교육이 특정 방향으로 변해야 할 것인가, 아니면 평생교육이 정규 학교교육을 안아야 하는가?

둘째, 학교 밖으로 나가려고만 하는 학생들의 요구를 어떻게 수용할 것이며, 그들의 교육과 학력 인정은 어떻게 할 것인가?

셋째, 지금까지는 평생교육을 부르짖으면서도 정작 핵심 관심사가 학교교육에 머무르는 경우가 많았다. 학교교육만이 교육의 전부는 아니다. 특히, 다변화하는 사회에 쉽게 적응하지 못하는 개인의 숫자에 비례해서 공교육제도에 적응하지 못하는 학생들도 많아지고 있다. 고정적이고 제도화된 학교교육은 이런 이단아, 부적응아, 변종아를 포용하지 못하고 있는 실정이다. 대안학교나 특성화 고등학교 등이 있지만, 그 대상은 특정 시기에 국한되어 있다. 나이에 관계없이 정규 학교교육을 대신할 평생교육체제가 가능한가?

넷째, 평생교육의 틀 안에서 학습자와 강사에게 교육과정 결정권을 부여하면서 학력을 인정해 줄 수는 없는가?

다섯째, 평생교육은 대부분 자격증만 부여되고 학력 인정은 받지 못하고 있다. 그렇다면 현실 적합성을 지닌 평생교육이 되어도 학력을 인정할 수 없는 것인가?

여섯째, 평생교육 정책을 국가가 주도할 것인가 민간단체가 주도하게 할 것인가? 현재 정부는 '평생학습도시'나 '평생학습축제'와 같은 사업을 주도하고 있지만, 이것이 각 지역이나 교육 대상의 요구를 제대로 반영한 것인지와 그에 따른 구체적이고 실효성 있는 전략을 지니고 있는지는 따져 봐야 할 문제다. 결과 위주의 슬로건보다는 과정 자체를 중시하고, 요구 사정에 근거해 실효성 있는 구체적 실천을 짤 필요가 있다. 더불어 민간 주도의 정책을 구안함으로써 그 경제적 효과를 제고해야 한다.

2. 과제

평생교육 또는 평생학습이 해결해야 할 과제로는 다음과 같은 것을 생각할 수 있다.

첫째, 학교교육과 평생교육의 경계를 허물어야 한다. 현재 각급 학교를 지역문화센터로 개방하도록 하고 있으나 지역평생학습관으로 개편해 운영할 필요가 있다. 단순히 학교의 물리적 시설을 평생교육이라는 명분하에 이용하는 것보다 더 중요한 것은 보다 체계적이고 조직적인 차원에서 학교교육과 평생교육을 연계하는 것이다. 특히 현직에서의 직무능력 개발 및 향상을 위한 대학의 개방, 중소기업 직업훈련 컨소시엄 구축, 지역사회와 연계한 콘텐츠 개발 등에 관한 것이 내실화되어야 한다. 그리하여 평생교육을 학력주의 타파의 도구로 삼아야 한다.

둘째, 직업교육과 자격 인정을 제도화함으로써 조기 퇴직 후 재취업이나 신규 채용이 현실적으로 이루어질 수 있도록 하는 제도적 장치가 필요하다. 평생교육 과정을 이수했어도 실제 취업은 불가능한 것이 현실이다. 평생교육 프로그램이 개인의 삶의 질 개선에 실질적인 영향을 줄 수 있도록 보다 체계적인 고용촉진 능력 개발 프로그램을 마련하고, 이를 이수한 사람들의 취업을 위한 구체적 조치가 제도화되어야 한다. 특히 평생교육사 자격 취득자들의 취업과 취업 후 처우 개선이 제도화되어야 한다. 2005년 2월 현재 3만여 명의 평생교육사가 배출되었지만 이들의 채용은 이루어지지 않고 있으며, 취업을 했더라도 급여 수준이 매우 낮은 실정이다. 고용보험기금 1조원을 활용하자는 견해도 있으나, 법규 측면에서 구체적 고용 방침과 처우 문제를 마련하는 것이 중요하다. 이에 관한 실질적인 방안이 마련되지 않으면 '외치기만 하는' 허울뿐인 평생교육이 되고 말 것이다.

셋째, 평생교육은 소외계층의 교육기회를 확대하는 방편이 되어야 한다. 2005년 2월 현재 서울과 부산 등 여덟 곳에 지정한 교육투자 우선지역의 소외계층에게 현실적인 평생교육적 조치가 취해져야 한다. 소외계층에게 일자리를 마련해 주지 않은 채 복지기금만 쏟아붓는 일은 국가적 낭비만 초래할 뿐이다. 따라서 이 지역 사람들에게 현실생활에 쓸모 있는 지식을 획득할 수 있도록 하는 평생교육 프로그램 개발이 먼저 이루어져야 한다.

넷째, 평생교육은 고령화 사회를 대비해서 이루어져야 한다. UN이 제시한 노인 인구비에 따른 사회 구분을 보면, 전체 인구 중 65세 이상 인구가 7% 이상이면 고령화 사회, 14% 이상이면 고령사회, 20% 이상이면 초고령사회다. 2006년 4월 27일 한국개발연구원의 '인구 구조 고령화의 경제 · 사회적 파급 효과 및 대응과제에 따르면, 2005년 현재 한국의 65세 이상 인구는 9%이고, 2020년에는 15.1%가 될 것으로 예측된다. 통계청 추정에서는 한국은 2026년 노인 인구가 23.1%로 '초고령사회'가 될 것이라고 한다. 그러므로 평생교육적 차원에서 노령사회에 대한 대비가 시급한 시점이다.

다섯째, 평생교육은 보육과 조기 아동교육도 중시해야 한다. 한국의 출산율 저하는 세계적인 수준이다. 아이 낳기를 꺼리는 이유는 만족할 만한 보육시설과 조기 아동교육체제가 형편없기 때문이다. 따라서 평생교육의 차원에서 보육과 조기 아동교육 문제에 접근할 필요가 있다. OECD국가에서는 최근 여성의 노동시장 참여를 높이기 위해 조기 아동보육 서비스를 확대하고 있다. 조기 아동보육 서비스는 여성 노동자의 노동 참여를 높이기 위해서도 중요하지만 더 중요한 이유는 질 높은 조기학습 환경이야 말로 장차 유능한 국민을 길러 낼 가능성이 높기 때문이다.

여섯째, 평생교육은 지식기반 사회의 지식 창출과 관련하여 연구해야 한다. 지식기반 사회에서는 창조적 지식의 생성과 습득이 중요하다. 나아가 개인적인 노력으로 평생학습체제를 이용하고, 그에 따라 새로운 지식을 습득하거나 만들어 낸 사람에게는 취업을 보장하는 제도가 마련되어야 한다. 지식정보 사회에서는 평생학습을 통해 창조적 지식에 접근하고 그것을 생산해 내는 능력을 습득하는 것이 중요하다. 이러한 능력을 갖춘 사람의 충원이 제도화되어야 사회가 발전한다.

생각해 볼 문제

1. 평생학습의 중요성에 대해 생각해 봅시다.
2. 교육과 학습에 대한 새로운 정의를 내려 봅시다.
3. 평생교육과 유사한 개념들을 정리해 봅시다.
4. 평생교육이 추구해야 할 방향은 어떠한 패러다임에 근거해야 하는가 생각해 봅시다.
5. 우리나라에서 시행되고 있는 평생교육 혹은 평생학습의 문제점과 해결책을 생각해 봅시다.

제14장

진로교육과 직업교육

인간에게 있어서 교육은 잠재력을 키우는 중요한 수단이다. 인간은 교육을 통해 자신의 잠재력인 능력을 키우게 되며, 그러한 일련의 진로과정을 통해 직업세계에 입문하게 된다. 이 장에서는 진로교육과 직업교육에 대한 이해를 돕기 위해 구성되었다.

진로교육(career education)은 개인의 진로선택과 진로발달에 초점을 둔 교육이다. 현대사회는 노동시장 및 직업세계에 대한 급격한 변화로 인하여 일생에 걸친 진로역량 함양의 중요성을 일깨워 주고 있으며, 이러한 흐름에 따라 진로교육에 대한 이해와 필요성이 절실히 요청된다. 한편, 직업(職業, occupation)은 인간의 정신적 · 육체적 노동의 대가로 경제적 급부를 받아 생활을 유지하는 지속적인 사회활동으로서 개인이 계속적으로 수행하는 경제활동의 한 종류다. 인간도 하나의 생물인 이상 활동에 필요한 에너지를 확보하지 않으면 생존할 수 없고, 따라서 생존이 계속되는 한 에너지의 원천이 되는 물자를 계속해서 마련해야만 한다. 이러한 의미의 직업적 활동을 보통 생업이라고 부르기도 하며, 대부분의 사람들은 직업을 통해 많은 시간을 다양한 사람들과 만남을 통해 생활한다. 따라서 사회생활의 기초가 이루어지는 통로라고 할 수 있다. 그러므로 직업은 사회생활을 이루는 골격이며 개인을 사회구성원으로 만드는 필수적인 자격요건인 것이다.

제1절 진로교육의 이해

1. 진로교육의 정의

진로교육(career education)이란 '70년대 이후 새롭게 등장된 용어로서 그 이전까지만 해도 통상적으로 직업교육(vocational education)[1]이란 말로 쓰여 왔다. 그러나 오늘날 직업교육은 제한된 영역의 기능 훈련이라는 측면이 아닌 사회가 발전함에 따라 새롭게 요구되어지는 교육의 틀(paradigm)을 기초한 것으로서 다음과 같이 진로교육을 정의하고자 한다.

진로교육은 생산적 사회 구성원으로서 인생 전반의 진로를 현명하게 선택하고, 동시에 행복한 개인으로서의 삶을 영위할 수 있도록 돕는 일련의 교육과정이다.

이러한 진로교육에 대한 정의는 지금까지의 전통적 교육과는 근본적으로 다른 몇 가지 측면에서 교육의 중요성을 새롭게 인식하고 있다.

첫째, 진로선택(career choice)과 진로발달[2](career development)의 중요성에 대한 새로운 인식이다. 근대 학교교육이 제도화되기 이전에는 일과 직업, 학습 및 삶의 세계가 한 장소에서 통합적으로 이루어졌다. 예컨대 지난 과거 농업본위국가 시대에는 농업활동이 주가 되었던 경우 인간에게 유익한 식물재배와 생산 그리고 가축들의 생산 및 품질 관리와 관계되는 온갖 활동들은 대부분 부모들이 자녀들에게 가르치면서 자연스럽게 배우게 되고, 그 안에서 직업세계와 학습세계가 함께 상호작용할 수 있는 기회를 얻었다.

그러나 근대사회에 접어들면서 점점 사회는 직업세계와 학습세계가 철저히 분리되어, 부모는 직장으로 출근하고 자녀들은 교과서 중심의 교육을 배우러 학교를

---

1) 일정한 직업에 종사하는 데 공통적으로 필요한 지식이나 기능을 가르치는 교육
2) 일과 직업세계와의 상호작용을 통하여 적성 및 능력, 가치관 및 태도 등을 포함하는 자아발달의 연속된 과정

가게 되면서 자녀들은 생활 속에서 점점 일과 직업세계가 함께 상호작용할 수 있는 기회를 상실하게 된 것이다. 이러한 원인들로 인하여 일과 직업세계를 이해하는데 있어 이에 적응할 수 있는 청소년들의 능력과 태도의 발달이 지체되거나 결핍되는 문제가 발생되었다.

진로발달은 궁극적으로 직업정체성(vocational identity)을 구체화하여 직업에 대한 직업선택 및 직업 적응 능력을 발전시키는데 있어 크게 영향을 미치게 된다. 이 점에서 진로발달을 도모하는 교육이 오늘날 새롭게 강조되기 시작한 것이다.

현명한 진로선택은 진학과 취업에서 뿐만 아니라 개인의 전체적인 삶의 단계와 과정에 있어 매우 중요시된다. 급속도로 발전하고 있는 현대사회에서는 과학기술의 발달, 문명의 진보, 인구 증가 등으로 인하여 삶의 문제가 단순화되지 않고 매우 복잡하게 되어 있다. 그래서 앞으로는 당면한 문제를 포함하여 자신과 환경에 대한 객관적인 정보에 대하여 체계적으로 수집하고 과학적으로 분석해 보지 않으면 행복한 삶을 영위하는데 있어 선택에 대한 의사결정이 점점 더 어려워질 수 있다.

삶은 언제나 중요성에 차이가 있다 하더라도 크고 작은 선택의 연속된 과정으로 이루어지고 있기 때문에 한순간 한순간의 선택과 결정이 개인의 전 생애에 걸쳐 큰 영향을 미친다는 점을 인식해야 한다. 따라서 어려서부터 선택의 중요성을 인식하고 합리적 의사결정 능력과 태도를 육성해 나가야 되는 이유도 여기에 있는 것이다.

합리적 의사결정에 대하여 진로를 선택하고 계획을 구체화하여 삶을 살아가는 능력과 태도는 앞으로의 사회가 새롭게 요구되어지고 있으며, 진로교육에 있어서도 핵심적 영역으로 인식된다.

둘째, 사회적 역할의 중요성에 대한 새로운 인식이다. 우리는 일생을 살아가면서 가족의 일원으로서, 직장의 일원으로서, 각종 사회집단의 한 사람으로서, 더 나아가 국민의 한 사람으로서 동시에 세계의 한 사람으로서 여러 가지 사회적 역할을 수행하여야 한다. 이렇듯 사회적 역할을 생산적으로 수행할 수 있으려면 각자에게 알맞은 사회적 역할을 발견하고, 그러한 역할 수행을 위한 충분한 준비가 되어 있어야 한다. 그러기 위해서는 직업적 역할을 포함하여 일생동안 살아가면서 수행하여야 할 사회적 역할들에 대하여 학생들로 하여금 생각해 보게 하고, 각자에게 가장 알맞은 역할을 발견할 수 있도록 준비하여 나가도록 교육한다면, 학생들은 보다 생산적인 사회 일원으로서 성장할 수 있을 것이다.

그러나 현재 사회적 역할을 발견하고 수행 준비가 되어 있어야 할 청소년들의 경우 대부분 학교 교과 교육과정에서 교과서 중심의 암기와 같은 주입식 교육에만 열중하다 보니 실제 청소년들이 사회에 나와 본인에게 맞는 직업선택과 사회적 역할에 대한 인식에 대한 준비가 안 되어 문제가 되고 있다. 과거에는 삶이 단순화하고 사회적 역할이 미분화된 사회에서 그러한 지식교육을 받았다 하더라도 사회적 역할을 발견하고 수행하는 데에는 크게 별다른 지장이 없었다. 그러나 사회적 역할이 고도로 세분화되어지고 전문화되면서 현대사회는 그러한 지식교육이 더 이상 효과를 발휘할 수 없게 되었다.

더욱이 앞으로 지식기반 첨단 기술사회로 급진전됨으로써 고도의 창의성과 응용성이 요구되는 상황에서 현재까지도 사회적 요구를 외면한 채 구태의연하게 전통적 지식교육에만 몰두하는 교육은 앞으로는 바꾸어 나가야 한다. 실제로 사회가 요구하는 고도의 지식과 기술을 창의적으로 응용할 수 있도록 교육하여 생산적으로 이바지할 수 있는 인간을 육성시켜 학생들로 하여금 각자에게 알맞은 직업 및 사회적 역할을 발견하고 준비하도록 하는데 역점을 두어야 한다.

셋째, 삶의 목표에 대한 새로운 인식이다. 과거의 농업경제가 주를 이루던 사회에서 고도의 산업혁명을 통한 현대사회는 물질적인 풍요에도 불구하고 현대인들의 삶은 더욱 메말라 가고 각박해지는 경향이 있다. 그 이유는 삶을 합리적으로 영위하고, 스스로 행복을 창출하고 관리할 수 있는 지혜가 부족하기 때문이다. 그래서 행복한 삶을 영위하기 위해서는 삶의 목표를 바르게 세우고, 현명한 삶의 방법을 터득해야 하며 더불어 자아의 특성을 파악하여 가꾸어 나갈 수 있도록 하고, 주어진 여건에 대하여 보다 객관적으로 평가할 수 있어야 한다. 즉, 자신에게 맞는 생애 목표를 세워 진로를 개척해 나갈 수 있어야 한다. 앞으로의 사회는 개성화가 점점 확산될 전망이다. 최대한 각자의 개성을 살려 행복한 삶의 목표를 설계할 수 있도록 도움을 주는 교육이 이루어져야 한다.

넷째, 교육과정에 대한 새로운 인식이다. 교육이 일과 직업세계를 포함한 현실적 삶의 세계를 경험하고, 이해하고, 준비하는 과정이 되어야 한다는 새로운 자각이다. 삶과 유리된 이상화되고, 개념화되고, 추상화되고, 이론화된 지식으로 표현되는 암기과정이 되어서는 안 된다. 즉, 삶의 현실세계로부터 지식이 경험되고 획득됨으로써 현실적으로 다시 응용될 수 있는 지식교육이 되어야 한다. 경직된 지식체계가 학생들의 삶을 압도하는 교육이 되어서는 안 되며, 오히려 그것은 학생들의 삶을 넓혀 주고 깊게 만들어 주고, 새롭고 의미 있게 인식시켜 주는 수단으로서 가르쳐져야 한다. 이렇게 할 때 학교교육은 사회 발전의 요구에 부응할 수 있다.

2. 진로교육의 사회적 태동 배경

가. 우리나라의 사회적 태동 배경

우리나라의 진로교육은 1980년대 초부터 한국교육개발원이 대규모의 유니세프 자금 지원을 받아 장기 연구 개발을 시작함으로써 확산 · 보급되기 시작하였다. 이 시기 한국교육개발원은 초 · 중등학교의 진로교육 프로그램 및 자료를 개발하여 전국에 확산 · 보급하는 노력을 하였다. 한국교육개발원의 진로교육 연구는 입시위주의 진학 지도 체제를 다양한 일과 직업세계를 포함한 생생한 현실적 삶의 세계의 학습을 통하여 다양한 소질과 적성 및 흥미를 계발하고, 이에 기초하여 과학적으로 진학과 취업을 지도하는 체제로 전환하는 데 역점을 두었다.

이러한 한국교육개발원의 노력의 결과 제6차 및 제7차 교육과정에 진로교육이 반영되면서 점차 중요성이 확산되었고, 2009 개정 교육과정의 경우 진로교육을 핵심 축으로 수용하는 단계까지 발전하게 되었다.

나. 외국(미국)의 사회적 태동 배경

진로교육의 기원은 20세기 초 Frank Parsons(1909)가 보스턴 시에서 도시로 들어온 이민자 및 불우 청소년들의 취업 교육 및 취업 안내의 경험을 「직업 선택(choosing a vocation)」이란 책자로 서술한 데에서 찾을 수 있다. Parsons가 말년에 몇 년 간 직업지도 경험을 서술한 내용의 요점은 직종마다 서로 다른 성공요인과 요구 조건들이 있으며, 청소년들도 서로 다른 자질 특성을 지니고 있기 때문에 이러한 자질 특성들과 요구 조건을 상호 잘 연결시켜야 직업 생산성이 높고, 직업에 대한 만족도가 높아질 수 있다는 것이다.

미국에서 사회적 요구에 부응하여 진로교육이 보편화된 것은 연구자들이 진로 선택 및 진로발달에 대한 연구를 계속함으로써 진로교육의 개념적 · 이론적 기반을 시대에 맞게 형성할 수 있었기 때문에 가능했던 것으로 판단된다.

표 14-1

진로발달 및 진로선택에 관한 연구

시 기	연구 내용	비 고
50년대 이전	직업 적응 측면	
50년대	직업선택에 미친 영향	
60년대	직업의 중요성에 기반을 둔 진로발달	
70년대	직업의 중요성	
80년대 이후	인생 진로와 관련된 생애 역할	

이러한 진로발달 및 진로선택에 관한 연구와 이론에 기초하여 미국은 진로교육을 보편화시켰고, 진로교육을 선도하는 국가가 되었다.

3. 진로교육의 목적

진로교육(career education)은 개인의 진로선택과 진로발달에 초점을 둔 교육이다. 현대사회는 노동시장 및 직업세계에 대한 급격한 변화로 인하여 일생에 걸친 진로역량 함양의 중요성을 일깨워 주고 있으며, 이러한 흐름에 따라 진로교육에 대한 이해와 필요성이 그 어느 때보다도 절실하게 요청되어지고 있다.

우리나라의 대부분 청소년들의 진로문제에 대한 유형을 살펴보면 미래에 대한 막연한 두려움과 압박감으로 인하여 장기적인 목표가 부재하고, 진로에 대한 정보 부족으로 인하여 진로선택에 대한 갈등 및 부모와의 갈등이 초래되어진다는 것이다. 따라서 청소년들에게 자기이해와 긍정의 힘, 흥미와 가치관, 성격과 적성, 잠재능력 탐색, 합리적 진로 의사결정 등을 할 수 있도록 정보를 제공하고 도와주는 진로교육이 필요하다.

4. 진로교육의 필요성

진로교육의 방향은 학교교육이 학생들을 보다 생산적인 사회 구성원으로 성장할 수 있도록 도와주고, 행복한 개인으로서 삶을 영위할 수 있도록 적극적으로 공헌해야 된다. 특히 현대사회의 직업세계는 급변하는 고도의 산업기술과 과학문명의 발달로 인하여 다양화 · 전문화 · 세분화되어지고 있다. 이런 변화에 적응하기 위해서는 새로운 지식과 기술 및 정보를 습득해야만 하는데, 이때 시기별 · 단계별로 〈표 14-2〉와 같은 적합한 진로교육이 필요하다. 더불어 학생 개개인의 소질 및 적성 등을 고려하여 준비할 수 있도록 도와주어야 한다.

표 14-2

단계별 교육 방향

구 분	단 계	비 고
초등학교	진로인식단계	각급 학교의 학생들의 수준에 맞는 다양한 정보와 자료 제공 필요
중 학 교	진로탐색단계	
고등학교	진로준비단계	
대학교와 졸업 이후	진로전문화단계	

과거에는 사회변화의 속도가 느리고 직업구조가 단순했기 때문에 가정에서 부모들은 자녀들의 진로지도를 자연스러운 사회과정 안에서 이루어졌으며, 학교에서도 특별한 계획이나 교육과정, 전문적 지식 없이도 그 나름대로 진로지도가 가능했었다. 그러나 현대사회는 직업세계의 급속한 변동으로 인하여 직업의 종류가 다양화 · 세분화되면서 일에 대한 가치관과 태도 설정이 어렵게 되어 있다. 따라서 진로교육의 중요성과 필요성이 그 어느 때 보다도 절실하고 시급한 현실이다.

가. 개인적 측면에서의 필요성

첫째, 학생들에게 일과 직업세계에 관련된 자아인식의 능력을 길러 준다. 이때 자아인식은 적성을 포함한다.

둘째, 급변하는 현대사회의 다양화 · 세분화되어진 일과 직업의 종류 및 본질에 대한 객관적 이해가 필요하다.

셋째, 일과 직업에 대한 올바른 가치관 정립 또는 긍정적인 태도, 올바른 윤리형성에 대한 교육이 요구된다.

넷째, 인생의 목표설정과 직업선택에 있어 유연성과 다양성이 요구된다.

다섯째, 삶의 과정에서 진로를 현명하게 선택하고 개척해 나가기 위해서 객관적 정보를 토대로 과학적으로 분석 및 판단할 수 있는 합리적인 진로 의사결정 능력과 태도가 요구된다.

나. 사회적 측면에서의 필요성

첫째, 사회와 국가발전에 필요한 다양한 인력의 균형 있는 계발에 이바지한다.

둘째, 과도한 사교육 열풍으로 인한 사교육비 증가 및 재수생 누적 문제와 무직청소년 문제해결의 방편이 될 수 있다.

셋째, 건전한 사회적 직업윤리관 확립을 통해 생산성과 적응이 긍정적으로 고양될 수 있다.

넷째, 적재적소에 알맞은 인재를 양성함으로써 개인적 · 사회적 요구를 만족시킬 수 있다.

다. 학부모 측면에서의 필요성

첫째, 자녀들이 직업을 통해 행복한 일생을 살아갈 수 있는 방법을 가르쳐 주기 위함이다.

둘째, 자녀의 심리적 특성, 흥미, 능력, 신체적 조건 등에 대해 보다 객관적이고 정확한 이해를 가지고 올바른 진로지도를 해야 할 필요가 있다.

셋째, 급변하는 현대사회 속에서 여성의 역할이 점점 증대됨에 따라 여성의 일과 직업에 대한 올바른 이해와 가치관 정립을 위한 진로지도가 요청된다.

5. 진로교육과 진로상담

진로교육에서 진로상담은 내담자의 진로선택 및 진로결정 등 진로발달을 도와주는 체계적이고 전문적인 대화활동으로서 진로지도(career guidance)를 효율적으로 이끌기 위한 방편이다. 또한 개인이 지니고 있는 잠재가능성(potentiality)을 인식·탐색하고 계발시켜 개개인이 원하는 진학·직업을 선택하고 이에 잘 적응할 수 있도록 돕는 전문적인 활동이다. 누구나 자신의 미래가 어떻게 전개되고 이루어질 것인가에 대하여 희망을 가지기도 하고 때로는 고뇌와 회의를 느끼기도 한다. 또한 급변한 사회 변화 속에서 어떻게 적응할 수 있을까라는 불확실한 전망 속에 고민에 빠지기도 한다. 이때 충고, 조언, 권고, 제안, 제언 이상의 의미를 지니고 있는 진로교육 상담을 통하여 상담자와 내담자의 관계 안에서 본인의 생활과정상 문제가 된 부분들을 해결하도록 지원한다. 이와 같이 진로상담은 상담자의 생각·감정·행동 측면이 인간적 성장을 위해 노력하는 학습과정으로 본다. 김봉환 등(2000)은 중등교육 현장을 중심으로 한 진로상담의 목표를 ① 자신에 대한 보다 정확한 이해 증진, ② 일과 직업세계에 대한 이해 증진, ③ 합리적인 의사결정 능력의 증진, ④ 정보탐색 및 활용능력의 함양, ⑤ 일과 직업에 대한 올바른 가치관 및 태도형성으로 보고 있다.

제2절 직업교육과 취업

1. 직업교육의 이해

가. 직업의 의미

직업(職業, occupation)은 인간의 정신적·육체적 노동의 대가로 경제적 급부를 받아 생활을 유지하는 지속적인 사회활동으로서 개인이 계속적으로 수행하는 경제활동의 한 종류다. 인간도 하나의 생물인 이상 활동에 필요한 에너지를 확보하지 않으면 생존할 수 없고, 따라서 생존이 계속되는 한 에너지의 원천이 되는 물자를 계속해서 마련해야만 한다. 이러한 의미의 직업적 활동을 보통 생업이라고 부르기도 하며, 대부분의 사람들은 직업을 통해 많은 시간을 다양한 사람들과 만남을 통해 생활한다. 따라서 사회생활의 기초가 이루어지는 통로라고 할 수 있다. 그러므로 직업은 사회생활을 이루는 골격이며 개인을 사회 구성원으로 만드는 필수적인 자격요건인 것이다.

모든 직업은 그 나름대로 가치와 의미가 있고 존재 의의가 있으며, 오늘날 대부분의 사람들은 직업을 갖고 생활을 한다. 이는 현대 생활의 대부분이 직장과 관련된 활동이라는 것을 의미한다. 또한 직업을 통해서 사회와 여러 가지 형태의 관계를 형성하며, 이는 사회생활의 중요한 수단인 동시에 삶의 터전이 되는 것이다.

1) 경제적인 직업의 의미

현대사회에서는 직업을 통하여 경제적인 보상을 얻고 이것으로 하여금 필요한 것들을 공급받을 수 있도록 해 준다. 따라서 직업은 생계를 위한 수단으로서 직업을 갖고 일을 하지 않으면 생활자체가 불가능하다.

2) 사회적인 직업의 의미

인간은 사회적인 동물이다. 사회가 유지되고 발전해 나가기 위해서는 각 구성원들이 각자 역할 분담을 통해 맡은 일을 잘 수행해 나가야 한다. 직업은 이러한 사회에서 다양한 가치를 실현할 수 있는 수단으로 한 사람의 인생이 얼마나 성공했는지를 판단하는데 유용하게 작용하는 요인으로 이용된다.

3) 자아실현을 위한 직업의 의미

일을 한다는 것, 그리고 직업을 갖는다는 것은 인간생활에서 매우 소중한 경험이며 이를 통해 자아실현의 기쁨을 느낄 수 있다. 이는 성취감과 보람을 느끼게 해주며 또한 인간의 무한한 잠재력을 최대로 발휘하여 자아실현의 즐거움으로 삶의 의미와 보람을 얻을 수 있다.

나. 직업교육의 필요성

1) 직업 환경의 변화

미래에 청년들이 직업인으로 첫출발하는 직업세계는 현재와 전혀 다른 변화가 예상된다. 이미 우리사회는 정보화 사회로 진입하였고, 직업시장은 세계화되었으며 평생직장의 개념이 붕괴되고 평생직업 개념으로 대체되고 있다. 이와 같은 변화는 노동시장에 수요와 공급의 상호작용의 결과로 나타나며 향후 노동시장에 영향을 주는 요인들과 밀접한 관계가 있다. 이들의 요인들은 기술혁신, 산업구조의 고도화, 시장의 세계화, 환경문제의 인식 증가, 노년인구의 증가와 여성 경제활동 인구의 증가, 일에 대한 가치의 변화를 들 수 있다.

가) 기술혁신(innovation)

21세기의 급속한 기술 발전은 점차 고도화, 지능화, 융합화, 복합화되는 추세로 이행되고 있다. 기존기술의 고도화, 상용화 속도는 급상승하며, 인간의 감성을 감지할 수 있는 기술 등 기술의 지능화, 인간화의 움직임이 활발해지고 있다. 또한 기술의 활용도 면에서 새로운 형태의 융합화가 빈번하게 이루어질 것이 예측된다.

이와 같은 기술 발전의 특징은 직업의 세계에 다양한 영향을 미치며 기술 발전 그 자체는 신기술 관련 인력이 크게 증가할 것이다. 그리고 기술의 융 · 복합화는 복합기술 능력 소유자에 대한 수요 증가를 예상할 수 있으며, 기술의 생명주기 단축으로 창의적 능력의 소유자가 우대받는 등의 예상을 할 수 있다.

나) 산업구조의 고도화

우리나라의 산업구조는 서비스 산업의 비중이 계속 높아지는 반면 농림어업의 비중은 지속적으로 하락할 것이다. 소득수준의 향상으로 서비스의 질에 대한 국민들의 욕구가 높아지고 제조업을 지원하는 서비스 산업의 발전이 기대된다. 이런 산업의 취업자 수가 빠르게 증가될 직종은 통신업, 정보처리 및 컴퓨터 운영 관련업, 사회복지사업, 여행 알선, 창고 및 운송관련 서비스업, 항공운수업, 영화 방송 및 공연사업 등이 있다.

다) 시장의 세계화

오늘날 직업 환경에 미치는 가장 큰 요인 중 하나는 시장의 글로벌화(globalization)다. 각국 간의 경제협력을 위한 FTA(Free Trade Agreement)체결에 따라 국가 간의 규제 및 관세 장벽이 완화되며, 인적 · 물적 자원의 자유로운 이동이 가속화되고 있는 추세다. 또한 정보화와 교통수단의 발달은 전 세계를 하나의 생활권 · 경제권으로 통합시키고 있다. 따라서 앞으로는 더 많은 사람들이 자신의 일을 찾아 세계 각지에서 구직 및 여행활동 등의 범위를 넓혀 나갈 것이며 국제관련 문제해결을 위한 전문가의 수요 증대가 예상된다.

라) 환경문제의 인식증가

그 동안 공업제품의 생산과 소비과정에서 생태계의 문제는 더 이상 무시할 수 없을 정도로 심각한 수준에 이르렀음을 부인할 수 없다. 오존층 파괴, 지구온난화, 산성비 등의 지구환경 오염은 그 동안 우리 인간들이 의존하였던 석유, 석탄, 가스 등 화석에너지에 지나치게 의존한 결과다. 친환경적인 경제생활을 영위하고 대체에너지를 개발하여 산업과 일상생활에 이용하려는 이른바 녹색성장의 개념이 중시되고 있다. 태양광, 풍력, 지열, 조력 등을 이용한 전기 생산, 전기 자동차, 에너지 절약형 건물, 폐기물 재활용 기술 등 대표적인 녹색성장에 관련된 인력 수요의 증가가 예상된다.

마) 노령인구 및 여성 경제활동 인구의 증가

노령인구의 증가는 건강의 보호란 문제 때문에 소위 실버산업의 발전을 촉진한다. 보건, 의료, 건강의 수요는 이들 부문의 종사인력의 수요를 크게 증가시키며 비교적 확실한 소득을 가진 노년층의 소비 패턴은 새로운 소비계층으로서 중요성이 부각된다. 또한 여성의 경제활동 참여 증가도 고용증가를 가져오는데, 탁아 · 유아 등의 보육사업, 패션산업, 미용산업 등이 대표적으로 증가가 예상되는 업종이다.

2) 직업세계의 변화와 요구능력

기술 변화 등의 직업 환경변화는 조직의 구성과 운영을 통해 궁극적으로 일의 세계가 요구하는 자질에 영향을 미친다. 미래의 직업세계에 대한 대비를 위해 갖추어야 할 자질은 크게 지식(knowledge)과 기술(skill) 또는 능력(competence)으로 구분할 수 있다. 지식적인 측면의 요구되는 지식은 첫째 이론적 지식, 둘째 기술적 지식, 셋째 현장 지식이 요구된다. 또한 숙련을 위한 요구되는 기술교육 측면에서는 첫째 전문적 기술, 둘째 사회적 기술, 셋째 경영적 기술, 넷째 국제적 기술 등이 요구된다.

미래의 직업세계는 평생직장과 완전고용의 개념이 사라지고 고령화의 진전과 함께 개인의 경제활동 수명이 늘어나 일을 할 수 있는 능력을 개발하고 경력을 관리해 나가는 직업의 세계다. 앞으로의 직업세계는 세계화로 인한 일자리를 두고 세계인들과 경쟁하는 구도이기 때문에 한 분야에만 정통한 전문가보다는 여러 분야에 폭넓고 깊은 전문지식을 가진 제너럴 스페셜리스트를 요구한다.

3) 미래의 직업사회

미래사회의 직업은 높은 창의성과 잘 계발되고 훈련된 정신적인 능력의 발휘가 요구되는 직업으로 바뀌어 갈 것이다. 단순노동이나 숙련된 기능만을 요구하는 육체노동은 점차 줄어들고 정보를 생산하고 관리하는 정신노동의 비중이 커지는 직업구조로 바뀌어 가고 있다. 이처럼 미래사회에서의 직업구조만 바뀌어지고 있는 것이 아니라 사회적 환경도 크게 변화가 예상된다.

첫째, 생산방식에서 변화가 예상된다. 예를 들면 지금 우리들은 옷을 구매할 경우 대부분 여러 가지 크기로 표준화한 다음 각 '사이즈'별로 대량 생산하고 소비자들이 구매하고 있다. 그러나 향후에는 소비자가 컴퓨터를 이용해 자신이 원하는 옷감과 색감과 모양을 직접 '디자인'해서 주문하며 그 옷 역시 컴퓨터에 의해 자동화된 공정에 의해 만들어져 집까지 배달되고 대금은 은행에 '온라인'으로 지불하는 것이기 때문에 대량생산 방식의 생산체계에 변화가 일어날 것이다. 따라서 현재의 표준화, 집중화, 대형화된 생산체계는 서서히 다원화, 분산화, 소규모화되는 현상으로 나갈 것이다.

둘째, 직장의 근무방식의 변화다. 현재 매일 출퇴근하면서 일정한 공간에서 근무하던 형태는 정보산업의 발달과 더불어 장소와 시간의 제약을 극복하는 근무형태의 변화를 가져온다. 향후 대부분의 기업들이 회사 내에 지정 좌석이 없이 필요시 인터넷으로 자리를 예약하며 공동으로 장소를 공유하여 경비를 최소화하고 근무시간도 본인이 자유롭게 선택할 수 있게 유연성을 가지고 생활할 수 있도록 유연시

간제를 채택할 것이다.

셋째, 직업 활동에 있어서 개인의 창의성이 더욱 많이 요구된다. 단순한 직업과 육체적인 노동은 기계와 로봇에게 맡기고 직장인들은 어느 정도 창의력이 필요로 하는 정신적인 활동에 많은 시간을 할애하여 직무를 수행한다. 이러한 직업적 조건은 직업인들에게 산업사회에서 보다 더 많은 자아실현의 기회를 제공해 줄 수 있는 기회가 될 것이다.

2. 직업의 분류 및 직업정보의 수집

가. 직업의 분류

국제노동기구(International Labor Organization: ILO)의 제14차 국제통계학자 회의가 1987년 10~11월에 개최되었다. 이 회의에서 권고한 직업분류표가 국제표준직업분류(International Standard Classification of Occupation-88)다. 이는 직무(jobs)를 과거, 현재, 미래에 개개인이 하는 일에 대하여 현실적 및 잠재적으로 관련된 직무를 분류하고 있다. 이러한 분류체계를 원용하여 2007년 작성된 우리나라의 '한국표준직업분류'에서는 과거에 사용하던 직업분류기준을 개정하여 대분류(10개), 중분류(52개), 소분류(149개), 세분류(426개), 세세분류(1,206개)의 5단계로 구분하고 있다.

표 14-3
한국표준직업분류 대분류 항목체계 비교

한국표준직업분류	국제표준직업분류(ISCO)
1. 관리자	1. 관리자
2. 전문가, 관련 종사자	2. 전문가
3. 사무 종사자	3. 기술공 및 준전문가
4. 서비스 종사자	4. 사무 종사자
5. 판매 종사자	5. 서비스 및 판매 종사자
6. 농림어업 숙련 종사자	6. 숙련 농어업 종사자
7. 기능원 및 관련 기능 종사자	7. 기능원 및 관련 기능 종사자
8. 장치 · 기계조작 및 조립 종사자	8. 장치 · 기계조작 및 조립 종사자
9. 단순노무 종사자	9. 단순노무자
A 군인	0 군인

표 14-4

한국표준직업분류의 단계별 분류 항목 수

(단위: 개)

대분류	중분류	소분류	세분류	세세분류
1 관리자	5	15	24	75
2 전문가 및 관련 종사자	8	41	153	445
3 사무 종사자	4	9	26	57
4 서비스 종사자	4	10	33	73
5 판매 종사자	3	4	13	38
6 농림어업 숙련 종사자	3	5	12	29
7 기능원, 관련 종사자	9	20	73	201
8 장치 · 기계조작 및 조립 종사자	9	31	65	235
9 단순노무 종사자	6	12	24	48
A 군인	1	2	3	3
계	52	149	426	1,206

자료: 김인기 외(2011). 실전성공취업전략. 29.

나. 직업정보의 수집

직업정보란 직업과 관련된 일련의 문제에 도움이 될 수 있도록 정리한 자료를 의미한다. 오늘날 각종 정보매체의 발달로 인하여 정보를 구하는 방법은 점점 쉬워지고 빠르게 얻을 수 있다. 이러한 직업정보는 직위, 직무, 직업 등에 관한 모든 종류의 정보를 말하는 것으로 직업의식을 높이고 장래의 직업을 선택하고 결정하는 능력을 증가시키며, 생활에 대한 적응과 자기실현을 도모하는 것이 가능하도록 배양하는 것으로 구인 · 구직자들에게 의사결정하는데 도움을 주도록 하는 것이다. 또한 직업선택을 함에 있어 중추적인 역할을 함으로 직업정보를 획일적으로 제공하는 것은 적당하지 않으며 이용자의 요구와 기호에 따라 가공되어 제공되어야 하며 대상과 시기에 따라 적절하게 제공되어야 한다.

구직현장에서의 직업정보 제공은 진로 및 직업에 관한 정보, 인력수급 등의 노동시장에 대한 정보, 국가의 직업 · 산업별 정책, 직업훈련에 관한 정보, 미래사회에 관한 정보 등 다양한 정보를 알고 직업을 선택하고자 하는 사람에게 최대한 유용하게 사용될 수 있게 하여야 한다.

이러한 직업정보는 내용면에서 미래사회에 대한 정보, 직업세계에 대한 정보, 개인에 관한 정보로 분류되며, 직업정보가 생산되는 대상에 따라 개인, 기업, 사회, 국가 등으로 분류하여 제시할 수 있다. 또한 정보 제공 주체에 따라 정부 및 공공기관에서 제공하는 공공직업정보와 민간 및 사설 직업정보기관에서 제공하는 민간직업정보로 구분된다. 공공직업정보는 정부 또는 정부 산하단체, 비영리기관 등에서 공익적 목적으로 대부분 무료로 생산하여 제공한다. 그러나 민간직업정보는 기업에서 생산하여 제공하는 형태의 정보로 필요한 시기에 최대한 활용되도록 한시적으로 신속하게 생산하여 제공하며 거의 유료로 운영된다. 이렇게 수집된 다양한 정보들은 일반적인 정보처리 절차에 따라 수집→ 분석→ 가공→ 제공→ 축적→ 평가의 과정을 거쳐 그 가치가 나타나게 된다. 직업정보 수집관련 인터넷 사이트를 소개하면 〈표 14-5〉와 같으며, 대표적인 취업정보포털 사이트는 〈표 14-6〉과 같다.

표 14-5

학과 및 직업정보 수집에 도움이 되는 사이트

	사이트 이름 및 주소	직업에 관한 정보	기 타
1	고우니 [http://2005.gouni.co.kr]	계열별 학과 소개 교육내용, 졸업 후 진로, 설치대학 안내	학과정보
2	한국직업정보시스템 [http://know.work.go.kr]	직업의 다양한 정보 수량화, 진로선택과 직업훈련 및 직업상담	학과정보 및 직업정보
3	한국산업인력공단 [http://www.hrdkorea.or.kr]	다양한 직업 훈련정보 국가공인 자격증 취득 관련 정보	직업정보
4	잡플랜 21 [http://www.jobplan21.co.kr]	직업설계의 다양한 안내 및 산업별 직업 정보	직업정보

5	한국직업능력개발원 커리어넷 [www.careernet.re.kr]	직업진로정보망, 직업사전, 학교, 학과, 자격증 정보, 진로상담	직업정보

표 14-6

대표적 취업정보 포털 사이트

	사이트 이름 및 주소	직업에 관한 정보	기 타
1	한국고용정보원 워크넷 [http://www.work.go.kr]	고용정보시스템, 취업정보, 직업훈련, 실업대책, 해외취업 및 고용보험 안내	국가기관
2	한국직업능력개발원 [http://www.careernet.re.kr]	각종 취업 관련 무료검사, 진로지도정보, 진로상담, 학교정보, 직업사전, 자격증 정보	국가기관
3	잡코리아 [http://www.jobkorea.co.kr]	기업 · 직종별, 지역별, 아르바이트 헤드헌팅, 인재파견, 연봉 안내	민간기관
4	커리어 [http://www.career.co.kr]	구인구직, 아르바이트 채용정보, 자기소개서 및 이력서 작성법 제공	민간기관
5	사람인 [http://www.saramin.co.kr]	구인구직, 아르바이트, 헤드헌팅, 연봉, 면접 정보 제공	민간기관

3. 취업준비와 서류전형

구직자들의 입장에서 취업이라는 것은 결코 쉬운 일이 아니다. 원하는 직종이 있다고 해도 우선 월급 수준이 맞아야 하고 회사의 비전이 있어야 하며 경력에 따른 직책과 업무결정 등 많은 조건이 일치하여야 한다. 또한 본인이 희망하는 조건을 맞는 곳에 취업이 되기 위해서는 취업하고 싶은 회사에 대한 다양한 연구와 준비가 필요하다. 대부분의 기업에서는 서류전형을 실시하며 직무적성검사를 통해 기본 소양을 파악하고 면접을 거쳐 합격자를 선발한다. 서류전형은 회사의 입장에서 시간 절약을 위한 최선의 방법이며 취업의 첫 관문이다.

가. 이력서 작성요령

이력서는 최종면접을 위한 필수 입사서류 중의 하나다. 만약 이력서가 인사담당자의 시선을 끌지 못한다면 면접의 기회를 얻기는 어렵다. 이력서를 작성할 때 가장 중요한 것은 전체적인 짜임새와 본인의 열정이 나타나도록 하는 전략이 중요하다. 어떤 틀에 얽매이지 말고 있는 사실을 그대로 적어야 하며 자신의 능력과 개성, 장점을 일목요연하게 적어 나가는 것이 일반적인 원칙이다. 이력서는 회사에서 지정한 양식 또는 자유양식의 이력서, 자필로 쓰는 이력서, 온라인 이력서 등 다양한 방법이 있다. 최근 온라인 이력서는 글씨 숫자의 제한이 있어 글쓰는 연습이 필요하며 빈 칸이 없도록 성의 있게 작성한다. 이력서 구성항목별 작성내용과 유의점은 〈표 14-7〉과 같이 정리할 수 있다.

표 14-7

이력서 구성항목별 작성 요령

구성항목	내 용	유의점
지원 분야	자신이 지원한 분야	지원 분야는 오른쪽 상단이나 이력서에서 눈에 잘 띄는 곳에 작성한다.
인적 사항	성명(한글, 한자, 영문), 생년월일, 주소, 전화번호, 휴대폰 번호, 이메일 주소	이메일 주소는 간결하고, 자신의 이미지를 잘 나타낼 수 있게 작성한다.
학력 및 경력사항	최종학력의 졸업년도부터 작성하되 고등학교 학력까지만 작성, 경력은 자신의 지원 분야에 적합한 경력위주로	대학 졸업년월일, 입학년월일, 고등학교 졸업년월일만 작성한다.
사진	첫인상이 매우 중요하다. 깔끔하고 세련된 인상을 주도록 계절에 맞게 부착한다.	사진은 3개월 이내에 촬영한 것으로 부착한다.
자격증 사항	전공 또는 지원 분야에 관련된 자격증, 컴퓨터 관련 자격증을 최근 취득한 순서로 작성한다.	컴퓨터 능력은 자격증이 없더라도 활용능력을 기록하는 것이 유리하다.

활동 사항	인성(봉사활동 등), 글로벌 인재(해외연수 등), 교육훈련, 공모전, 장학금 등	주관기관, 기간, 시간 등을 구체적으로 기록한다.
기타	· 가족사항 · 학점 · 서명날인	· 가족사항은 필요시 작성함. · 학점은 소수점 첫째자리까지 작성함. · 막도장보다는 인감도장으로 작성함.

나. 자기소개서 작성요령

1) 자기소개서의 중요성

이력서를 통해서 개인을 개괄적으로 소개했다면, 이제는 자기소개서를 통해 나를 보다 자세히 설명할 수 있어야 한다. 이력서와는 다르게 자기소개서는 일정한 양식이 없고 성장배경, 성격의 장 · 단점, 학창시절의 경험, 지원동기, 입사 후 포부를 밝히는 항목으로 대부분 구성되어 있다. 최근에는 항목별 글자 수에 제한을 주거나, 그냥 아무런 기재도 하지 않은 백지를 주기도 하는데 이러한 자기소개서를 통해 지원자는 본인이 지원하는 직무에 '얼마나 본인이 적합한가.' 하는 것을 설득할 수 있어야 한다. 기업의 인사담당자는 자기소개서를 통해 다음 사항을 알아보고자 한다. 첫째, 지원자의 지원동기와 장래성을 본다. 둘째, 지원자의 성장배경을 통해 인생관, 가치관, 인간됨을 파악한다. 셋째, 자기소개서의 내용을 바탕으로 구직자의 자질과 열정을 파악한다. 또한 자신의 생각을 글로 표현하는 능력을 보기 때문에 신중하게 작성하여야 한다.

2) 자기소개서의 구성항목

가) 성장배경

자기소개서에서 흔히 시작하는 '저는 ○○○○년도 산 좋고 물 좋은 ○○에서 자상하신 어머님과 엄하신 아버지 사이에 2남 1녀 중 막내로 태어났습니다.'라는 표현은 인사담당자가 가장 싫어하는 구태의연한 표현 중의 하나다. 이는 좋은 평가를 받지 못할 뿐만 아니라, 휴지통에 버려질 1순위 자기소개서가 될 수 있다. 또한 성장배경에는 자신의 부유한 집안의 사람이라든지, 가난한 집안의 사람이라든지 하는 내용도 좋은 평을 받지 못한다.

좋은 평을 받기 위해서는 자신이 어려서부터 지금까지 마음에 품고 살아온 좌우명, 가훈, 부모님의 교훈, 가치관 등에서 하나를 선택하여 작성한 후, 적절한 경험이나 에피소드를 작성한다. 그러한 경험을 통해서 느낀 점을 간략하게 작성한다.

나) 성격 장 · 단점

성격의 장 · 단점은 자신의 장점이 되는 부분을 언급하고 구체적인 사례나 에피소드를 소개하는 것이 인사 담당자에게 신뢰감을 줄 수 있다. 성격의 장점은 보는 사람이 거부감을 받지 않을 정도로 최대한 구체적으로 설명하고 단점도 솔직하게 얘기하는 한편 극복할 수 있는 방안이 제시되도록 하여야 한다. 단점은 언급하되 자신이 지원하는 분야에 나쁜 영향을 미칠 수 있는 단점은 좋지 않다. 예를 들어 경리업무에 지원하고자 하는 지원자가 '저의 성격의 단점은 경솔한 면이 있다'고 했을 경우 꼼꼼하고 정확해야 하는 경리업무에 적합하지 않다는 것을 보여 줄 수 있기 때문에 주의하여야 한다.

다) 학창생활

경력사항과 학창생활 부분에서 중요하게 다뤄야 할 내용은 관련분야를 위한 경력사항 또는 대학생활의 활동이다. 전공이나 활동했던 분야를 지원 업종과의 연관성에 초점을 두고 구체적으로 서술하면, 기업에서는 업무에 적합한지 여부를 판단할 수 있는 직접적인 자료가 될 수 있다.

대학생활은 관심 있는 분야에 쏟았던 열정 등을 패기 있게 표현하는 것이 좋다. 관심 분야나 활동 분야는 졸업 후 직업과 직결되는 경우가 많으므로 구체적이고 심도 있게 다루어 주는 배려가 필요하다.

라) 입사지원 동기

입사지원 동기는 회사 선택부터 입사 후의 성취의욕까지 나타내는 부분이므로 인사담당자들이 가장 중시하고 있는 부분이다. 따라서 일반적인 내용보다는 희망회사와 직접 연관이 있는 내용이 유리하다. 즉, 희망회사의 업종이나 특성 등을 자신의 전공이나 관심 분야와 접목시켜 구체적으로 밝히는 것이 바람직하다. 이를 위해서는 평소에 신문이나 사보 또는 인터넷의 회사소개 등을 통해 희망기업에 대한 정보를 입수해 놓는 것이 필요하다. 분명하게 지원동기를 밝혀, 입사 후에도 의욕적으로 일하겠다는 인상을 인사담당자에게 심어 주는 것이 중요하다.

마) 입사 후 포부

입사 후 포부는 회사에 대한 관심과 열정이 나타나는 부분이기 때문에 회사에 어떻게 기여할 것인가에 대해 자신의 장래희망과 포부를 패기 있게 구체적으로 표현하는 것이 중요하다.

이 때에도 '열심히', '성실히' 등의 막연한 표현보다는 일단 입사가 결정되었다는 가정 하에서 목표와 자기계발을 위해 어떠한 계획이나 각오로 임할 것인지를 구체적으로 이야기하는 것이 좋다. 이를 위해서는 지원회사의 업종과 업계의 관련사항들을 조사하고 이해하려는 노력이 뒷받침되어야 한다.

4. 직장생활과 에티켓

가. 행복한 직장생활

직장인이 하루 중 가장 많은 시간을 보내는 곳은 가정이 아니라 직장이다. 직장인들은 가정에 머무르는 시간의 대부분을 잠자는 데 사용한다. 그러므로 직장동료들은 가족이나 친척보다 더 가까운 사람이다. 직장에서의 하루가 행복하면 하루 종일 행복해지고, 인생이 행복해질 수 있다. 그러나 직장에서의 하루가 고통스러우면 하루 종일 고통스럽고, 인생이 불행해질 수 있다. 직장생활을 행복하게 하는 것이 인생을 행복하게 사는 비결이다.

그러면 어떻게 하면 직장생활을 행복하게 할 수 있을까? 첫째는 좋은 사람을 만나는 것이고, 둘째는 좋은 일을 만나는 것이다. 사람들에게 지치고 일에 지친 사람만큼 불쌍한 사람은 없다. 실제 시키는 일만 시키는 대로 하는 사람을 '노예형' 인간이라고 부른다. 그런가 하면 스스로 일을 찾아서 하는 사람이 있다. 누가 시키지 않아도 스스로 할 일을 찾아서 하는 사람은 일로부터 해방된 '자유인'이다. 이런 사람은 일하는 것이 언제나 즐겁다. 또 다른 종류의 사람은 '창조인'인데, 그는 언제나 일을 만든다. 없는 일을 만든다고 싫어하는 사람도 있겠지만, 그는 장차 사장이 될 소질이 풍부한 사람이다. 직장생활을 행복하게 하려면 일을 찾아서 하고 만들어서 해야 한다. 또한 다른 동료의 직장생활이 행복하도록 도와줘야 한다.

직장 내 자신의 생각과 느낌을 주고받을 수 있는 동료가 있어야 한다. 자신의 생각과 느낌을 동료들과 솔직하게 나누지 못하는 것은 그들을 경쟁자로 보거나 소중히 여기지 않기 때문이다. 직장 내에 그런 동료들을 많이 만드는게 필요하고, 자신도 동료들에게 그런 동료가 되어야 직장생활을 하는데 있어 행복해지고 즐거워진다.

행복하고 즐거운 직장생활을 할 수 있는 비결은 다음과 같다. 첫째, 근면은 훌륭한 성공 수단이므로 "10분 일찍 출근하자." 둘째, 다른 사람보다 명확하게 튈 때 나의 가치가 생기는 것처럼 "차별화 전략 세우자." 셋째, 회사는 서열로 움직이는 조직인 만큼 "회사 서열을 중요하게 생각하자." 넷째, 목표를 정하고 목표에 도달하기 위해 단계별로 어떻게 차별화할 것인가를 구체적이고도 명확하게 계획을 세워 자신의 모든 것을 하나씩 바꿔갈 수 있도록 입사한 후 곧바로 "업무 계획 세우기", 다섯째, 메모는 흐름이나 요령을 간파할 수 있는 나침반 역할을 한다. 그러므로 "메모를 잘하자." 여섯째, 대인관계에서 승리하는 첫걸음은 바로 인사하기이므로 "무조건 인사하자." 시원스러운 인사와 싱그러운 미소는 상대방을 기분 좋게 하며, 인정과 신뢰를 받게 하는 법이다. 일곱째, 상대방 이름을 빨리 기억하고 불러 주는 것은 호감과 친밀감을 느끼게 된다. 따라서 상대방의 이름을 빨리 암기한다.

나. 직장에서의 에티켓과 매너

에티켓(etiquette)[3]과 매너는 사람의 바른 몸가짐과 올바른 격식이며 인간관계의 유지를 위해 필요한 만큼 다음과 같은 마인드를 가져야 한다.

첫째, 상대방에게 호감을 주어라. 사람들에게 언제나 매력적으로 보이도록 노력하여 좋은 인상을 가질 수 있도록 감사하다는 느낌을 갖는 것이 매력적인 표현이다.

둘째, 상대방에게 피해를 끼치지 말라. 남에게 피해를 끼치지 않겠다는 생각으로 남을 배려하고 상대방을 생각해 주는 아름다운 마음씨가 직장에서 매우 중요하게

---

3) 프랑스어로서 예의범절, 품위, 사교상의 마음가짐을 일컫는다..

요구된다.

셋째, 상대방을 존경하라. 동 · 서양을 막론하고 존경이란 말은 예의범절의 기본이 되는 것으로 인간관계에서 중요한 예절 덕목이다. 상대를 존경하는 마음으로 대화하는 자세는 사회생활의 근본임을 깨닫고 실천하는 자세가 중요하다.

이상과 같이 직장에서의 에티켓과 매너에 대해 살펴보면, 인사를 할 때에는 상대방보다 먼저 인사하며, 시선은 상대방을 바라보고 미소를 짓는다. 인사말은 반드시 명확하면서 상대방이 알아들을 수 있도록 하여야 한다.

대화를 할 때에는 말을 중간에 가로채거나 일방적으로 자기 의견만을 말하지 말고, 가능한 상대방이 말하는 부분에 대하여 많이 듣고 적게 말한다는 마음가짐으로 대화에 임하여야 한다. 또한 대화를 통하여 진실성, 이해심, 겸손함이 함축적으로 내포되어 있어야 한다.

끝으로 식사를 할 때에는 주문을 하거나 음식을 가져오게 될 경우 종업원에게 감사의 말이나 목례를 표시해 주고, 음식이 나왔을 때 맛있게 먹되 과도한 식탐을 부린다거나, 불쾌한 소리를 내지 않도록 하여야 한다. 이는 식사 시간은 형식과 몸가짐에 신경 쓸 필요가 없다고 생각하기 쉬우나 식탁에서의 모습은 가정교육을 받은 정도나 성품을 알 수 있기 때문에 안일한 생각으로 품위를 잃어서는 안 된다.

다. 면접의 이해

1) 면접의 의미

면접이란 사전적 의미로는 채용과정에서 리더십, 논리력, 표현력, 이해력, 판단력, 협조성, 적극성, 전공지식, 외국어능력 등으로 지원자의 기본 자질과 소양, 가치관, 업무적성을 질문이라는 언어적 도구를 이용하여 면접관과 지원자가 직접적인 대면을 통해 구직자의 잠재적인 능력 등을 평가하는 수단을 말한다. 면접은 서류심사에서 합격한 대상자 중에서 우열을 가리기 힘든 사람들을 모아 떨어뜨리기 위한 과정이다. 그러므로 긴장이 많이 되기 때문에 준비가 소홀하면 실수를 하게 되므로 실수를 줄이는 것이 관건이다.

2) 면접 준비의 기본자세

세련되고 절도 있는 모습은 그 사람의 품위를 좌우한다. 즉, 면접장에 들어가면 인사와 자기소개가 뒤따르게 되는데 이는 올바르게 서는 자세가 가장 먼저 요구되어진다. 올바르게 서는 자세는 여성의 손은 오른손을 위로 하여 겹쳐 가지런히 모으고, 위치는 배꼽 아래로 위치하게 만들며 팔꿈치는 너무 벌리지 말고 허리에 살짝 붙여 준다. 남성의 경우 왼손을 위로 하여 잡는 것이 공수법의 바른 자세며, 인사 기본자세는 팔을 바지 재봉선에 두고 손은 계란을 살짝 잡은 듯 주먹을 쥐고 선다. 그리고 허리와 어깨를 펴고 배는 집어넣고 서야 한다. 그런 다음 목과 허리를 일직선으로 하여 30° 정도의 각도로 천천히 숙이고, 약간의 멈춤 동작 후 다시 천천히 올라오면 절도 있는 인사가 된다.

3) 면접의 유형

가) 개별면접

지원자와 면접관이 독립된 공간에서 1:1로 진행하는 형식으로, 입사시험의 최종 면접 시 활용되거나, 소수 인원을 선발할 때 사용하는 형태다.

나) 집단면접

다수의 지원자가 다수의 면접자를 평가하는 면담방식으로, 여러 명의 지원자를 한꺼번에 비교할 수 있고, 상대적인 평가가 이루어질 수 있어서 대량으로 채용할 때 많이 채택하는 면접방식이다. 집단면접에서 질문을 던지는 사람은 한 사람이지만, 지원자를 관찰하는 다른 사람이 있음을 기억하여야 한다.

다) 집단토론면접

다수의 지원자들에게 일정한 주제를 제시하고 토론하도록 하여 다른 사람들의 말을 경청하는 자세, 의견을 개진하는 토론과정 속에서 개인의 리더십, 판단력, 설득력, 협동성 등을 판단한다.

라) 프리젠테이션면접

발표면접이라고도 하는데, 여러 가지 주제 중에서 하나를 선택하여, 자신의 의견을 설득력 있게 표현하는 능력을 가지고 있는지 여부를 평가하는 면접방식이다. 지원자의 창의력, 전문성, 문제해결능력 등을 다양하게 엿볼 수 있는 면접방식이다.

마) 다차원 면접

응시자와 면접관이 함께 회사 밖에서 레저, 스포츠, 술자리, 합숙행사 등을 하며 어울리는 과정에서 면접이 이루어진다. 이 경우 여러 각도에서 인재를 확인하기가 적합하며, 신체적으로 어려운 과제를 수행하는 과정에서 타인을 배려하는 마음과 팀워크, 목표를 향한 도전정신과 끈기를 평가할 수 있다.

4) 면접 시 주요 질문 내용

모든 면접 질문에는 질문의 의도가 숨어 있다. 지원자에게 질문이라는 형식으로 지원자의 인성이나 가족관계, 자기계발 의지, 협동정신, 인간관계 등 다양한 정보를 수집 · 평가한다. 답변 시에는 항상 결론부터 말하고, 그 다음 이유를 설명하는 형식이 좋다. 면접 시 자주 나오는 주요 질문 내용은 〈표 14-8〉과 같다.

표 14-8

면접 시 주요 질문 내용

평가항목	질문 내용	비고
개인품성/인성	존경하는 인물, 인생관, 좌우명, 성격의 장 · 단점	
대인관계 능력	교우관계, 리더경험, 친화력, 설득력, 배려심	
조직관/기업관	지원동기, Vision(꿈), 인내심, 책임감, 수용성	
적극성/열정	문제의식, 능동성, 창의성, 성실성, 성공/실패경험	
종합평가	간부로서의 품성, 인간적인 매력, 자신감	

생각해 볼 문제

1. 자신은 어떻게 진로교육을 받았으며, 그 문제점에 대해서 기술하시오.
2. 진로 발달단계에 대해 설명하시오.
3. 직업정보 수집에 도움 되는 5가지를 우선순위로 작성하시오.
4. 자기 소개서를 작성하여 제출하시오.
5. 면접 시 예상되는 질문에 대한 답변서를 작성하시오.

참고 문헌

강봉규(1999). **상담이론과 실제**. 서울 : 교육출판사.

강영삼, 이성흠, 김진영, 조상철(2007). **교육학개론**. 서울 : 교육과학사.

강인애(1997). **왜 구성주의 인가?** 서울 : 문음사.

고벽진, 이인학, 윤선오, 이위환, 이경혜, 안현주(2007). **최신 교육학의 이해**. 서울 : 교육과학사.

고형일(1987). 지식의 상품화 현상에 대한 기호언어학적 분석. 김기석 편. **교육사회학 탐구**(163-224). 서울 : 교육과학사.

교육부(2000, 2007). **평생교육법령**.

교육학과연구실편(1996). **교과교재 연구의 이론과 실제**. 영남대학교 출판부.

구광현 외(1994). **교육학 개론**. 경기 : 양서원.

권건일(2000). **교육학개론**. 경기 : 양서원.

권대봉(2001). **평생교육의 다섯마당**. 서울 : 학지사.

길형석, 손충기(2003). **교육과정과 교육평가**. 서울 : 동문사.

김경근(2005a). 한국사회 교육격차의 실태 및 결정요인. **교육사회학연구**, 15(3), 1-27.

김경근(2005b). 중등교육의 수월성과 평등성. 한국교육학회 2005년 추계 발표대회 전체학회 및 특별분과자료집. 평등성과 수월성의 균형신장(27-52).

김경식(1999). **교육사 · 철학신론**. 서울 : 교육과학사.

김경식, 곽성기, 박혜신(2001). **중등실기 교사를 위한 교육방법 공학**. 서울 : 교육과학사.

김귀성, 노상우(2001). **현대교육사상**. 서울 : 학지사.

김기석 편(1987). **교육사회학탐구** : 학교교육의 신화와 현실. 서울 : 교육과학사.

김대현, 김석우(1996). **교육과정 및 교육평가**. 서울 : 학지사.

김두범 외(1996). **교육학의 이해**. 서울 : 학이당.

김미환 외 7인 공저(2007). **현장교육학**. 서울 : 동문사.
김병구(1993). **교육철학 및 교육사**. 서울 : 재동문화사.
김병성(2004). **교육과 사회**. 서울 : 학지사.
김병욱(2007). **교육사회학**. 서울 : 학지사.
김봉환 외(2000). **학교진로상담**. 서울 : 학지사.
김성권(1983). **교육과정과 평가**. 서울 : 형설출판사.
김신일(2005). **교육사회학**. 서울 : 교육과학사.
김신일, 한숭희 편(2001). **평생교육학**. 서울 : 교육과학사.
김연희, 문승태, 장선철(2003). **교육연구방법**. 서울 : 동문사.
김영봉 외 6인(2005). **교육학개론**. 서울 : 서현사.
김영화(1992). 학부모의 교육열 : 사회계층간 비교를 중심으로. **교육학연구, 34**(4), 173-197.
김욱동(1990). **포스트모더니즘의 이해**. 서울 : 문학과 지성
김인기(2011). **진로탐색과 경력관리**, 경기 : 양서원.
김인기 외(2011). **실전 성공취업 전략**. 경기 : 양서원.
김인식, 최호성(1996). **최신 교육과정 및 평가**. 서울 : 교육과학사.
김인회(1995). **새 시대를 위한 교육의 이해**. 서울 : 문음사.
김재만(1986). **교육사 철학**. 서울 : 교육과학사.
김재은(1991). **천재, 그 창조성의 비밀**. 서울 : 교보문고.
김정규(1988). **교육과정과 교육평가**. 서울 : 형설출판사.
김정환(1974). **교육의 철학과 과제**. 서울 : 박영사.
김정환, 강선보(2001). **교육철학**. 서울 : 박영사.
김정휘, 주영숙(1996). **교육심리학 탐구**. 서울 : 형설출판사.
김종서(2002). **최신교육학개론**. 서울 : 교육과학사.
김종서, 이영덕, 정원식(1993). **최신 교육학개론**. 서울 : 교육과학사.
김종서, 황종건, 김신일, 한숭희(2001). **평생교육개론**. 서울 : 교육과학사.
김종철 외(1994). **교사론**. 서울 : 교육과학사.
김진규(2002). **교육과정과 교육평가**. 서울 : 동문사.
김창걸(1996). **교육행정학신론**. 서울 : 형설출판사.
김천기(2003). **교육의 사회학적 이해**. 서울 : 학지사.
김철주(1999). **효과적인 교수방법의 탐구**. 강남대학교 출판부.
김청자, 장선철(2004). **교육심리학**. 서울 : 동문사.
김충기, 장선철(2008). **진로상담**. 서울 : 태영출판사.
김충기(2000). **교육심리학**. 서울 : 동문사.
노상우(1998). **교육의 역사와 사상**. 서울 : 교육과학사.
노종희(2003). **교육행정학**. 경기 : 양서원.
대한교육연합회(1971). **교사의 지위에 대한 권고**.
동효관(2002). 과학영재의 특성에 기초한 수업 프로그램이 유전개념 변화와 창의력에 미치는

효과. 한국교원대학교 대학원 박사학위논문.
문형만(1994). **교육철학 및 교육사**. 서울 : 형설출판사.
민영순(1994). **발달심리학**. 서울 : 교육출판사.
박도순 외(1994). **신교육개론**. 서울 : 문음사.
박도순, 변영계(1996). **교육과정 및 교육평가**. 서울 : 문음사.
박상호, 임신빈(1993). **최신 교육방법 및 교육공학**. 서울 : 집문당.
박성익(2002). 교수·학습방법 개발의 방향과 쟁점. 한국영재학회 국제학술대회자료집. 한국연재학회. 211~238.
박성익(2003). 영재교육의 바람직한 방향과 과제. 2003년도 서울시교육연수원 자료집.
박아청(1995). **현대의 교육심리학**. 서울 : 학문사.
박의수 외(1993). **교육의 역사와 철학**. 서울 : 동문사.
박혜남(2010). **진로와 직업설계**. 서울 : 신광문화사.
방선욱 외(2002). **교육심리학의 이해**. 경기 : 양서원.
백영균 외 7인(2003). **교육방법 및 교육공학**. 서울 : 학지사.
변영계, 김영환, 손미(2003). **교육방법 및 교육공학**. 서울 : 학지사
변창진(1996). **교육평가**. 서울 : 학지사.
서재복(2006). **교육의 역사와 철학**. 서울 : 학지사.
손인수, 이원호(1991). **교육사신강**. 서울 : 문음사.
손준종(2003). **교육사회학**. 서울 : 문음사.
송승석(1994). **교육사신강**. 서울 : 교육과학사.
신동로(1996). **교육과정과 교수방법**. 서울 : 교육과학사
신봉섭 외(1997). **교육학개론**. 경기 : 양서원.
심성보(1995). **전환시대의 교육사상**. 서울 : 학지사.
안범희 외 3인(1998). **교육심리학**. 서울 : 교육과학사.
안창선, 남경현, 이욱범(1999). **교사론**. 서울 : 교육과학사.
오성삼, 구병두(1996). **교육과정 및 평가의 이해**. 경기 : 양서원.
오성삼, 구병두, 양영선(1996). **교육학의 이해**. 경기 : 양서원.
오욱환(1990). **학교교육과 불평등**. 서울 : 교육과학사.
오욱환(2003). **교육사회학의 이해와 탐구**. 서울 : 교육과학사.
오천석(1972). **교육철학신강**. 서울 : 교학사.
유평수 외(1997). **교육학의 이해**. 서울 : 학이당.
이경섭 외 (1982). **교육과정 이론 · 개발 · 관리**. 서울 : 교육과학사.
이경섭(1972). **현대교육과정론**. 서울 : 형설출판사.
이상로(1989). **현대 교육심리**. 서울 : 중앙적성출판사
이상주(1997). **미래를 위한 한국교육**. 서울 : 교육과학사.
이성진(1999). **교육심리학의 새로운 쟁점과 이론**. 서울 : 교육과학사.
이성호(1984). **교육과정개발 전략과 절차**. 서울 : 문음사.

이신동(1994). 교육심리학 교재에 대한 내용분석 및 한미 비교연구(1954-1988), **교육심리 연구**. 69-86.

이옥형, 이종숙, 임선빈(1996). **교육심리학**. 서울 : 집문당.

이용애(2002). 초등학교 아동의 시각예술영재성 판별준거 개발에 관한 연구. 한국교원대학교 대학원 박사학위논문.

이장호(1999). **상담심리학의 기초**. 서울 : 학문사.

이정원 (2004). 창의성은 영역 특수적이다. **교육종합연구소 소식**, 11. 교육종합연구소. 7-14.

이종각(2004). **새로운 교육사회학총론**. 서울 : 동문사.

이칭찬, 신민희(2000). **신교육방법 및 교육공학**. 서울 : 동문사.

이칭찬, 황선경(2003). **교육과정과 교육평가**. 서울 : 동문사.

이형행(2005). **교육학개론**. 경기 : 양서원.

이혜영 외(1992). **교육이란 무엇인가**. 서울 : 한길사.

이화국, 김언주, 문정화 역(1993). **영재교육의 방법과 자료**. 서울 : 대교/한국교육평가센터.

임선하(1996). **독창적인 창의성 이론으로 창의성 교육에 도전한다 – DESK모형 편**, 우리 창의성 연구소.

임인재(1976). **절대기준평가의 원리와 실제**. 서울 : 배영사.

임창재(1995). **교육사 · 철학**. 경기 : 양서원.

장대운(1995). **현대교육학개론**. 서울 : 교육과학사.

장덕삼(1995). **신교육사 · 철학**. 서울 : 재동문화사.

장선철(1997). **건전한 성격론**. 배영사 교육신서 142. 서울 : 배영사.

장선철(2002). **특수유아의 이해와 교육**. 동문사.

장선철, 문승태(2005). **상담심리학**. 서울 : 동문사.

장원섭(1997). **교육과 일의 사회학**. 서울 : 학지사.

전정태(2000). **교육사 · 철학 이해**. 서울 : 학이당.

정명화 외 4인(2001). **실기 및 예비교사를 위한 교육방법의 이론과 실제**. 서울 : 학지사.

정영근(1995). **인간과 교육의 이해**. 서울 : 문음사.

정영수(1995). **인간 교육의 탐구**. 서울 : 문음사.

정원식, 박성수(1982). **카운슬링의 원리**. 서울 : 교육과학사.

정찬주, 팽영일, 한상규(1995). **교육철학 및 교육사**. 경기 : 양성원.

조명래, 전정태(1997). **교육사 및 교육철학**. 서울 : 학이당.

주삼환(1988). **장학 · 교장론 특강**. 서울 : 성원사.

주삼환, 천세영, 명제창, 신붕섭, 이명주, 이석열(2006). **교육행정 및 교육경영**. 서울 : 학지사.

차갑부(2004). **평생교육의 이해**. 서울 : 학지사.

천보선(2000). "미국식 신자유주의 교육개혁과 학교교육의 위기". 신자유주의, 세계화, 미국 : 미국은 우리에게 무엇이나 ? 역사문화아카데미. 학제비교문화역사학회 심포지움.

최인수(1998). 창의성을 이해하기 위한 여섯 가지 질문, **한국심리학회지**, 17(1), 25-47.

최일호 · 최인수(2001). 새로운 생각은 어떻게 가능한 가 : 전문분야 창의성에 대한 학습모형

접근, **한국심리학회지**, 20(2), 409-428.
하승수, 김진(1999). **교사의 권리 학생의 인권**. 서울 : 사계절.
한공우(1993). **교육학개론**. 서울 : 동문사.
한국진로교육학회(2011). **선진 패러다임을 위한 진로교육의 이론과 실제**. 서울 : 교육과학사.
한국교원단체총연합회(편)(1997). **교사론**. 서울 : 교육과학사.
한국교육학회(1996). **인간과 교육**. 서울 : 문음사.
한국진로교육학회(역)(2000). **진로교육의 이론과 실제**. 서울 : 교육과학사.
한기순(2000). 창의성의 영역한정성과 영역보편성에 관한 분석과 탐구. **영재교육연구**, 2. 20-24.
한기순, 과학 및 수학 영역에서의 영재판별을 위한 "창의적 문제해결력"의 이론적 고찰 및 예, 서울대학교 과학영재교육센타(인터넷 홈페이지 주소 : gifted.snu.ac.kr/gifted/home.htm)에서 다운 받음.
한기언(1992). **교육철학 및 교육사**. 경기 : 양서원.
한산효, 유평수, 서재복(2005). **교육학개론**. 서울 : 교육과학사.
한상효, 유평수(2004). **교사론**. 서울 : 교육과학사.
한성덕(2011). **직업정보의 이해**. 경기 : 공동체.
한준상 외(1996). **신교육사회학**. 서울 : 학지사.
허영부(1996). **교육심리학**. 서울 : 학문사.
홍재호(2004). **교육사회학 총론**. 공주대학교출판부.
화응연, 윤희준(1983). **현대생활지도론**. 서울 : 교육출판사.
황응연(1975). **카운슬링의 본질**. 서울 : 서울시카운슬러협회 편.
황정규(1984). **학교학습과 교육평가**. 서울 : 교육과학사.
황정규, 이돈희, 김신일(1998). **교육학개론**. 서울 : 교육과학사.

Ahmann, J. Stanley and Glock, Marvin D. (1981). *Evaluating Student Progress : Principles of Tests and Measurements*. 6th ed. Boston : Allyn and Bacon, Inc.
Apple, M. W. (1979). Idelolgy and curriculum. London : Routledge & Kegan Paul.
Apple, Michael. W.(2001). Markets, Standards, and Inequality : can critical pedagogies interrupt rightist policies ? 2001년도 한국교육사회학회 국제학술세미나. 한국교육사회학회. 1-52.
Atkinson, R., L. & Shiffirin, R. (1968). Human memory: A proposed system and its control process. In K. Spence & J. Spence (Eds.), *The psychology of learning and motivation: Advances in research and theory*, Vol. 2. SanDiego, CA: Academic Press.
Ballantine, J. H. 교육사회학.(김경식, 이병환 역, 2005). 서울 : 교육과학사.
Bandura, *A. Self-efficacy The Exercise of Control :* 박영신, 김의철 역(1999). **자기효능감과 인간행동**. 서울 : 교육과학사.
Bandura, *A. Self-efficacy The Exercise of Control* : 박영신, 김의철 역(2001). **자기효능감과 삶의 질**. 서울 : 교육과학사.
Bandura, A. (1977). *Social learning theory*. Englewood Cliffs, NJ: Prentice-Hall.

Bandura, A. (1986). *Social foundations of thought and action: A social cognitive theory.* Upper Saddle River, NJ: Prentice Hall.

Bandura, A.(1986). *Self-efficacy mechanism in physiological activation and health-promoting behavior.* In J. Madden Ⅳ, S. Matthysee, & J.

Barchas(Eds), Adaptation, learning, and affect. New York : Raven Press.

Bloom, B.S. (1956) Taxonomy of Educational Objectives, Handbook Ⅰ: cognitive domain. New York : MacMillan

Borich, G. D. & Tombari, M. L. (1995). *Educational psychology.* New York: Harper Collins Collage Publisher.

Bourdieu, P. (1996). 구별 짓기 : 문화와 취향의 사회학 下(최종철 역). 서울 : 새물결.

Bowles, S.~, & Gintis, H. (1976). Schooling in capi-talist America : Educational reform and the con-tradictions of economic life. NY : Basic Books, Inc.

Cassady, J. C., & Johnson, R. E. (2002). Cognitive anxiety and academic performance. *Contemporary Educational Psychology,* 27, 270-295.

Canaff, E. & Hutto, G., (1995), *Teacher as Counselor. Crisis Intervention Skills for the ABE Instructor*(ERIC Reproduction Service ED 394111).

Carnoy, M.(1980). 교육과 문화식민주의(김쾌상 역). 서울 : 한길사.

Clifford, M. M. (1984). Thoughts on a Theory of Constructive Failure, *Educational Psychologist,* 19. pp. 108-120.

Crow, A. (1972). *Educational psychology.* N.J.: Littlefield, Adams.

Davis, G. A. & Rimm, S. B.(1998). *Education of the gifted and talented*(4th ed), Boston : Allyn and Bacon.

DeBono, E. (1990). *Lateral thinking.* London: Penguine Books.

DeMania, M. E.(1999). *The role of exploration in development of congruent and satisfying career choices.* Unpublished doctoral dissertation. Univ. of Albany.

Dewey, J.(1916). Democracy and Education, N.Y. : Harper & Row.

Dodge, T, D.(2001). *An investigation of the relationship between the family of origin and selected career development outcomes.* Unpublished doctoral dissertation, Louisiana Tech University.

Dore, R.(1992). 졸업장 열병(이건만, 김성학 역). 경기 : 양서원.

Dowson, M., & McInerney, D. (2001). Psychological parameters of students` social and work avoidance goals: A qualitative investigation. *Journal of Education Psychology,* 93, 35-42.

Dreeben, R.(1970). The Nature of Teaching, Schools and the Work of Teachers. Glenview : Scott, Foresman and Company.

Dunbar, Kevin (1999). Science. In M. A. Runco & A. R. Pritzker (eds.), *Encyclopedia of Creativity*(pp. 525-5310. San Diego, California : Academic Press.

Dweek, C., & Leggett, E. (1988). A social-cognitive approach to motivation and personality.

Psychological Review, 95, 256-273.

Eggen, P. D., & Kauchak, D. (1992). *Educational psychology: Classroom Connections.* New York: Macmillan Publishing Company.

Erickson, E. H. (1963). *Childhood and society* (2nd ed). New York: Norton.

Etzioni, A.(1964). Modern Organization. New Jersey : Prentice-Hall.

Feldhusen, J. F.(1986). A conception of giftedness. In R. J. Sternberg & J. E. Davidson (Eds), *Conceptions of giftedness*(pp. 112-127). New York : Cambridge University Press.

Freire, P. (1970). Pedagogy of the oppressed. NY : Continuum.

Freud, S. (1960). *A general introduction to psychoanalysis.* New York: Washington Square Press.

Gardner, H. (1999). *Intelligences reframed: multiple intelligences for the 21st century.* New York: Basic Books.

Gallagher, J. J., & Courtright, R. D.(1986). The educational definition of giftedness and its policy implications. In R. J. Sternberg & J. E. Davidson (Eds), *Conceptions of giftedness.* Cambridge, England : Cambridge University Press.

Gardner, H. (1993). *Multiple intelligences : The theory in practice.* NY : Basic Books.[김명희 · 이경희 역(1998). 다중지능의 이론과 실제. 경기 : 양서원.

Gardner, H.(1983). *Frames of mind : The theory of multiple intelligences.* New York : Basic Books.

Gates, A. I., et. al. (1950), *Educational Psychology,* N.Y. : Macmillan Co.

Gazda, G. M.,(1971). *Group Counseling : A Development Approach,* Boston : Allyn & Bacon, Inc.

Gelphi, E. (1984). Lifelong education : opportunities and obstacles. International Journal of Lifelong Education, 3(2), 79-87.

Gerow, J. R., (1989), *Psychology : An Introduction* (2th ed.), Glanview, IL : Scott, Foresman.

Giddens, A.(2003). 현대사회학(김미숙, 김용학, 박길성, 송호근, 신광영, 유홍준, 정성호, 역). 서울 : 을유문화사.

Gilligan, D. (1977). In a different voice: Women's conceptions of self and morality. *Harvard Educational Review,* 47, 481-517.

Gronlund, Norman E. (1981). *Measurement and Evaluation in Teaching.* 4th ed., New York : The Macmillan Publishing Co., Inc.

Guilford, J. P. (1956). Structure of intellect. *Psychological Bulletin,* 53, 267-293.

Guilford, J. P. (1959). Three Faces of intellect. *American Psychologist,* 14, 469-479.

Hajelle, L. A. & Ziegler, D. J.,(1981). *Personality Theories*(2nd ed.), New York : McGraw-Hill Book.

Hamilton, P. (2001). *Factor related to career decision making of rural high school students.* Unpublished doctoral dissertation. Univ. of Wisconsin.

Hosford, E.R. & Bower, G.H. (1981). Theories of Learning (5th ed) Englewood Cliffs, N.J. :

Prentice-Hall. Inc.

Humphreys, L. G.(1986). Describing the elephant. In R. J. Sternberg & D. K. Detterman (Eds.), *What is intelligence ?*(pp. 97-100). Norwood, NJ : Ablex.

Hull, C. L. (1951). *Essential of behavior.* New Haven, CT: Yale University Press.

Illich, I.(1970). Deschooling society. NY : Haper & Row.

Javis, P. (1995). Adult and continuing education : Theory and practice(2nd ed). NY : Routledge.

Johnson, M. (1967). Definition and Models in Curriculum Theory. Educational Theory. 17(2).

Jowett, G.(1953). The Dialogues of Plato. London : Oxford Univ. Press.

Juvonen, J., Wentzel, K. R. & Weiner, B. (1996). Social Motivation: Understanding Children's School Adjustment (Cambridge Studies in Social and Emotional Development). Cambridge University Press.

Kagan, J. (1966). Reflection-impulsivity: The generality and dynamics of conceptual tempo. *Journal of Abnormal Psychology,* 71, 17-24.

Karabel, J., & Halsey, A. H.(Eds). (1977). Power and ideology in education. NY : Oxford University Press.

Kazdin, A. E., (1978). *History of Behavior Modification.* Baortimore : University Park Press.

Kneller, George F.(1963). Foundations of Education. NY : John Wiley and Sons, Inc.

Kohlberg, L. (1963). The development of children's orientations toward moral order, Pt1 Sequence in the development of moral thought. *Vita Humane,* 6, 11-33.

Köhler, W. (1925). *The mentality of apes.* New York: Liveright.

Kolb, D. A. (1985). *The learning style inventory: Technical manual.* Boston: McBer & Company.

Krug, E. (1960). The Secondary school Curriculum, New York : Harper.

Lawson, A. E. (1995). *Science teaching and the development of thinking.* California : Wadsworth Publishing Company.

Lengrand, P.(1995). 평생교육론(권두승 역). 서울 : 교육과학사.

Lewin, K. (1942). Field theory of learning. In N. B. Henry (Ed.), *Year book: National society for the study of education, committee on the psychology of learning,* 41st. part 2(pp. 215-242). Chicago: University of Chicago Press.

Lieberman, M.(1956). Education as a Profession. New Jersey : Prentice-Hall.

Macdonald, J. B. (1975). Curriculum and Human Interests, In W. Pinar(ed), Curriculum Theorising, The Reconceptualists, Berkely, CA : Mccutchan.

Marland, S. P., Jr.(1972). *Education of the gifted and talented, Volume 1. Report to the Congress of the United States by the U.S. Commissioner of Education.* Washington, DC : U.S. Government Printing Office.

Marx, K.(2003). 자본론 : 정치경제학 비판 I(하)(김수행 역). 서울 : 비봉출판사.

Maslow, A. H. (1970). *Motivation and personality* (rev. ed.) New York: Harper & Row.

Mayer, R. E., (1981), *The Promise of Cognitive Psychology*, San Francisco : Freeman.

Midgley, C., & Urdan, T. (2001). Academic self-handicapping and achievement goals: A further examination. *Contemporary Educational Psychology,* 26, 61-75.

Nugent, F. A. (2000). *Introduction to the profession of counseling.* 3rd ed., New Jersey : Prentice-Hall.

Parsons, Frank(1909). *Choosing a Vocation.* Boston : Houghton Company, 1909

Peters, R. S.(1978). Ethics and Education, London : Geroge Allen & Unwin.

Piaget, J. (1952). *The language and thought of the child.* London: Routledge & Kegan-Paul.

Rawls, J.(1999). A theory of Justice(rev.ed.). Oxford : Oxford University Press.

Reigeluth, C.M. (1983). Instruction Design Theories and Models : An Overview of Their Current Status N.J. : Hillsdale Lawrence Erlbauw Associates

Renzulli, J. S. & Reis, S. M.(2003). The schoolwide enrichment model : Developing creative and productive giftedness. In N. Colangelo & G. A. Davis(eds.), *Handbook of gifted education* (3rd ed., pp. 184-203). Boston : Allyn & Bacon.

Renzulli, J. S.(1977). The enrichment triad model : A plan for developing defensible programs for the gifted and talented : Ⅱ. *Gifted Child Quarterly, 21(2),* 227-233.

Renzulli, J. S.(1986). The three-ring conception of giftedness : A developmental model for creative productivity. In R. J. Sternberg & J. E. Davidson (eds), *Conceptions of giftedness*(pp. 53-127). Cambridge, MA : Cambridge University Press.

Rogers, C. R., (1961). *Client-Centered Therapy.* Boston : Houghton Mifflin Co.

Schraw, G., & Lehman, S. (2001). Situational interest: A review of the literature and directions for future research. *Educational Psychology Review,* 13(1), 23-52.

Schunk, D. H., Pintrich, P. R, & Meece, J. L. (2008). *Motivation in education: Theory, research, and applications* (3rd ed.). Upper Saddle River, NJ: Merrill/Pearson.

Sharp, r., & Green, A. (1975). Education and social control : A study of progressive primary education. London : Routledge and Kegan Paul.

Shertzer, B., & Stone, S. C., (1981). *Fundamentals of Guidance*(4th ed).Boston Hougton Mifflin Co.

Simonton, D. K. (1996). Creative expertise : A life-span developmental perspective. In K. A. Ericsson (Ed.), The road to excellence : *The acquisition of expert performance in the arts, and sciences, sports, and games* (pp. 227-253). Mahwah, NJ : Lawrence Erlbaum Associates.

Skinner, B. F., (1953), *Science and Human Behavior,* New York : . : Macmillan Co.

Spearman, C. (1904). "General intelligence," objectively determined and measured. *American Journal of Psychology,* 15, 201-293.

Sternberg, R. J. (1994). *Thinking and problem solving.* San Diego, CA : Academic Press.

Sternberg, R. J. (1998). Applying the triarchic theory of human intelligence in the classroom. In R. J. Sternberg & W. M. Williams (Eds.), *Intelligence, instruction, and assessment,* Vol. 2. (rev. ed., pp. 79-84). Alexandria, VA: Association for Supervision and Curriculum

Development.

Thurstone, L. L. (1938). *Primary mental abilities.* Chicago: University of Chicago Press.

Torrance, E. P., Ball, O., & Safer. T. (1992). Torrance Test of Creative Thinking; Sreamlined Scoring Guide Figural A and B. Bensenville. IL : Scholastic Testing Service.

Travers, Johe F., & Stepher N. Elliot, & Thomas R. Kratochwill, (1993), Educational Psychology, Madison. Wis. : Brown Benchmark Co.

Treffinger, D. J., Sotore, M. R. Cross, Jr., J. A. (1993). Programs and Strategies for Nurturing Creativity, Heller K. A., Mönks F. Z., Passow A. H.(eds.)(1993). *International Handbook of Research and Development Giftedness and Talent,* Pergamon, 556-568.

Tyler, R. W. (1949). Basic Principles of Curriculum and Instruction, Chicago : University of Chicago Press.

Urban, K. K.(1995). Creativity-A component approach model. A paper presented at the 11th world conference on the education for the gifted and talented. Hong Kong : July 31-August 4.

Van Tassel-Baska. J.(1994). *Comprehensive curriculum for gifted learners*(2nd ed). Needham

Vygotsky, L. S. (1956). *Izbrannye psikhologicheskie issledovaniya [Selected psychological investigations].* Moscow: Izdatel`stvo Akademii Pedagogicheskikh Nauk.

Wallas, G. (1926). *The art of thought.* New York: Harcourt Brace.

Weigberg, R. W.(1993). *Creativity : Beyond the myth of genius.* New York : Freeman.

Weiner, B. (1992). *Human motivation: Metaphors, theories, and research.* Newbury Park, CA: Sage.

Weiner, B. (2000). Interpersonal and intrapersonal theories of motivation from an attributional perspective. *Educational Psychology Review,* 12, 1-14.

Whitty, G., Power, S., & Halpin, D. (2000). 학교, 국가 그리고 시장 : 신자유주의 교육개혁의 예정된 실패(이병곤 외 역). 서울 : 내일을 여는 책.

Wigfield, A., & Eccles, J. (2000). Expectancy-value theory of achievement motivation. *Contemporary Educational Psychology,* 25, 68-81.

Williamson, E. G.,(1980). *Counseling Adolescents.* New York : McGraw-HillBook. Co.

Willis, P. (2004). 학교와 계급재생산 : 반학교문화, 일상, 저항(김찬호 역). 서울 : 이매진.

Witkin, H. A., Dyk, R. B., Faterson, H. F., Goodenough, D. R., & Karp, S. A. (1962). *Psychological Differentiation.* New York: Wiley.

Young, M. F. D.(Ed.)(1971). Knowledge and control : New directions for the new sociology of education. London : Collier Macmillan, Ltd.

Zunker, V. G. (2001). *Career counseling : Applied concepts oflife planning* (6th ed.). Pacific Grove. CA Brooks/Cole.

찾아 보기

내 용

인 명

〈국내〉

〈국외〉

저자 소개

✍ 서재복
교육학박사(교육철학 및 교육사 전공)
현, 전주대학교 교수

✍ 고 흥
교육학박사(교육공학 전공)
현, 대불대학교 교수

✍ 권숙진
교육학박사(교육공학 전공)
현, 호원대학교 교수

✍ 권정숙
교육학박사(교육사회, 평생교육 전공)
현, 청운대학교 교수

✍ 김양자
교육학 박사(교육사회학 전공)
현, 전북대학교 겸임교수

✍ 김천규
교육학 박사(교육과정, 직업교육 전공)
현, 전주비전대학교 교수

✍ 김청자
교육학 박사(교육심리학 전공)
현, 상명대학교 교수

✍ 이석열
교육학 박사(교육행정학 전공)
현, 남서울대학교 교수

✍ 조현철
교육학박사(교육심리학 전공)
현, 군산대학교 교수

✍ 장선철
교육학박사(교육심리, 상담교육 전공)
현, 전주대학교 교수

교육학의 이해

초판발행 2012년 3월 10일
6판발행 2017년 3월 5일

2017. 3.

저 자 서재복 외 9인
발행인 김현태
발행처 태영출판사

주 소 (08301) 서울 구로구 구로동 104-10 동남오피스텔 201호
전 화 02 · 839-3757, 839-3752
팩 스 02 · 837-3754
등 록 2005년 5월 30일 제12-421호
http://www.taeyeongbook.co.kr
E-mail tys2005@hanmail.net
ISBN 978-89-6302-082-2 93370
정 가 18,000원

NAVER 태영출판사

* 잘못 만들어진 책은 교환해 드립니다.